FRIEDRICH DELITZSCH

ASSYRISCHE GRAMMATIK

MIT PARADIGMEN
ÜBUNGSSTÜCKEN, GLOSSAR UND LITTERATUR

Elibron Classics
www.elibron.com

Elibron Classics series.

ISBN 0-543-99178-4 (paperback)
ISBN 0-543-99177-6 (hardcover)

This Elibron Classics Replica Edition is an unabridged facsimile of the edition published in 1889 by H. Reuthner, Berlin.

PORTA

LINGUARUM ORIENTALIUM

INCHOAVIT

J. H. PETERMANN

CONTINUAVIT

HERM. L. STRACK.

ELEMENTA LINGUARUM

HEBRAICAE, PHOENICIAE, BIBLICO-ARAMAICAE, TARGUMICAE, SAMARITANAE, SYRIACAE, ARABICAE, AETHIOPICAE, ASSYRIACAE, AEGYPTIACAE, COPTICAE, ARMENIACAE, PERSICAE, TURCICAE, ALIARUM

STUDIIS ACADEMICIS ACCOMMODAVERUNT

J. H. PETERMANN, H. L. STRACK, E. NESTLE, A. SOCIN, F. PRAETORIUS, AD. MERX, AUG. MUELLER, FRIEDR. DELITZSCH, C. SALEMAN, W. SHUKOWSKI, G. JACOB, ALII.

PARS X.

ASSYRISCHE GRAMMATIK

VON

FRIEDRICH DELITZSCH.

BERLIN,

H. REUTHER'S VERLAGSBUCHHANDLUNG.

LONDON,
WILLIAMS & NORGATE
14, HENRIETTA STREET, COVENT GARDEN.

NEW YORK,
B. WESTERMANN & Co.
838, BROADWAY.

PARIS,
MAISONNEUVE & CH. LECLERC
25, QUAI VOLTAIRE.

1889.

ASSYRISCHE GRAMMATIK

MIT PARADIGMEN

ÜBUNGSSTÜCKEN GLOSSAR UND LITTERATUR

VON

FRIEDRICH DELITZSCH.

BERLIN,
H. REUTHER'S VERLAGSBUCHHANDLUNG.

LONDON,
WILLIAMS & NORGATE
14, HENRIETTA STREET, COVENT GARDEN.

NEW YORK,
B. WESTERMANN & Co.
838, BROADWAY.

PARIS,
MAISONNEUVE & CH. LECLERC
25, QUAI VOLTAIRE.

1889.

MEINEM FREUNDE

PAUL HAUPT

IN TREUER VERBUNDENHEIT

ZUGEEIGNET.

VORWORT.

Die vorliegende Grammatik will Assyriologen und Semitisten gleichermassen dienen, indem sie ihnen die gegenwärtigen Resultate der assyrischen grammatischen Forschung in möglichst knapper übersichtlicher Zusammenstellung darreicht. Sie erbittet aber als Gegendienst ebenfalls nicht von Assyriologen allein, sondern obenan von den Semitisten jedweder Richtung Mitwirkung zur Lösung der mannichfachen noch ungelösten, für die vergleichende semitische Sprachwissenschaft theilweise bedeutsamsten Probleme. Gleiche Zwecke verfolgt mein durch das Erscheinen dieser Grammatik endlich ermöglichtes Assyrisches Handwörterbuch (Leipzig, Hinrichs 1889), neben welchem mein grösseres concordanzartiges Wörterbuch seinen ungestörten und immer eifrigeren Fortgang nehmen wird.

Die „Chrestomathie“ mag in ihrer Kürze befremden. Aber wenn sie auch zwei bis drei Bogen füllen würde, wäre sie doch nutzlos: zum Einlesen in die assyrische Litteratur, auch nur in ihre sog. historischen Texte, sowie in die neu- und altbabylonischen Denkmäler, von den sog. sumerischen gar nicht zu reden, bleibt ebenso wie eine weit umfassendere Schrifttafel, so auch eine umfangreiche Chrestomathie nach Art meiner Assyrischen Lesestücke ja doch unentbehrlich; in Zukunft wird auch ohne weiteres Band I oder V des Rawlinson'schen Inschriftenwerkes empfohlen werden können, vorausgesetzt dass einer dieser Bände wieder käuflich zu haben sein wird. So habe ich denn nur ein leichteres und ein schwereres historisches Textstück ausgewählt, diese beiden aber durch Fussnoten und Glossar dahin eingerichtet, dass sie ihren Zweck, als allererste Lese- und Interpretationsstücke zu dienen und in den Gebrauch dieser Grammatik einzuführen, hoffentlich erfüllen werden.

Gar manche Mängel, welche diesem ersten Versuch anhaften, sind mir wohlbekannt, und ich werde nicht rasten, die noch nicht zu befriedigendem Abschluss gebrachten Untersuchungen (zu denen ich auch bis zu einem gewissen Grade die Auseinandersetzung in § 12—14 rechne) immer von neuem aufzunehmen. Es soll mein ernstes Streben sein, dieses Lehrbuch immer mehr auf die Höhe der assyrischen und allgemein semitischen Sprachwissenschaft zu bringen und fort und fort auf derselben zu erhalten.

Leipzig, im November 1888.

Friedrich Delitzsch.

Inhaltsverzeichniss.

Grammatik.

Einleitung (§§ 1—5).

	Seite
§ 1. Begriff der assyrischen Sprache	1
§ 2. Kurze Geschichte der Ausgrabung	1
§ 3. Kurze Geschichte der Entzifferung	4
§ 4. Kurze Geschichte der grammatischen Forschung	6
§ 5. Kurze Übersicht des Inhalts der Keilschriftlitteratur	8

Schriftlehre (§§ 6—25).

§ 6. Keilschriftcharakter der babyl.-assyr. Schrift	11
§ 7. Ursprung der babyl.-assyr. Keilschrift	12
§ 8. Entwickelung zur Sylbenschrift	15
§ 9. Schrifttafel	17
§§ 10—17. Zur Vocalschreibung	41
§ 10. Längenbezeichnung der Vocale	41
§§ 12—14. Die Zeichen *ia*, *a-a*, *a-ia*, *ia-a*	44
§ 15. Graphische Bezeichnung des *e*-Vocals	47
§§ 18—22. Zur Consonantenschreibung	50
§ 23. Lesezeichen	55
§ 24. Praktische Winke	58
§ 25. Zur Frage der Schrifterfindung (zur ‚sumerischen‘ Frage)	61

Seite

Lautlehre (§§ 26—52).

A. Vocale.

§§ 26—31. Vocalischer Lautbestand 72
§ 29. Existenz eines assyr. *e*, *ê* 74
§ 30. Vereinerleiung des *e*- und *i*-Vocals . . . 76
§ 31. Diphthonge 79
§§ 32—39. Vocalische Lautwandelungen 81
§§ 32—34. Umlaut von *a* zu *e* (*ä*) 81
§ 35. Übergang von unbetontem kurzen *a* in *i* . . 88
§ 36. Übergang von *i* in *e* bei folgendem *r* oder *ḫ* . . 89
§ 37. Synkope kurzer (und langer) Vocale 90
§ 38. Zusammenziehung zweier Vocale 92
§ 39. Gänzlicher Wegfall von Vocalen 94

B. Consonanten.

§§ 40—46. Consonantischer Lautbestand 96
§ 40. Lautbestand 96
§ 41. Mangel der Halbvocale *u̯* und *i̯* 96
§ 42. Hauchlaut 100
§ 43. Verschlusslaute (die בגדכפת im Assyr.) . . . 101
§ 44. Labialer Nasal *m* 103
§ 45. Liquidae 105
§ 46. Zischlaute 105
§§ 47—52. Consonantische Lautwandelungen 110
§ 47. Hauchlaut 110
§ 48. *b*, *d*, *t* 112
§ 49. Nasale 113
§ 50. Liquidae 117
§ 51. Zischlaute 117
§ 52. Compensirung der Verdoppelung durch Nasalirung 120
§ 53. Accent 121

Seite

Formenlehre (§§ 54—118).

A. Pronomen.

§ 54. Vorbemerkung 128
§ 55. Selbständige persönliche Fürwörter 128
§ 56. Suffigirte persönliche Fürwörter 132
§ 57. Demonstrativpronomina 137
§ 58. Relativpronomina 139
§ 59. Interrogativpronomina 141
§ 60. Indefinitpronomina 141

§ 61. Begriffs- oder Bedeutungswurzeln . . . 143

B. Nomen.

§ 62. Nomina primitiva 146
§ 63. Nominalstammbildungen der Verba med. geminatae 150
§ 64. Nominalstammbildungen der Verba mediae ו und י . 152
§ 65. Allgemeine Übersicht der assyr. Nominalstammbildungen 157
§ 66. Casusbildung 179
§ 67. Pluralbildung der Nomina ohne Femininendung . . 181
§ 68. Bildung des Femininums 185
§ 69. Pluralbildung der Nomina mit Femininendung . . 187
§ 70. Gemischte Pluralbildung 188
§ 71. Geschlecht 190
§ 72. Status constructus 191
§ 73. Wortcomposition 193
§ 74. Verbindung des Substantivs mit dem Pronominalsuffix 198
Anhang zum Pronomen und Nomen: Zahlwörter und Partikeln 203
§§ 75—77. Zahlwörter 203
§ 75. Cardinalzahlen 203
§ 76. Ordinalzahlen 205
§ 77. Sonstige Zahlwörter 206
§§ 78—82. Partikeln 208
§§ 78—80. Adverbia 208

Seite

§ 81. Praepositionen 221
§ 82. Conjunctionen 227

C. Verbum.

§ 83. Hauptverbalstämme 229
§ 84. Bedeutung der Hauptverbalstämme 230
§ 85. Schafel vom Piel 233
§ 86. Permansiv und Fiens 234
§ 87. Permansiv- und Praes.-Praeteritalthemata des Qal . 235
§ 88. Permansiv- und Praes.-Praeteritalthemata der vermehrten Stämme 239
§ 89. Bedeutung der Permansiva 245
§ 90. Conjugation der Praesens-Praeteritalthemata . . . 249
§ 91. Conjugation des Permansivthemas 252
§ 92. Modus relativus 253
§ 93. Precativ 255
§ 94. Imperativ 258
§ 95. Participium. Infinitiv 260
§§ 96—98. Verba firma und med. geminatae 261
§§ 99—101. Verba primae נ 273
§§ 102—104. Verba primae gutturalis 279
§§ 105—107. Verba mediae gutturalis 290
§§ 108—110. Verba tertiae infirmae 295
§§ 111—113. Verba primae ו und י 306
§§ 114—116. Verba mediae ו und י 312
§ 117. Verba quadrilittera 317
§ 118. Verbindung des Verbums mit dem Pronominalsuffix 322

Satzlehre (§§ 119—152).

A. Die einzelnen Redetheile

in ihren einfachsten Verbindungen.

§§ 119—127. Das Substantiv 323
§§ 119—120. mit Pronominalsuffix 323

Seite
§§ 121—122. mit Adjectiv 324
§§ 123. mit einem andern Subst. in Unterordnung (st. cstr.) 326
§§ 124—126. mit einem andern Subst. in Beiordnung (Apposition) 328
§ 127. mit einem andern Subst. in Nebenordnung 331
§§ 128—129. Das Zahlwort 332
§ 130. Adverbium 335
§§ 131—133. Die Verbalnomina 335
§ 131. Participium 335
§§ 132—133. Infinitiv 337
§§ 134—139. Das Verbum finitum 338
§ 134. Bedeutung und Gebrauch der Tempora und Modi 338
§§ 135—136. Vom Verbum regiertes Pronomen . . 340
§§ 137—139. Vom Verbum regiertes Substantiv . . 343

B. Der Satz.

§§ 140—149. Der einfache Satz 346
§§ 140—142. Aussagesätze 346
§ 143. Negative Aussagesätze 349
§ 144. Prohibitivsätze 350
§ 145. Wunsch- und Cohortativsätze 351
§ 146. Fragesätze 353
§ 147. Attributive Relativsätze 353
§ 148. Conjunctionale Relativsätze 355
§ 149. Bedingungssätze 358
§§ 150—152. Verbindung mehrerer Sätze 360
§§ 150—151. Copulativsätze 360
§ 152. Zustandssätze 362

Paradigmata 1*
A. Pronomen 3*
B. Verbum trilitterum 8*
C. Verbum cum pronominibus suffixis 32*

Seite

Chrestomathia 33*

Glossarium 41*

Litteratura 53*

A. De inventione atque effossione monumentorum cuneatorum 55*

B. De initiis ac progressibus explicationis 60*

C. Editiones textuum 64*

D. Libri grammatici et commentationes grammaticae . 67*

E. Translationes et interpretationes textuum . . . 70*

F. Lexicographia 73*

G. Scriptiones periodicae et collectanea 74*

Appendix 76*

Verbesserungen 78*

Nachträge 79*

Abkürzungen.

ABK s. Litt. 134. — **AL**³ s. Litt. 127. — **ASKT** s. Litt. 110. — **Asarh.:** Sechsseitiges Prisma Asarhaddon's I R 45—47. — **Asurb. Sm.** s. Litt. 169. — **Asurb. S. A. Sm. II** s. Litt. 123. — **Asurn.:** Grosse Alabaster-Inschrift Asurnaṣirpals I R 17—26. — **Asurn. Balaw.:** Dess. Steintafel-Inschrift aus Balawat V R 69. 70. — **Asurn. Mo.:** Dess. Monolith-Inschrift III R 6. — **Asurn. Stand.:** Dess. sog. Standard-Inschrift Lay. 1 (nebst Varianten, 2—11). — **Beh.**, **NR** und die übrigen Achaemeniden-inschriften, **D**, **K** u. s. w., sind in der althergebrachten Weise citirt: für Beh. s. III R 39. 40, für alle übrigen Bezold's Achaemenideninschriften (s. Litt. 113). — **Ca**, **Cb:** Assyrischer Eponymencanon, veröffentlicht in AL². — ***E. M.* II** s. Litt. 84. — **Hamm. Louvre:** Inschrift Hammurabi's, s. Ménant's Manuel (Litt. 143), pp. 306—312. — **Höllenf.:** Legende von Istar's Höllenfahrt IV R 31. — **K.:** Tafeln der Kujundschik-Sammlung des Britischen Museums; über den Ort ihrer Veröffentlichung, ebenso wie über den der mit **S.** (**Sm.**) oder **M.** bezeichneten Tafeln, s. Bezold, Kurzgefasster Überblick über die babylonisch-assyrische Literatur nebst einem chronologischen Excurs, zwei Registern und einem Index zu 1700 Thontafeln des British-Museums. Leipzig 1886. (XV, 395 pp. 8). Aus AL³ sind citirt: **K. 3437** (S. 97 ff.). **K. 4378** (S. 86 ff.); dessgleichen **Fragm. 18** (S. 95 f.) und **Sm. 954** (S. 134 ff.); — aus ASKT: **K. 56** (= II R 14. 15, S. 71 ff.). **K. 101** (S. 115 f.). **K. 133** (S. 79 ff.). **K. 246** (= II R 17 f., S. 82 ff.). **K. 3927** (S. 75). **K. 4350** (= II R 11, S. 45 ff.); — aus Pinches' *Texts*: **K. 196. K. 823. K. 831;** — aus Asurb. S. A. Sm. II: **K. 95. K. 359. K. 509. K. 538. K. 562. K. 2867.** Beachte ferner: **K. 64** = II R 62 Nr. 3. **K. 245** = II R 8. 9. **K. 4341** = II R 36 Nr. 3. **K. 4386** = II R 48. — **Khors.** s. Litt. 106. — **Lay.** s. Litt. 104. — **1 Mich.:** Michaux-Stein I R 70. — **Nabon.:** Cylinder-Inschrift Nabonid's I R 69. — **Neb.:** Steinplatten-Inschrift Nebukadnezar's I R 53—58 (59—64). — **Neb. Bab.** bez. **Bors.** und

Senk.: Dess. Cylinder-Inschriften aus Babylon (I R 52 Nr. 3), Borsippa (51 Nr. 1), Senkereh (51 Nr. 2). — **Neb. Grot.:** Dess. Cylinder-Inschrift, zuerst von Grotefend veröffentlicht, I R 65—66. — **Nerigl.:** Cylinder-Inschrift Neriglissars I R 67. — **Nimr. Ep.:** s. Litt. 116. (Nimr. Ep. XI. XII bezeichnet die 11. und 12. Tafel dieses Epos nach meiner eigenen Abschrift; erstere s. AL³ S. 99 ff. Tafel XII ist jetzt edirt von P. Haupt in Delitzsch-Haupt's Beiträgen zur Assyriologie und vergleichenden semitischen Sprachwissenschaft, I, 1889, 48—79). — **NR** s. **Beh.** — **Pinches,** *Texts* s. Litt. 112. — **Proll.** s. Litt. 210. — **I R, II R** u. s. w. s. Litt. 105; die Zahlen hinter R bezeichnen das Blatt und die Zeile, die Buchstaben die Spalten. — **S.** oder **Sm.** (Tafeln der Smith-Sammlung des Britischen Museums) s. **K.** — **S**ᵃ, **S**ᵇ, **S**ᶜ, Syllabare veröffentlicht in AL³ S. 41—79. — **Salm. Balaw.:** Inschrift Salmanassar's II. auf den Bronzethoren von Balawat, s. Litt. 109. — **Salm. Co.:** Dess. zwei Stierkoloss-Inschriften, veröffentlicht Lay. 12—16. 46—47, citirt nach meiner eigenen Zusammenstellung. — **Salm. Mo.:** Dess. Monolith-Inschrift III R 7—8. — **Salm. Ob.:** Dess. Obelisk-Inschrift Lay. 87—98. — **Salm. Throninschr.** s. Litt. 121. 191. — **Sams.:** Obelisk-Inschrift Samsi-Rammân's I R 29—31 (32—34). — **Sanh.:** Sechsseitiges Prisma Sanherib's I R 37—42. — **Sanh. Baw.:** Dess. Felseninschrift von Bawian III R 14. — **Sanh. Bell.:** Lay. 63—64 (meine Zeilennumerirung rechnet die Überschrift nicht mit und differirt deshalb von Lay. um je eine Zeile). — **Sanh. Konst.:** Dess. Steintafelinschrift, jetzt in Konstantinopel, I R 43. 44. — **Sanh. Kuj.:** Dess. Inschrift auf den Kujundschik-Stieren III R 12—13. — **Sanh. Rass.:** Sanherib-Cylinder der Rassam'schen Sammlung. — **Sanh. Sm.** s. Litt. 175. — **Sarg. Cyl.** bez. **Stier-Inschr.,** citirt nach Lyon's Sargonstexten, s. Litt. 115. — **Sarg. Cyp.:** Sargon-Inschrift auf dem in Cypern gefundenen Monolith III R 11, vgl. Schrader's in Litt. 111 erwähnte Neuausgabe. — **Strassm.** s. Litt. 208. — **Str. I. II** s. Litt. 118. 125. — **Tig.:** Achtseitiges Thonprisma des älteren Tiglathpileser I R 9—16. — **Tig. jun.:** Thontafel-Inschrift des jüngeren Tiglathpileser II R 67. — **WB** s. Litt. 211. — **Zürich. Voc.** s. AL³ S. 84 f.

Einleitung.

Babylonisch-assyrisch oder kurzweg assyrisch nennen wir die Sprache der mit babylonischer oder assyrischer Keilschrift geschriebenen semitischen Litteraturdenkmäler. Es ist die seit wenigen Jahrzehnten in unendlich reicher Litteratur bekannt gewordene Sprache der bis in das vierte vorchristliche Jahrtausend zurückzuverfolgenden semitischen Reiche am Euphrat und Tigris, des altbabylonischen, assyrischen und neubabylonischen Reiches, die sich auch nach der Zerstörung Ninewe's (c. 608) und nach dem Falle Babylons (c. 538) bis in die Zeit der Achämenidenkönige in Babylonien lebendig erhielt (vgl. die persischen Keilinschriften sog. dritter Gattung), bis sie im 2. Jahrh. v. Chr. dem aramäischen Idiom mehr und mehr weichen musste, ihre letzten bemerkenswerthen Denkmäler aus der Seleucidenzeit hinterlassend. § 1.

Unser Besitz einer babylonisch-assyrischen Keilschriftlitteratur ist fast ausschliesslich der Ausgrabung zu verdanken. Die Hauptdaten sind: § 2.

Assyrien. Sichere Wiedererkennung Ninewe's in den beiden Ruinenhügeln Kujundschik und Nebi Junus (Mosul gegenüber) durch Rich 1820. Ausgrabung der Sargonsstadt *Dûr-Šarrukên* im Trümmerhügel Khorsabad durch die Franzosen Emil Botta (1842—1845) und Victor Place (1852). Ausgrabungen in Nimrud (Kelach) und Ninewe durch die Engländer Austen Henry Layard (1845—1847; 1849—1851), Hormuzd Rassam (1852—1854), George Smith (1873; 1874; 1876, † 19. Aug. 1876), Hormuzd Rassam und seine Angestellten (Nov. 1877—Juli 1882): Auffindung der Paläste Asurnazirpal's, Salmanassar's II., Asarhaddon's u. a. in Nimrud, des Südwestpalastes Sanherib's und des Nordpalastes Asurbanipal's in Kujundschik, in den Trümmern des letzteren Entdeckung der Thontafelbibliothek Asurbanipal's (Sardanapal's) durch Rassam 1854 (mehrere Tausend Schriftwerke theils assyrischen Ursprungs theils Abschriften babylonischer Originale; bislang nur erst ein Theil — c. 30000 (?) Fragmente — im Britischen Museum geborgen). Beginn der Ausgrabungen in Kileh Schergat (Assur) durch Layard und Rassam 1853. Rassam's Entdeckung der „Bronzethore Salmanassar's II.“ im Trümmerhügel Balawat 1878.

Babylonien. Erforschung der grossen babylonischen Ruinenstätten: Babil (Babylon), Birs Nimrud (Borsippa), Niffer (Nippur), Warka (Erech), Senkereh (Larsam), Ur (Mugheir, *al-Muḳajjar*), Abu Scharein (Eridu), durch die Engländer Loftus und Taylor unter Sir Henry Rawlinson's Oberaufsicht (1849—1855) und durch die unter Fulgence Fresnel und Jules Oppert ausgesandte französische Expedition (1851—1854; Untergang der Sammlung im

Tigris am 23. Mai 1855). Auffindung von mehr als 3000 beschriebenen Thontafeln (1″—1′ ins Geviert) privatrechtlich-mercantilen Inhalts durch Araber im Trümmerhügel Dschumdschuma (Babylon) 1874, erworben 1876 durch George Smith für das Britische Museum und seitdem von Jahr zu Jahr bedeutend vermehrt. Rassam's babylonische Expeditionen (1879—Juli 1882): Entdeckung von Sepharwaim in der grossen Ruinenstätte Abu Habba 1881, Ausgrabung des Sonnentempels und Auffindung des aus Thoncylindern und (nach Rassam's Schätzung) c. 50000, leider sehr schlecht gebrannten, Thontafeln bestehenden Tempelarchivs; Erforschung der beiden grössten Ruinenhügel Babylons, Babil und Kaṣr, sowie des Tel Ibrahim, der Stätte von Kutha; Auffindung des Palastes Nabonid's in Borsippa. E. de Sarzec's Ausgrabungen auf der südbabylonischen Ruinenstätte Tello oder Tel Loh (1875—1880; 1882 Ankauf der Sammlung für den Louvre). Nordamerikanische (sog. Wolfe'sche) Studienreise 1884—1885. Gegenwärtig Fortsetzung planmässiger Ausgrabungen nur in Tello; statt dessen schon seit Jahren schwunghafter Handel mit babylonischen Alterthümern, vorzugsweise mit beschriebenen Thontafeln und Thoncylindern oft höchsten wissenschaftlichen Werthes, an Ort und Stelle von Arabern ausgegraben und drüben oder in Europa für die Museen zu London, Paris, Berlin und sonst angekauft.

Von Felseninschriften sind, abgesehen von denen des Darius an den Felsengräbern von Naksch-i-Rustam (unweit Persepolis) und an der Felswand von Behistun (Medien), die nennenswerthesten: Inschriften und Sculpturen Tiglathpileser's I. und dreier seiner Nachfolger am Eingang der Quellgrotte des Sebeneh-Su, des linken Quellflusses des Tigris; Sanherib's sechzigzeilige Bawian-Inschrift (Assyrien); zwei Inschriften Nebukadnezar's von zusammen 19 Columnen im Wadi Brissa (Libanon). — Näheres für Ausgrabung und Textausgaben s. Litteratura A, b. und C. — Museen mit babyl.-assyr. Alterthümern: British Museum, London; Louvre, Musée de Clercq und Bibliothèque nationale, Paris; Museen zu Berlin, Konstantinopel, New York, Liverpool, Haag, St. Petersburg, Zürich (Vatican in Rom, Leyden, Brüssel, Graz u. a. m.)

§ 3. Die Entzifferung der babylonisch-assyrischen Keilschrift oder der dritten Keilschriftgattung der dreisprachigen Achämenideninschriften ruht auf der Entzifferung der ersten altpersischen Keilschriftgattung, der genialen That Georg Friedrich Grotefend's (Enträthselung der Namen Darius, Xerxes, Hystaspes; 14. Sept. 1802 Übersetzung der ersten zwei Achämenideninschriften), und weiter Eugène Burnouf's, Christian Lassen's (beide 1836; erstmalige Benützung der Darius-Inschrift J mit ihrem Satrapieen-Verzeichniss) und Henry Rawlinson's, der die Behistun-Inschrift 1835—1837 abschrieb und 1846 erklärte, während nach abgeschlossener Entzifferung des 40 Zeichen zählenden altpersischen Alphabets Hincks und Jules Oppert, Benfey und Spiegel die immer gründlichere Erforschung der altpersischen Sprache vollführten.

Den Antrieb zur Entzifferung der dritten Keilschriftgattung gab die von Botta und Andern gemachte Wahrnehmung, dass das Schriftsystem der in Assyrien ausgegrabenen, in den Louvre übergeführten

Denkmäler mit jener dritten Keilschriftgattung trotz äusserer Verschiedenheiten eins sei. Was der Stein von Rosette durch seinen griechischen Text dem Entzifferer der Hieroglyphen gewesen, wurden hier die altpersischen Denkmäler mit ihren phonetisch festgestellten Eigennamen, zumal seitdem die Zahl der letzteren durch Sir Henry Rawlinson's Veröffentlichung des babylonischen Theils der Behistun-Inschrift (1851) von zehn auf neunzig gebracht war. Da man zudem bald merkte, dass in den babylonischen Übersetzungen der altpersischen Texte sämmtliche Länder-, Städte-, Götter- und Personennamen durch ein besonderes vorgefügtes Zeichen (sog. Determinativ) kenntlich gemacht waren, gewann man verhältnissmässig leicht eine beträchtliche Anzahl von Schriftzeichen mit ihren ungefähren Werthen. Während aber für die Entzifferung einer Buchstabenschrift jene Eigennamen ziemlich hingereicht haben würden, war die babylonische Keilschrift eine solche offenbar nicht, vielmehr bereitete sie der Entzifferung Hemmniss auf Hemmniss. Sir Henry Rawlinson, der die im babylonischen Text der Behistun-Inschrift vorkommenden Zeichen auf 246 Nummern ordnete, war der erste, welcher die Polyphonie der babylonischen Schriftzeichen (Sept. 1851), Hincks derjenige, welcher den syllabischen Character der babylonischen Schrift scharfsinnig durchschaute (1849—1852) und dadurch den Grundirrthum, als sei die babylonische Schrift eine Buchstabenschrift mit mehreren Zeichen für jeden einzelnen Buchstaben (de Saulcy, eine Zeit lang auch

Rawlinson) beseitigte. Zum Abschluss brachte das Werk der Schriftentzifferung Jules Oppert (1859), unterstützt von den inzwischen gefundenen assyrischen Zeichenlisten oder „Syllabaren“, welche unter anderm die Zeichen mit sog. zusammengesetzten, aus zwei Consonanten mit mittlerem Vocal bestehenden Sylbenwerthen durch die einfachen Sylbenzeichen erklärten (z. B. Schriftt. Nr. 162 durch *da-an, ka-al, ri-ib,* Nr. 206 durch *ḫa-ab, ki-ir, ri-im*) und den ganze Wörter vertretenden Schriftzeichen oder Ideogrammen die Bedeutungen phonetisch beischrieben (z. B. Schriftt. Nr. 165: = *a-ḫu* und *na-ṣa-ru*). An der reichen und lohnenden Entzifferungsnachlese, der Ausmerzung irriger alter und der Auffindung neuer syllabischer und ideographischer Lautwerthe waren und sind bis heute alle namhaften Assyriologen (Ménant, Norris, Talbot, George Smith, Sayce, Schrader u. s. w.) betheiligt. Eine neue und vielleicht letzte Aufgabe der babylonischen Schriftentzifferung war die immer völligere Erschliessung der auf ältesten Backsteinen, Thonkegeln und Siegelcylindern, vor allem aber den de Sarzec'schen Denkmälern von Tello sich findenden archaischen Schriftzeichen; doch nähert sich auch diese Aufgabe, dank den Arbeiten von Amiaud und Anderen, ihrer Lösung.

Näheres s. Litteratura B, a und b.

§ 4. Die Anfänge der grammatischen Forschung fallen mit den Entzifferungsarbeiten zusammen, vor allem jenen de Saulcys's, welcher zuerst die persönlichen und besitzanzeigenden Fürwörter las, das Relativum und etliche Verbalformen erkannte, auch sonst für Genus und Numerus seitdem bewährte Aufstellungen machte und die Analyse und Erklärung der ihm zugänglichen Achämenideninschriften als semitischer Texte anbahnte (1849), wonach Sir Henry Rawlinson in seiner Übersetzung des babylonischen Behistun-Textes Wörter und Phrasen schon auf semitische Formen zurückzuführen vermochte. Der Erste, welcher ein System des Pronomens und Verbums und damit die Elemente der Grammatik feststellte, war Hincks (1854—1856); er verglich auch bereits die assyrischen Verbalflexionen mit denen des Hebräischen, Syrischen, Arabischen und Äthiopischen und suchte so die Stellung des Assyrischen im Kreise der semitischen Sprachen näher zu präcisiren. Die assyrische Grammatik im Zusammenhang dargestellt, alle Redetheile beobachtet, Mimation, Pronominalflexionen, die Bildung der abgeleiteten Verbalstämme, die Femininformen in der Conjugation, die allgemeinen Thatsachen der Syntax und Wortbildung entdeckt zu haben, auch hierbei unterstützt durch die keilschriftlichen Zusammenstellungen der assyrischen Gelehrten, ist das Verdienst Jules Oppert's (1860). Oppert und Hincks setzten die grammatischen Untersuchungen fort, Schrader prüfte die Zuverlässigkeit der Entzifferung und der durch sie gewonnenen grammatischen (und lexikalischen) Ergebnisse. Von den jüngeren Assyriologen ersetzte Pognon die falsche Lesung und Annahme einer Copula *va* durch das allein richtige *ma*. Vor allem aber ist es Paul Haupt, der in einer Reihe durch feinsinnige Beobachtungen ausgezeichneter Abhandlungen die assyrische Grammatik nicht allein von vielen Irrthümern, sonderlich auf dem Gebiet der Laut- und Formenlehre, befreit, sondern auch durch originelle Gedanken und grosse Gesichtspunkte die grammatische Forschung zu neuem Leben erweckt hat.

Näheres s. Litteratura D. — Für Grundlegung und Ausbau der assyrischen Lexikographie s. ibid. E und F.

§ 5. Die in assyrischer Sprache niedergelegte Litteratur nimmt an Alter unter den Litteraturen der semitischen Völker die weitaus erste Stelle ein. Die ältesten zur Zeit bekannten grösseren semitischen Texte in phonetischer Schreibweise sind in Babylonien solche Hammurabi's (c. 2200), in Assyrien die grosse, achtzigzeilige Steintafelinschrift Rammannirari's I. (c. 1350), woran sich die achtseitigen Thonprisma-Inschriften Tiglathpilesers I. (um 1110) mit je achthundert Schriftzeilen und das Gros der assyrischen und neubabylonischen Litteratur von Asurnazirpal bis Asurbanipal, von Nebukadnezar bis Nabonid und weiter von Cyrus bis Artaxerxes, ja Antiochus I. Soter anschliesst (einen Zeitraum also umfassend von über zwei Jahrtausenden). Auf Backsteinen, Thonprismen und Thoncylindern (die letzteren gewöhnlich in die Eckpfeiler der Paläste und Tempel gemauert), auf Marmor- und Alabasterplatten, auf Statuen, Obelisken und Stierkolossen, vor allem aber auf Thontafeln jedes Formats ist eine Litteratur wiedergewonnen worden, welche, so weit bis jetzt ausgegraben, den Umfang des alttest. Schriftganzen weit übersteigt, sich aber, wie schon jetzt von Jahr zu Jahr, zweifelsohne noch auf ungemessene Zeit hinaus mehren wird zu unerschöpflicher Fülle. Vielhundertzeilige Texte berichten der assyrischen und babylonischen Könige Kriege, Bauten, Jagden und sonstige Thaten und entrollen ein lebendiges Bild der Politik, Kultur, Geographie nicht allein Babyloniens und Assyriens, sondern zugleich aller benachbarten vorderasiatischen Völker, während chronologische Listen und Aufzeichnungen aller Art (Eponymenlisten, Chroniken, synchronistische Geschichten, Königstafeln) genaue Datirung der einzelnen Dynastien und Könige ermöglichen, und bis in das vierte vorchristliche Jahrtausend hinauf sicheren chronologischen Anhalt gewähren. Gebete und Psalmen, Götterlegenden, Kosmogonieen, Götterverzeichnisse und Beschwörungen mannichfachen Inhalts, ein grosses aus zwölf Tafeln bestehendes Epos, dazu astrologische Tafeln in Fülle, ärztliche Geheimmittellisten, Orakelsprüche und Kalender gewähren tiefen Einblick in Religion, Mythologie und Aberglauben jener Völker. Zu den Tafeln rein wissenschaftlichen, astronomischen und mathematischen Inhalts gesellen sich dann weiter lange Listen von Wörtern gleichen oder ähnlichen Stammes oder Ideogrammes, Synonymenverzeichnisse, Listen von Berufs-, Personen-, Stern-, Thier-, Pflanzen-, Kleider-, Holzgeräth- und Gefässnamen, Paradigmen, Zeichensammlungen, alles wohl geeignet, wie vordem die Zöglinge der babylonischen und assyrischen Priesterschulen, so auch uns in immer tieferes Verständniss der assyrischen Schrift und Sprache einzuführen. Zahllose Briefe endlich und Contracttäfelchen, Berichte von Generälen und Astronomen, Proclamationen und Bittschriften; Kauf- und Verkaufsverträge aller Art, Heiraths- und Schenkungsurkunden, Testamente, Hausinventare, Quittungen u. s. w. enthüllen das sociale Leben der Assyrer und Babylonier bis in die geheimsten Falten.

Schriftlehre.

Die Schrift, in welcher die babylonisch-assyrischen § 6.
Sprachdenkmäler geschrieben sind, ist nach ihrer äusseren Form von links nach rechts laufende Keilschrift. Man bezeichnet so alle diejenigen Schriftarten, deren graphischer Grundbestandtheil ein sog. Keil ist, d. h. ein geradliniger Strich, welcher von einer vertieften dreiseitigen Pyramide mit nach unten gekehrter Spitze, oder, wie es sich bei graphischer Wiedergabe auf Papier darstellt, einem dreieckigen Kopfende und zwar von der (der Anfangsgrundlinie gegenüberliegenden) Spitze dieses Dreiecks ausläuft. Zu diesem wagerechten (𒀸), senkrechten (𒁹) oder schrägen Keil (𒀹, 𒀹, 𒀹) gesellt sich der stets nach rechts offene Doppelkeil oder sog. Winkelhaken (𒌋), welcher seinem Ursprung nach entweder ein einziges Dreieck mit doppelter Schenkelverlängerung oder das Ergebniss einer Verschmelzung zweier mit ihrem Kopfende unter einem Winkel sich berührender schräger Keile (𒌋) bez. Linien (<) ist.

Die schrägen Keile 𒀹 und 𒀹 finden sich nur in einigen babylonischen Zeichen, z. B. *ki*, *di*, *libbu*.

§ 7. Nach ihrem Ursprung ist die babylonisch-assyrische Keilschrift lineare Bilderschrift. Wohl sind die ursprünglichen Bilder, welche die zu veranschaulichenden Gegenstände in flüchtigen, vorzugsweise geradlinigen Umrissen malten, schon auf den ältesten (sog. archaischen) Schriftdenkmälern, deren Schriftzeichen unverkürzt den ältesten Formen sich nähern und die Linie noch ausschliesslich oder doch überwiegend verwenden, sowie in den altbabylonischen und altassyrischen Texten, in welchen Linien und Keile sich mischen, meist nur schwer erkennbar, und in der neubabylonischen und neuassyrischen Schrift, in welcher die Linie fast gänzlich dem Keil gewichen ist und die Schriftzeichen selbst infolge des immer allgemeiner gewordenen, zu immer cursiveren Zügen drängenden Schriftgebrauchs systematischer Vereinfachung verfallen sind, sind sie vollends unkenntlich geworden. Trotzdem liegt bei etlichen Schriftzeichen sonderlich in ihrer auf den Denkmälern von Tello erscheinenden Form das ursprüngliche Bild noch klar genug zu Tage, um den Bilderschriftcharakter der ältesten babylonischen Schrift ausser Zweifel zu setzen (s. einige Beispiele im 3. Anhang zur Schrifttafel § 9), wozu noch kommt, dass die einheimischen Gelehrten selbst solchen Ursprung der Keilschrift ausdrücklich bezeugen und auf Tafeln veranschaulicht haben. Die Vereinigung zweier oder mehrerer solcher einfachen Bilderzeichen oder Ideogramme, sei es (durch In- oder Übereinanderfügung) zu Einem geschlossenen neuen Zeichen oder zu einer Zeichengruppe ermöglichte die graphische Wiedergabe einer weiteren Reihe von Gegenständen und Begriffen. So ergab z. B. die Verbindung von Mund (Schrifttafel Nr. 39) und Speise (diese Bedeutung hat Nr. 84 auch) „essen“ (224), von Einhegung (206) und doppeltgesetztem Rind (250) „Hürde, Heerde“ (271); von Wasser (1) und Himmel (60) „Regen“ (1), von Wasser (1) und Auge (86) „Thräne“ (1). Zur Erkenntniss der zusammengesetzten Ideogramme muss selbstverständlich zumeist auf die ältesten Zeichenformen zurückgegangen werden: so ist die Bildung des Ideogramms für „Monat“ durch „Tag“ (26) und „dreissig“ und jenes für „Wildochs“ durch „Ochs“ und „Berg“ (176) aus den neuassyrischen Zeichengestalten (227. 53) nicht mehr ersichtbar, wohl aber aus den altbabylonischen (s. § 9 Anhang 3).

Jedes der einfachen und zusammengesetzten Ideogramme konnte naturgemäss zum Ausdruck mehrerer Wörter gleicher oder irgendwie verwandter Bedeutung (missbräuchlich wohl auch zur Bezeichnung gleich- oder ähnlich lautender, aber bedeutungsverschiedener Wörter) dienen: der Stern (60, s. § 9 Anhang 3) konnte auch den „Himmel“ (*šamû*) und den „Himmelsgott“ (*Anu*, עֱנוּ), ferner „Gott“ überhaupt (*ilu*) symbolisiren und, da sich für den Semiten mit dem Himmel (*šamû*) der Begriff des „hohen“ verband, obendrein für „hoch sein“ (*elû*) verwendet werden. Das Bild des Wassertropfens (1) konnte auch zum Ausdruck des Samentropfens und damit für zeugen, Erzeuger (Vater), Gezeugter (Sohn, *aplu*) u. s. w. dienen. Das Auge vereinigte leichtbegreiflich alle Nr. 86 angegebenen Bedeutungen in sich, neben „sehen“ (*amâru*) ausserdem auch „blicken“ (*dagâlu*) und andere Synonyme. Und dass die Sonnenscheibe (26) nicht allein die „Sonne“, sondern auch den „Tag“ und „hell sein“, „glänzen“, „Licht“ und andere Begriffe mehr bedeuten konnte, ist nicht minder leicht zu verstehen. — Ebenso konnte man auch mit den Zeichengruppen verfahren und z. B. die „Thräne“ (das Augen-Wasser, Nr. 1) die Begriffe weinen, seufzen u. s. f. bezeichnen lassen.

Der Keil ist hiernach im letzten Grunde keine wesentliche Eigenthümlichkeit der babylonisch-assyrischen Schrift. Es giebt noch viele alte Texte, in welchen die Schrift noch mehr oder weniger Linienschrift ist. Erst mit der zunehmenden Verwendung weichen Thons als Schreibmaterials und dem Gebrauch dreikantig-prismatischer, an ihrem Ende rechtwinklich abgeschnittener (hölzerner) Schreibgriffel kam die dreikantig-pyramidale Vertiefung als Kopfeinsatz der früheren einfachen Linien in Aufnahme: die Schriftzüge wurden dadurch bestimmter und klarer. Diesen keilförmigen Einsatz behielt man dann auch für hartes Material, obschon er hier eingemeisselt werden musste, um so lieber bei als sich die Keilschriftzüge gerade für Monumentalschrift vorzüglich eigneten.

Trotz der mehr als vierhundert Ideogramme und trotz zahlloser Zeichengruppen konnte solche rein ideographische Schrift ihren Zweck nicht erfüllen: sie war nicht allein vieldeutig, sondern konnte auch die Formbestandtheile der Wörter gar nicht oder nur höchst ungenügend zum Ausdruck bringen. Man that darum den weiteren Schritt, Ideogramme für Lautcomplexe von Consonant und Vocal (*mu*) oder Vocal und Consonant (*an*), aber auch solche von Consonant und Vocal und Consonant (*nab*, *tim*, *mul*) zu Zeichen für die betreffenden Sylben zu stempeln, und, allerdings unter Beibehaltung der Ideogramme sowohl wie der (fast ausschliesslich auf Nominalbedeutung beschränkten) Zeichengruppen, die ideographische Schrift zur Sylbenschrift zu entwickeln. Es lässt sich erwarten, dass vor und neben diesem Schriftsystem auch noch andere Versuche zur Ausbildung der Schrift gemacht wurden; indess zu allgemeinerer Geltung ist nur dieses hindurchgedrungen — trotz der Unvollkommenheiten, dass man auch die zu Sylbenzeichen verwendeten Ideogramme daneben noch als Ideogramme beibehielt, und dass man aus Einem Ideogramm, falls dieses mehrere kürzeste Wortwerthe aufwies, auch mehrere Sylbenwerthe herleitete: so aus dem Zeichen für „Haupt, Oberster, Anfang u. s. w." (131) *riš* (vgl. *rêšu* ‚Haupt') und *šaḳ* (vgl. *šaḳû* ‚hoch § 8 sein', *šâḳû* ,Officier'); aus dem die Haut (67) mit Wasser, Flüssigkeit (1) verbindenden Zeichen (101) *šun* (vgl. *šunnû* ,waschen') und *ruḳ* (vgl. *ruḳḳû* ,salben'); aus dem Ideogramm des Wildochsen (190) *rim* (vgl. *rîmu* ,Wildochs') und *lit* (vgl. *lêtu* ,Wildkuh'). Der naheliegende Schritt, die Zeichen für die zusammengesetzten Sylben ganz aufzugeben und (wenn auch unter Beibehaltung der Ideogramme) mit jenen für die einfachen Sylben sich zu begnügen, wurde nicht gethan. Erst in neubabylonischer Zeit bediente man sich mit immer grösserer Vorliebe der letzteren Schriftzeichen, aber auch nicht ausschliesslich und jedenfalls — zu spät.*) So stellt sich denn die babylonisch-assyrische Schrift ihrem Wesen nach dar als Wort- und Sylbenschrift zugleich, deren einzelne Schriftzeichen nicht nur Ein Wort und Eine Sylbe, sondern mehrere Wörter und Sylben bezeichnen können. Das Nähere ist aus der folgenden Schrifttafel zu ersehen.**)

---

*) Die in obigem § gegebene Darstellung der assyrischen Schriftentwickelung ist zu einem grossen Theil abhängig von des Einzelnen Stellungnahme zur „sumerischen" Frage. Diese letztere ist in § 25 eingehender besprochen.

**) Ich umschreibe ז *z*, ח (خ) *ḫ*, ט *ṭ*, ס *s*, צ *ṣ*, ק *ḳ*, שׁ *š*.

Schrifttafel. §9.

A. Zeichen für die einfachen Sylben.

Zeichen.	Sylbenwerthe.	Sinnwerthe. — Zeichengruppen.
1. [cuneiform]	a	mû Pl. mê ([cuneiform]) Wasser. mâru, aplu Kind, Sohn. — [cuneiform] zunnu Regen. [cuneiform], [cuneiform] Determinativ hinter Zahlen und Massen. [cuneiform] tâmtu Meer. [cuneiform] mîlu Hochwasser. [cuneiform] ugaru Flur. [cuneiform] eklu Feld. [cuneiform] dimtu Thräne, bakû weinen. [cuneiform] nâru Fluss, Kanal, Determ. vor Fluss- und Kanalnamen (auch vor ênu Quelle, agammu Sumpf). [cuneiform] oder [cuneiform] Idiklat, Diklat Tigris. [cuneiform] Purâtu Euphrat (s. auch Nr. 26). [cuneiform] iddû Erdpech, mit [cuneiform] kupru dass. ([cuneiform]) [cuneiform] âsû Arzt (bârû Seher, Magier).
2. [cuneiform]	i	na'âdu (Permansiv na'id) erhaben sein. — ([cuneiform]) [cuneiform] askuppu, askuppatu Schwelle.
3. [cuneiform]	e	

Zeichen.	Sylbenwerthe.	Sinnwerthe. — Zeichengruppen.
4.	ú	šam. — Längenmaſs ammatu (אַמָּה). Determ. vor Pflanzennamen. — Für ʾu, u s. Nr. 271.
5.	u	( ) Rammân der Donnergott.
6.	â	s. auch Nr. 38. — das „Wasserland" Umliâš.
7.	ʾa/i/u, a/i/u ʾ; ʾ	s. auch Nr. 271.
8.	ba	ḳâšu schenken.
9.	bi	k/ḳaš, kas. — šikaru berauschendes Getränk.
10.	be	bat/d; mit/t/d; (mut); til; ziz. — bêlu, enu Herr. labâru alt sein, labiru alt. ( ) mîtu Todter, pagru Leichnam. naḳbu unterirdischer Quell.
11.	b/pu	sir; g/k it. — ( ) arâku lang sein, arku lang; šadâdu ziehen.
12.	ab/p	
13.	ib/p	
14.	ub/p; ár	kibratu Himmelsgegend.
15.	ga	(taḫ). — našû aufheben.
16.	gi	ḳanû Rohr. — kênu wahr, treu. apparu Binsen, Meertang.

Zeichen.	Sylbenwerthe.	Sinnwerthe. — Zeichengruppen.
17.	gu	
18.	ag/k/k	
19. ,	ig/k/k	bašû sein.
20.	ug/k/k	
21.	d/t/a	
22.	d/t/i	šalâmu vollständig sein, II 1 unversehrt erhalten; šulmu Vollendung, Untergang (der Sonne). — dânu Richter. = Gott Šulmânu.
23.	du	k/k/g ub/p; (kin). — alâku gehen (, , mit dem Sylbenwerth lak, itallaku hin- und hergehen). kânu II 1 festsetzen, kênu fest, wahr.
24.	ad/t/t	abu (abû) Vater.
25.	id/t/t	idu Hand, Seite, Macht. — našru Adler. le'û mächtig. rêṣu Helfer, nararûtu Hülfe.
26.	ud/t/t; tú	tam, paṛ, la/h, his/s. — ûmu Tag, šamšu Sonne, piṣû weiſs. — aṣû herausgehen, aufgehen (von der Sonne). urru Licht. siparru Bronze. Stadt Larsam. Sip(p)ar, mit davor: Purâtu.

Zeichen.	Sylbenwerthe.	Sinnwerthe. – Zeichengruppen.
27.	z/sa	
28.	zi	napištu Seele, Leben. – imnu rechts; s. auch Nr. 163.
29.	zu	idû erkennen, wissen. – apsû Wassertiefe.
30.	az/s/ṣ	
31.	iz/s/ṣ	giš – iṣu Holz, Baum. Determ. vor Baum-, Holz- und (Holz)geräthnamen. – daltu Thürflügel. a-bu Schilfdickicht. sik(k)ûru Riegel. kirû Baumpflanzung. burâšu Cypresse. ḫaṭṭu Stab, Scepter. ašagu Dorn (ähnliches). ušû ein kostbares Holz. ṣillu Schatten, Schirm. eršu (iršu) Bett. ḳaštu Bogen. tuḳumtu Angriff, Kampf. (auch) narkabtu Wagen. tukultu Beistand, kakku Waffe; -karûnu ein kostbares Holz. er(i)nu Ceder. nîru Joch. (auch) kussû Thron. paššûru Schüssel, Schale.

Zeichen.	Sylbenwerthe.	Sinnwerthe. — Zeichengruppen.
32.	uz/ṣ/s	
33.	ḫa	nûnu Fisch. Determ. hinter Fischnamen.
34.	ḫi; ti	(šar). — (…) ṭâbu gut, fröhlich, ṭûbu Freude, Wohlsein. — … kuzbu überschwengliche Pracht.
35.	ḫu	pag/k, bag/k. — iṣṣuru Vogel. Determ. hinter Vögelnamen.
36.	aḫ/ḫ	für uḫ speciell dient …
37.	tu	šiklu Schekel.
38.	ia	oft bloßes a, weßhalb auch … und … mit … (N. 6) wechseln.
39.	ka	pû Mund. šinnu Zahn, spec. Elfenbein. — … suluppu Dattel.
40.	ki	auch für ḳi. — erṣitu (irṣitu) Erde, ašru Ort. itti mit. — … šaplu, šupâlû unten befindlich, šapliš Adv. unten. … (oder …) … Šumêr Sumer (שִׁנְעָר). … kinûnu Kohlenbecken. … karâšu Feldlager. … šubtu Wohnung. — Determ. hinter Städte- und Ländernamen.
41.	ku	auch für ḳu. dur; tuš; (ub/p). — tukultu Beistand. ṣubâtu Kleid; Determ. vor

Zeichen.	Sylbenwerthe.	Sinnwerthe. — Zeichengruppen.
		Kleidernamen. ašâbu wohnen.
42.	la	
43.	li	
44.	lu	t/ṭib — ṣabâtu nehmen. etêḳu I 1. 2 rücken, marschiren. ṣênu Kleinvieh (diesem Wort öfters determinativisch vorgesetzt). — Hausschaf. niḳû (?) Opferlamm.
45.	al	
46.	il	
47.	el	
48.	ul	
49.	ma	mâtu Land.
50.	mi	mûšu Nacht. ṣalmu schwarz.
51.	me	šip/ḅ, sip.
52.	mu	šumu Name. zakâru nennen, sprechen; zikru Name. In Eigennamen auch nadânu geben. — ( ) šattu Jahr.
53.	am	rîmu Wildochs. — pîru Elephant (Elfenbein).
54.	im	šâru Wind, Himmelsgegend. — šûtu Südwind, Süden; ištânu, iltânu Norden;

Zeichen.	Sylbenwerthe.	Sinnwerthe. — Zeichengruppen.
		aharrû Westen; šadû Osten. urpatu, erpitu (irpitu) Gewölk. zû Sturmwind. na-'id erhaben.
55.	um	
56.	na	
57.	ni	z/ṣal. — šamnu Fett, Öl, auch Öl. — ḫimêtu Milchrahm. i-lu Gott. Stadt Dilmun.
58.	ne, ṭe	b/p/pil, k/ḳum (babyl. auch bi). — išâtu Feuer (auch). eššu neu. Auch hat den Sylbenwerth b/p/pil und die Bed. eššu neu.
59.	nu	lâ, ul nicht. ṣalmu Bild. — ni-šakku Bevollmächtigter, Machthaber, Fürst u. dgl.; vgl. Nr. 68.
6a	an	ilu Gott; Determ. vor Gottheitsnamen. ša-mû Pl. šamê (meist mit phon. Complement geschrieben) Himmel. — () Nergal, auch der Pestgott. , (), mit Ligatur Bel; davon () Stadt Nippur. , Adar. parzillu Eisen.

Zeichen. | Sylbenwerthe. — Sinnwerthe. — Zeichengruppen.

išâtu Feuer (urspr. der Feuergott). , gewöhnlich , auch ( ) Nergal. , Ištar (Nanâ), gewöhnlich (mit Ligatur) und Ištar. , Igigê, die Geister des Himmels. ( ), Nabû Nebo. , Mondgott Sin; ders., auch Nannaru genannt. Gibil der Feuergott. Nusku. , gewöhnlich oder (selten) Mar(u)duk Merodach. lamassu schützender Genius; (auch mit folgendem) šêdu Stiergott. , auch (d. i. Bêl ni-me-ki) und Ea (Ἀός). , auch Šamaš. , ( ) Gott Aššur; davon Aššûr Assyrien. Rammân (westländisch Daddu, Addu = הֲדַד); s. auch Nr. 5. Adar, Nergal (beide so geschrieben als âlik maḫri). Bêlit. Mâlik (aber auch die Gemahlin des Sonnen-

Zeichen.	Sylbenwerthe.—	Sinnwerthe.— Zeichengruppen.
		gottes) — Ni-sa-ba Gerste (? oder Hirse ?); aš-na-an Weizen — anaku Blei. elû oben befindlich. opp. elat (Höhe) opp. išid (Tiefe) šamê (Süd opp. Nord ?). ṣalûlu Schatten, Schirm. adâru (atalû) Verfinsterung (z. B. von Sonne und Mond).
61.	in	auch .
62.	en	bêlu, enu Herr. adê (adî) bis. — ḳuṣṣu Kälte (gemäß Jensen). s. Nr. 60. wahrsch. ḫazannu Stadtherr.
63.	un	nišu Volk, Pl. nišê ( ) Leute, Männer. zikrêti Frauen.
64.	sa	
65.	si	ḳarnu Horn. — šigaru Thürschloß. šutêšuru (ישׁר) rechtleiten.
66. ,	se	(šum) — nadânu geben, schenken.
67.	su	kus[?]; (ṭuk) — mašku Haut. zumru Leib. erêbu vermehren. — ḫušâḫu Hungersnoth.
68.	pa	ḫaṭṭ — išša[k]ku Bevollmäch-

Zeichen.	Syllbenwerthe.	Sinnwerthe. — Zeichengruppen.
		tigter, Machthaber, Fürst u. dgl.; vgl. Nr. 59.
69. [cuneiform]	pi	(me; ma, auch [cuneiform]; a; tu; tal). — uznu Ohr, Sinn; auch [cuneiform].
70. [cuneiform]	pú	(tul). — bûru Brunnen, Cisterne.
71. [cuneiform]	ṣi	
72. [cuneiform]	ṣu	(zum; rik).
73. [cuneiform]	ḳa	ein Maſs (Unterabtheilung von [cuneiform]).
74. [cuneiform]	ḳi	k/ḳin. — šipru Sendung, Brief.
75. [cuneiform]	ḳu	ḳum.
76. [cuneiform]	ra	raḫâṣu überschwemmen.
77. [cuneiform], [cuneiform]	ri	t/ḍal.
78. [cuneiform]	ru	šub/p. — nadû werfen, legen.
79. [cuneiform]	ar	vgl. Nr. 14.
80. [cuneiform]	ir	
81. [cuneiform]	er	âlu Stadt; Determ. vor Städtenamen.
82. [cuneiform]	ur	lik/ḳ; taš/ṣ, das; tiš/ṣ; (tan). — [cuneiform] [cuneiform] nêšu Löwe. [cuneiform] [cuneiform] [cuneiform] aḫû Schakal. [cuneiform] [cuneiform] kar(ra)du stark, tapfer. [cuneiform] [cuneiform] kalbu Hund.
83. [cuneiform]	úr	išdu Fundament, Beine, Lenden.
84. [cuneiform]	ša	gar. — šakânu setzen, machen; šitkunu gelegen, gemacht; ([cuneiform]) [cuneiform] šaknu Statthalter. šarâku schenken. — [cuneiform] [cuneiform] ḳâšu schenken

Zeichen.		Sylbenwerthe. — Sinnwerthe. — Zeichengruppen.
		(vgl. Nr. 8). kudûru Grenze, Gebiet. bušû Habe, Schatz.
85.	šá	
86.	ši	lim, (ini). — ênu (înu) Auge. pânu Antlitz; pâni vor. maḫru Vorderseite; maḫri vor. amâru sehen. — barû sehen.
87.	še	šêu Getreide. () magâru, magiru günstig (sein); šemû gehorsam, zugethan. — šamaššammu Sesam. eṣêdu erndten.
88.	šu	kiššatu Schaar, Gesamtheit. šanîtu Mal.
89.	šú	ḳat, kat. — kâtu Hand; auch . — () Bâbilu Babylon. ubânu Finger(spitze), Felsspitze. šuklulu vollkommen. () šêbu Greis, Ältester.
90.	aš	ein Maß.
91.	áš	rum; dil. — ina in. Abkürzung für Aššûr Assyrien: () (); in Personennamen auch für Gott Aššûr, nadânu geben und aplu Sohn.
92.	iš	mil. — epru Staub.
93.	eš	s/zin. — purussû Entscheidung.
94.	uš	nit. — zik(a)ru männlich. šuššu Zahl 60.

Zeichen.		Sylbenwerthe. — Sinnwerthe. — Zeichengruppen.
95.	ta	ištu, ultu aus. (itti mit, ina in, in Begleitung von). — s. Nr. 1.
96.	ti	balâṭu, balṭu leben, lebendig.
97.	te	ṭaḫû sich nähern. — gallû Teufel.
98.	tu	vgl. Nr. 26. — erêbu eintreten. summatu Taube.

B. Zeichen für die zusammengesetzten Sylben

mit Ausschluss der unter A genannten.

Zeichen.	Sylbenwerthe. — Sinnwerthe. — Zeichengruppen.
99.	ḫal. — eine Priesterclasse (šêbu Magier ?).
100.	muk/ḳ; (puk).
101.	šun, šin, ruk/ḳ.
102.	b/pal, (b/pul). — palû Regierungsjahr, -zeit, Regierung. nabalkutu überschreiten. enû beugen. naḳû ausgiefsen, opfern. — Aššûr Stadt Assur.
103.	gir, häufiger ád/ṭ. — paṭru Dolch. — wohl zuḳaḳîpu, aḳrabu Scorpion. birḳu Blitzstrahl.
104.	b/pul.
105.	tar (ṭar), k/ḳut, ḳud, šil, ḫas, (gug). — naḳâsu

Zeichen.	Sylbenwerthe. — Sinnwerthe. — Zeichengruppen.
	abhauen. parâsu entscheiden. sûķu Strafse. — [cuneiform] rêbitu Platz, Marktplatz.
106. [cuneiform]	naķ/k/g.
107. ([cuneiform]	ķal).
108. [cuneiform]	šaḫ (šiḫ). — šaḫû eine bestimmte wilde Thiergattung.
109. [cuneiform]	maḫ. — ṣîru erhaben, rabû, maḫḫu grofs.
110. [cuneiform]	b/p ab/p; ķ/k ur. — nakru feindlich, Feind. In Personennamen auch aḫu Bruder, naṣâru beschützen. Summirungszeichen (in Summa), gleichbedeutend mit [cuneiform].
111. [cuneiform]	ķat/d. — Vgl. Nr. 121. (ķaṣâru bewahren).
112. [cuneiform]	šir.
113. [cuneiform], [cuneiform]	ķ/k/g ul; zir. — zêru Same, Nachkommenschaft.
114. [cuneiform]	bar (par); maš/s. — ašarêdu erster, oberster. parâsu entscheiden. — [cuneiform] ṣabîtu Gazelle.
115. [cuneiform]	ķ/g un. — zibbatu Schwanz.
116. [cuneiform]	nam, sim. — šîmtu Geschick, Bestimmung. — [cuneiform] sinûntu Schwalbe. [cuneiform] ([cuneiform]) [cuneiform] bêl paḫâti, pâḫâtu, šalaṭ Statthalter, Machthaber.
117. [cuneiform]	mut/d.
118. [cuneiform]	rat/ṭ/d.
119. [cuneiform], [cuneiform]	nun, z/ṣ il. — rubû (rabû) grofs, hehr, ([cuneiform]) [cuneiform] rubûti Magnaten. — [cuneiform] abkallu der

Zeichen.	Sylbenwerthe.—Sinnwerthe.—Zeichengruppen.
	die Entscheidung hat.
120.	kab/p, gap; selten ḫup/b, wofür dient.—šumêlu links.
121.	kat/d (auch , und vgl. Nr. 111), gat; k/ḳ/g um.—kitû ( ) ein Kleiderstoff.
122.	t/ḍ im.
123.	mun.—ṭâbtu Gutes, Wohlthat (doch auch dâbtu mit verschiedenen Bedd.).
124.	š/s ur.
125.	suḫ.
126.	kar; (kan).
127.	tik/ḳ.—kišâdu Hals, Nacken; Ufer (auch aḫu).— Kûtu Kutha.
128.	t/ṭ/d ur.
129.	g/k ur.—târu zurückkehren, II 1 wegführen, zurückbringen, machen.
130.	ṭar; (dir).
131.	šak/ḳ; riš/s.—rêšu Haupt; Anfang. ašarêdu, rêštû erster, oberster.— kaḳḳadu Haupt. ašarêdu. ( ) šâḳû, rêšu Officier, ( ) rab-šâḳ(ê) Oberofficier.
132.	d/ṭ ir.

Zeichen:	Sylbenwerthe. — Sinnwerthe. — Zeichengruppen.
133.	tap/b, ṭab, dap.
134.	tak/g; šum. — lapâtu umstürzen.
135.	nab/p.
136.	mul. — kakkabu Stern; Determ. vor Sternnamen.
137.	dup. — duppu Tafel. šapâku, tabâku ausgieſsen.
138.	k/gan, (kam). — Determ. hinter Ziffern. — ḫêgallu Überfluſs.
139.	tur (ṭur, dur). — ṣaḫru, ṣiḫru klein. mâru Kind, aplu Sohn. — aplu Sohn. — mârtu, bintu Tochter.
140.	rap/b.
141.	š/sar, šir, ḫir. — šaṭâru schreiben.
142.	kas, raš/s. — ḫarrânu Straſse, Feldzug. šinâ zwei. — Doppelstunde, Meile. illatu Macht, Kriegsmacht.
143.	gab/p, ḳab (ḳap), d/ṭaḫ, d/ṭuḫ. — paṭâru spalten, lösen. irtu Brust. — mâḫiru, šâninu Rival; maḫru(?) Abschrift.
144.	t/daḫ.
145.	zik, (ṣip).
146.	gaz/s, (kas). — dâku tödten; dîktu gefallene Mannschaft; tidûku Tödtung, Morden.
147.	ram. — râmu lieben.

Zeichen.	Sylbenwerthe. — Sinnwerthe. — Zeichengruppen.
148. [Keilschrift]	t/d um; (ib; tun).
149. [Keilschrift]	šim; rik/ḳ. — riḳku Wohlgeruch.
150. [Keilschrift]	k/ḳ ip/b.
151. [Keilschrift]	tak/ḳ, (dak) — abnu Stein; Determ. vor Steinnamen. — ([Keilschrift]) [Keilschrift] narû Steintafel. [Keilschrift] parûtu(?) Alabaster(?), weißer Marmor(?). [Keilschrift] kunûku Siegel. [Keilschrift] ugnû Krystall(?).
152. [Keilschrift]	k/ḳ ak/ḳ; dá. — epêšu machen, banû schaffen; binûtu Geschöpf. kâlu all. — [Keilschrift] kâlâma allerhand.
153. [Keilschrift]	mal.
154. [Keilschrift]	dak/ḳ/g, (tak); (par).
155. [Keilschrift]	šab/p, sap.
156. [Keilschrift]	sib/p. — rê'û Hirt.
157. [Keilschrift]	mar. — [Keilschrift] ([Keilschrift]) mât aḫarrê Westland.
158. [Keilschrift]	duk; lut/ṭ/d. — Determ. vor Gefäßnamen.
159. [Keilschrift]	k/ḳ/g it, kid; saḫ, siḫ; lil.
160. [Keilschrift]	rit/d; šit/d; lak/ḳ; mis/ṣ/z; (kil). — minûtu Zahl. ([Keilschrift]) [Keilschrift] šangû Priester.
161. [Keilschrift]	lap/b/ḫ; riḫ. — sukkallu Bote.
162. [Keilschrift]	kal; rib; lab/p; (lib/p); d/t an. — dannu mächtig. ([Keilschrift]) [Keilschrift] edlu Herr. — [Keilschrift] bez. [Keilschrift]

Zeichen. — Sylbenwerthe. — Sinnwerthe. — Zeichengruppen.

batûlu bez. batûltu junger Mann, Jungfrau.

163. bit/t, pit; (e). — bîtu Haus. — ekallu Palast. ( ) althergebrachte Schreibung (e-sag-ila) des Merodachtempels in Babylon, althergebrachte Schreibung (e-zi-da) des Nebotempels Bît kênu in Borsippa. kallâtu Braut. igâru Wand.

164. nir.

165. šiš/s, sis. — aḫu Bruder. naṣâru beschützen. — Ûru Stadt Ur.

166. zak/ḳ. — imnu rechts. pûtu Seite, Zugang.

167. ḳar (gar).

168. lil.

169. g/kal. — rabû groſs.

170. b/piš; k/ḳir.

171. mir. — agû Krone. ezzu furchtbar.

172. b/pur.

173. d/tub.

174. lul; lib/p; lup; paḫ; nar. — Musiker (zammêru?).

175. g/kam; gur.

176. kur; mat/d; šad/ṭ; lat; nat. — mâtu Land. šadû

Zeichen. Sylbenwerthe.— Sinnwerthe.— Zeichengruppen.

Berg, Gebirg. Determ. vor Länder- und Gebirgsnamen. kašâdu erobern, besiegen. napâḫu emporsteigen, von der Sonne.

177. šud/t; sir.— rûḳu fern.

178. ṣir; muš.— ṣêru Schlange.

179. tir.—( ) kîštu Wald.

180. kar.— kâru Veste.

181. liš/s.

182. ṣab/p, zab; b/p ir; la/i ḫ.— ṣâbu Krieger, Pl. Leute.— ( ), auch ( ) ummânu Pl. ummânâti Heer, Truppen. narar u, nirar u Helfer.

183. zib/p, sip.

184. kam; ḫam.— Determ. hinter Ziffern, bes. Ordinalzahlen. ummâru, diḳâru großes Trinkgefäß.

185. (ḫuš; ruš.— ezzu furchtbar).

186. (ṣun).— ma'adu viel.

187. b/p ir.

188. ḫa/i/u r; mur; kin.

189. muḫ.— eli auf, über.

190. lit/t/d; rim.

191. kiš/s, kiš.— kiššatu Schaar, Gesamtheit.

Zeichen.	Sylbenwerthe. — Sinnwerthe. — Zeichengruppen.
192.	g/ḳ ul, sun.
193.	ni/ḳ m, (tum, auch). — (ki) Elamtu Elam.
194.	lam.
195.	z/ṣ ur.
196.	ban, pan. — Für s. Nr. 31.
197.	kim. — kîma gleichwie.
198.	ḫul. — limnu böse.
199.	tul. — tillu Hügel, Schutthaufen.
200.	d/ṭ in. — balâṭu leben. — Bâbilu.
	s. Nr. 219.
201.	dun, š/s ul.
202.	pad/ṭ/t, šuk.
203.	man, niš. — šarru König. Šamaš Sonne.
204.	d/ṭ iš, tiz/s/ṣ. — ana nach. Determ. vor nn. pr. m.
205.	lal, (lá). — šaḳâlu wägen. ṣamâdu anschirren, ṣimittu Gespann.
206.	k/ḳ il, rim, (rin), ḫal/ḫ, kir.
207.	z/ṣ ar.
208.	b/p ul.
209.	zuk/ḳ, suk.
210.	miš. — Pluralzeichen.
211.	šik. — Determ. vor Kleiderstoffen.

Zeichen.	Sylbenwerthe. — Sinnwerthe. — Zeichengruppen.
212.	s/ṣ/z al; rak/g. — Determ. vor nn. pr. f. Adjectiven vorgesetzt, bildet es Neutra, z. B. limuttu das Böse. Daher dann Ideogr. für das neutrische und weiter auch das persönliche Indefinitpronomen: (phon. Compl.), meist mamma irgend einer, mimma irgend etwas.
213.	nin. — bêltu Herrin (bêlu Herr). aḫâtu Schwester.
214.	d/ṭ am. — aššatu, ḫîrtu Frau, Gemahlin.
215.	nik/ḳ.
216.	lum; ḫum; (kus; gum).
217.	tuk/ḳ. — išû sein, haben.
218.	gug.
219.	s/ẓ ik, šiḳ; (pik/ḳ).

C. Ideogramme

mit Ausschluss der unter A und B genannten.

Zeichen.	Sinnwerthe. — Zeichengruppen.
220.	(zusammengezogen aus und). () Gott Ašûr (Nr. 60); bez. Stadt bez. Land Aššûr.
221.	šaptu Lippe.

Zeichen.	Sinnwerthe. — Zeichengruppen.
222.	taḫâzu Schlacht. Auch .
223.	lišânu Zunge, Sprache. Šumêr.
224.	akâlu essen.
225.	puḫru Gesamtheit.
226.	zikaru, ardu Mann, Diener, Knecht.
227.	arḫu Monat. — Nîsânu, — Âru, — Sîmânu, — Du'ûzu, — Âbu, — Ulûlu, — Tišrîtu, — Araḫ-sâmna, — Kislîmu, — Ṭebêtu, — Šabâṭu, — Addaru.
228.	ebûru Feldfrucht.
229.	uššu Grund, Fundament. (Sylbenwerth pin). — () nartabu Bewässerungsanlage.
230.	ṣibtu Einnahme, Eigenthum. — bûlu Vieh. šuttu Traum.
231.	in , auch eribû Heuschrecke.
232.	biltu Steuer. Talent.
233.	meist elippu Schiff. (Sylbenwerth má). — () malaḫu Schiffer.
234.	arba', erbitti (irbitti) vier.
235.	erû Kupfer.
236.	bâbu Thor. (Sylbenwerth ka(n)). — abullu Stadtthor. () () Bâbilu Babylon.
237.	mit folgendem Ninua, Ninâ Ninive.

Zeichen.	Sinnwerthe. — Zeichengruppen.
238.	auch šarru König.
239.	dûru Mauer.
240.	ṣêru, edinu Ebene, Feld; mißbräuchlich ṣîr wider.
241.	šîru Fleisch, Leib; Determ. vor Körpertheilen, Auch Zeichen, Omen.
242.	mit folgendem Uruk (Arku) Erech.
243.	išdu Fundament.
244.	imêru Esel (auch); auch ein Maß (חֹמֶר?). — atânu Eselin. purîmu Wildesel. sîsû Pferd. parû Farre. gammalu Kamel. Maulthier? Determinativisch vorgesetzt findet sich bei gam-mal, uduru Dromedar, murnisku Roß, u.a.
245.	arkû späterer, nachmaliger; arki Praep. hinter, nach.
246.	karanu Wein.
247.	rapâšu weit sein, rapšu weit, breit; ummu Mutter.
248.	kisallu Fußboden. Vgl. auch Nr. 57.
249.	auch mit Determ. gušuru Balken.
250.	alpu Rind, Stier.
251.	târu zurückkehren. (Sylbenwerth gi).
252.	ezzu furchtbar. Vgl. auch Nr. 60.
253.	amêlu Mensch, Mann; Determ. (auch ,) vor Stammes- und Berufsnamen.

Zeichen.	Sinnwerthe. — Zeichengruppen.
254.	ḳablu Mitte, Treffen, Kampf.
255.	parakku Allerheiligstes, Throngemach. (Sylbenwerth bar)
256.	bêltu Herrin.
257.	ṣalmu Bild.
258.	mit vorhergehendem oder folgendem Akkadû Land Akkad.
259.	libbu Herz, Mitte. — ( ) (auch) Stadt Assur. Urenkel (auch Enkel), Abkömmling.
260.	niḳû Trankopfer, Opfer.
261.	šêpu Fuß; auch ; Praep. am Fuß von etw., unter. — Gebeine. ( ) šaknanâku Machthaber.
262.	kabtu schwer, angesehen. Vgl. auch Nr. 54.
263.	marṣu krank, arg, beschwerlich. murṣu Krankheit.
264.	nabû kundthun. Sylbenwerth pá).
265.	tukultu Beistand, Helfer. — abarakku Großvezier. Concubine.
266.	damḳu gnädig, günstig. dumḳu Gunst.
267.	Copula u (û) und. (Sylbenwerth u).
268.	û das nämliche; Wiederholungszeichen.
269.	ellu glänzend, rein. — ḫurâṣu Gold. kaspu Silber.
270.	imnu rechts. Vgl. auch Nr. 60.
271.	(Sylbenwerth 'u, u). — ṣênu Kleinvieh.

Zeichen.	Sinnwerthe. – Zeichengruppen.
272. ,	šarâpu verbrennen. ḳilûtu Verbrennung.
273.	libittu lufttrockener Ziegel. – agur- zu gebrannter Backstein.
274.	Ziffer 2 (šinâ). Oft den Ideogrammen für paarweis vorhandene Körpertheile, wie , , nachgesetzt. Wiederholungszeichen (wie Nr. 268).
275.	šumêlu links.

Anhänge.

1) Ziffern: 1 (ištên eins), , , , , (Sylbenwerth aš), , oder , , 10, 11, , , , ; 1 šûšu oder Sosz 60, 70, 80 (oder), 100, 200, 1000, 2000;

2) Ausgewählte neubabylonische Zeichenformen: 2. . 8. . 9. 14. . 15. . 18. . 25. . 29. . 39. . 40. u. ä. 43. . 44. . 61. u. ä. 78. . 95. . — 103. . 105. u. ä. 122. . 131. , 151. . 158. . 161. . 163. . 165. . 176. . 178. . 179. . 187. oder . 196. . 197. . 200. , . — 226. u. ä. 227. . 236. . 238. . 244. u. ä. 253. . 259. .

3) Einige archaische und altbabylonische Zeichenformen: 23. arch. (vertical betrachten!). 60. arch. , altb. . 89. arch. , altb. . 175. arch. . 87. . 206. . 250. . — 53. arch. , altb. . 227. altb. .

Zur Vocalschreibung. — Der in den assyrischen Sylbenzeichen enthaltene Vocal kann an sich als kurz oder lang gefasst werden. Auch die Zerlegung der geschlossenen Sylben wie *kar, kir, kur* in *ka-ar, ki-ir, ku-ur* deutet nicht etwa auf Länge des Vocals. Soll ein Vocal als lang besonders gekennzeichnet werden, so geschieht dies bei offenen Sylben des Wortin- und -auslauts durch Beifügung des Zeichens für den betreffenden einfachen Vocal (*a, i, e* oder *u*): man schreibt also entweder *li-ša-nu* oder *li-ša-a-nu* ‚Zunge', *ni-ru* oder *ni-i-ru* ‚Joch', *be-lu* oder *be-e-lu* ‚Herr', *nu-nu* oder *nu-u-nu* ‚Fisch'; man schreibt *la* und *la-a* ‚nicht', *ma-ḫa-za* ‚Städte' und *še-la-ša-a* ‚dreissig', *ki-i* ‚wie, als', *mal-ke* ‚Fürsten' und *mu-u'-di-e* ‚Mengen'. Die Verbalendungen des Praes., Praet., Perm., Imp.: *î* (2. f. Sing.), *û*, *â* werden, wenn sie den Wortauslaut bilden und dann allem Anschein nach unbetont sind, niemals *plene* geschrieben: man schreibt wohl *ik-šu-du-u-ni*, aber niemals anders als *ik-šu-du*, *ik-ka-lu*, *šit-ku-nu*. Dagegen finden sich die § 38, a erwähnten, durch Contraction entstandenen langen Vocale im Wortauslaut nur selten defectiv geschrieben, etwa *kus-si* statt *ku-us-si-e* ‚des Thrones'; *ḳa-bi* statt *ḳa-bi-e* ‚reden' (Nimr. Ep. 48, 178). In geschlossenen Sylben des Wortin- und auslauts werden *î, ê, û* so gut wie nie besonders bezeichnet (*ši-im-tu* ‚Geschick', *i-šim* ‚ersetzte § 10.

fest'; *be-el-tu* ,Herrin', *i-be-el* ,er herrschte'; *pu-ur-tu* ,Wildkuh', *i-du-uk* ,er tödtete'); nur bei *â* finden sich neben einander die Schreibungen *tam-tu* und *ta-a-am-tu* ,Meer', *da-an* und *da-a-an* Perm. ,er ist Richter' u.a.m. Im Wortanlaut ist bei offenen (wie geschlossenen) Sylben die nämliche Längenbezeichnung möglich, wenn der Hauchlaut geschrieben wird: vgl. *'a-a-ru* ,ausgehen' = *'âru*, *'u-ú-ru* ,senden' = *'ûru* (= *urru*) — vgl. auch *tu-'a-a-mu* d. i. *tu-'â-mu* ,Zwilling' —, doch sind diese Schreibungen selten. Da man vielmehr auf Schreibung des Hauchlauts im Wortanlaut zumeist verzichtet (s. § 20), musste man auch auf die Längenbezeichnung verzichten: man schreibt also *a-ši-pu* ,Beschwörer', *i-nu*, *e-nu* ,Auge', *ú-ru* ,Blösse'. Besondere Beachtung verdient, dass die Vorfügung des betr. blossen Vocalzeichens, welche sich nicht selten bei geschlossenen Sylben des Wortanlauts findet, durchaus nicht Länge des anlautenden Vocals bedingt: dass die st. constr.-Formen *a-ar* (vom Inf. *âru*, St. אור), *a-al* ,Stadt', *i-in* ,Auge' als *âr, âl, în* zu fassen sind, lehrt die Etymologie, nicht die Schrift; denn trotz der Schreibungen *i-iš-ta-lal* ,er plünderte' (VR 55,43), *a-a i-in-nen-na-a* ,nicht werde unterdrückt', *e-en-tu* ,Herrin', *u-uš-ziz* ,ich stellte auf', *u-ul* ,das Höchste', auch ,nicht', und trotz der vor allem bei Nebukadnezar und seinen Nachfolgern so beliebten Schreibweisen wie *e-eš-ši-iš* ,neu'

(Adv.), *e-ek-du* ‚jugendkräftig', *e-ep-ti-iḳ* ‚ich baute' ist der anlautende Vocal aller dieser Wörter kurz. Auch in *ki-a-am* ‚also', *ti-a-am-tu* ‚Meer', scheint der eingefügte Vocal mehr zur Hervorhebung des Hauchlauts bez. des Hiatus zu dienen als zur Längenbezeichnung. — In ganz besonderer Weise hat die Schrift nur auf Hervorhebung des langen *â* Bedacht genommen; s. hierfür das Nähere in §§ 13 und 14.

Sehr häufig ist die Länge eines Vocals an der Doppelschreibung des nächstfolgenden Consonanten zu erkennen: in der Aussprache tritt ja oft solche Compensirung einer Vocallänge durch Schärfung des unmittelbar folgenden Consonanten ein (vgl. den hebr. Artikel .הַ = הָ; .שֶׁ = *šâ*; צִצִּים Pl. von צִיץ), syllabische Schrift war aber der Wiedergabe der Wörter nach deren lebendigen Aussprache besonders günstig. Daher *ru-uḳ-ḳu* ‚fern' = *rûḳu*, *ur-ru* ‚Licht' = *ûru*, *Ṣi-du-un-nu* = צִידוֹן, *Lu-ud-du* = לוּד, *ḳurbannu* קָרְבָּן, *ba-ba-at-te* ‚die Thore' = *bâbâti*, *pa-nu-uš-šu* ‚sein Antlitz', *ṭa-ba-aḫ-ḫu* Inf. ‚schlachten' (IV R 68, 33 a), *i-na-ar-ru* ‚sie bezwingen' = *inârû*, *mu-ni-iḫ-ḫa* Sams. III 29 und *mu-ni-ḫa* ibid. IV 23. Fälle wie *iṣṣanundu* = *iṣṣanûdu* (§ 52) beweisen, dass hier nicht bloss eine graphische Besonderheit vorliegt. § 11.

In der Beurtheilung der Doppelschreibung eines Consonanten, soweit sie nicht durch die Form selbst gefordert ist, ist Vorsicht geboten, da sie nicht nur in der Länge des vorausgehenden Vocals, sondern auch in des letzteren Betonung (§ 53), ja auch bloss in Ungenauigkeit der Schreibung bez. zu grosser Anlehnung an die lebendige Aussprache (§ 22) begründet sein kann.

§ 12. Treffen die beiden Vocale *i* und *a* unmittelbar zusammen, was hauptsächlich bei einem Gen. Sing. mit pron. suff. der 1. Pers. Sing. (*i-a*) der Fall ist, so werden sie gerne zu Einem Zeichen *ia* (s. § 9 Nr. 38) verbunden: vgl. *aḫi ta-lim-ia* ‚meines leiblichen Bruders' (VR 62 Nr. 1, 22. 26). Folgt *ia* auf ein Ideogramm, so kann das *i* gleichsam als phonetisches Complement (s. § 23) gelten: *zêr-ia* ‚meiner Familie' (Beh. 3), d. i. *zêri-a*. Ist aber der *i*-Vocal bereits geschrieben, wie z. B. *bi-ti-ia* ‚meines Hauses', so steht das *i* von *ia* rein pleonastisch oder mit andern Worten: das Zeichen *ia* vertritt den einfachen *a*-Vocal. Vielleicht rührt eben von dieser Schreibweise des Pronominalsuffixes der 1. Pers. Sing. die auf den ersten Blick befremdende Thatsache her, dass auch sonst das Zeichen *ia*, trotzdem es — wenigstens in der § 9 Nr. 38 vorangestellten Form — seine Zusammensetzung aus *i* + *a* klar erkennbar zur Schau trägt, für den *a*-Vocal schlechthin gebraucht wird: so stets nach Pluralformen auf *ê*, z. B. *ûmê-ia* d. i. *ûmê'a* ‚meine Tage'; vgl. weiter *ir-ba-'a-ia*, Var. *ir-ba-'-a*, gewiss *irba'â* (*erba'â*) ‚vierzig'; *rê'-ia* ‚Hirt' = *rê'-a* (Tig. I 34); *ka-ia-an* (IV R 45, 42) Perm. von כון, gewiss = *kân*, wie *da-a-ri* Perm. von דור; *ia-u* und *ia-nu* ‚wo?‘, letzteres = *ânu*, hebr. אָן, *ia-um-ma* ‚irgend jemand‘ = *a'umma.* Siehe auch § 14 und vgl. § 41.

§ 13. Eine Sonderstellung in der Bezeichnung der langen Vocale nimmt *â* ein (s. § 10 Schluss), insofern für diesen Vocal ein eigenes Zeichen, nämlich ein doppeltes *a* (s. § 9 Nr. 6), im Schriftgebrauch üblich geworden ist, ohne jedoch die in § 10 besprochenen Bezeichnungsweisen zu verdrängen. Beispiele für den Anlaut: †*a-a-u* = *â-u* Name des Zeichens *a*; †*a-a-ši* = *âši* ‚was mich betrifft‘, Pron.; *a-a-nu* = *ânu* ‚wo?‘ (s. § 12 Schluss); — In- und Auslaut: †*ta-a-a-ra* (V R 35, 11) ‚Barmherzigkeit‘ (sprich *târa*) neben *ta-a-ru* (V R 21, 54 a); †*ta-a-a-ar-tu* ‚Rückkehr‘ (sprich *târtu*) neben *ta-a-ar-tu, ta-ia-ar-tu,* sämtlich = *târtu* st. cstr. *ta-rat*; Thiername †*na-a-a-lu* und *na-a-lu* d. i. *nâlu*; †*ka-a-a-nu,* ‚beständig‘, †*ka-a-a-ma-nu* ‚ewig‘, †*da-a-a-nu* ‚Richter‘ neben *ka-ia-nu, ka-ia-ma-nu, da-ia-nu* (sprich *kânu, kâmânu, dânu*); †*ṣa-a-a-i-du* ‚jagend‘ neben *ṣa-i-du,* beides = *ṣâ'idu,* wonach *da-a-a-i-ik* ‚tödtend‘, Fem. *da-a-a-ik-tu,* u. a. Formen m. *dâ'iku, dâ'iktu* zu lesen sind; †*ba-a-a-ar-tum* Part. Qal (Form wie *râmtu,* IV R 57, 46 a); †*ka-a-a-an* Perm. von כון, neben *ka-ia-an* (§ 12); †*u-ka-a-a-an* neben *u-ka-a-an, u-ka-an,* sämtlich = *ukân* ‚er setzt fest‘; †*Ḫa-za-ḳi-a-a-u,* ‚Hiskia‘ (Lay. 61, 11); Land †*Na-ba-a-a-ti* = *Naba'âti* (נְבָיוֹת) und dann

Nabâti; Stamm *Ḫa-a-a-ap-pa-a* neben *Ḫa-ia-pa-a* = *Ḫa'âpâ* (hebr. עיפה), *Ḫâpâ*; †*u-ḳa-a-a* = *uḳâ* ‚er wartet' (*u-ḳa-a-a-ki* = *uḳâki* ‚er wartet auf dich', *u-ḳa-a-a-u* = *uḳâ'û* ‚sie warten'); Kamele *ša* †*šú-na-a-a*, d. i. *šunâ* (*šunnâ*) *ṣe-re-ši-na* ‚mit gedoppeltem Rücken' (Lay. 98, I. III); Fluss *U-la-a-a* und *U-la-a* = *Ûlâ* (אוּלַי); Göttin *Na-na-a-a* und *Na-na-a* (sogar *Na-na*) = *Nanâ* (Ναναία); daher wohl auch die Volks- und Landesnamen *Ma-da-a-a* und *Man-na-a-a* (trotz hebr. מָדַי, מִנִּי) *Madâ* (*Mâdâ*) und *Mannâ* zu lesen (= urspr. *Mâdâi̯*, *Mannâi̯*?). Auch die urspr. auf *âi̯* auslautenden Nomina der Beziehung wie *Ṣi-du-un-na-a-a*, *Za-za-a-a* dürften im Hinblick auf Schreibungen wie *Za-za-a* — vgl. auch *šal-ša -a(-a)* Asurb. Sm. 130, 1 — einfach *Ṣîdûnâ*, *Zâzâ* gesprochen worden sein; ebenso vielleicht auch die Pluralformen auf *â* mit pron. suff. der 1. Pers. Sing. wie *še-pa-a-a* ‚meine Füsse' einfach *šêpâ*; wenigstens ist *šêpai* eine Unform, und uncontrahirte Formen wie *šêpâ'a* sind gegen die sonst übliche Verschmelzung zweier zusammenstossender Vocale (vgl. §§ 38 und 47). Eigennamen wie †*Apla-a-a* ‚mein Sohn', †*Šu-ma-a-a* ‚mein Name' wurden gewiss, wie die vielen Schreibungen *Ap-la-a*, *Šu-ma-a* beweisen, *Aplâ*, *Šumâ* gesprochen.

In allen mit † bezeichneten Wörtern und Wortformen scheint mir die von vielen Assyriologen vertretene Fassung von *a-a* als *ai* unmöglich; auch sonst scheint mir die Lesung *ai* von *a-a* in keinem einzigen Falle nothwendig (s. zunächst § 31). Weit eher liesse sich bei einzelnen der mit *a-a* geschriebenen Wörter an *a'a* (*â'a*, *a'â*) denken, doch dürfte auch bei diesen schnell genug Contraction zu *â* stattgehabt haben.

Da gemäss § 12 das Zeichen *ia* sehr häufig den Sylbenwerth *a* hat, finden wir mit *a-a* in buntem Wechsel auch *a-ia* und *ia-a* (sogar *a-ia-a*) für *â* geschrieben. Beispiele für den Anlaut: *ia-a-bu* (z. B. Asurn. I 28), sogar *a-ia-a-bu* (I R 27 Nr. 2, 68), neben *a-a-bu* st. cstr. *a-a-ab* (sprich *âb* Asarh. II 43), sämtlich = *âbu* ‚Feind'; *a-ia-ru* neben *a-ru*, beide = *âru* ‚Kind, Spross'; *a-ia-ši* (Asurn. II 26) und *ia-a-ši* neben *a-a-ši*, sämtlich = *âši* ‚was mich betrifft'; *a-ia-um-ma* (Salm.Bal.V 3) neben *a-a-um-ma* und *ia-um-ma* = *â'umma* ‚irgend jemand'; *ia-a-nu* ‚es ist oder war nicht' = *ânu* Perm.; *ia-a-ri* neben *a-ar* = *âru*, *âr*(*i*) ‚Wald' (יַעַר); — Inlaut: *ta-ia-a-ru* ‚barmherzig' (I R 35 Nr. 2, 7) neben *ta-a-a-ru* (IV R 66,42 a), = *târu*, wesshalb auch *za-ia-a-ru* gewiss = *zâru* (זָר); — Auslaut: *Ar-ma-a-ia* (Tig. V 47) neben *Ar-ma-a-a*, wohl einfach *Armâ* zu lesen (s. § 13 Schluss). § 14.

Dass in den assyrischen Schriftzeichen die Vocalisation mit beschlossen ist, bleibt ein Vorzug der sonst so gar verwickelten babyl.-assyr. Keilschrift, welcher dadurch, dass c. 12 Zeichen zweifache Vocalaussprache (*a* und *i* Nrr. 26 bis. 108. 141. 159. 162. 182; *a* und *u* § 15.

Nrr. 102. 143; *u* und *i* Nrr. 10. 101. 174. 193, vgl. 199), und vier Zeichen sogar dreifache Vocalaussprache (*a, i* und *u* Nrr. 7. 36. 161. 188) zulassen, nicht beeinträchtigt wird, insofern Wortform und Varianten die richtige Wahl kaum jemals zweifelhaft lassen. Sehr unbefriedigend bleibt freilich die graphische Trennung des *e*- und *i*-Vocals: es giebt wohl zwölf Zeichen (für *e, be, ṭe, me, ne, se, še, te; el, en, er, eš*), welche speciell den *e*-Vocal zu bezeichnen bestimmt waren, aber im Uebrigen verwendete man für die *e*- und *i*-haltigen Sylben je nur Ein Zeichen. Der Anfänger halte sich darum gegenwärtig, dass er alle mit *i* angesetzten Sylbenzeichen der Schrifttafel, wie *ki, piš*, auch mit *e* sprechen kann, theilweise sogar in erster Linie mit *e* sprechen müsste (z. B. *reš* Nr. 131). Bei langem *e*-Vocal macht sich jener Mangel noch weniger fühlbar, da oft genug das speciell für *e* geprägte Zeichen beigefügt wurde (s. § 10): die mannichfaltigen Schreibweisen *bi-lu, bi-e-lu, be-e-lu* ‚Herr' oder Schreibungen wie *ri-e-šu* ‚Haupt', *ri-e-mu* ‚Gnade', *ṣi-e-nu* ‚Kleinvieh' führen mit Sicherheit auf *bêlu, rêšu, rêmu, ṣênu*. Dagegen ist er für das kurze *e* sehr beklagenswerth, sofern die Formen mit solchem fast immer durch Umlaut aus *a* entstandenen *e* graphisch gänzlich zusammenfallen mit jenen Formen, denen das *i* charakteristisch ist. Eine Reihe feinerer Fragen der assyrischen Formenlehre, vor allem der Nominalstammbildung, ist desshalb nur schwer oder gar nicht zu entscheiden. Für die Umschrift des Assyrischen wird es als Regel zu gelten haben, dass man obige zwölf *e*-haltigen Zeichen unter allen Umständen mit *e* transcribirt, die ihnen entsprechenden zwölf *i*-haltigen Sylbenzeichen (*i, bi, ṭi* u. s. f.) dagegen mit *i*; bei den übrigen, wie z. B. *li, ri* mag man die Wahl des *e*- oder *i*-Vocals von der jedesmaligen Wortform abhängig machen.

Ueber die Ursache dieser sehr übel angebrachten Sparsamkeit in der Bezeichnung des *e*-Vocals siehe den der sumerischen Frage gewidmeten Anhang zur Schriftlehre (§ 25).

Von den beiden Zeichen für *u* (§ 9 Nr. 4 und 5) **§ 16.** wird das erstere so gut wie nie für die Copula *u* (*û*) gebraucht; das letztere dient so gut wie nie als Sylbenzeichen im Wortanlaut (eine Ausnahme bietet z. B. Asarh. VI 24). Das dritte Zeichen für *u* (*ù* Nr. 267) ist ursprünglich ideographisch. — Die Accente (meist Acute) auf den Vocalen der Zeichen *ú, tú* u. s. f. sind ohne jede Bedeutung für deren Länge, Kürze oder Betonung; sie dienen lediglich Transcriptionszwecken, um je zweimal vorhandene, obwohl durchaus nicht gleich häufig gebrauchte Zeichen für einfache Sylben (ausser *u* vgl. *bu, pu* 11. 70; *da* 21.152; *ad* 24. 103; *la* 42.205; *ma* 49. 222; *pa* 68. 264; *ar* 79. 14; *ur* 82. 83; *ša* 84. 85; *šu* 88. 89; *aš* 90. 91; *tu* 98. 26) zu unterscheiden. Für zwei- oder gar dreimal vorhandene Zeichen sog. zusammengesetzter Sylben würde solche Unterscheidung nur von Nutzen sein, wenn sie allgemein angenommen ist; bis dahin ist es besser, durch Beifügung eines andern dem betr. Zeichen etwa eignenden Werthes oder sonstwie zu helfen.

§ 17. Im Allgemeinen ist es Gesetz, jeden Consonanten mit dem zu ihm gehörigen Vocal in Ein Sylbenzeichen zusammenzufassen. Man schreibt also *a-šib* ‚wohnend', Fem. *a-ši-bat* oder *a-ši-ba-at,* aber nicht *a-šib-at*. Doch giebt es eine grosse Menge Ausnahmen von dieser Regel; z. B. *i-ša-ka-an-u-šu* ‚sie machen es', *u-šat-lim-u-ni* ‚sie übergaben', *iṣ-bat-u-nim-ma* ‚sie ergriffen und', *ad-iš* ‚ich zertrat' (= *adîš*), *ir-a-mu* ‚sie lieben' (= *irâmû*), *Tab-a-la* ‚Land Tabal', *ḳur-us-su* ‚seine Tapferkeit'; *âšibat* selbst findet sich *a-šib-at* (II R 66 Nr. 1, 9) geschrieben. Eine Hauptausnahme bildet das Verbalsuffix der 1. Pers. Sing.: es findet sich zwar *ub-bi-ra-an-ni* ‚er hat mich gebannt', aber zumeist schreibt man *šûzib-an-ni* ‚befreie mich', *ûlid-an-ni* ‚sie gebar mich'.

§ 18. Zur Consonantenschreibung. — Die Wiedergabe von *da* und *ṭa*, *di* und *ṭi*, *za* und *ṣa* durch je nur Ein Zeichen, und die übliche Mitverwendung von *bu* für *pu* (obwohl ein besonderes Zeichen für letzteres existirte) ist ihrem Grunde nach unklar. Dagegen kann alle übrige Beschränkung in der Ausprägung von Zeichen, insonderheit die graphische Vereinerleiung der nur durch den Härtegrad der an- oder auslautenden Consonanten unterschiedenen Sylben lediglich als weise, ja nothwendige Massregel der Schrifterfinder bezeichnet werden, wie umgekehrt die Schöpfung und Beibehaltung doppelter Zeichen für *ar* und besonderer Zeichen je für *bat* und *pat, gam* und *kam, gur* und *kur* u. a. m., so angenehm sie für uns ist, als ein Luxus. Hat schon für uns die graphische Vermischung der Sylben *ag, ak, aḳ*; *mad, mat, maṭ*; *ḳib, ḳip, gib, gip* höchstens zeitweilige Unbequemlichkeiten im Gefolge, niemals aber dauernde Unsicherheit, insofern bald das unmittelbar folgende Zeichen bald andere Formen des nämlichen Stammes (z. B. *ab(ap)-ti,* aber *pi-tu-u*; *ad(aṭ, at)-bu-uk,* aber *tu-bu-uk*) Aufklärung geben, so hatte sie für die Assyrer erst recht keine Zweifel oder Räthsel im Gefolge. Der Anfänger merke sich, dass die in Schrifttafel B aufgeführten Sylbenwerthe, sofern Labiale, Gutturale, Dentale in Frage kommen, nicht die einzig möglichen sind. — Was die Zischlaute betrifft, so werden im Auslaut der einfachen Sylben *š* einer-, und *z, ṣ, s* andrerseits scharf geschieden, im Auslaut der zusammengesetzten Sylben dagegen nicht. Im Anlaut der zusammengesetzten Sylben dienen zumeist für *z, ṣ* einer- und *s, š* andrerseits je zwei besondere Reihen von Schriftzeichen: vgl. *zab, ṣab* (Nr. 182); *zag* (166); *zal, ṣal* (57); *zar, ṣar* (207); *zib, ṣib* (183); *zig* (145); *ziz* (10); *zil, ṣil* (119); *zum* (72); *zun* (186); *zur, ṣur* (195); dagegen *sab, šab* (155); *sag, šag* (131); *sal, šal* (212); *sar, šar* (141); *sib* (156); *sig, šik* (219); *sis, šiš* (165); *sil, šil* (105); *sum, šum* (135); *sun, šun* (192); *sur, šur* (124). Ausnahmen bilden *zin, sin* (93); *zuk, suk* (209) einer- und *šin* (101), *šuk* (202) andrerseits; ferner die Sylbenreihe *zir, sir* etc. mit im Ganzen sechs Zeichen: *zir* (113), *ṣir* (178), *sir* (177 und 11), *šir* (112 und 141); endlich *saḫ* (159) einer- und *šaḫ* (108) andrerseits. — Für die *m*-haltigen Zeichen ist Lautlehre § 44 zu beachten.

§ 19. Die vielfache Wiedergabe von *ḳi, ḳu* durch *ki, ku* (z. B. *ki-ni* ‚Nester' neben *ḳi-in-ni, iš-ku-lu* ‚sie zahlten', und ausnahmslos *kirbu* ‚Inneres') beruht wohl darauf, dass, wie schon § 11 bemerkt wurde, die syllabische Schrift im Unterschied von Consonantenschrift leicht dazu verführte, die Schreibung mehr der lebendigen Aussprache der betr. Consonanten oder gewisser Wörter anzupassen. Trotzdem ist die historisch-etymologische Schreibweise das Regelmässige und Gewöhnliche geblieben. Die Verwendung von *ka* für *ḳa* ist weit seltener: man schreibt ungleich häufiger *ḳa-lu-u, ḳa-mu-u, ḳa-ra-bu,* als etwa *ša-ka-šu* (שׁקשׁ). Dagegen beruht die vielfache Wiedergabe von *ḳa* durch *ga* gewiss auf einer Eigenthümlichkeit der speciell babylonischen Aussprache, wesshalb hiervon in der Lautlehre zu handeln ist (s. § 43); analoge Erscheinungen im Assyrischen s. ebenda. — Bei Schreibungen wie *e-bi-e-šu* ‚machen' statt und neben *e-pi-e-šu* (und zwar gerade in Texten, in denen man sich mit Vorliebe des speciellen Zeichens für *pú* bedient), *bi* ‚Mund' (Neb. Grot. III 46), und umgekehrt *ru-ku-pi* ‚Fahrzeug' statt und neben *ru-ku-bi*, *ip-pa-áš-ši* ‚es ist' (St. בשׁה) u. a. m., dessgleichen bei Schreibungen wie *zu-ba-tu* ‚Kleid', *a-zu-u* ‚aufgehend', *zi-i-ru* ‚erhaben', *er-zi-tu* ‚Erde' statt und neben *ṣubâtu*, *âṣû*, *ṣîru*, *erṣitu* kann man schwanken zwischen der Annahme ungenauer, nachlässiger bez. schlechter Schrift oder Aussprache und zwar — zunächst wenigstens — nur solcher des jedesmaligen Schreibers, während Schreibungen wie *tu-um-ku* statt *dumḳu*, *tu-ub* statt *ṭu-ub*, *aḫ-tu-u* statt *aḫ-ṭu-u* (חטא) einfach als Schreibfehler anzusehen sind, deren es ja auch sonst innerhalb der babyl.-assyr. Keilschrifttexte viele und mannichfaltige giebt.

Der spiritus lenis oder das א kann im An-, In- und Auslaut durch ein besonderes Zeichen (s. § 9 Nr. 7) bezeichnet werden. Doch sind im Wortanlaut Schreibungen wie *'a-a-ru* ‚ausgehen', *'-ab-tu* ‚er war zu Grunde gegangen', *'i-il-tu* ‚Fluch' äusserst selten § 20.

(s. schon § 10); vielmehr schreibt man *a-ḫu* ‚Bruder‘, *i-nu* ‚Auge‘, *e-mu* ‚Schwiegervater‘, *u-nu* ‚Geräth‘, *ab-du* ‚Knecht‘, *ir-tu* ‚Brust‘, u. s. f. Im Inlaut findet sich *ša-'a-al* (d. i. *ša'âl*) ‚bitten, fragen‘, *la-'a-bu* ‚Flamme‘, *ri-'a-a-šu* ‚Gewürm‘, *Ḫa-za-'i-ilu* חֲזָאֵל, *Sir-'i-la-a-a* יִשְׂרְאֵלִי, *ú-ma-'i-ir* ‚er, ich sandte‘, *na-'i-id* ‚er ist erhaben‘, *re-'u-u* ‚Hirt‘, *mu-'u-ur* ‚Sendung‘, *ir-'u-ub* ‚er, sie fuhr heftig los‘, aber auch ohne Hauchlaut *iš-al* ‚er frug‘, *im-id* ‚er mehrte sich‘, *ra-i-mu* ‚liebend‘. Für den Auslaut vgl. *i-ba-a'* ‚er kommt‘ (בוא), *uš-bi-i'* (von ebendiesem St.); s. auch § 47.

Schreibungen wie *u-ma-'a-ru*, *u-ma-a-ru* einer-, *u-ma-'-a-ru* andrerseits (Prs. II 1 von מאר) weisen ebenso wie *iš-'-a-lu*, *li-šam-'-i-da*, *bu-'-u-ru* ‚fangen‘, *'-a-bit* ‚er war zerstört‘, u. v. a. m. darauf hin, dass das Zeichen des Hauchlauts auch für diesen schlechthin ohne jede vocalische Aussprache gebraucht worden ist; denn würden wir z. B. *u-ma-'a-a-ru* umschreiben, so müssten wir *uma'âru* lesen, was falsch wäre, und würden wir *ú-ma-a'-a-ru* transcribiren, so bekämen wir eine Ausnahme der Regel § 17. Auch zur blossen Bezeichnung eines Hiatus dient der Hauchlaut, z. B. *ḫa-'-iṭ* neben *ḫa-a-iṭ* (Part. von חיט). — Den Vocal *a* scheint das Zeichen des Hauchlauts wiederzugeben in *ia-'-nu* ‚wo?‘ (V R 40), *ia-'-nu* ‚es war nicht vorhanden‘ (vgl. §§ 12—14). — Die Achämeniden-Inschriften weisen vielfach den Hauchlaut am Ende von Wörtern auf, ohne dass Ursprung und Zweck dieser Schreibung schon klar wäre: z. B. *it-tal-ku-'* ‚sie zogen‘.

§ 21. Von den beiden Zeichen für *šu* (Nrr. 88 und 89) wird das erstere, von den Pronominibus *šu-u* und *šu-a-tu* abgesehen, so gut wie nie am Anfang eines

Wortes verwendet (so findet sich z. B. *šu-zu-ub* ‚retten' nur Salm. Ob. 166, sonst stets *šú-zu-ub*).

Die Verdoppelung bez. Verschärfung eines Consonanten wird durch Doppelschreibung ausgedrückt: *addin* ‚ich gab', *uparrir* ‚ich zerbrach'. Doch wird oft genug, gewiss abermals in Folge zu grosser Anlehnung an die nicht selten weniger genaue Aussprache, davon Abstand genommen: *madattu* ‚Tribut', *a-din*, *li-du-ú* ‚sie mögen werfen', *li-mir* ‚es glänze', *u-lil* ‚ich reinigte' (Salm. Ob. 28), *i-ḳal-la-pu* Nif. ‚sie wird abgeschält' (IV R 7, 51 a), u. v. a. m., wie umgekehrt einfache Consonanten sich verdoppelt geschrieben finden: *ad-du-ku* ‚ich hatte getödtet' (I R 27 Nr. IX, A, 2), *ez-zi-bu* ‚sie verliessen' = *êzibû*, *u-šat-bu-niš-šum-ma* = *ušatbûnišú'ma*, u. s. f.; hierher gehören wohl auch *abbûti* ‚Vaterschaft', *aḫḫu*, Bruder' (neben dem gewöhnl. *abû*, *aḫu*). § 22.

Lesezeichen. — Die assyrische Schrift kennt innerhalb zusammenhängender Texte weder einen Wort- noch einen Satztrenner; dafür befolgt sie streng das Gesetz, jede Zeile mit dem Wortende zu schliessen. Ausnahmen sind äusserst selten. Sollen in Vocabularien oder sonst zwei Wörter oder Sätze als nicht zusammengehörig hervorgehoben werden, so werden sie durch das Zeichen ⅍ getrennt. — Eine grosse Erleichterung für Lesung und Verständniss der assyrischen Texte sind die sog. Determinative, d. h. § 23.

Schriftzeichen, welche, selbst ungesprochen bleibend, anzeigen, welcher Kategorie das Wort, welches sie begleiten, angehört. Die meisten dieser Determinative werden dem betr. Worte vorgefügt und zwar unterbleibt die Setzung des Determinativs vor Götternamen (Nr. 60), vor männlichen und weiblichen Personennamen (204. 212), Länder- und Bergnamen (176), Stadt- und Flussnamen (81. 1), Stammesnamen (253) eigentlich niemals; Ausnahmen finden sich nur bei den mehr oder weniger ideographisch geschriebenen männlichen Personennamen. Das Determinativ vor Baum-, Holz- und Geräthnamen (31), dessgleichen die vor Stein- (148) und Berufsnamen (253) finden sich, wenn die zugehörigen Wörter, wie z. B. *ni-ru* ‚Joch‘, *ṣu-um-bu* ‚Lastwagen‘ phonetisch geschrieben sind — und phonetische Schreibung der mit Determinativen versehenen Wörter ist hier überall zunächst vorausgesetzt —, weit seltener. Das Nämliche gilt von den Determinativen bei Vögel- (35) und Fischnamen (33), welche diesen Namen nachgesetzt werden. Babylonisch-assyrische Stadt- und Landschaftsnamen werden auch, seien sie ideographisch oder phonetisch geschrieben, durch nachgesetztes *ki* (39) determinirt, wobei ein gleichzeitig vorgesetztes *mâtu* (176) oder *âlu* (81) nicht ausgeschlossen ist. Alle die genannten Determinative (mit Ausnahme von 176 und 81), dazu noch etliche andere, wie z. B. die vor Kleider- (40) und Gefässnamen (158), leisten, wenn sie das erste bez. letzte Glied rein ideographisch geschriebener Wörter bilden, an sich die nämlichen Dienste wie vor phonetisch geschriebenen Wörtern, nur sind sie in diesem Falle selten blosse Determinative für das Auge, sodass sie eventuell auch fehlen könnten (wie z. B. *iṣu* ‚Holz' vor dem Ideogr. von *elippu* ‚Schiff', s. unter Nr. 31), sondern zumeist nothwendige Bestandtheile in der graphischen Umschreibung des Begriffes der betr. Wörter, wohl auch einfach die ideographischen Aequivalente des ersten Gliedes eines zusammengesetzten assyr. Namens, wie z. B. *aban išâti* ‚Feuer-Stein', *karpat šikari* ‚Wein-Gefäss', u. v. a. m. — Eine werthvolle Beihülfe bei der Lesung ideographisch geschriebener Wörter sind die sog. phonetischen Complemente, zumeist in einem, seltener in zwei Sylbenzeichen bestehend, welche durch Bestimmung der Schlusssylbe(n) des betr. Wortes die richtige Lesung des Ideogrammes sowohl in Bezug auf die Wahl des richtigen Aequivalents als auch dessen grammatische Form sichern. Das Ideogramm für *erêbu* ‚eintreten' (97) oder, wie man zu transcribiren pflegt: TU mit phon. Compl. *ub* ist *êrub* (*êru-ub*) ‚ich trat ein' zu lesen; TU-*ab etârab*. ŠA (84)-*un* ist = *iškun* oder *aškun*, ŠA-*an* = *aštakan*. Folgt auf Ideogramme wie *šarru*

‚König' ein *tu*, *ti* oder *ta* oder ein *ú-tu*, *ú-ti*, *ú-ta*, so weist dies auf das Abstractnomen *šarrûtu* (bez. *-ti*, *-ta*); *ni* hinter einem mit dem Pluralzeichen (210) versehenen Ideogramm sichert die Pluralform auf *âni*: AN^{pl}-*ni* = *ilâ-ni*, ER^{pl}-*ni* = *âlâ-ni*. Irgend welcher Zwang zum Schreiben eines phon. Complements existirt nicht; doch giebt es einzelne Wörter, welche in grosser Mehrzahl der Fälle mit solchem Complemente geschrieben zu werden pflegen, so vor allem AN-*e* d. i. *šamê* ‚Himmel' und KI-*tim* d. i. *erṣitim* ‚der Erde'; vgl. auch das Ideogramm des ‚Euphrat' Schrifttafel Nr. 1. Besonders nützlich sind diese Complemente; wenn ein Ideogramm auf zwei verschiedene Weise gelesen werden kann, wie z. B. das Ideogr. KUR (176) und UD (26): KUR-*ú*, KUR-*a*, KUR^{pl}-*ni*, KUR^{pl}-*e* will *šadû* (*šadu-ú*), *šadâ* (*šada-a*), *šadâni*, *šadê* gelesen sein, dagegen KUR-*ti*, KUR^{pl}-*ti* *mâti*, *mâtâti*; UD-*mu*, UD-*mi* ist *ûmu*, *ûmi*, dagegen ^{ilu}UD-*ši* *Šamši*.

Schreibungen, welche den Anschein haben, als sei zu einem Sylbenzeichen ein phonet. Compl. gefügt, wie *ak-šud-ud* = *akšud* ‚ich eroberte' (Sanh. I 36 u. ö.), *ša-nin-in* = *šânin* (Asurn. Balaw. 6), *ke-niš-eš* = *kênêš* ‚treulich' (ibid. 39), dürften nicht viel mehr als Spielerei sein. Eine andere Art solcher Spielerei sind die Schreibungen *mu-šak-li-lil* (V R 65, 4 a), *ab-lu-lul* (V R 10, 83), *li-ir-mu-muk* (III R 43 Col. IV 18) = *mušaklil*, *ablul*, *lirmuk*; wieder eine andere *tab-rat-a-ti* (V R 65, 9 b), u. dgl. m.

§ 24. Praktische Winke. — Keinerlei Schwierigkeit bereiten der Lesung die in § 9 unter C ausgeschiedenen

55 Zeichen mit — zumeist nur Einem — ideographischen Werth. Unter den 98 Zeichen für einfache Sylben (A) sind 70, die nur Eine Sylbe bezeichnen, und von diesen wieder 30, die auch nicht einmal ideographischen Werth besitzen; unter den 120 Zeichen für zusammengesetzte Sylben (B) sind mehr als 70, die nur Eine Sylbe bezeichnen, und von diesen wieder c. 39, die auch nicht einmal ideographischen Werth besitzen. Mit andern Worten: von etwa 278 Schriftzeichen lassen ungefähr 125 (55 + 30 + 40) niemals über ihre Lesung im Zweifel. — Bei mehrwerthigen Sylbenzeichen lasse sich der Anfänger in erster Linie durch das unmittelbar vorausgehende oder nachfolgende Zeichen leiten, indem er jenen Werth wählt, welcher mit dem gleichen Vocal oder Consonant anlautet, auf welchen das vorausgehende Zeichen auslautet, und umgekehrt: er lese also *al*-160 nicht etwa *al-miš*, *al-šit,* sondern *al-lak*; ebenso *al*-82 nicht *al-ur*, sondern *al-lik*; *ma*-14 nicht *ma-ub*, sondern *ma-ár*; *ú*-174-188 nicht *ú-lib-ḫar* oder *ú-paḫ-mur,* sondern *ú-paḫ-ḫar.* Er vermeide ferner alle Lautverbindungen und Wortformen, welche ihm vom Hebräischen her als semitisch unmöglich bekannt sind. Die Haupthülfsmittel zum Treffen des richtigen Werthes polyphoner Sylbenzeichen, nämlich die tausenderlei Varianten innerhalb der assyrischen Texte selbst (hier das Zeichen 160,

dort *la-ak*, hier 162, dort *ka-al* oder *ri-ib* u. s. w.), und weiter den Ueberblick über möglichst viele verschiedene Formen Eines und des nämlichen Stammes (z. B. *il-li-ku, al-lik, il-lak*) kann freilich nur fortgesetzte und ausgedehnte Lectüre, zunächst der Keilschrifttexte historischen Inhalts, an die Hand geben. — Dem ungleich selteneren Dilemma, ob ein Zeichen syllabisch oder ideographisch zu fassen sei, entgeht der Anfänger in sehr vielen Fällen dadurch, dass er sich in der Schrifttafel überzeugt, ob nicht etwa das Zeichen, das ihm als Sylbenzeichen unwahrscheinlich dünkt, sich mit dem oder den unmittelbar folgenden Zeichen zu einer ideographischen Zeichengruppe vereinigt. — Zum Zwecke richtiger Worttrennung bewähren sich vielleicht folgende Rathschläge: der Anfänger scheide jedes *a-na* und *i-na* als Praepositionen aus und fasse auch den einfachen horizontalen Keil stets als Praep. *ina*; er halte sich stets die in § 23 besprochenen Determinative gegenwärtig; er suche vor allem nach den Verbal- oder näher: Präteritum-Formen 3. und 1. Pers., die sich mit ihrem vocalischen Anlaut (*i*, *a*, *e*, *ú*; *il*, *al*; *ib*, *ab* u. s. w.) aus der Reihe der übrigen Wörter leicht ausscheiden lassen; er nehme das Zeichen *miš* (210), vom Wort *a-ḫa-miš* abgesehen, stets als Pluralzeichen und in Folge davon das diesem unmittelbar vorhergehende Zeichen als Ideogramm.

Dass alle diese Winke mit äusserstem Vorbehalt, ohne Garantie für jedesmaliges Zutreffen gegeben sind, ist selbstverständlich.

Zur Frage der Schrifterfindung. Die bedeutungsvolle Frage, ob die babylonisch-assyrische Keilschrift (aus welcher wiederum die susianische, armenische und altpersische Keilschrift hervorgegangen ist) eine Erfindung der semitischen Babylonier oder eines in Babylonien gleichzeitig sesshaften nichtsemitischen Volkes sei, des sog. sumerischen oder akkadischen oder sumero-akkadischen Volkes, dürfte mehr und mehr zu Gunsten semitischer Schrifterfindung entschieden werden, sodass Joseph Halévy nebst seinen Anhängern in dem viele Jahre hindurch gegen Jules Oppert und dessen Anhänger geführten wissenschaftlichen Streite als Sieger anzuerkennen sein wird. Der semitische Ursprung der folgenden Sylbenwerthe ist wohl allgemein zugegeben: *u* (5) nebst *ù* (267), *id* (25), *iṣ* (31), *el* (47), *er* (81), *ša* (84); — *mit*, auch *mut* (10), *kin* (23), *ḫaṭ* (68), *in(i)* (86), *ḳat* (89), *zir* (113), *sim* (116), *raṭ* (118), *šaḳ* und *riš* (131), *rap* (140), *ram* (147), *riḳ*, *šim* (149), *dan* (162), *bit* (163), *mat*, *šad* (176), *kar* (180), *ṣab* (182), *lit*, *rim* (190), *kiš* (191), *kim* (197), *tul* (199), *lib* (259). Es gehören aber ferner hierher die folgenden Werthe für einfache Sylben, welche die Assyrer selbst als semitischen Sinnwerthen entstammend bezeugen: *az*, *as*, *aṣ* (30) aus *a-su* (S^b 2,12), *us* (32) aus *usû* (S^b 2,4), *la* (42) aus *lalû* ‚Fülle' (S^b 2,10; gleichen Stammes mit *lulû*), *al* (45) aus *allu* (S^b 226), *ul* (48) aus *ullu* ‚Jubel' (S^b 98; vom St. *alâlu*), *um* (55) aus *ummu* ‚Mutterleib, Mutter' (S^b 118): nichts in aller Welt berechtigt, diese Wörter wie *usû* oder *allu* als „Lehnwörter" auszugeben. Es werden sich aber weiter noch gewiss als gut semitisch-babylonisch beweisen lassen: von einfachen Sylbenwerthen *ub*, *up* (14) mit der ideogr. Bed. ‚Seite, Himmelsgegend' aus *uppu* ‚Seite, Umschliessung' (vgl. S^b 256); *ig*, *ik*, *iḳ* aus *iḳḳu* ‚Thür' (II R 23, 62*e*); *ud* (26, aus *uddû* ‚hell, licht'); *mu* (52) mit der ideogr. Bed. ‚Name' und *me* (51) m. d. id. Bed. ‚sprechen, nennen' aus *mû* ‚Name'; *an* (60) m. d. id. Bed. „Himmel, Gott" aus *anu* ‚Himmel, Himmelsgott, Gott überh.'; *en* (62) m. d. id. Bed. ‚Herr' von *enu* ‚Herr' (vgl. *entu* ‚Herrin', *enûtu* ‚Herrschaft'); *še* (87) § 25.

von *šê'u* ,Getreide'; — von zusammengesetzten Sylbenwerthen *šam* (4) von *šammu* ,Pflanze'; *šar* (34) von *šâru* ,Ueberschwang'; *šip* (51) von *šiptu* ,Beschwörung' (אשׁפּ); *tal* (77) von *talâlu* ,hinwerfen' (vgl. IV R 30, 24a); *šun* und *ruḳ* (101) s. S. 16; *bal*, *pal* (102) von *palû*; *naḳ* (106) von *naḳû* ,ausgiessen, tränken' (den Lautwerth *šak* hatte man bereits von *šaḳû* ,hoch sein' hergenommen); *šaḫ* (108) von *šaḫû*; *bar* (114) m. d. id. Bed. ,entscheiden' von *barû* ,entscheiden'; *nun* (119) vgl. WB, S. 116; *dim*, *tim* (122) von *timmu* ,Seil'; *tap* (133) von *tappû* ,Genosse', einem semitischen Wort, wie die Nebenform *tappîu* beweist; *dup*, *tup* (137) von *tuppu*; *šer* (141) m. d. id. Bed. ,Pflanzenwuchs' von *šêr'u* ebendieser Bed.; *gaz*, *ḳaṣ* (146) von *ḳaṣâṣu* ,abschneiden, zerreissen, zermalmen'; *kit* (159) von *kêtu* ,Ende'; *rit* (160) von *rêtu* ,Aufsicht' (St. ר$_4$אה); *bur* (172) m. d. id. Bed. ,Hohlgefäss' von *bûru* (St. ב$_1$אר); *nar* (174) von *nâru* (נער); *ṣir* (178) m. d. id. Bed. ,Schlange' von *ṣir'u* ebendieser Bed. (St. צר$_4$א); *tir* (179) m. d. id. Bed. ,Wald' von *tirru* ebendieser Bed. (II R 23, 56e); *ḫuš* und *ruš* (185) von *ḫuššû*, *ruššû*; *zun* (*ṣun* 186) von *zunnu* ,Schwall, Fülle'; *ḫar*, *ḫir*, *ḫur* (188) vom St. *ḫarâru* ,eng umschliessen', wovon *ḫarru*, *ḫartu* ,Ring', *ḫarrânu* ,Enge' u. a. m.; *kil* (206) m. d. id. Bed. ,Einschliessung, Pferch' u. dgl. von *kalû* ,einschliessen', wovon z. B. *bît ki-li* ,Gefängniss'; *suk*, *zuk* (209) von *sukku* ,Wehr, auch Hütte, Zelt'; *lal* (205) mit d. id. Bed. ,voll sein' von *lalû* ,Fülle'. Die nähere Begründung für den semitischen Ursprung dieser Sylbenwerthe und noch so mancher anderer wie *uḳ* (20), *im* (54), *nu* (59); *bat* (10), *ḳub* (23), *laḫ* (26), *tib* (44), *ḳum* (58), *pú* (70), *mil* (92), *ḫal* (99), *gir* (103), *ḫaṣ* (105), *maḫ* (109), *maš* (114), *dir* (132), *kan* (138), *tur* (139), *gal* (169), *šud* (177), *bir* und *laḫ* (182), *muḫ* (189), *šul* und *dun* (201), *ḫab* (206), *sal* (212), *niḳ* (215), *siḳ* (219) m. d. id. Bed. ,einengen, bedrängen; beengt, bedrückt, schwach, klein u. s. w.' (vgl. סיק ,einengen, bedrücken', *sîḳu* ,beengt, bedrückt, schwach' S^{c}6) ist Sache des Wörterbuches. Indess kommt es auf die Menge überhaupt nicht an — schon drei Sylbenzeichen wie *an*, *mu*, *šag* (*šak*, *šaḳ*) mit den ideographischen Bedd. ,Himmel', ,Name', ,Haupt', reichen hin zur Stellungnahme für oder wider semitischen Ursprung der babyl.-assyr. Keilschrift. Wer der Ansicht ist, dass sich assyr. *anu* ‚Himmel‘, *Anu* ‚Himmelsgott, Gott überh.‘ (Fem. *An-tu*, nom. abstr. *Anûtu* ‚Gottheit‘) als semitisches Wort vortrefflich begreift (vgl. St. ענה ‚entgegen sein‘, wovon auch die Präp. *ana*, verw. عَنْ; der Himmel benannt als das dem aufblickenden Auge entgegenstehende; vgl. de Lagarde's Combination von אל mit dem St. אלה, wovon die mit assyr. *ana* gleichbedeutende Präp. אֶל), ja dass es wegen seines ע im hebr. עֱנָת, עֲנַמֶּלֶךְ sogar als ein gemeinsemitisches, nicht specifisch babylonisches Wort angesehen werden muss; wer ferner überzeugt ist, dass *mu* (*mû*) ‚Name‘ schon wegen seines Wechsels mit *me* (*mê*) und *ma* (*mâ*) nur ein semitisches Wort sein kann und der Thatsache, dass wirklich in echtassyrisch-semitischen Texten *mû*, Gen. *mê* als Syn. von *šumu* erscheint (s. mein WB, S. 140 und vgl. S. 272), vorurtheilsfrei ins Auge schaut (beachte auch, dass das ideographisch nicht nur für ‚Name‘, sondern dann auch für ‚nennen, sprechen‘ und weiter zu sinniger Umschreibung des Pron. suff. der 1. Person als der ‚sprechenden‘ verwendete Zeichen *mu* im Plur. ‚unser‘ den assyrisch-semitischen Plural *mê* bildet (vgl. *mû* ‚Wasser‘, Pl. *mê*); wer sich endlich nicht entschliessen kann, den assyr. St. *šaḳû* ‚hoch sein‘ (*šuḳḳû*, *šušḳû* ‚erhöhen‘) für entlehnt aus sumer. *sag* ‚Haupt‘ zu halten oder in dem lautlichen Zusammentreffen von assyr. *šaḳû* ‚Hochstehender, Officier‘ (Syn. *rêšu*) und jenem *sag*, *šag* ‚Haupt, Spitze, Oberster‘ ein Spiel des Zufalls zu erblicken, der muss den semitischen Ursprung der babyl.-assyr. Keilschrift von A bis Z zugestehen, denn er benöthigt diese Lautwerthe beim Lesen sog. sumerischer Texte auf Schritt und Tritt.— Alle übrigen Beweise für den semitischen Ursprung der babyl. Keilschrift haben mehr secundären Werth, wenigstens desshalb, weil die Möglichkeit vorhanden ist, sich ihrer Beweiskraft durch allerlei Sophistik zu entziehen. Immerhin verdient die Thatsache hervorgehoben zu werden, dass das in der babyl. Schrift zu graphischem Ausdruck gekommene Lautsystem so gut wie völlig sich deckt mit dem der semitisch-babylonischen Sprache. Die Schrift bezeichnet in echtsemitischer Weise den spiritus lenis (א) und entbehrt des ע nur, weil das Semitisch-Babylonische diesen Laut nicht besitzt; sie hat ferner das *ḫ*, besitzt specielle Zeichen für *ḳa*, *ḳi*, *ḳu*, *ṣi*, *ṣu*, *ṭu*, und wollte man an der Vermengung von *ṣa* mit *za*, von *ṭa* mit *da*, *ṭi* mit *di* sich stossen und daraufhin jene anderen Zeichen nur für eine spätere semitische Umprägung von Zeichen mit urspr. ganz anderen Lautwerthen halten, so drängt sich die Frage von selbst auf, warum die Semiten nicht auch noch für *ṣa*, *ṭa* und *ṭi* solche Umprägungen vorgenommen haben: auf drei Zeichen mehr oder weniger wäre es nicht angekommen. Dagegen ist es umgekehrt als ein fast zwingender Beweis gegen sog. „sumerischen" Ursprung der babyl. Keilschrift zu erachten, dass die Sprache der vermeintlichen sumerischen Schrifterfinder, gleich der der babylonischen Semiten, kein *h*, kein *j*, kein *v* (*w* oder *u̯*) besass; dass sie, in völliger Uebereinstimmung mit der Sprache der babyl. Semiten, keine Diphthonge *ai*, *au*, auch keinen *o*-Vocal kannte; dass endlich die sumerischen Schrifterfinder den *e*- mit dem *i*-Vocal in der Aussprache gerade so vielfach vereinerleiten (ebendarum beide Vocale auch in der Schrift äusserst mangelhaft unterschieden) wie dies für die semitischen Babylonier nachweisbar ist.

Mit der Annahme semitischen, also nichtsumerischen Ursprungs der babyl. Keilschrift ist allerdings auch über die Existenz einer sumerischen Sprache und sumerischer Schrifttexte der Stab gebrochen. Denn nicht allein, dass mit obigen als semitisch ausgeschiedenen Sylbenwerthen ein grosser Theil der vermeintlich bestsumerischen Wörter hinfällt, ohne welche überhaupt kein sog. sumerischer Text zu lesen ist — auch die scheinbare Bedeutungsentwickelung der sumerischen Wörter wie z. B. von *an*, *ana*, dessen vermeintliche Grundbed. ‚hoch sein' gewiss erst durch den in *šamû*, dem Syn. von *anu*, liegenden Grundbegriff veranlasst ist, noch viel mehr aber die Vereinigung einer oft gar so buntscheckigen Menge von Bedeutungen auf vielen sumerischen Wörtern trägt den unverkennbaren Stempel künstlicher und zwar semitischer Mache: vgl. *bal* ‚Beil' und ‚Spindel' (*pilakku* und *pilakku*), *bar* ‚bös', ‚Schakal', ‚Seite', sogar ‚Bruder' (wegen assyr. *aḫu* und *aḫû*, welche diese Bedd. auf sich vereinigen), *mu* ‚Name' und ‚Mann' (*zikru* und *zikaru*), *šun* ‚waschen' und ‚streiten, kämpfen' (*šunnû* und *šanânu*), *û* ‚und' und ‚oder' (*û* Copula und *û* = *au̯*, אוֹ ‚oder'), und hundert andere mehr. Die letztere Beobachtung hat schon seit geraumer Zeit vielfache Bedenken wider das ‚Sumerische' wachgerufen: es wird in der That nichts anderes übrig bleiben als jenen Wörtern in ihrer Eigenschaft als ‚sumerische' Wörter auf immer Valet zu sagen und sie anzuerkennen als die auf semitischen Wörtern beruhenden conventionellen Lesungen der Ideogramme*), mögen die letzteren nun zum Ausdruck Eines Wortes oder eines ganzen Büschels begrifflich oder sprachlich (z. B. *erû* ‚Kasten' und ‚Bronze', *libittu* ‚Ziegel' und *lipittu* ‚Umfassung') sich berührender babylonisch-semitischer Wörter dienen. Die Massenhaftigkeit der Bedeutungen an sich, welche vielen Schriftzeichen und deren conventioneller Aussprache eignet (für das Zeichen *u* mit der Lesung *buru* nennt V R 36. 37 nicht weniger als 52 assyrische Aequivalente, für das Zeichen *te* V R 40 mehr denn 18, für das Zeichen *a* V R 22 mehr denn 10, darunter *mû* ‚Wasser', *banû* ‚zeugen', *ruṭbu* ‚Nass', *lubšu* ‚Kleid', *anâku* ‚ich' und *atta* ‚du'!), dient zum Beweis, dass in *buru*, *te*, *a* unmöglich Wörter menschlicher Rede zu erkennen sind. Zu gleichem Beweise dient die Thatsache, dass diese vermeintlichen ‚sumerischen Wörter' gänzlich indifferent sind gegen die Unterscheidung von Nomen und Verbum und des letzteren transitive, intransitive oder causative Bedeutung: das ‚sumerische Wort' *bur* bed. *šapâlu*, *šuppulu*, *šuplu* und *šupalû* ‚tief bez. niedrig sein;

*) Die immer völligere Ergründung des Zusammenhangs zwischen den Ideogrammen und ihren conventionellen Lesungen oder, was oft damit gleichbedeutend ist, ihren Sylbenwerthen wird eine Hauptaufgabe der zukünftigen Forschung sein. Es sei aber schon hier hervorgehoben, dass die conventionellen Lesungen bez. Sylbenwerthe nicht nothwendig der eigentlichsten Bedeutung des Ideogramms, etwa dem durch das ursprüngliche Bild dargestellten Gegenstand, entnommen sein müssen. Das Bild des Sterns bedeutet ja auch nicht den Stern, sondern symbolisirt den Himmel und hat davon seinen Sylbenwerth *an* (60); das Bild des Beins bedeutet nicht das Bein, sondern symbolisirt den Begriff des Gehens, Fürbassgehens und kann daher seinen Sylbenwerth *du* (23) haben. So könnte das Bild des Rohrs dem Begriff des sich Biegens, Wendens, ein etwaiges Bild des Fisches dem Begriff des Ueberflusses, der Massenhaftigkeit zum symbolischen Ausdruck dienen und daher seinen Sylbenwerth *ge* bez. *ḫa* erhalten haben.

vertiefen bez. erniedrigen; Vertiefung; tief, niedrig'; die Wahrheit wird sein, dass das Zeichen *u* mit seiner dem assyr. *bûru* ,Loch' (hebr. בְּאֵר) entnommenen conventionellen Lesung *bur* als graphisches Symbol für den Begriff ,tief sein' in sämtlichen seiner concreten Gestaltungen diente. Solche Vieldeutigkeit der einzelnen Ideogramme und die dadurch bedingte äusserste Unbestimmtheit, ja Räthselhaftigkeit grösserer ideographisch geschriebener Texte musste dazu führen, den ideographischen Schriftstücken den in mündlicher Ueberlieferung fortgepflanzten Wortlaut in phonetischer Schreibweise beizufügen; sonderlich bei Erzeugnissen höherer, dichterischer Rede, wo jeder einzelnen Bedeutungsnuance hoher Werth innewohnt, war solche unmissverständliche Beischrift des Originalwortlauts schlechterdings unerlässlich. Die sog. zweisprachigen Texte entpuppen sich mehr und mehr als semitische Texte in doppelter Schreibung: in der kunstvoll erfundenen und sinnig ausgestalteten, aber immer räthselvollen altheiligen ideographischen Priesterschrift, und in der gewöhnlichen Sylbenschrift. Zu gleichem Ziele führt mit fast noch grösserer Sicherheit eine Betrachtung der Ideogrammgruppen. Dass Schriftzeichencomplexe wie SIG. DUB. SIG. DUB. BA d. i. ,Kleider-Zerreissung-Kleider-Zerreissung' oder LU. SAG. BI. DUL. LA d. i. ,Mensch-Haupt-sein-verhüllen' nicht ,sumerische Wörter' für ,hochgradige Trauer' (*ublu malû*), ,Trauer eines Menschen' (*amêlu adir*) sein können, sondern lediglich ideographische sinnige Umschreibungen des Begriffes der Trauer, liegt auf der Hand. Wären diese und all die Hunderte von Ideogramm-Gruppen, welche die sog. Vocabulare und bilinguen Texte enthalten, wirkliche Wörter, Wortcomposita, so wäre das Sumerische eine Sprache, welche der Fähigkeit, Begriffe und Gegenstände durch ein einheitliches Wort auszudrücken, so gut wie gänzlich ermangelt hätte. Wollte man sich aber mit der kühnen Behauptung helfen, jene Ideogrammgruppen seien Umschreibungen einheitlicher sumerischer Wörter, die uns nur eben in Folge fehlender Glossen nicht überliefert worden seien, so würde man bei Ziehung der Consequenzen in einen wahren Sumpf von Undenkbarkeiten versinken. Die Ideogrammgruppen können nichts weiter sein als Ideogrammgruppen und zwar ideographische

Umschreibungen semitischer Wörter, erfunden von Semiten und geboren aus semitischem Geiste: die symbolische Wiedergabe der Trauer durch ‚Verhüllung des Hauptes', der überströmenden Trauer durch ‚gänzliche Zerreissung des Kleides' trägt den semitischen Ursprung an der Stirn, und so ist es mit den Ideogrammgruppen allen — es sind bald sinnige, bald nur oberflächliche, nicht selten spielende, ja sogar sinnlose Umschreibungen semitischer Wörter. Die Vocabulare, deren Unterschriften, beiläufig bemerkt, kein Sterbenswörtchen von einer andern Sprache neben der babylonisch-assyrischen besagen, verfolgen gleich den sog. zweisprachigen Texten nicht vergleichend-linguistische, sondern vergleichend-graphische, vergleichend-redactionelle Zwecke.

Die Glossen, welche in den Vocabularen da und dort einfachen Ideogrammen wie Ideogrammgruppen beigeschrieben und in den Syllabaren der Gattung S^b zusammengestellt sind, bedürfen rücksichtlich der mannichfachen Zwecke, die sie verfolgen, noch gründlicher Untersuchung, doch enthalten sie zumeist die conventionellen Lesungen jener Schriftzeichen und Zeichencomplexe, Lesungen, welche bald mit dem in der rechten Spalte stehenden assyrischen Aequivalent der betr. Zeichen sich decken oder aber einem Synonyme desselben entlehnt sind. Einige dieser Glossen sind noch räthselhaft; andere, wie *pisan* ‚Behältniss, spec. Wasserbehältniss', haben sich immer klarer als gutsemitische Wörter herausgestellt; und wenn V R 31 dem aus ‚Mund' und ‚Tag, Sonne etc.' zusammengesetzten Ideogramm für *ṣûmu* ‚Durst' die Glosse *im-ma* beigeschrieben ist, so mag man früher berechtigt gewesen sein, dies für ein ‚sumerisches' Wort zu halten, jetzt aber, da wir die Wörter *emmu* ‚heiss', *immu* ‚Hitze, Gluth' in babylonisch-semitischen Texten lesen und sie sofort als Ableitungen des gemeinsemitischen St. חמם erkennen, ist klar, dass die Glosse einem Syn. von *ṣûmu*, dem echtsemitischen *immu*, ihren Ursprung verdankt — so wird bei fortschreitender Erweiterung und Vertiefung unserer assyrischen lexikalischen Kenntnisse gewiss auch für alle übrigen noch dunklen Glossen die Aufklärung folgen. Ist doch sogar das charakteristischste ‚sumerische' Wort *dingir* ‚Gott' durch die ganz neuerdings von Bezold mitgetheilte Vocabularangabe *di-gi-ru-u* = *ḫi-li-bu-u* = *ilu* als bestassyrisch-semitisch erwiesen worden!

Dass die sog. sumerischen zusammenhängenden Texte des II., IV. und V. Bandes, die Beschwörungen, Hymnen u.s.w. samt und sonders durch semitische Hände hindurchgegangen sind und an allen Ecken und Enden Spuren semitischer Beeinflussung, Ueberarbeitung, Zersetzung oder wie man sonst sagen mag aufzeigen, ist eine Erkenntniss, welche sich ebenfalls schon seit geraumer Zeit mehr und mehr Bahn bricht und die zur Unterstützung der antisumerischen Ansicht immerhin registrirt werden kann. Im Grunde genommen, ist freilich auch solche Einräumung eines mit specifisch babylonisch-semitischen oder gemeinsemitischen Wortverbindungen, Redensarten, Wortstellungen u. a., ja sogar Bedeutungsübergängen*) durchsetzten ‚Mönchs'- oder ‚Küchen-Sumerisch', mag man nun die Semiten oder die Sumerier oder beide darin reden, dichten und schreiben lassen, der Anfang zum

---

*) Der Fälle, in welchen ganze semitische Wörter mit ihren Endungen in das ‚Sumerische' übergegangen sind, wie z. B. *za-ba-lam-a-ni* ‚ihre Darbringung', und der noch hässlicheren, in welchen der sumerisch schreibende Semit seine zwei grundverschiedenen Wörter *ašris* ‚demüthig' (ושר) und *ašriš* ‚an seinem Ort' mit einander verwechselt, ist oben absichtlich nicht gedacht. Denn hier hört jeder sprachliche Gesichtspunkt von vornherein auf: es sind vielmehr Beispiele trostloser Verwahrlosung und Auflösung der alten straffen ideographischen Principien, zum Theil gepaart mit Leichtsinn oder Unverstand. Eine ähnliche Lockerung der alten Schriftmethode tritt auch in den sog. ‚dialektischen' Texten hervor, in welchen die alten Ideogramme verwechselt werden (z. B. *tug* ‚sein' statt *dug* ‚sprechen'), und den semitischen Wörtern und Wortformen immer unverhohlener Einlass gewährt wird (z. B. *še-ib* ‚Umfassung' aus assyr. *šîbu*, Syn. von *lipittu*; *šu-li-li* = *šûlula* IV R 20 Nr. 1, 15/16). Was die ‚dialektischen' Lautwandelungen zwischen ‚Akkadisch' und ‚Sumerisch' betrifft, den Wechsel von *g* und *d*, von *n* und *š*, von *dug* und *zib*, so halte ich denselben für lautphysiologisch unmöglich, es liegen vielmehr aller Wahrscheinlichkeit nach babyl.-semitische Synonyma zu Grunde; der Wechsel von *m* und *g* aber (welcher, beiläufig bemerkt, wohl schon zur Zeit der semitischen ‚Schriftentlehnung' dem Sumerischen eigen gewesen sein müsste, vgl. die Sylbenwerthe *mi*, *mir*, *mal*) scheint gerade wieder innerhalb der semitischen Sprache Babyloniens seine Analogie zu finden (s. Lautlehre § 49, a, Anm.).

Antisumerismus: denn, anderer Unvorstellbarkeiten zu geschweigen, führt sie bei der landläufigen Annahme gleichzeitiger Existenz der beiden Völker und Sprachen zu schlechterdings unfassbaren, die sumerische ‚Sprache‘ einfach aufhebenden Ungeheuerlichkeiten. Dazu wird man niemals eine sichere Grenze zwischen ‚Küchensumerisch‘ und Reinsumerisch zu ziehen im Stande sein — auch das vermeintlich reinste Sumerisch der einsprachigen Texte der alten Könige von Ur, Larsam und Tello (*Lagaš*) ist ‚Küchensumerisch‘: ganz abgesehen von Wortspielereien wie z. B. *da-er* ‚dauernd, ewiglich‘, die ihren semitischen Ursprung klar erkennen lassen (St. *dâru* ‚dauern‘, Part. *dâ'ir*, *dâ'er*), tritt ja auch aus diesen Texten semitische, von den assyrischen Denkmälern her theilweis allerbekannteste semitische Denk- und Sprechweise allerorten hervor: vgl. innerhalb der Titulaturen Wortverbindungen wie ‚Berufener des treuen Herzens, Gegenstand der Augenerhebung‘ u. s. w. der und der Gottheit.

Wie steht es aber endlich mit den grammatischen Formen des Sumerischen, welche noch immer, neben den phonetischen Sylbenwerthen, als die Hauptstütze der Existenz einer sumerischen Sprache gelten? Auch sie geben Anlass zu Bedenken mannichfacher Art. Schon der Umstand, dass wir mitten in den echtesten semitisch-assyrischen Texten, welche Abschrift von etwaigen ‚sumerischen‘ Originalen ausschliessen, ganz die nämlichen ‚sumerischen Wortformen‘ wie *dam-na* ‚seine Frau‘, *al-tur* ‚er wird verringert werden‘, *ni-gal* ‚es wird sein‘, *ba-bad* ‚er wird sterben‘, *na-an-bal-e* ‚man überschreite nicht‘ lesen, ist höchst auffallend. Sollten die semitischen Tafelschreiber Babyloniens und Assyriens wirklich so weit gegangen sein, voll ausgeprägte sumerische Wörter mitsamt ihren Bildungselementen als Ideogramme für ihre eigenen Wortformen zu benützen, sodass man also etwa schrieb: ‚der Hausherr *mourra*‘, dieses *mourra* aber doch nur ein Ideogramm darstellte für ‚er wird sterben‘? oder ist es nicht ungleich einfacher, Schreibungen wie diese von Haus aus für ideographische Umschreibungsversuche semitischer Wortformen zu halten? Was aber wichtiger ist denn dies: die sumerische Grammatik erinnert gar so oft an die babyl.-semitische. Das ‚Sumerische‘

gebraucht den echtsemitischen Mechanismus des Status constructus, unterscheidet ganz die nämlichen Tempora wie das Assyrische, es hat im Verbum einen *šu*-Stamm und einen *ta-an*-Stamm. Seine Adverbialendung auf *eš*, z. B. *ul-le-eš* = *elṣiš* (*elṣeš*), *zi-de-eš* = *kêneš* deckt sich mit der assyrischen, z. B. *mûšiš* ‚während der Nacht', *šamâmeš* ‚himmelwärts', *dabû'eš* ‚wie ein Bär', und zwar um so vollständiger als V R 37, 57—59 ausdrücklich angiebt, dass *eš* oder, wie man zu sagen pflegt, das ‚sumerische' *eš* sowohl *i-na* als *a-na* als *ki-ma* bedeute. Dass das ‚sumerische' *ḫe* gleich dem assyr. *lû* (von לאה, wollen, entscheiden') nicht nur Precativpartikel ist, sondern gleich assyr. *lû* — *lû* auch ‚sei es — sei es' (*ḫe-a* — *ḫe-a*) bedeutet, ist bedenklich, von der Verwendung von *ḫe* für das hervorhebende *lû* bei Praeteritalformen (V R 62 Nr. 2) gar nicht zu reden. Wir haben Listen (vgl. die von Bertin im JRAS. XVII. Part 1 veröffentlichte), in welchen die sog. sumerischen Bildungselemente auf das Allergenaueste analysirt, als Präformative, In- oder Afformative bezeichnet werden (z. B. *ne* und *bi-i* = *ana šu'ati*, *bi-ne* und *ne-e* = *atta šu'ati*, *bi-in* und *in* = *šû šu'ati*; *i-ni-ni* und *mi-ni-ni* bez. *i-ni-e* und *mi-ni-e* bez. *i-ni-in* und *mi-ni-in* = *anâku* bez. *atta* bez. *šû šu'ati šu'ati*; *in-na-ni-ni* = *anâku šu'ati šu'ati ù anâku šu'ašum*; *mu* = *iâ'um šapliš* u. s. f.) — wie wunderbar, dass die Babylonier so bis ins Kleinste unterrichtet waren von dem Bau der sumerischen Sprache! waren die Sumerier selbst solche Kenner ihrer Sprache, dass sie die Semiten so bis in das Einzelnste hinein unterrichten konnten, oder eruirten die Semiten selbst all jene Bedeutungen durch vergleichendes Studium der sumerischen Texte? Es ist ungleich glaubhafter, dass Listen wie diese rein graphische Zwecke verfolgten, nämlich lehren sollten, welche Bedeutung man mit den mannichfachen Sylben und Sylbenzusammensetzungen verband, die man zur ideographischen Umschreibung der semitischen Formen verwendete. Es liegt zur Zeit noch gar kein Grund vor daran zu verzweifeln, dass auch diese scheinbaren Wortbildungselemente sich als ideographische Künsteleien der semitischen Schrifterfinder werden begreifen lassen. Auch hier wird das Wort gelten: dies diem docet. Die Bertin'sche Liste beweist bereits so viel, dass in ‚sumerischen'

Wörtern wie *innanlal*, *baninlal* ‚er wog es' (*iškulšu*) nicht, wie man allgemein annimmt, *nan*, *nin* dem pron. suff. *šu* entspricht, sodass wir also im ‚Sumerischen' ein incorporirtes Pronomen hätten, sondern dass vielmehr *an-lal*, *in-lal* = *i-škul* ist, *inna* und *bani* aber das (im Assyrischen ja gewöhnlich dem Verbum vorausgehende) Object symbolisirt (= etwaigem assyr. *šu'ati šû iškul* ‚selbiges er wog'). Damit bricht abermals eine Stütze des ‚Sumerismus'. Ich läugne nicht, dass noch immer, gerade was diese vermeintlichen sumer. Formen betrifft, Räthsel zu lösen bleiben, aber keines ist darunter, welches unsere bisherige Beweisführung ernstlich zu erschüttern vermöchte. Die semitischen Babylonier werden Recht behalten, wenn sie ihrem Gott Nebo die Erfindung der Schreibkunst beilegen, und dass sie nie und nirgends neben den Kossäern auch noch eines dritten, sumerisch-akkadischen Volkes Erwähnung thun, wird sich am Ende daraus erklären, dass ein solches Volk überhaupt nicht existirt hat.

Lautlehre.

A. Vocale.

I. Vocalischer Lautbestand.

§ 26. Vocalischer Lautbestand des Assyrischen: *a*, *i*, *u*, *e*; *â*, *î*, *û*, *ê*. Von Diphthongen vielleicht *ai*.

§ 27. Beispiele für kurz und lang *a*, *i*, *u* (zu denen der Anfänger die entsprechenden hebr. Wörter und Formen im Geist fügen mag):

ă: *amtu* ‚Magd', *šarru* ‚König', *kallâtu* ‚Braut', *naḫlu* und *naḫallu* ‚Thal, Bach', *malkatu* ‚Fürstin'; *šamšu* ‚Sonne', *daltu* ‚Thürflügel', *narkabtu* ‚Wagen', *ašṭur* ‚ich schrieb'; *iṣbatû* ‚sie fassten'; *aḫu* ‚Bruder', *ḳanû* ‚Rohr'; *tašrup* ‚du verbranntest'.

ĭ: *ilu* ‚Gott', *bintu* ‚Tochter', *ṣillu* ‚Schatten', *parzillu* ‚Eisen'; *šipru* ‚Sendung'; *timâli* ‚gestern', *libittu* ‚Backstein', *imêru* ‚Esel'. (Für *i* = *i̯a*, z. B. *išrup* ‚er verbrannte', s. § 41; für *i* aus älterem *a*, z. B. *šêlibu* ‚Fuchs', s. § 35).

ŭ: *mutu* ‚Ehemann‘, *šumu* ‚Name‘, *ummu* ‚Mutter‘; *uznu* ‚Ohr‘, *išrup* ‚er verbrannte‘; *išrupû* ‚sie verbrannten‘, *Purât* ‚Euphrat‘, *Ulûlu* ‚Monat Elûl‘.

â: *sâsu* ‚Motte‘, *attâ* ‚du‘; *lâ* ‚nicht‘, *atânu* ‚Eselin‘, *alâku* ‚gehen‘, *pâḳidu* ‚beaufsichtigend‘, *bâmâti* ‚Höhen‘. (Für *â* = *a'*, z. B. *râdu* ‚Unwetter‘ = *ra'du* s. § 47; für *â* = *i-a*, *i-â* u. ä. s. § 38, a).

î: *šî* ‚sie‘, *ittî* ‚mit mir‘, *maḫîru* ‚Kaufpreis‘. (Für *î* = *i'*, z. B. *zîbu* ‚Wolf‘ = *zi'bu*, s. § 47; für *î* = *ai*, *ai̯* s. § 31 und 30; für *î* als Compensirung von *i* und folgender Consonantenschärfung, z. B. *zîmu* ‚Glanz‘ = *zimmu*, *zimi̯u*, s. § 41, b).

û: *šû* ‚er‘, *atûdu* ‚Ziegenbock‘, *imûtû* ‚sie starben‘. (Für *û* = *au*, *au̯* s. § 31; für *û* = *u'*, z. B. *bûru* ‚Brunnen‘ = *bu'ru*, s. § 47; für *û* = *i(e)-u*, *i(e)-û*, *â-u*, *â-û*, *ê-u* u. ä. s. § 38, a; für *û* als Compensirung von *u* und folgender Consonantenschärfung, z. B. *bûnu* ‚Kind‘ = *bunnu*, *buni̯u* s. § 41, b).

Das *ĕ* (*ä*) des Assyrischen ist so gut wie stets § 28. durch Umlaut aus ursprünglichem *ă* entstanden (s. § 34); das *ê* ist theils monophthongisirtes *ai*, *ai̯*, z. B. *ênu* (*înu*) ‚Auge‘ (= *ain*), *têr* ‚mache‘ (= *tair*, *ta'ir*), *dêkat* ‚sie ward getödtet‘ (= *daikat*, *da'ikat*), *bikêtu* (*bikîtu*) ‚Weinen‘ (= *bikai̯tu*), *ibrêma* ‚er schaute und‘ (= *ibrai̯ma*), theils umgelautetes *â*, z. B. *imêru* ‚Esel‘

(s. für letzteres § 32). Ob diese beiden Arten von *ê* auch in der Aussprache unterschieden waren, lässt sich nicht mehr ausmachen.

Für ein vielleicht aus urspr. *i* unter dem Einfluss eines folgenden *r* oder *ḫ* hervorgegangenes *e* s. § 36.

§ 29. Dass für das Assyrische der Besitz eines *e*, *ê* wenigstens für eine gewisse Zeitperiode vorausgesetzt werden muss, lehrt das von Haupt nachgewiesene, in §§ 32—34 dargelegte assyrische Umlautsgesetz: in sehr vielen Fällen wird für assyr. *i* und *î* die Annahme eines *e* und *ê* als Mittelstufe zwischen *a* und *i*, *â* und *î* durch die vergleichende semitische Laut- und Formenlehre gefordert. Dass aber die Babylonier-Assyrer selbst noch ein *e* und *ê* sprachen, lehrt erstens die hebräische und griechische Wiedergabe einer Reihe babyl.-assyrischer Wörter: beachte vor allem *Bêlu* בֵּל, Βῆλος, *Belus* (vgl. *Bêl-šar-uṣur* בֵּלְשַׁאצַּר, *Bêl-ibuš* Βήλιβος); *Bêltî* ‚meine Herrin‘ = Βῆλθις (Hesychius), vgl. בֵּלְתִּי Jes. 10, 4 (Lagarde); *Nêrgal* נֵרְגַל (vgl. Νηριγλίσσαρος); *ištên* עַשְׁתֵּי; *Ṭebêtu* (geschr. *Ṭe-bi-e-tu*) טֵבֵת; *êlamu* אֵילָם Ez. 40; — הֵיכָל hat als Lehnwort aus *e-kal-lu* mancherlei gegen sich, während aus עֵילָם auf ein auch in Babylonien-Assyrien mit *e*-Vocal gesprochenes *Elamtu* wohl geschlossen werden darf. Vgl. noch *nêru* ‚Zahl 600‘ νῆρος und die Glosse des Hesychius σαύη· ὁ κόσμος Βαβυλώνιοι, doch wohl = *šamê*, gesprochen *šaϝê* ‚Himmel‘

(s. § 44). Das Nämliche lehrt zweitens die consequente Schreibung vieler Wörter und Wortformen mit *e*. Vgl. die Substantiva *ri-e-šu* ‚Haupt‘, *ṣi-e-nu* ‚Kleinvieh‘, *ṣi-e-ru* ‚Feld‘ im Unterschied von *ṣi-i-ru* ‚erhaben‘, *še-e-ru* ‚Morgen‘ i. U. v. *ši-i-ru* ‚Fleisch‘, *ri-e-mu* ‚Gnade‘ i. U. v. *ri-i-mu* ‚Wildochs‘; ferner die Verbalformen wie *ušêzib* ‚ich errettete‘, *ušêṣi* ‚ich führte hinaus‘ (vgl. aram. שֵׁיזִב und שֵׁיצִיא), *uštêšir* ‚ich leitete recht‘, deren mittlere Sylbe stets *še* und *te*, niemals *ši*, *ti* geschrieben wird; nicht minder auch die Pluralformen auf *ê*, wo die oftmaligen Schreibungen wie *mu-u'-di-e* ‚Massen‘, *ša-di-e* ‚Berge‘, *ni-ḳi-e* ‚Opfer‘, *ḳu-ra-di-e-šu* ‚seine Krieger‘, *ik-ri-be-šu* ‚seine Gebete‘, *kul-ta-ri-e-ša* ‚ihre Zelte‘, *bi-e-li-e-a* ‚meine Herren‘, und die vielfache ausdrückliche Hinzufügung des phon. Compl. *e* zu ideographisch geschriebenen Pluralen wie *amêlu*^{pl}*-e* ‚Leute‘ (Salm. Mo. Rev. 34. 85), *aplu*^{pl}*-e* ‚Söhne‘ (ibid. 38), *bêlu*^{pl}*-e* ‚Herren‘ (Asurn. I 19 u. ö.), *ilu*^{pl}*-e-a* ‚meine Götter‘ über die Lesung *mu'dê, bêlê'a, amêlê, aplê, ilê'a* u. s. f. kaum einen Zweifel lassen. S. auch § 32, *a*, Anm. Und wollte man wirklich Schreibungen wie *ri-i-mu* ‚Mutterleib, Gnade‘ (S^{b} 1), *us-si-bi-la* ‚ich liess bringen‘ (= *uštêbila*; diese u. ä. Formen oft in den Briefen), *šad-di-i* ‚Berge‘ (bei Sanh.), *re-e-ši-i-šu* ‚seine Spitze‘ (V R 62 Nr. 1, 18), *ik-ri-bi-šu* ‚seine Gebete‘ u. a. m. geltend machen zum Beweis, dass jene *ê* wie *î* gesprochen worden seien, so behalten die ersteren, immerhin unläugbar zäh festgehaltenen Schreibungen doch gewiss Charakter und Werth historischer Schreibweisen und bezeugen, dass man in älterer Zeit das durch Lautgesetze und Wortform geforderte *ê* auch wirklich sprach und von *î* unterschied. Aehnliches gilt vom kurzen *e*: Inff. wie *epêšu* ‚machen', *erêbu* ‚eintreten' wird man kaum jemals *ipêšu*, *irêbu* geschrieben finden, weil man sie entweder lange Zeit hindurch (historische Schreibweise) oder, was wahrscheinlicher, noch bis in späte Zeit mit *e* sprach; dass man in der That bis in die neubabylonische Zeit hinein ein *e* kannte, darf doch wohl aus den so beliebten Schrei̱bungen wie *e-ep-še-ti* ‚Thaten', *e-eš-ši-iš* ‚neu' (s. § 10) geschlossen werden. Einen dritten sicheren Beweis für die Existenz eines assyr. *e*-Vocals geben endlich, den rein ideographischen Charakter des sog. ‚Sumerischen' vorausgesetzt, die Listen mit den ideographischen Schreibungen assyrischer grammatischer Formen, wie die oben S. 70 erwähnte: sie lehren, dass *e* einer- und *i* andrerseits streng unterschieden wurden, vgl. Präformativ-Reihen wie *un*, *an*, *in*, *en*; *ub*, *ab*, *ib*, *eb* u. s. w.

§ 30. Unbeschadet der Auseinandersetzungen des vorhergehenden §, ist nun aber allerdings ein Doppeltes festzuhalten: einmal dass schon in ältester Zeit *ê*, sonderlich das aus *ai*, *ai̯* entstandene *ê* eine starke Neigung zur Aussprache *î* gehabt haben muss (vgl. oben § 25 S. 64), wie denn z. B. *bîtu* ‚Haus‘ (höchst selten *bêtu*), *îši*, *tîši* ‚ich hatte, du hattest‘ (ausnahmslos so geschrieben) wohl nie anders gesprochen worden sind, und bei *ênu* und *înu* ‚Quelle‘ das Schwanken in der Aussprache in sehr alte Zeit zurückgehen dürfte; sodann aber, dass diese Neigung *e* wie *i* zu sprechen im Lauf der Zeit, vielleicht sonderlich in der Umgangssprache, immer weiter um sich griff, sodass man *anînu* ‚wir‘, *îmur* ‚er sah‘, *inu* neben *enu* ‚Zeit‘, *amîlu* neben *amêlu* ‚Mensch‘ nicht nur geschrieben, sondern auch gesprochen haben wird (beachte *Amêl-Marduk* = אֱוִיל־מְרֹדַךְ); schon bei Rammânnirârî I. sind Schreibungen wie *lu-ti-ir* (IV R 45, 13. 43) — vgl. *Šamaššumukîn* Σαοσδούχινος — gebräuchlich. So erklärt sich die frühzeitige, die historischen Schreibweisen selbst untergrabende Unsicherheit in der graphischen Wiedergabe des *e*- und des *i*-Vocals. Waren schon von Haus aus in der babyl.-assyr. Schrift beide Vocale in bedenklichem Umfang mit einander vermengt, so ging man späterhin noch weiter und verwendete sogar die speciellen *e*-Zeichen mit für *i*: so z. B. *at-ti-e* ‚du‘ (Fem.); *še-e-ru* ‚Fleisch, Blutsverwandter‘; *šú-me* ‚mein Name‘ (V R 62 Nr. 1, 24. 27); *aḳi-eš* = *aḳîš* ‚ich schenkte‘ (I R 8 Nr. 3, 7); Genitive Sing. wie *šul-me* (Sams. II 21. III 68), *ḳa-te* (ibid.

IV 43); *me-iṭ-ru* ‚Regen', *me-iṣ-ru* ‚Gebiet' (IV R 44, 8. 21 u. ö.), *mešiḫtu* ‚Mass, Ausdehnung'; *e-mit-tu* Fem. von *imnu* ‚rechts'; *ba-be-lat* ‚bringend' (I R 27 Nr. 2, 6), *ḳa-eš-še* ‚schenkend' Part. (II R 60 Nr. 2, 32); *e-me-du* Praet. I 1 von אמד$_4$, *u-še-bu* ‚ich setzte mich' (Salm. Mo. Obv. 15), *ra-am-me-ik* ‚giesse aus', Königsname *Bêl-du-me-ḳa-an-ni* (V R 44, 46 d) u. s. w. Beachte sonderlich den Wechsel von *ne-mi-ḳu* und *ni-me-ḳu* ‚Weisheit' (Neb. Grot. I 4. Neb. I 7). Für die Umschrift wurde § 15 (Schluss) das Nöthige bemerkt. Sache zukünftiger Forschung wird es sein, von der jeweiligen Aussprache abgesehen, immer genauer festzustellen, ob die einzelnen Formen aus grammatischen Gründen ein *e* oder ein *i* als ursprüngliche Vocalaussprache voraussetzen, und dabei stets auch der Möglichkeit eingedenk zu bleiben, dass etwa Accent oder Analogie ihre Hand mit im Spiel haben: ich denke hier z. B. an die Genitive Sing. der Nomina auf *û*, wie *šadî* und *šaddê*, *šaḳî* und *šaḳê*, *nadê*, *palê* (stets), *akkadî* (oft), *apsî*, *reš-ti-i* (IV R 33, 38 a) von *šadû* ‚Berg', *šaḳû* ‚hoch', *nadû* ‚werfen' u. s. f. (vgl. § 66); an die weiblichen Pluralformen auf *âte*, *ête*, wie *re-še-ti-e* ‚Gipfel' (Salm. Mo. Obv. 7), *ta-ma-a-te* ‚Meere', *Ištârâ-te* (II R 66 Nr. 1), *mâtâti* und *mâtâte* passim, *ep-še-ti-e-šu*, *ep-še-te-ia* ‚seine, meine Thaten'; an die in § 34, *a* Anm. und § 36 erwähnten Fälle, u. a. m. Nicht minder werden statistisch alle die Fälle zusammengestellt werden müssen, in welchen man trotz der existirenden zwölf *e*-Zeichen dennoch *i* schrieb, um zu erkennen, ob und in welchem Umfang man Wörter und Formen wie *šú-mi-lu* ‚links', *si-bu-u* ‚der siebente', *iš-mi* ‚er hörte', *îmur* ‚er sah', *îli* ‚er kam herauf' auch mit dem *i*-Vocal sprach; die Hoffnung, zeitliche oder örtliche Grenzen nach Art etwa des Ost- und Westsyrischen ausfindig zu machen, wird freilich von vornherein aufzugeben sein.

Diphthonge. — Der Diphthong *au*, *au̯* ist im Assyrischen stets zu *û* monophthongisirt, daher z. B. **§ 31.**
rûḳu ‚fern' (= *ra'uḳu, rauḳu*), *minûtu* ‚Zahl' (= *minautu, minau̯tu*), *ûšib* ‚ich setzte mich' (= *aušib*, *au̯šib*). Ebendesshalb fallen Wörter wie *šûru* ‚Stier', *mûtu* ‚Tod' mit *nûnu* ‚Fisch', *šûmu* ‚Knoblauch' äusserlich zusammen — in der Schrift, höchst wahrscheinlich aber auch in der Aussprache. An sich könnte es ja als möglich gelten, dass die Babylonier-Assyrer einen *o*-Vocal besessen und nur graphisch mit *u* vereinerleit hätten (wie *e* und *i*); vgl. für diese Annahme σῶσσος = *šuššu*. Aber dass sie schon in ältester Zeit *o* und *u* auch in der Aussprache vielfach wechseln liessen, würde doch wohl auf alle Fälle anzunehmen sein, mögen die Semiten die Schrift erfunden oder entlehnt haben. Dazu führt die ideographische Verwechselung von *û* ‚und' und *û* (*ô*) ‚oder' mit Sicherheit darauf, dass man in

historischer Zeit *o* wie *u* sprach. Die Wiedergabe des *o* hebräischer Eigennamen durch assyr. *u* (z. B. אַשְׁדּוֹד *As-du-du*, יָפוֹ *Ja-ap-pu-u*) kann nicht beweisen, dass das letztere auch wie *o* gesprochen worden sei; dass wir es hier vielmehr nur mit einem Nothbehelf zu thun haben, dürfte das Schwanken in der Wiedergabe von מוֹאָב, theils *Mû'âba* theils *Mâ'âba*, verrathen.

Gleich *au* ist auch *ai* wahrscheinlich stets monophthongisirt worden (*ê*, *î*), vgl. *bi-i-tu* ‚Haus', *mâmîtu*, *maškîtu*, *nabnîtu*, und s. §§ 28 und 30. Für etliche Fälle wie *a-a* ‚nicht', *a-a-u* ‚welcher?' eine Ausnahme zu statuiren, scheint schon aus diesem Grunde bedenklich. Auch graphisch bliebe es auffallend, ebensowohl dass man *â* und *ai* so gänzlich vereinerleite, als auch dass man den Diphthong *ai* durch ein doppeltes *a* wiedergab. Wie es graphisch das Wahrscheinlichste ist, dass man mit *a-a* das lange *â* bezeichnete (s. § 13), so liegt auch lexikalisch und grammatisch kein Grund vor, welcher zwänge statt *â* ‚nicht', *â'u* ‚welcher?', *ânu* ‚wo', *âlu* ‚Widder, Hirsch' vielmehr *ai, aiu, ainu, ailu* zu lesen; s. hierfür die betr. Abschnitte der Lehre vom Pronomen, Nomen und Adverbium (für den Fragestamm *â* § 59, für die Nomina wie *âbu* ‚Feind', *dânu* ‚Richter' § 64, für die Negation *â* § 78).

II. Vocalische Lautwandelungen.

1. Umlaut von *a* zu *e* (*ä*).

a) Umlaut von *â* in *ê* (unter vielfachem Fortbestehen der Wörter und Wortformen mit *â*).*) § 32.

α) *bei vorausgehendem i oder e, ê: ši-ni-ti* (d. i. *šinêti*) neben *šinâti* ‚sie‘, Verbalsuffix Plur. fem.; *imêru* ‚Esel‘ (= *imâru*); *girrêti* ‚Wege‘, *mi-iṣ-re-ti* ‚Grenzen‘. — *emêtu* ‚Schwiegermutter‘ (= *emâtu*); *ištênu* (eig. wohl *eštênu*, Grundform *aštân*) neben *ištânu* ‚einzig, eins‘, *erênu* ‚Kasten‘; *epšêti* ‚Thaten‘, *ešrêti* ‚Tempel‘, *edlêti* ‚verriegelte‘ (sc. Thüren); *en-di-ku* (d. i. *endêku* = *emdâku*) ‚ich stehe‘ Perm. — *rêmênû* ‚barmherzig‘ (= *rêmânû*); *bêlêti* ‚Herrinnen‘, *rêšêti* ‚Spitzen‘, *tênišêti* ‚menschliche Wesen‘.

Neben diesen weiblichen Pluralformen wie *šiprêti*, *zikrêti*, *limnêti*, *bêlêti* (sämtlich mit *ê* ausdrücklich geschrieben; eine Ausnahme ist *ni-ri-bi-ti*) u. s. f. finden sich noch ganz gewöhnlich die Formen mit *â*: *gimrâti*, *libnâti*, *niklâti*, *ṣimdâti*; *elâti* (*u šaplâti*); *šar kênâti* ‚König des Rechts‘ (V R 55, 6). Uebrigens s. auch unter γ (S. 83).

β) *bei nachfolgendem i*: *a-ni-ni*, *ni-nu* ‚wir‘ (d. i. *anêni*, *nênu* = *anâni*, *ana'ni*); *têdištu* ‚Erneuerung‘,

*) Alle in zusammenhängender Umschrift von mir mit *e*, *ê* angesetzten Wörter finden sich mit den speciellen *e*-Zeichen auch geschrieben. — Den Unterabtheilungen innerhalb der §§ 32—34 liegen in erster Linie rein äusserliche Gesichtspunkte zu Grunde: die Hervorhebung eines benachbarten *i* oder *e* will also nicht nothwendig besagen, dass dieses *i* oder *e* die Umlautung von *a* zu *e* bewirkt oder begünstigt habe. Eine unbezweifelbare Veranlassung zum Umlaut von *a* in *e* s. in § 42.

têbibtu, *têliltu* ‚Glanz' neben *tâdirtu* ‚Furcht'; 1. Pers. Sing. Praet. Qal der Verba primae $א_1$ mit *i* in der zweiten Sylbe: *êsir* ‚ich schloss ein' (dagegen *âkul* ‚ich ass'); Participia I 1 der Verba primae $א_{4.5}$: *êpišu* ‚machend', *êribu* ‚eintretend', der Verba med. $א_4$: *rê'û* ‚Hirt' (= *rê'i-u*), der Verba tertiae $א_{3-5}$: *šêmû* ‚hörend', wonach gewiss auch *ri-bu-u* ‚vierter', *si-bu-u* ‚siebenter', *pi-tu-u* ‚öffnend', *li-ḳu-u* ‚nehmend' als *rêbû*, *pêtû* u. s. f. zu fassen sind, ganz vereinzelt auch bei anderen Stämmen, vgl. obenan *šêššu* ‚sechster' (= *šâdšu*, *šâdišu*); Praet. (und Prs.) des Schafel und Ischtafal der Verba primae $א_{4.5}$ und primae ו: *ušêbir* (Prs. *ušêbar*), *ušêrib*, *uštêrib* und *ušêšib*, *ušêṣi*, *uštêšib* ‚er liess wohnen' neben seltenerem *ušâliṣ* ‚ich machte frohlocken' und *ušâšib*, *uštâbil* ‚er brachte'.

γ) *ohne benachbartes i, e* oder *ê*.

â, *in welchem ein* ' *quiescirt*: *mêsiru* ‚Einschliessung', *mêdilu* ‚Riegel', *mêtiḳu* ‚Verlauf, Weg' (= *mêsaru*, *mâsaru*, u. s. f.); *nêribu* ‚Eingang, Pass' (= *nêrabu*, *nârabu*); *rêšu* ‚Haupt' (= *râšu*, *ra'šu*), ganz selten *râšu*, *ṣênu* ‚Kleinvieh', *ṣêru* (*ṣi-e-ru*) ‚Rücken', *rêmu* ‚Mutterleib, Gnade', *šêru* ‚Morgen', *bêlu* ‚Herr', doch auch *râdu* ‚Unwetter'; *šumêlu* ‚links', *šêlabu*, *šêlibu* ‚Fuchs'; *nap-ti-e-tu* (*naptêtu*) ‚Schlüssel' (= *naptâtu*, *napta'tu*), *tašmêtu* ‚Erhörung'; 3. Pers. m. Sing., m. und f. Plur. Praet. Qal der Verba primae א: *êkul* ‚er ass' (= *i̯êkul*, *iâkul*), *êsir* ‚er schloss ein', *ênaḫ* ‚er verfiel', *êpuš* ‚er machte', *êzib* ‚er liess', *êrub* ‚er trat ein', bei $א_{4.5}$ auch 2. Pers. Sing. und Plur. und 1. Sing.: *têpuš*, *êpuš*, *têzib*, *êrub* (gegenüber *tâkul*, *âkul* ‚du assest, ich ass'; für *êsir* ‚ich schloss ein' s. β); Singularformen Praet. Qal der Verba tertiae א bei enklitisch angehängtem *ma*: *abbê-ma*, *iptê-ma*, *išmê-ma*, *ašmê-ma* ‚ich berief', ‚er öffnete', ‚er, ich hörte', auch ohne *ma*, jedoch verkürzt, bei den Verbis tertiae $א_{3.4}$ in Praes. wie Praet.: *lu-up-te* ‚ich will eröffnen', *liš-me-u* ‚sie mögen hören', *i-pe-te-šu* ‚er öffnet ihn', *i-še-me*, *a-šem-me* ‚er wird, ich werde hören' (weiter wird dieses *e* dann zu *i* verkürzt, s. § 39).

â, *in welchem kein ' quiescirt*: *šurmênu* ‚Cypresse' aus älterem *šurmânu*, *râmênu* neben *râmânu* ‚selbst'; *ku-dur-re-ti* ‚Grenzsteine', *rûḳêti* ‚die Fernen', *ma-di-e-tum* ‚viele' sc. Länder (H, 6), vgl. oben α; Inff. der Verba primae $א_{4.5}$: *epêšu* ‚machen', *erêbu* ‚eintreten', aber auch bei Verbis primae $א_1$, wie *erêšu* ‚wählen, wollen', *amêru* ‚taub sein', ja sogar starken Verbis: *namêru* ‚glänzen' (Tig. VII 101), *pa-ṭi-ru* ‚öffnen' (1 Mich. III 14), *ša-gi-mu*, *ra-mi-mu* (IV R 28 Nr. 2) u. a. m., doch wohl = *paṭêru*, *šagêmu*, *ramêmu*; Inff. der Verba mediae $א_4$: *bêlu* ‚herrschen' (= *be'êlu*); ebendiese Mittelform wird anzunehmen sein für die Inff. der Verba tertiae $א_{2-5}$, wie *petû* ‚öffnen', *šemû* ‚hören' (= *petê'u*, *šemê'u*), s. weiter § 34, β. Selten ist der Umlaut von *â* in *ê* bei der 3. Pers. fem. Plur. Praet., z. B. *uṭṭammê* statt *uṭṭammâ* (V R 47, 9b). Dagegen wird hierher noch gehören *ê* ‚nicht' neben *â*, *êkâ* ‚wo?' neben *a-a-ka* d. i. wohl — vgl. *ak-ka-a-a*, *a-ki-i* ‚wie?' und *ânu* אָן ‚wo?' — *âkâ*.

§ 33. *b*) Umlaut von *a* in *ê* bei gleichzeitiger Aufgabe der dem *a* ursprünglich folgenden Consonantenverdoppelung.

zêru ‚Same' (= *zâru*, *zarru*, *zar'u*), *bêru* ‚Blick' (= *bâru*, *barru*, *bari̯u*). — Praet. des Piel und Iftaal (ausschliesslich bei Tiglathpileser I und Asurnaṣirpal?): *u-na(k)-ki-ir* ‚ich änderte' und *u-ni-ki-ir* (I R 28, 9b), *urappiš* ‚ich erweiterte' und *u-ri-pi-iš* (Tig. I 61), *unappiṣ* und *u-ni-pi-iṣ* (Asurn. III 53), *unak(k)is* ‚ich schnitt ab' und *u-ni-ki-is* (Tig. III 99 u. ö.), *u-ki-ni-iš* ‚ich unterwarf' (Tig. I 54), *u-ri-ki-is* ‚ich überzog' (I R 28, 11b), *u-na* (Var. *ni*)-*ki-is* ‚ich schlug ab' (Asurn. I 117), *lu-pi-ri-ir* ‚ich zerbrach' (Tig. V 90), *u-ba-an-ni* und *u-be-en-ni* ‚ich machte glänzen' (Tig. VII 98), *lup-te-ḫ̬ir* ‚ich versammelte' (Tig. I 71), *uš-te-pi-il* ‚er hat gebeugt'. Die letzteren Formen (vgl. auch *u-te-im-me-iḫ̬* ‚er fing' I R 28, 20a) sprechen für die Fassung von *u-ni-ki-is* u. s. w. als *unêkis*, *urêpiš* u. s. w. (oder *unékis*?).

§ 34. *c*) Umlaut von *a* in *e*.

α) *bei nachfolgendem i oder e*: die Sylbe *ša* im Praet. und Part. des Schafel und Ischtafal der starken Verba (ebenfalls nur bei Tig. und Asurn.?): *ušakniš* ‚ich unterwarf‘ und *u-še-ik-ni-iš* (Tig. VI 38) d. i. *ušékniš*, wie auch *u-šik-ni-ša* (Asurn. I 23), *u-šik-lil* ‚ich vollendete‘, *mu-šik-ni-šu* (neben *mušaknišu*) ‚unterwerfend‘ (Tig. VII 43) u. a. m. mit *e* zu lesen sein werden, *u-še-eš-kin* ‚ich liess machen‘ (Tig. VI 46), *u-še-ik* (Var. *šak*)-*ši-du-šu* ‚er verhalf ihm zum Sieg‘ (Asurn. I 39); *uštasḫir* und *ulteshir*. — Das *a* der Präsensformen der Verba tertiae י: *išási* ‚er spricht‘ und *i-šis-si* d. i. *išési* (IV R 5, 37 b), der Verba tertiae $א_{3.4}$: *i-pe-te-šu* ‚er öffnet ihn‘, *te-liḳ-ḳi-e* ‚du nimmst an‘ (K. 101), doch wohl = *teléḳî*, *i-še-me* ‚er hört‘, *i-še-im-ma-'-in-ni* ‚sie gehorchen mir‘ (Beh. 7), *išémû* ‚sie werden erhören‘, seltener der starken Verba: *ta-pi-is-si-nu* ‚du wirst verbergen‘ (Beh. 102), *te-ḳib-bir* d. i. doch wohl *teḳébir* ‚du sollst begraben‘. — Das *a* des Praet. des Ifteal: *aḳṭérib* ‚ich rückte an‘, *iptéḳid* ‚er übergab‘, *iḳtérâ* (= *iḳtéri-a*) ‚er rief herbei‘, *itéli* ‚er ging hinauf‘, *itébir* ‚er überschritt‘, *etétiḳ* ‚ich zog‘ (doch auch *etátiḳ*), *iltéḳi* ‚er nahm‘, *altéme* ‚ich hörte‘, *artédi* ‚ich zog‘. Aber beachte auch *itérub* ‚er zog ein‘, *etépuš* ‚ich machte‘ (neben *etárub* ‚ich zog ein‘, *etápuš* ‚ich machte‘). — Für die Nominalform فَعِل s. theils unter γ theils unter δ. — Etliche 1. Perss. Sing. des Praet. Qal und Ifteal: *iḳ-bi* d. i. gewiss *eḳbi* ‚ich sprach‘ (I R 49 Col. III 19), *e-ip-ti-iḳ* d. i. *eptiḳ* ‚ich baute‘ (Neb. IV

24 u. ö. Nerigl. I 26), *e-ip-ti* d. i. *epti* ‚ich legte bloss' (Nabon. III 31); *e-ir-te-it-ti* (sprich *ertéti*) ‚ich stellte auf' (Neb. VI 38), *e-ir-te-id-di-e-ma* (sprich *ertedê-ma*) ‚ich ging' (Neb. II 23).

Von diesen letzteren, wie es scheint, auf die spätere Zeit beschränkten und spärlichen Formen mit Praeform. אֶ statt אַ sind zu trennen die 1. Perss. Sing. Praet. Ifte. (und Iftaneal) der Verba primae $א_{4.5}$, z. B. *etêli* ‚ich ging hinauf', *etêpuš* ‚ich machte': gleich den 3. Perss., z. B. *etêli* Pl. *etêlû* ‚sie erstiegen' (V R 8, 82), *etabrû* ‚sie überschritten' (Asurn. III 28), *etêpuš* ‚er machte' (Khors. 7), auch *etenêpuš* (neben *etanâpuš*) ‚er machte' (V R 3, 111), scheinen diese Formen ihr *e* der unmittelbaren Anlehnung des Reflexivstammes an das Qal (*êbir*, *têbir*, *êbir*) zu verdanken. Es wechseln mit ihnen in der 3. Pers. die regelmässigen Formen nach Art von *itâmar* (d. i. *ittâmar*), nämlich *itêtiḳ*, *itêli* u. s. f., während in der 1. Pers. *atâpaš* (Salm. Balaw. II 5) völlig vereinzelt steht.

β) *bei nachfolgendem ê, é*: die erste Sylbe der Inff. der in § 32, γ besprochenen Verba: med. $א_4$: *bêlu* ‚herrschen' (= *be'êlu*, *ba'êlu*), primae $א_{4.5.1}$: *epêšu*, *elû* ‚hinaufgehen', *erêbu*, *erêšu* (doch findet sich auch *epâšu* z. B. Tig. VII 74), tertiae $א_{2-5}$: *šebû* (= *šebê'u*) ‚sich sättigen', *šemû* ‚hören', also wohl auch *ni-gu-u* ‚glänzen' (נגה), *pi-tu-u* ‚öffnen', *li-ḳu-u* ‚nehmen', *ḳi-bu-u* ‚sprechen' als *negû*, *petû*, *leḳû*, *ḳebû* zu fassen. Die älteren Formen *patû*, *laḳû*, *ḳabû*, *ḫarû* ‚graben' finden sich daneben auch noch, und zwar gar nicht so selten. Vereinzelt auch bei starken Verbis, vgl. z. B. *si-ki-ru*, gewiss = *sikêru*, *sekêru* ‚verriegeln' (neben *sanâḳu* II R

23, 43c). — *teléḳî* ,du nimmst' (= *taléḳî*), *teḳébir* ,du sollst begraben'.

γ) *anlautendes a* ($א_{1-5}$) in mancherlei Nominal- und Verbalformen.

$א_1$: *erṣitu* (= *erṣatu* § 35, *arṣatu*) ,Erde', neben *anbatu* ,Pflanzenwuchs'. — *erû* ,Kasten'. — *enšu* ,schwach', *eširtu* ,Tempel' (فَعِل). — *alallu* und *elallu* ,Wasserbehältniss' (فَعَّل).

$א_2$: *erîtu* ,schwanger' (فَعِل). — *erû* ,schwanger sein' (فَعَال).

$א_3$: *emu* ,Schwiegervater'. — *im-mu* (d. i. *emmu*) ,heiss', neben *annu* ,Gnade'. — *eḳlu* ,Feld' (st. cstr. *e-ki-el*), *eklitu* ,Finsterniss'. — *ebru* ,Freund' (st. cstr. *e-bi-ir*), *eššu* ,neu' = *edšu, edišu, adišu* (فَعِل).

$א_4$: *enu* ,Herr', *ezzu* ,furchtbar'. — *enzu* ,Ziege', *ešrâ* ,zwanzig'. — *eli* ,auf', *elamu* ,hoch' (فَعَل). — *edlu* ,verriegelt', *epištu* ,That' (فَعِل). — *endêku* ,ich stehe', Perm. = *amdâku*. — *epuš* ,es ist gemacht', Perm. (فَعُل). — *erub* ,tritt ein', *ebir* ,geh hinüber' (gegenüber von *akul* ,iss'). — *emûḳu* ,Macht', wohl aus *amûḳu*. Vgl. daneben *abdu* ,Knecht', *adî*, *adi* ,bis', *agalu* ,Kalb', *atûdu* ,Ziegenbock'.

δ) *allerhand andere Fälle*: das *a* des Nominalstamms فَعِل und des Permansivs des Qal der Stämme tertiae $א_{3-5}$: *pi-tu-u* (d. i. *petû*, Form wie *edlu*) ,geöffnet'; *tebâku, tebûni* ,ich komme, sie kommen'. — *šelaltu* ,drei' neben *šalaltu*, *narâru* und *nerâru* (Khors. 113) ,Helfer', *ṣerritu* (*ṣirritu*) ,Nebenfrau' (צָרָה). — *taṣlîtu* und *teṣlîtu* ,Gebet', also wohl auch *teṣbîtu* ,Wunsch, Bitte' = *taṣbîtu*, und *tašrîtu* sowohl wie *tešrîtu* (*tišrîtu*) ,Einweihung; Anfang, Monat Tischri'.

Zu §§ 32—34: Gewisse Ideogrammgruppen, dessgleichen manche Glossen zeigen die ihnen entsprechenden babyl.-assyr. Wörter, wenn diese ein *e* haben, noch in ihrer ursprünglicheren Form mit dem *a*-Vocal: vgl. A. SI. GA = *esigû*, A. DE. A = *edû*, A. GUB. BA = *agubbû* und *egubbû*, ŠUR. MAN = *šurmênu*, *epinu* (Glosse *apin* S^b 291), *šênipu* bez. *šînipu* (Glosse *šânabi* S^b 52), u. a. m.

2. Uebergang von unbetontem kurzem *a* in *i*.

§ 35. Uebergang von unbetontem kurzem *a* in *i* unter dem Einfluss eines *ê* oder *e* in der vorausgehenden Sylbe weisen auf: *šêlibu*, seltener *šêlabu* ,Fuchs'. Vgl. auch das ebenerwähnte *šênipu* ,zwei Drittel' gegenüber der Glosse *šânabi*. — *mêsiru*, *mêtiḳu* u. a. m. aus *mêsaru*, *mâsaru*, dessgleichen *nêribu* = *nêrabu*, s. § 32, β. — *bêlit*(*u*) ,Herrin', selten *bêlat* (III R 7 Col. I 3; s. für diese Grundformen *bêlatu* und noch älter *ba'latu* II R 36, 65. 62 a), *rêbitu* ,Strasse, Markt' (= *rêbatu, râbatu*). — *ezzu* Fem. *ezzitu*, *ellu* ,glänzend' Fem. *ellitu* (gegenüber *dannu*, *dannatu*), *erṣitu*, *eklitu* (§ 34, γ) aus *erṣatu*, *eklatu*, ebenso *irpitu* (d. i. *erpitu*) ,Wolke' aus *erpatu*; eben desshalb wurde § 34, δ *ṣirritu* ‚Nebenfrau‘ als *ṣerritu* angesetzt. — *ešrit* ‚Tempel‘ (st. cstr., urspr. *eš(i)rat*, von *eširtu*). — Betontes *a* hält sich eher: *mêtaḳtu*, *mêkaltu* ‚kleiner Wasserbach‘; *elamtu* Fem. von *elamu*; doch vgl. z. B. *ni-bar-tu* und *ni-bir-tu* ‚Uebergang‘.

Im Anschluss an diese beiden ersten vocalischen § 36. Lautwandelungen sei noch der von Haupt angenommene Uebergang von *i* in *e* unter dem Einfluss eines unmittelbar folgenden *r* oder *ḫ* erwähnt: *i* würde sich diesen beiden Consonanten partiell assimilirt haben wie in hebr. יֶחֱבַשׁ statt יִחְבַשׁ. Die ausserordentlich häufigen, bei einzelnen Formen fast ausnahmslosen Schreibungen wie *u-nam-me-ra* ‚ich machte glänzen‘, *u-ma-e-ru* ‚sie sandten‘, *u-maš-še-ir-šu* ‚ich entliess ihn‘ (Tig. V 29), *uš-še-ru* ‚sie rissen nieder‘, *lu-maš-še-ru* ‚sie liessen‘ (Tig. III 67), *mu-gam-me-ru* ‚vollführend‘, *uš-te-eš-še-ra* ‚ich richtete‘, *za-e-re-šu* ‚seine Feinde‘ (IV R 44, 25), *mêšaru* und *mêšeru* ‚Gerechtigkeit‘ (doch wohl = *mêširu*) u. v. a. m.; dessgleichen *u-te-im-me-iḫ* ‚er fing‘, *lu-šat-me-ḫu* ‚sie liessen halten‘ (Tig. I 51), *ta-me-iḫ* ‚haltend‘ (Tig. VI 56), u. a. m. dürften in der That nöthigen, in dem *e* mehr zu erblicken als eine blosse incorrecte Schreibweise für *i*, sodass diese Formen nicht, wie etwa *u-šaḫ-me-ṭu-ni* oder *mu-ša-ak-ni-eš* (Asurn. III 111), den in § 30 besprochenen Fällen beizugesellen sind.

3. Synkope kurzer (und langer) Vocale.

§ 37. Wir unterscheiden folgende Fälle von Synkope:

a) Synkope von unbetontem kurzem a und i nach einer langen Sylbe: das *a* (*i*) der Femininendung: *ti'âmtu* = *ti'âmatu*, *bêltu* = *bêlitu*, *bêlatu*; *šîmtu* ‚Bestimmung‘, *siḫîrtu* ‚Umkreis‘ st. cstr. *siḫîrat*; *batûltu* ‚Jungfrau‘, *šubûltu* ‚Aehre‘ = *šubûlatu*, *uṣûrtu* (*uṣurtu*) ‚Bann‘ st. cstr. *uṣûrat*. Auch *rabîtu*, *šaḳûtu* stehen wohl für *rabî-atu*, *šaḳû-atu*. — Das *i* des Participiums فَاعِل: *âšibu* und *âšbu* ‚wohnend‘, Fem. (st. cstr.) *âšibat* und *âšbat*. — *i* im Praet. Qal der Verba primae ו: *ûbilûni* und *ûblûni* (*ublûni*) ‚sie brachten‘, *ûbila* und *ubla* ‚er brachte‘, *ûridûni* und *urdûni* ‚sie stiegen herab.‘

b) Synkope von unbetontem kurzem a, i, u nach einer kurzen Sylbe: in vielen Nominalstammbildungen und Nominalformen: *šantu* ‚Jahr‘ (= *šanatu*), *rapšu* ‚weit‘, Fem. *rapaštu*, st. cstr. *rapšat*, Pl. *rapšâti* (für *rapašu*, *rapašat*, *rapašâti*); *ṣiḫru* ‚klein‘, Fem. *ṣiḫirtu*, st. cstr. *ṣiḫrat*; *pulḫu* ‚Furcht‘, Fem. *puluḫtu*, st. cstr. *pulḫat*; — *maliku* und *malku* ‚Fürst‘, *kabtu* ‚schwer‘, Fem. *kabittu*, st. cstr. *kabtat*, *erinu* und *ernu* ‚Ceder‘ (*labiru* ‚alt‘ stets unsynkopirt); — *zikaru* und *zikru* ‚männlich‘; — *limnu* ‚bös‘, Fem. *limuttu*. — in vielen Verbalformen: das *i* des Permansiv des Qal in fast allen Formen ausser der Hauptform der 3. Pers. Sing.

masc.: *ašbat* ‚sie wohnt‘, *ašbâku* ‚ich wohne‘, *ašbû* ‚sie wohnen‘ statt *ašibat* u.s.w.; der Vocal des 2. Radicals im Imp. Qal: *uṣrâ* ‚helft‘ (= *uṣurâ*), *erbî* fem. ‚tritt ein‘ (= *erubî*); — der Vocal des 2. Radicals im Ifteal und Nifal: *imtalkû* (= *imtalikû*) ‚sie berathschlagten‘, *iptaḫrû* ‚sie versammelten sich‘, *ittaklû* ‚sie vertrauten‘, *iterba* ‚er kam herein‘ (= *itéruba*), *itepšû* ‚sie machten‘ (neben *itépušû*), *iktanšuš* ‚sie warfen sich vor ihm nieder‘ (= *iktanašû-š*), neben Formen wie *iptálaḫû*; — *ša i-da-bu* ‚wer reden wird‘ (= *idabbu, idábubu*), *âli aštallum* ‚die Stadt die ich weggenommen‘ (= *aštálalum*, K. 257 Obv. 32).

c) Synkope von unbetontem kurzem a nach einem verdoppelten Consonanten unter gleichzeitiger Aufgabe dieser Verdoppelung: *altu* ‚Weib‘ = *aštu, aššatu, maṣrâti* Plur. von *maṣṣartu* statt und neben *maṣṣarâti, u-gal-bu* ‚sie stäupen‘ = *ugallabû, u-na-ak-ru* ‚sie befeinden‘ (= *unakkarû*), u. a. m.

Beispiele der seltenen *Synkope eines langen Vocals* sind: *râmânu, râmênu* und *râmnu* ‚selbst‘; *rêmênû* und *rêmnû* ‚barmherzig‘; *âl narmišu* ‚seine Lieblingsstadt‘ (Neb. III 36) für *âl narâmišu*; *ušziz* ‚ich stellte auf‘ aus und neben *ušêziz*. — Irgend welche Synkope muss auch vorliegen: *kî us-ba-ku(-ni)* ‚während des Aufenthalts‘ (bei Asurn. und Salm.); s. mein Assyrisches WB. S. 29.

4. Zusammenziehung zweier Vocale.

§ 38. Zwei sehr verschiedene Arten von Zusammenziehung zweier zusammenstossender Vocale mögen unter dieser Nummer vereinigt werden:

a) Zusammenziehung zweier zusammenstossender Vocale und zwar so, dass der erste Vocal im zweiten aufgeht, diesen letzteren, wenn er kurz ist, verlängernd, findet besonders häufig bei den Verbis tertiae infirmae in den verschiedensten Formen statt. Beispiele für Zusammenziehung von *i-u* (*û*) zu *û*, von *i-a* (*â*) zu *â*: *bânû* ‚bauend‘, *pêtû* ‚öffnend‘ (= *bâni-u, pêti-u*), *mušamṣû* ‚finden lassend‘ (= *mušamṣi-u*); *imṣi* ‚er fand‘, *ipti* ‚er öffnete‘, *išmi* ‚er hörte‘, *ibni* ‚er baute‘, aber mit dem häufigen Auslaut *a* des Sing. sowie mit dem *â* der 3. Pers. Plur. fem., mit dem *u* des Relativsatzes sowie dem *û* der 3. Pers. Plur. masc.: *imṣâ, imṣû; iptâ, iptû; išmâ, išmû; ibnâ, ibnû.* Daneben finden sich allerdings bei *i-u* (*e-u*) nicht selten auch noch die uncontrahirten Formen, z. B. *e-li-u-ni* ‚sie zogen hinauf‘ (Asurn. II 82), *il-ḳi-u-ni* ‚sie nahmen, holten‘ (IR 28, 27 a), *iḳ-bi-u-ni* ‚sie befahlen‘, *liš-me(mi)-u* ‚sie mögen erhören‘ (Tig. VIII 26). Zusammenziehung von *â-u* zu *û*: *našû* ‚tragen‘, *banû* ‚bauen‘ (= *našâ'u, banâ-u, banâi̯u*); ebenso die Beziehungsadjectiva auf *â* mit dem *u* des Nom. Sing. und dem *û* des Plur. masc.: *Aššûrû* (= *Aššûrâu, Aššûrâi̯u*) ‚der, die Assyrer‘;

ebenso von *ê-u* zu *û*: *petû, šemû.* Beachte ferner (für den Inlaut) §§ 55, b und 57, a. Ein weites Feld für die Zusammenziehung zweier Vocale bietet auch die Declination der von Verbis tertiae infirmae gebildeten Nominalstämme und -formen: vgl. *rubû* ‚gross‘ (= *rubâ-u*?), Gen. *rubî*, Acc. *rubâ*, Plur. *rubê*; *rabû* ‚gross‘ (= *rabî-u*), Gen. *rabî*, Acc. *rabâ*; *šurbû* ‚gross‘ (= *šurbû-u*), Gen. *šurbî*, Acc. *šurbâ*; *namsû* ‚Waschungsort‘ (= *namsî-u*); *rabâti* ‚grosse‘ (Fem. Plur.), *tabrâti* (= *tabrî-âti*), vgl. *e-ri-a-ti* (neben *e-ra-a-ti*) ‚schwangere Frauen‘, *nam-zi-a-ti*; also wohl auch *unâti* = *unû-âti* (nicht = *unaụâti*), u. s. f.

b) Zusammenziehung zweier zusammenstossender Vocale und zwar so, dass sich der erste Vocal hält, während der zweite unterdrückt wird, gleichzeitig seine Betonung an den ersten Vocal abgebend und den unmittelbar folgenden Consonanten verschärfend, falls dieser es nicht bereits ist: bei den Verbis primae א im Praes. des Qal sowie im Praet., Praes. und Part. des Piel; vgl. *i-'a-ab-ba-tu* d. i. *i'âbatu* ‚er wird vernichten‘ (I R 27 Nr. 2, 57), gewöhnlich aber *ibbatu, immar* ‚er sieht‘ (= *i'âmar*), *illak* ‚er geht‘ (= *i'âlak*); *u'abbit* ‚er richtete zu Grunde‘, Praes. *u'abbat*, Part. *mu'abbit*, gewöhnlich aber *ubbit*, *ubbat*, *muddiš* ‚erneuernd‘ u. s. f. (Das Praes. Qal der Verba primae $א_{4.5}$: *ezzib, tezzib*, *ippuš* (*eppuš*), *irrub* (*errub*) ist unmittelbar vom Praeteritum aus gebildet; s. Näheres § 90).

Für die Zusammenziehung des precativen *lû* mit den vocalischen Verbalpraeformativen *i, u, a* s. § 93.

5. Gänzlicher Wegfall von Vocalen.

§ 39. Gänzlicher Wegfall von Vocalen und damit zugleich des mit dem Vocal gegebenen א als ersten Radicals oder des in dem Vocal aufgegangenen א oder י als letzten Radicals findet sich innerhalb der Nominal- wie Verbalbildungen der Stämme primae ו einerseits (Anlaut) und der Stämme tertiae א und י andrerseits (Auslaut). Für den Anlaut gehören hierher wohl die Nominalstammbildungen wie *biltu* ,Abgabe', *šiptu* ,Beschwörung', *šubtu* ,Wohnung', *šuttu* ,Traum', ferner *lidu*, *lidânu* ,Kind' (von Stämmen primae ו bez. א), = *ibiltu, ušubtu* u. s. f.? Beachte *ilittu* neben *littu* ,Sprössling'. Ferner die Imperative Qal der Stämme primae ו: *rid* ,steige herab', *ṣî* ,fahre aus' u. a. m. Andere mehr vereinzelte Fälle von Wegfall eines anlautenden Vocals sind: *anîni* und *nîni* ,wir', *timâli* ,gestern' aus und neben *itimâli*; *têziz* (= *itêziz*) ,er erzürnte' (Nimr. Ep. XI, 162), *âbur* statt und neben *â îbur* in dem babylonischen Strassennamen *Â îbur ša-bu-um* (Neb. V 15), *lâši* statt und neben *lâ iši* ,es war nicht' (vgl. *la-aš-šú* Tig. VII 25); *dûku*, *balliṭ*

(= *adûku, uballiṭ,* Asurn. I 81) gehören wohl der Vulgärsprache an. Der Wegfall im Auslaut hat zur Vorstufe eine andere, hier gleich mitzubesprechende Erscheinung, nämlich äusserste Verkürzung des aus dem kurzen Vocal des 2. Radicals und dem vocallosen letzten Radical entstandenen Schlussvocals der hintenschwachlautigen Verba in allen den Fällen, wo er nicht durch ein angefügtes *ma* gehalten wird: man sagt *ibbêma* ‚er verkündete und', *išmêma* ‚er vernahm und' (*ê* = *â*, s. § 32, γ), dessgleichen *ibrêma* ‚er sah und' (*ê* = *ai*, *ai̯*), aber im Uebrigen mit kurzem *e* (vgl. *ipéte* ‚er öffnet', *išéme* ‚er hört'), gewöhnlich kurzem *i ibbi*, *ipti*, *išmi*, *ibni* ‚er baute' (*tabni*, *abni*). Dieses kurze *i* wird nun ab und zu in diesen Praeterital- und Praesensformen noch weiter gänzlich unterdrückt: *lu-uṣ* ‚ich will hinausgehen' (= *lûṣi*, in nn. prr.), *i-ta-am* ‚er denkt' (= *itámi*, Neb. III 26), *i-še-im* ‚er wird erhören' (= *išéme*, Salm. Throninschr. 5), *i-te-il* ‚er geht davon' (= *itéli*, V R 25, 45d), u. a. m.; vgl. וַיִּבֶן. Aus der Nominallehre ist ein ganz analoger Fall *matê-ma* ‚wann nur immer' (*ê* = *ai*, *ai̯*), dagegen *mati* ‚wann?' und noch weiter verkürzt *mat*, z. B. *adi mat* ‚bis wie lange?'; ebenso *eli* (aus *elî*) ‚auf', und *el*. Vgl. ferner die Permansivformen des Qal: *mali* ‚er ist voll', *malat*, *malâ-ta*; *ba-ni*, *ban-at*, *ban-â-ta* u. s. f.; die Participia wie *nâši* ‚tragend', *bâni* ‚bauend': st. constr. *bân*, *nâš*, Femm.

bân-tu, st. cstr. *bânat* ‚Mutter', ebenso *lêḳat* ‚annehmend', *šêmat* ‚erhörend', *mušamṣat* ‚finden lassend'; nicht minder den st. cstr. des Nominalstammes فَعِل: *rab* (von *rabû* = *rabî-u*), u. a. m. Ja sogar lange Vocale sind innerhalb der Verba tertiae י dem gänzlichen Wegfall unterworfen: beachte *šurbû* Fem. *šurb-atu* neben *šurbûtu*, Perm. 2. m. Sing. *šurbâta*. S. für die hier erwähnten Femininformen die Belegstellen in § 68, und beachte die an § 39 geknüpften weiteren Betrachtungen in § 62. — Andere vereinzelte Fälle von Vocalwegfall im Auslaut sind z. B. das Suffix *š* (statt *šu*, *ši*), und die Permansivformen *kašdât*(*a*), *kašdâk*(*u*).

B. Consonanten.

I. Consonantischer Lautbestand.

§ 40. Consonantischer Lautbestand des Assyrischen: ', *b*, *g*, *d*, *z*, *ḫ*, *ṭ*, *k*, *l*, *m*, *n*, *s*, *p*, *ṣ*, *ḳ*, *r*, *š*, *t*.

§ 41. Das Assyrische ermangelt der beiden Halbvocale *u̯* und *i̯*, und nur die Formenbildung lässt auf die einstige Existenz derselben auch innerhalb der assyrischen Wurzeln schliessen.

a) Die Verba primae ו erscheinen im Assyrischen durchaus als Verba primae $א_1$, daher *ašâbu* ‚sitzen', *âšibu* ‚sitzend', (')*aldû* ‚sie sind geboren', *ušâšib* und *ušêšib* ‚ich liess sitzen', vgl. auch *u'allid*; nur das Praet.

des Qal *ûšib* (d. i. *i̯ûšib*, *i̯au̯šib*) samt dem Praes. verräth noch den ursprünglichen Anlaut (das Nähere s. bei den Verbis primae ו, § 112). Daher auch *âru* ‚Wald‘ (= وَعْر; zur Schreibung des Wortes s. § 14), *arḳânu* ‚Gemüse‘ (geschr. *ia-ar-ḳa-nu*), *a'elu* (*a'ilu̯*) ‚Steinbock‘ (geschr. *ia-e-le* Plur. I R 28 Col. I 20); zum Zeichen *ia* = *a* s. § 12 (wer *iarḳânu*, *ia'elu* liest, muss hebräische oder aramäische Entlehnung annehmen). Für das ו der Stämme tertiae ו, welches ganz analog dem י der Stämme tertiae י behandelt wird und ebenfalls selbständig nicht mehr erhalten ist, s. den Schluss dieses §. Für die Verba med. ו (sowie die Verba med. י) s. § 115.

b) Der semitische Halbvocal i̯ ist im Assyrischen im Anlaut vor *i*, *u*, *û*, *î*, *ê* stets abgeworfen: man sagt *immu* ‚Tag‘, *upaṭṭira* ‚er spaltete, öffnete‘, *ûrid* ‚er stieg hinab‘, *ûmu* ‚Tag‘, *îši* ‚er hatte‘, *êkul* ‚er ass‘, nicht *i̯immu*, *i̯upaṭṭira*, *i̯ûrid*, *i̯ûmu*, *i̯îši* (= *i̯ai̯ši*), *i̯êkul* (aus *i̯âkul*). Auch *i̯a* war eine dem Assyrischen widerstrebende Lautverbindung. Man gebrauchte zwar das Zeichen *i-a*, um fremdländisches, vor allem hebräisches יַ, יָ wiederzugeben, z. B. *Ia-û-du* יְהוּד, *Ia-ap-pu-u* יָפוֹ, *Ia-u* יָהוּ, aber wie man schon in solchen Fremdwörtern das anlautende i̯ nur schwer sprach und am liebsten ganz unterdrückte (vgl. *Ialmân* und *Almân*, *Iatnâna* und *Atnâna* ‚Cypern‘, vorausgesetzt, dass diese Wörter überhaupt mit i̯ anlauteten), so sprach man gewiss auch nicht *ia-a-me* ‚des Meeres‘ (II R 41, 45a. 43, 59 a) *i̯âmi*, sondern *âmi* (s. § 14) und noch viel weniger *i̯âši* statt *âši* (s. ebenda und § 55, b). Vorauszusetzendes *i̯a* erscheint im Assyr. theils als *a*, z. B. *anaḳâti* ‚weibliche Kamele‘ (III R 9, 57, St. ינק), theils als *i*, so vielleicht in *išû* ‚sein, haben‘, (vgl. aber § 112), auch in *idu* ‚Hand, Seite‘? (die Schreibweise *ia-du* I R 7 Nr. F, 8 wird, beiläufig bemerkt, nach Asurn. III 60 zu beurtheilen sein). Stets als *i* im Praef. der 3. Pers. m. Sing. und m. f. Plur. des Qal, Ifteal, Nifal: *ikšud* ‚er eroberte‘ (= *i̯akšud*), *illik* ‚er ging‘ (= *i̯a'lik*), *iktašad* (= *i̯aktašad*) u. s. f. Eine Ausnahme bildet nur das Praet. Qal der Verba primae ו, י und, von אלך$_2$ abgesehen, primae א, vgl. den Anfang von *a* und *b* dieses §. Zwischen zwei Vocalen ist *i̯* im Assyrischen ebenfalls aufgegeben: daher erscheint das Pron. suff. der 1. Pers. Sing., sofern es *i̯a* und nicht *î* lautet, nach *â*, *û*, *ê*, *a* stets als *a*: *še-pa-a-a* ‚meine Füsse‘, gesprochen wohl *šêpâ* (§ 13), *abû-u-a* ‚mein Vater‘ (Beh. 1), *ga-tu-u-a* ‚meine Hände‘, *maḫ-re-e-a* ‚vor mir‘ (auch *maḫ-re-ia* — lies *maḫ-re-a* § 12 — geschrieben), *bi-e-le-e-a* ‚meine Herren‘, *ap-la-a(-a)* d. i. *aplâ* ‚mein Sohn‘. Die Annahme assyrischer Formen wie *a-i̯a-lu*, *da-i̯a-nu* ist auch hiernach sehr bedenklich (vgl. § 13). Ebenso erscheint jenes Suffix als *a* nach einem kurzen *i*: *šarru-ti-a*, *ina ta-a-a-ar-ti-a* ‚bei meiner Rückkehr‘

(Sams. III 37) d. i. *šarrûti'a*, *târti'a*; zu Schreibungen wie *šarru-ti-ia* s. § 12. Der gleiche Ausfall von i̯ zwischen zwei Vocalen wird anzunehmen sein für die urspr. *âi̯* lautende Endung der sog. Beziehungsadjectiva in Verbindung mit Casusbezeichnung: *Aššûrû* ‚der Assyrer‘ (= *Aššûrâi̯u*). Ohne Casusbezeichnung lautet sie wahrscheinlich *â* (s. § 13): *Ṣîdûnâ* ‚der Sidonier‘, doch tritt der ursprüngliche Halbvocal in den beiden Femininendungen, in *â-i-tu*, wo er als Vocal erscheint, und in *îtu*, wo *âi̯*, *âi* monophthongisirt ist, noch deutlich erkennbar hervor. Wegfall des Halbvocals i̯ liegt wohl auch vor in dem Pronomen *â'u, â'umma, â'amma* (s. § 59). Insonderheit ist es aber das i̯ der Stämme tertiae י, welches im Assyrischen völlig seine Selbständigkeit eingebüsst hat. Nach langem Vocal fällt es weg, vgl. Inf. *banû* = *banâi̯-u*, *amâtu*, *kinâtu*, *rubû* (= *rubâi̯-u*?), *šurbû* (= *šurbûi̯-u*). Mit vorhergehendem *a* geht es zu *ai̯*, *ai*, *ê*, *î* zusammen (vgl. *bikîtu*), welches sich, den Wortauslaut bildend, vielfach zu *e*, *i* verkürzt (*matê*, *mati* ‚wann?‘, *adî* und *adi* ‚bis‘, *ibni*) und dann wohl ganz wegfällt (*mat* ‚wann‘, *elî, eli, el* ‚auf‘), s. § 39; mit vorhergehendem *i* zu *î* (vgl. *rabîtu*, Part. fem. *pâdîtu*), welches sich, den Wortauslaut bildend, ebenfalls verkürzt (*rabi* ‚er ist gross‘) und dann wohl ganz wegfällt (*ban-at*, *rab*), s. ebenda. In den Formen wie *zîmu*, *bûnu* = *zimi̯u*, *buni̯u* hat sich der Halbvocal dem vorhergehenden Consonanten assimilirt, worauf Compensirung der Verdoppelung durch Vocalverlängerung eingetreten ist (vgl. andere Fälle dieser Art in §§ 33 und 53). Alles über das *i̯* der Stämme tertiae י Gesagte gilt *mutatis mutandis* für das ו der Stämme tertiae ו: daher Inf. *manû*, *mịnûtu* ‚Zahl', *imnu* ‚er zählte', *mînu* ‚Zahl'.

§ 42. Im assyr. Hauchlaut ' oder א sind hebr. א, ה, $ח_1$ (d. i. ح), $ע_1$ (ع) und $ע_2$ (غ), zusammengefallen: das anlautende *a* von *aḫu* ‚Bruder', *alâku* ‚gehen', *alîbu* ‚süsse Milch', *adi* ‚bis', *aribu* ‚Rabe' war in der Aussprache gewiss nicht verschieden. Aber etymologisch ist ' nach diesem seinem fünffachen möglichen Ursprung streng zu scheiden, um so mehr als die ursprüngliche Verschiedenartigkeit des ' innerhalb der assyrischen Formenbildung selbst an klaren Merkmalen zu erkennen ist. So ist, im Allgemeinen wenigstens, *â*, *tâ*, *a* u. s. w., wenn ihm ein semitischem ע (ع, غ) entsprechendes $א_{4.5}$ unmittelbar vorhergeht, folgt oder in ihm quiescirt, dem Umlaut in *ê*, *e* ungleich geneigter als wenn ein $א_1$ (hebr. א) im Spiel ist: man sagt *âkilu*, aber *êpišu*, *êribu*, *râ'imu*, aber *rê'û* (s. § 32, β); *tâkul*, *âkul*, aber *têpuš*, *êpuš*, *têrub*, *êrub* (§ 32, γ); *ušâkil*, aber (wenigstens gewöhnlich) *ušêbir*, *ušêrib* (§ 32, β); *ma'âdu* ‚viel sein' (auch *râmu* ‚lieben'), aber *bêlu* ‚herrschen'; *akul* ‚iss', aber *ebir*, *erub* (§ 34, γ); *innamir*

‚er wurde gesehen‘, aber *innemid* ‚er wurde gestellt‘. Selbst auf weitere Entfernungen macht sich innerhalb der assyrischen Wortformen der Einfluss eines א$_{4.5}$, im Gegensatz von א$_{1}$, zu Gunsten des Umlauts von *a*, *â* zu *e*, *ê* bemerkbar: man sagt *akâlu*, aber *epêšu*, *erêbu* (§ 32, γ, S. 83); *maṣû* ‚finden‘, aber *šemû* ‚hören‘ (ebenda); *nâšû* ‚tragend‘, aber *šêmû* ‚hörend‘ (§ 32, β). Vgl. ferner *nitámar*, aber *nitépuš*; *attábi* ‚ich nannte‘, aber *altéme* ‚ich hörte‘. Auch die von den Verbis primae א$_{1}$ wie א$_{4.5}$ gleichermassen abweichende Conjugation des Verbums *alâku* ‚gehen‘ würde sich nicht erklären, wenn darin nicht ein anders geartetes א von Haus aus enthalten wäre. — Das assyr. *ḫ* entspricht in der grossen Mehrzahl der Fälle dem arab. خ (ח$_{2}$), z. B. *aḫu* ‚Bruder‘, *ḫaṭû* ‚sündigen‘, während ح (ח$_{1}$), wie bereits bemerkt, sich zumeist in א verflüchtigt hat, z. B. *emu* ‚Schwiegervater‘, *šêru* ‚Morgen‘, *leḳû* (*liḳû*) ‚nehmen‘.

Zu den Verschlusslauten *b*, *g*, *d*; *p*, *k*, *t*; *ḳ*, *ṭ* ist, § 43.
was ihre Aussprache betrifft, unter Berücksichtigung des bereits in § 19 Bemerkten, noch Folgendes zu beachten. Die Babylonier pflegten *ḳ* ganz wie *g* zu sprechen: sie sagten und schrieben *ga-ga-du* ‚Haupt‘, *ga-ga-ru* ‚Erdboden‘, *ga-tu* ‚Hand‘, *ga-ar-du* ‚stark‘, *i-ga-ab-bi* ‚er spricht‘, während die Assyrer *ḳakḳadu*, *ḳakḳaru*, *ḳâtu*, *ḳardu*, *iḳabbi* sprachen und schrieben. Gleichen Schreibungen begegnen wir in assyrischen Vocabu-

larien und sog. ‚zweisprachigen‘ Texten, da diese zumeist auf babylonische Originale zurückgehen. Uebrigens stehen sich bekanntlich *g* und *ḳ* lautphysiologisch so nahe, dass es nicht Wunder nehmen kann, ebendieser Aussprache und Schreibung des *ḳ* auch in assyrischen Originaltexten, z. B. solchen Tiglathpileser's I und Sargons, zu begegnen: *gurûnâti*, *ugarrin* vom St. קרן, u. a. m. — Neuerdings ist von Haupt die Frage angeregt worden, ob nicht auch im Assyrischen, wie im Hebräischen und Aramäischen, die בגדכפת zwischen Vocalen als Spiranten gesprochen worden seien. Haupt bejaht diese Frage. Er verweist unter anderm auf die babylonische Wiedergabe des Namens des Artaxerxes durch *Artakšatsu* und des letzteren Verhältniss zu hebr. אַרְתַּחְשַׁסְתְּא, auf die Gleichungen Ταυθέ (Damascius) = *Tâm(a)tu*, *Tâv(a)tu*, Βῆλθις (Hesychius) = *bêl(a)tî*, Σαοςδούχινος (Berossos) = *Šavaš-šum-ukîn* (die Wiedergabe der Namen des Königs *Šarrukîn* und des Gottes *Nêr(u)gal* durch hebr. סַרְגוֹן, נֵרְגַל scheint weniger beweiskräftig, obgleich es an Wahrscheinlichkeit gewinnt, dass die Aussprache jener sechs Consonanten als Spiranten schon in ältere hebräische Zeit hinaufreicht); er weist ferner darauf hin, dass die historische Schreibweise der בגדכפת enthaltenden Wörter sich wenigstens ab und zu zu Gunsten der lebendigen Aussprache durchbrochen zeige: so wechseln (nach Pinches) V R 14, 10d assyr. *na-ba-su* mit babyl. *na-ba-ti*, das *s* scheine also ת wiederzugeben, und insonderheit werde bei Asurbanipal das Fem. *ma'attu* ‚viel' (= *ma'adtu*) wiederholt geradezu *ma'assu* geschrieben: vgl. *ṭâbtu ma'assu* ‚das viele Gute' (Asurb. Sm. 170, 93); *dîkta ma'assu adûk* ‚viele tödtete ich' (ibid. 291, m), wechselnd mit *dîkta ma'attu adûk* (V R 7, 115); *itti tirḫati ma'assi*, nebst viel Mitgift' (V R 2,71), wechselnd mit *itti nudunnê ma'adi* (ibid. 78). Dieser letztere Fall, für welchen es schwer hält eine andere Erklärung zu finden, giebt in der That für diese wichtige Frage, die בגדכפת betr., zu denken. Auch der innerhalb des ideographischen Schriftsystems in Ideogrammen und Glossen vielfach bemerkbare Wechsel von *g* und *ḫ*, vgl. unter anderm die ganz gewöhnliche Schreibung *laḫ-ga* = *laḫa*, könnte, von antisumerischem Standpunkt aus, für die Aussprache von *g* als Spirans geltend gemacht werden.

Der **labiale Nasal** *m* wurde im Allgemeinen wie im Hebräischen gesprochen, sonderlich im Anlaut, vgl. *Mar(u)duk* מְרֹדַךְ, Μολοβόβαρ (Hesych.) = *mulu-bab(b)ar*, u. a. m. In Lehn- und Fremdwörtern aus dem jüngeren Babylonisch wird in- und auslautendes *m* nach Vocalen wiederholt durch hebr. oder aram. ו wiedergegeben: vgl. *Araḫšâmna* מַרְחֶשְׁוָן, *Kis(i)lîmu* כִּסְלֵו, *Si-ma-nu* סִיוָן, *Amêl-Marduk* אֱוִיל־מְרֹדַךְ (Ἀμιλμαρούδοκος, § 44.

Berossos), *zîmu* ‚Glanz‘ זִיו, *argamânu* ‚rother Purpur‘ aram. אַרְגְּוָן (hebr. אַרְגָּמָן); dessgleichen die Glossen des Hesychius, denen zufolge die Sonne bei den Babyloniern σαώς (= *Šamaš*, *Šavaš*; vgl. auch Σαοςδούχινος), die Welt σαύη (s. § 29) geheissen habe, sowie die Wiedergabe von *Tâmtu* und Ea's Gemahlin *Damkina* durch Ταυθέ und Δαύκη bei Damascius. Es geht hieraus, in Zusammenhalt mit der babylonisch-hebräischen Wiedergabe persischer Wörter wie *Dârayavaush* durch *Dâriâmuš* d. i. דָּרְיָוֶשׁ, klar hervor, dass die Babylonier in späterer Zeit den labialen Nasal *m* als labialen Spiranten *v* sprachen. Dass aber schon viel früher und auch im Assyrischen das *m*, wenigstens im Inlaut, vielfach als *v* gesprochen wurde, beweist die assyrische Umschrift von fremdländischem *v* und semitischem *u̯* in Namen wie *Jâmanu* = יָוָן ‚Jonien‘, *Ar-ma-da* (bei Tiglathpileser I, Asurnazirpal, Salmanassar) neben *A-ru-a(d)-da*, *Ar-u-a-da* = אַרְוָד (vgl. *Ḫa-u-ra-a-ni* ‚Hauran‘). Beachte auch assyr. *Ḫal-man* = حَلَب (mit Nunation), wie umgekehrt *šurmînu* ‚Cypresse‘ im Aramäischen שורבינא (neben שרוינא) lautet. Zu dem gleichen Resultat, dass nämlich schon in assyrischer Zeit *m* im Inlaut vielfach (nicht durchweg, vgl. *Šulmân* = שַׁלְמָן im Namen Salmanassars) wie *v* gesprochen wurde, führt der Name des Planeten Saturn, hebr. כיון (Am. 5, 26), arab. كَيْوَان, in seinem Verhältniss zu assyr. *ka-a-a-ma-nu* (d. i. *kâmânu*, *kâvânu* § 13; nach Haupt wäre *ka'âvân* zu lesen, woraus hebr. כַּיָּוָן wie מְנָיוֹת neben מְנָאוֹת). — Für den gänzlichen Wegfall des zu *v*, *F* gewordenen *m̃* s. weiter § 49,a; ebenda auch für ein etwaiges, aus intervocalischem א secundär entwickeltes, *v* (*u̯*). — Für die Aussprache von *m* wie *n* vor Dentalen und Gutturalen, dessgleichen für den seltsamen Wechsel zwischen *m* und *g* und umgekehrt s. ebendiesen § 49,a. Endlich s. noch für *m* § 52. — Für die Aussprache des dentalen Nasal *n* wie *m* vor Labialen s. § 49,b. S. weiter für *n* auch § 52.

Für die Liquidae *l* und *r*, soweit sie aus Zischlauten hervorgegangen sind, s. § 51,3. — Zu *r* mag im Vorbeigehen noch darauf aufmerksam gemacht werden, in wie verschiedener Weise ein zur Synkope hinneigender, schewa-ähnlicher Vocal nach *r* aufgefasst und geschrieben wird: *Aramu* und *Armu* ‚Aram', aber auch *Arimu* und *Arumu*; *Arabu*, *Aribu*, *Arubu* und *Arbu* ‚Araber'; *ni-ri-bu*, *ni-ru-bu* (Asurn. II 24) und *nirbu* ‚Pass'. — Für *r* und *l* als zweiten Radical vierconsonantiger Stämme s. § 61. § 45.

Für die Aussprache der beiden Zischlaute *z* und *ṣ* ist nichts zu bemerken: es ist die nämliche wie im Hebräischen und auch etymologisch ist das assyr. *z* ebenso wie hebr. ז ein zweifaches und *ṣ* wie hebr. צ ein dreifaches. Vgl. *irzu* ‚Ceder' אֶרֶז, أَرْز, أُرْزٌ (z_1), *uznu* § 46.

,Ohr‘ אֹזֶן, أُذْن, ܐܶܕܢܳܐ (z_2); *ṣûbu* ,Finger‘ אֶצְבַּע, أَصْبَع, ܨܶܒܥܳܐ (ṣ$_1$), *ṣupru* ,Klaue‘ צִפֹּרֶן, ظُفُر, ܛܶܦܪܳܐ (ṣ$_2$), *erṣitu* ,Erde‘ אֶרֶץ, أَرْض, ܐܰܪܥܳܐ, (ṣ$_3$). — Von den Zischlauten *s* und *š* deckt sich der erstere mit dem hebr. ס; der zweite, *sch*, ist etymologisch wieder dreifacher Art: *ša'âlu* ,fragen‘ שָׁאַל, سَأَلَ, ܫܐܶܠ (š$_1$), *šûru* ,Stier‘ שׁוֹר, ثَوْر, ܬܰܘܪܳܐ (š$_2$), *karšu* ,Bauch‘ כְּרֵשׂ, كِرْش, ܟܪܶܣܳܐ (š$_3$). Im Babylonischen hat gleich *s* auch *š* so gut wie niemals aufgehört, seine älteste, ursprüngliche Aussprache zu bewahren, wie dies am besten die von den Hebräern im Exil von den Babyloniern entlehnten Monatsnamen beweisen: *Tišrîtu* תִּשְׁרִי, *Araḫšâmna* מַרְחֶשְׁוָן, *Šabâṭu* שְׁבָט einerseits, *Ni-sa-an-nu* נִיסָן, *Si-ma-nu* סִיוָן, *Kis(i)-lîmu* כִּסְלֵו andrerseits. Vgl. ferner *Bêl-šar-uṣur* בֵּלְשַׁאצַּר (auch wohl *ištên* עַשְׁתֵּי) einerseits, *Sippar* סְפַרְוַיִם, *Sin-uballiṭ* סַנְבַלַּט andrerseits, sowie die in das Aramäische der babylonischen Gemara übergegangenen babyl. Windnamen: *šûtu* ,Süd‘ שׁוּתָא und *šadû* ,Ost‘ שַׁדְיָא. (Auch שִׁנְעָר, wenn = *Šumêr*, ferner aram. שֵׁיזִב, שֵׁיצִא und viell. hebr.-aram. אשׁף gehören hierher). Dem-entsprechend geben die Babylonier fremdsprachiges *sch*, wie zu erwarten, durch *š* wieder: *Kûšu* ,Aethiopien‘ wie כּוּשׁ, *Dâriâvuš* (דָּרְיָוֶשׁ), *Kûraš* (כּוֹרֶשׁ) = pers. *Dârayavaush*, *K'ur'ush* u. s. w.; dagegen fremdsprachiges *s* durch *s*, vgl. babyl. *Aspašina* wie pers. *Aspacanâ*, babyl. *Uštaspa* wie pers. *V'ishtâspa* u. s. w. Eine Ausnahme von der

Regel bildet nicht בֵּלְטְשַׁאצַּר, denn dieser Name kann im Babyl. ebensogut *Balâṭašu-uṣur* wie *Balâṭsu-uṣur* gelautet haben, scheint übrigens von dem ähnlich klingenden בֵּלְשַׁאצַּר stark beeinflusst zu sein; wohl aber bildet eine solche die bei Nebukadnezar wiederholt sich findende Schreibung *ḫursâniš* ‚gebirgsartig', während der Berg, das Gebirg ursprünglich *ḫuršu* heisst. Vielleicht hat das Zusammentreffen zweier Zischlaute und das Streben nach Erleichterung der Aussprache durch Dissimilation die Ausnahme verursacht. Doch vgl. auch *usannû* (III R 43 Col. III 21) statt und neben *ušannû* (1 Mich. II 14), אִסְתְּנָא ‚Nord' = babyl. *ištânu*, und etliche andere Fälle mehr.

Die Wortpaare *Šu'âlu* שְׁאוֹל und *Ištâr* עַשְׁתֹּרֶת sind, da ihre Entlehnung aus dem Babylonischen theils unsicher theils unwahrscheinlich ist, absichtlich unberücksichtigt geblieben. — Der altbabyl. Königsname des Sohnes Hammurabi's, *Samsu-i-lu-na*, macht ebenso wie der altassyr. Königsname *Samsî-Rammân* (I R 6 Nr. 1) es wahrscheinlich, dass schon in ältester Zeit das Wort für ‚Sonne' zwischen *šamšu*, *šamsu* und *samsu* schwankte.

Dagegen hat im Assyrischen das *š* seine Aussprache als *sch* mehr und mehr aufgegeben und sich allmählich ganz mit *s* vereinerleit. Man behielt zwar für die assyrischen Wortstämme und Wörter die historische Schreibweise mit grosser Treue bei (obwohl bei Vereinerleiung der Aussprache von *s* und *š* auch Vermengung in der Schrift nicht ausbleiben konnte, vgl. *išḫup* ‚er warf nieder' Tig. II 39, *išpunu*

Salm. Ob. 21, *našhuru* ‚Zuwendung‘ I R 35 Nr. 2, 7 statt *ishup*, *ispunu*, *nashuru*, ferner *askup* neben *iškupu* Tig. VII 24. 22, und hinwiederum *isruka* ‚er gab‘ Asurn. II 26 statt *išruk*, u. v. a. m.), aber man beschränkte den Gebrauch der *š*-haltigen Zeichen auf die echt assyrischen Wörter und gab das *š* fremdsprachiger Wörter, da man's ja doch wie *s* sprach, auch einfach durch *s* wieder. Umgekehrt erscheint natürlich assyrisches *š*, da man es als *s* hörte, in fremdländischer Wiedergabe ebenfalls als einfaches *s*. Zu letzterem vgl. *Tukultî-pal-ešara* תִּגְלַת־פִּלְאֶסֶר, *Šarrukîn* סַרְגּוֹן, *Ašûr-aḫ-iddina* אֵסַרְחַדּוֹן, *šaknu* ‚Statthalter‘ סְגָנִים Pl.; zu ersterem יְרוּשָׁלַםִ *Ursalimmu*, שֹׁמְרוֹן *Sa-me-ri-na*, אַשְׁדּוֹד *Asdûdu*, הוֹשֵׁעַ *A-u-si-'a*, ‚Aethiopien‘ כּוּשׁ *Kûsu*, *Šašank* Σέσωγχις *Susinku* u. v. a. m. In hebr. רַב־שָׁקֵה (= assyr. *rab šakê* ‚Oberofficier‘) dürfte das שׁ auf einer Volksetymologie beruhen. Ebenso bildet die Wiedergabe von *Aššûr* durch אַשּׁוּר wohl nur scheinbar eine Ausnahme, insofern die Bekanntschaft der Hebräer mit diesem Landesnamen vor jenes Datum zurückreichen dürfte, da man *š* bereits ganz allgemein wie *s* sprach. Als dieses Datum darf vielleicht die Zeit Tiglathpilesers II und Sargons betrachtet werden; das ס in dem stark verstümmelten Königsnamen שַׁלְמַנְאֶסֶר (assyr. *Šulmân-ašared*) erklärt sich theils durch Dissimilation theils durch Beeinflussung seitens des

Namens תִּגְלַת־פִּלְאֶסֶר. Zu Asurbanipals Zeit emancipirte man sich sogar von der eben erwähnten Regel, das *š*, trotzdem man es wie *s* sprach, zur Wiedergabe eines fremdsprachigen *s* nicht zu verwenden, und so finden wir in Asurbanipals Prisma-Inschrift in etlichen Eigennamen wie *Pu-ši-ru* ‚Busiris', *Ḫininši* (חָנֵס), *Ši-ia-a-u-tu*, *Pi-ša-an-ḫu-ru*, *Ḫar-si-ia-e-šu* ägypt. *s* durch assyrisches wie *s* gesprochenes *š* wiedergegeben. Doch findet sich auch die einzig richtige Wiedergabe eines solchen fremdsprachigen *s* durch assyr. *s*, z. B. im Namen von Sais, ägypt. *Sau*, *Sai* (mit ס), assyr. *Sa-a-a* (mit ס). Fälle wie diese wären undenkbar, hätten die Assyrer, wie einige annehmen, nicht nur *š* wie *s*, sondern auch umgekehrt *s* wie *š* gesprochen. Dass der Name des Mondgotts im Babylonisch-Assyrischen *Sin* (mit ס), nicht *Šin* gewesen, ist eine durch nichts zu erschütternde Thatsache; die Wiedergabe des Namens *Sin-aḫê-erba* durch סַנְחֵרִיב beweist demnach, dass assyr. *s*, gleich babyl. *s*, niemals anders als *s* gesprochen und gehört wurde. So lange kein assyrisches Wort nachgewiesen wird, dessen *s* (ס) sich in einer fremden Sprache als *š* (שׁ) reflectirt, wird daran festzuhalten sein, dass es sich bei der Aussprache des assyr. *s* und *š* nicht um eine Lautverschiebung, sondern um eine bloss ‚einseitige Abschwächung des breiten Zischlautes *sch* zu *s*' handelt, wozu es auf andern semitischen Sprachgebieten bekanntlich an Analogieen nicht mangelt.

Zur Wiedergabe von שׂ im Assyrischen vgl. theils שְׂנִיר = *Sanîru* (III R 5 Nr. 6, 45) theils דַּמֶּשֶׂק *Di-ma-aš-ḳi* (I R 35 Nr. 1, 15. 21). Umgekehrt vgl. תִּלַּ(א)ּשֶׂר und vor allem כַּשְׂדִּים, die Bewohner des Landes *Kašdu*.

II. Consonantische Lautwandelungen.

§ 47. Hauchlaut. Schliesst ' eine Sylbe, so quiescirt es entweder in dem ihm vorhergehenden Vocal, diesen, wenn er kurz ist, verlängernd, z. B. *zi-i-bu* d. i. *zîbu* ‚Wolf' = *zi'bu*, *mûru* ‚junges Thier, spec. Füllen‚ = *mu'ru* مُهْر, *nâdu* ‚erhaben' = *na'du*, *na'idu*, *nîkul* ‚wir assen', *šûḫuzu* ‚nehmen lassen', *nâmuru* (Inf. Nif.) ‚gesehen werden' = *na'muru* — andere Beispiele für *a'* = *â* (und weiter = *ê*), auch für den Wortauslaut, s. § 32, β und γ —, oder es assimilirt sich dem folgenden Consonanten: *allik* ‚ich ging' = *a'lik*; Schreibweisen wie *a-lik* sind wohl nach § 22 zu beurtheilen. Indess sind die Fälle, wo der Hauchlaut sich hält, nicht gerade selten: vgl. *mu'du* ‚Menge', *bi'šu* und *bîšu* ‚böse', *bu'šânu* und *bûšânu* ‚übler Geruch', *na'butu* ‚fliehen', *ibâ'* ‚er kommt', u. a. m.

Folgt ' einer consonantisch auslautenden Sylbe, so assimilirt es sich zumeist dem vorausgehenden Consonanten, worauf bei Aufgabe der Verdoppelung der vorhergehende Vocal sich verlängert: *labbu* ‚Löwe' = *lab'u, ḫiṭṭu* ‚Sünde', *nîbu* ‚Zahl' = *nibbu* = *nib'u, zêru* ‚Same' = *zâru, zarru, zar'u* (s. § 33); *innamir* ‚er wurde gesehen', *innabit* ‚er floh' = *in'amir, in'abit* (Praet. Nif.). Indess findet sich, zumal innerhalb der Conjugation der Verba primae $א_{1.2}$, das ' auch erhalten: *iš'al, ir'ub* (vgl. § 20), *im'id* ‚er nahm zu, es wurde viel' neben *i-mi-du, lišam'ida* ‚er möge mehren'.

Zwischen zwei *a*-Vocalen hält sich ' oder aber es fällt aus, worauf Zusammenziehung beider Vocale erfolgt: *ma'adu* ‚viel', *la'abu* ‚Flamme', *ša'âlu* ‚bitten' und *mâdu* ‚viel', *ma-du* d. i. *mâdu* ‚viel sein', vgl. auch *râmu* ‚lieben'. Selbstverständlich hält sich ' in Fällen wie *ri'âšu* ‚Gewürm', *mu'âru, ba'ûltu* ‚Unterthanen'; es hält sich aber auch z. B. in *na'id* ‚er ist erhaben', *râ'imu* ‚liebend', so lange das *i* nicht synkopirt wird. Ausfall des ' und Contraction dürfte vorliegen in *rûḳu* ‚fern' = *ra'uḳu, rauḳu.* Dass virtuell verdoppeltes (geschärftes) ' sich besonders zäh hält, ist naturgemäss und die Pielformen der Verba mediae $א_{1.2}$, wie *uma'ir, mu'uru, mula'iṭ,* bestätigen die Erwartung. Trotzdem ist schwer zu entscheiden, ob *bu'uru* ‚fangen, jagen', auch da wo es nicht *bu-'-u-ru* oder *bu-'u-ru,* sondern *bu-u-ru* geschrieben ist, *bu'uru* oder mit Aufgabe des ' *bûru* zu lesen sei, desshalb weil wir neben *uma'irâni* ‚er sandte mich' doch auch Formen wie *u-ma-ra-an-ni* (V R 34 Col. III 1) begegnen. — Für die Zusammenziehung von *i'âšaš* u. ä. zu *iššaš* s. § 38, b. Für den Wegfall von ' im Anlaut, z. B. in *timâli* ‚gestern' s. § 39, für jenen im Auslaut in Folge von Verkürzung des Vocals, in welchem ' quiescirt, z. B. *nâši*, *pêti* (Form فَاعِل von $\aleph_1$נשׂ, $\aleph_3$פתח) s. ebenḍa.

§ 48. *b*, *d* und *t*. Der Labial *b* assimilirt sich gern dem *m* eines folgenden *ma*, bes. häufig in *êrumma* ‚ich trat ein und' statt und neben *êrub-ma*. Sonst vgl. *u-ši-im-ma* ‚er wohnte und' neben *u-šib-ma* (Sanh. V 4) und Praes. *uš-šab-ma* (K. 4350 Col. I 6. 9). Für die Lesung von *b* als *v* und von *m* als *v* (also etwa *êrumma*) darf aber hieraus nichts gefolgert werden, im Hinblick auf andere Fälle solcher Assimilation an das *m* der Copula *ma*, wie z. B. *liškumma* = *liškunma* (s. § 49, b).

Von den Dentalen assimilirt sich das *t* des Ifteal und Iftaal vorausgehendem *z* und *ṣ*: *iz-zak-kar* ‚er spricht', *aṣṣabat* ‚ich, er nahm'; zu Schreibweisen wie *a-ṣa-bat, a-ṣab-ta* vgl. § 22. Für die Assimilation ebendieses *t* an vorausgehendes *š* s. § 51, 2. — Vocalloses *d* assimilirt sich folgendem *t*, z. B. *ma-at-tu* Fem. von *ma'adu* ‚viel'; ebenso folgendem *š*, wenn dieses der dritte Radical eines dreiconsonantigen Stammes ist: *eššu* ‚neu' (= *edšu, edišu*), *šêššu* ‚sechster' (= *šêdšu, šâd(i)šu*). — Nach *ḳ* geht das *t* der Reflexivstämme in *ṭ* über, z. B. *aḳṭérib* ‚ich näherte mich', nach *g* in *d*,

z. B. *agdamar* ‚ich vollende'. Nach *m* und *n* erweicht es sich ebenfalls gern in *d*, z. B. *amdaḫiṣ* ‚ich kämpfte', *umdašir* ‚er verliess', *amdaḫar* ‚ich empfing', doch vgl. daneben auch *amtaḫar* (betreffs *attaḫar* s. § 49, a), *imtalik* u. a. m. Den gleichen Uebergang weist auch das Feminin-*t* nach *m* und *n* auf: *tâmtu* und (in der lebendigen Aussprache wohl stets) *tâmdu* ‚Meer', *sinûndu* ‚Schwalbe' u. a. m.

Nasale. *a*) *m*. Von den Nasalen geht der labiale Nasal *m* vor unmittelbar folgendem Dental in das dentale *n* über, in der Aussprache gewiss stets, zumeist aber auch in der Schrift: vgl. *mundaḫṣê* ‚Krieger' = *mumdaḫ(i)ṣê*, *ṣindu* ‚Gespann' (Khors. 124, צמד), *ṣandû* (V R 35, 16) = *ṣamdû*, *nakamtu* und *nakantu* ‚Schatz', *ḫanṭu* ‚eilend, flink' statt *ḫamṭu*, u. v. a. m. Ebenso gern vor folgendem *ṣ* und *š*: *unṣu* ‚Mangel' neben *umṣu*, *ḫanšâ* ‚fünfzig', *i-ri-en-šu* ‚er schenkte ihm' (III R 43 Col. I 13, $רא_3ם$), worauf bisweilen Assimilation dieses aus *m* entstandenen *n* an *š* erfolgt: *šú-un-šu* ‚sein Name' und weiter *šuššu*, *ḫânšu* und *ḫâššu* ‚fünfter'. Vgl. auch *na(m)ziâti* (Asurn. II 67). Die nämliche Zwischenstufe des Uebergangs von *m* in *n* wird für *at(t)aḫar* ‚ich empfing' (Asurn. II 102. Salm. Ob. 120) anzunehmen sein. — In ein *n* geht *m* auch vor *ḳ* über: daher *dumḳu* und *dunḳu* ‚Gunst', *emḳu* und *enḳu* ‚weise'; vgl. auch *iḳḳut* = *imḳut*. § 49.

Das wie *v* gesprochene *m* fällt im Inlaut zwischen Vocalen in den jüngeren babylonischen Texten wohl auch ganz weg: so lesen wir die Form *ušalmâ, ušalvâ* ‚ich, er liess rings umschliessen‘ *u-ša-al-va-am* und *u-ša-al-am* geschrieben (V R 34 Col. I 34. 26); vgl. ferner *u-šat-vi-iḫ* und *u-šat-iḫ* ‚er liess fassen‘ (V R 65, 5 b, St. *tamâḫu*), *šur-i-ni* ‚Cypresse‘ (2. 4 b) statt des sonst üblichen *šurmêni*, *šurmîni* (Zwischenstufe *šurvîni*, *šurꝼîni*), *na-'i-ri* ‚Panther‘ (V R 46, 43 b) statt *namiri* und etliche andere Fälle mehr. Beachte auch *Du'ûzu*, *Dûzu* (= *Dûvûzu*, *Davvûzu*?) in seinem Verhältniss zu תַּמּוּז (und *zu-u'-ri-šu* ‚sein Leib‘ III R 43 Col. IV 16 statt *zu-um-ri-šu* 1 Mich. IV 6). Wenn sich umgekehrt ein *v* da findet, wo es etymologisch gar nicht zu erwarten ist, wie z. B. in *u-ḳa-va-an-ni* ‚er wartete auf mich‘ (V R 65, 27 a) neben *u-ga-a-an-ni* (V R 63, 28 a) d. i. *uḳâ'anni*, und vor allem in *ḫâmiru*, *ḫâviru* ‚Freier, Bräutigam, Gemahl‘ (vgl. z. B. *ḫa-me-ir* IV R 27, 2 a, *ḫa-mir* Höllenf. Rev. 47) statt und neben *ḫâ'iru* (St. חיר ‚sehen, erwählen‘, wie Haupt mit Recht annimmt, s. V R 50, 60 a), so erblickt Haupt in diesem *v* eine secundäre Entwicklung aus dem intersonantischen spiritus lenis. Oder sollte man etwa die Zeichen *ma, mi, mir* (*va, vi, vir*) u. s. f. auch geradezu für *'a, 'i, 'ir* gebraucht haben, wie z. B. das Zeichen *mur* (*vur*, § 9 Nr. 188) ab und zu auch für *ur* verwendet wird? Es wäre dies gewissermassen ein Seitenstück zum Gebrauch von *i-a* für *a*.

Noch wenig klar ist ein in der babylonischen Schrift zwischen *m* und *g* zu beobachtendes Wechselverhältniss, demzufolge man z. B. *ḫuršam* ‚Gebirg' ideographisch durch *ḫur-šag* und umgekehrt *ḫalâku* (*ḫalâgu*) ‚zu Grunde gehen' durch *ḫa-lam-ma* (Haupt, ASKT 181, XII), *šaḫluḳtu* ‚Verderben' durch *ša-ḫa-lam-ma* umschrieb (siehe für letzteres Ideogramm III R 60, 71. 65, 4. 22b). Auch der Name שִׁנְעָר, dessen Einheit mit *Šumêr* noch immer sehr wahrscheinlich ist, würde darauf führen, dass die semitischen Babylonier in gewissen Fällen *m* wie *ng* bez. — ohne Nasalirung — wie *g* sprachen: sie schrieben stets in echt historischer Schreibweise *Šumêr*, aber die Hebräer hörten *Šungêr*.

b) *n*. Der dentale Nasal *n* assimilirt sich, wenn er vocallos ist, gern dem nächstfolgenden Consonanten: stets ist dies der Fall bei dem *n* des Nifal und Ittafal, z. B. *iššakin* und *ittaškan* ‚es wurde gemacht', fast immer auch bei dem *n* der Verba primae נ, daher *iššuk* ‚er biss', *iššû* ‚sie nahmen', *attabi* ‚ich nannte', *madattu*, *mandattu* = *mandantu* ‚Tribut' (im Schafel findet sich auch *ušanṣir* ‚ich liess wachen', *ušanbiṭ* ‚ich machte glänzen'; doch vgl. *im-bi* ‚er that kund' einer-, *ušašši* ‚er liess tragen' andrerseits). Als dritter Radical assimilirt sich *n*, wie in *mandattu*, so auch in *libittu* ‚Backstein', *šukuttu* ‚Machwerk, Zeug'. Von andern Fällen solcher Assimilation seien hervorgehoben: *lil-bi-im-ma* ‚er werfe nieder' (sc. sein Antlitz) = *lilbin-ma* (VR 56, 55), *liš-kum-ma* ‚sie möge thun und' = *liškun-ma* (III R 43 Col. IV 17. 1 Mich. IV 7), dagegen *al-bi-in-ma*

(V R 66 Col. I 11), *az-nun-ma* (V R 62 Nr. 1, 13). Umgekehrte (näml. progressive) Assimilation weist der Name des Mondgottes *Nannaru* = *Nanmaru* auf (Haupt). *Ar rê'î* = *an rê'î* ‚dem Hirten' lesen wir in Pinches' *Texts* p. 15 Nr. 4, 9. Assimilation von *n* nach langem Vocal zeigen *ummâtu* = *ummântu*, Fem. von *ummânu* ‚Heer', *ištâtu* = *ištântu*, Fem. von *ištân*, *ištên* ‚eins', und wenige andere.

Vor *b* geht *n* in der Aussprache gewiss stets, oft auch in der Schrift in *m* über: vgl. zwar *inbu* ‚Frucht', aber *imbûbu* ‚Flöte' (St. נבב). Ebendieser Uebergang findet sich auch vor *k*: *šumkuru* ‚entfremden' und ‚schärfen' (den Blick, s. *E. M.* II, 339, Z. 6), *ušamkir* (St. נכר), ja sogar vor Dentalen und Nasalen (s. § 52), doch ist sehr zu beachten, dass die assyr. Schrift für die auf *m* und *n* auslautenden zusammengesetzten Sylben überhaupt nicht durchweg zwei Zeichen geprägt hat (z. B. *dam* und *dan*), sich vielmehr sehr oft mit Einem Zeichen begnügt (s. § 9 Nrr. 148. 206 und vgl. 138; auch Nr. 182 hat beide Werthe *rim* und *rin*, Nr. 196 *ban* und *bam*; Zeichen speciell für *ḫan* neben *ḫam*, *lan*, *nan*, *ran*, *šan*, *tun* (s. S. 137), *mam*, *mim* u. s. w., bis jetzt noch nicht gefunden, hat es wohl überhaupt nicht gegeben) — auch *šum*, *šam* u. a. m. wird man ebendesshalb getrost *šun*, *šan* lesen dürfen.

In spiritus lenis findet sich *n* aufgelöst in den

Imperativen Qal der Verba primae נ, daher *uṣur* ‚beschütze‘, *išî* ‚hebe auf‘, *idin* ‚gieb‘, sowie in den Inff. des Ifteal: *itpuṣu* (= *nitpuṣu*), *itanbuṭu*, *itanpuḫu* (= *nitábuṭu, nitápuḫu*) und Iftaal (?): *itappuṣu*; ebenso das Nifal-*n* in den Infinitiven des Ittafal (Intafal): *itaplusu* ‚sehen‘ (= *nitaplusu*), *itaktumu* ‚in Ohnmacht fallen‘ (= *nitaktumu*), u. a. m.

Für die Verwendung von *m* und *n* zur Compensirung verdoppelter oder durch den Ton geschärfter Consonanten s. § 52.

Liquidae. Für den Wechsel von *r* und *l*, wenn beiden ein ursprünglicher Zischlaut zu Grunde liegt, s. § 51. Assimilation von *r* an den nächstfolgenden Consonanten findet sich nirgends: schon aus diesem Grunde können *ḫaṭṭu* ‚Stab‘, *annabu* ‚Hase‘ nicht aus älterem *ḫarṭu*, *arnabu* entstanden sein. Dass Wörter wie *ḳaḳḳaru* ‚Erdboden‘ nichts für Assimilation von *r* beweisen, ist in § 61, 1 (S. 144) gezeigt. **§ 50.**

Zischlaute. 1) Nach einem unmittelbar vorausgehenden vocallosen Dental oder Zischlaut geht das *š* der Pronominalsuffixe stets in *s* über, daher *mât-su* ‚sein Land‘ (gegenüber von *mâta-šu*), *aṣ-bat-su*, worauf sich der Dental gern, der Zischlaut stets dem *s* assimilirt und dann in der Schrift (für den Accent s. § 53, *a*), wohl auch ganz wegfällt: daher *šal-la-su-nu* ‚ihre Beute‘ (Khors. 47) aus und neben *šal-lat-su-nu* **§ 51.**

(Khors. 48), *kak-ka-su* ‚sein Haupt‘ (Asarh. I 18), *ka-a-su* ‚seine Hand‘ (= *kâssu, kâtsu, kât-šu*), *karassu* ‚sein Leib‘ (von *karšu*), *murussu* ‚seine Krankheit‘ (*murṣu*), *izussu* ‚er theilte es‘ (= *izûz-šu*), *u-šak-ni(-is)-su-nu-ti* ‚ich unterjochte sie‘ (כנשׁ), *u-lab-bi-su-nu-ti* ‚ich bekleidete sie‘, *lâ uš-ḫar-ma-si* ‚er soll ihn, den Palast, nicht vernichten‘ (I R 27 Nr. 2, 39, חרמט). Ausnahmen wie *ap-pa-lis-šu* (Asurb. Sm. 290, 55), *ar-ku-us-šu* (V R 8, 12) oder *bi-rit-šu-nu* (II R 65 Nr. 1 Obv. 3 a) sind sehr selten und könnten in assyr. Texten aus der späteren Aussprache des *š* wie *s* erklärt werden, sodass sie ebenso schlecht wie die bei Asurbanipal sich findende Wiedergabe eines fremdländischen *s* durch *š* (s. § 46 S. 109) wären. Doch vgl. auch im Babyl. *uṣṣabbit-šunûtu* (Beh. 87), *ḳîšât-šunu* ‚ihre Geschenke‘ (V R 33 Col. V 46). 2) Das dem *t* der Reflexivformen Ifteal und Iftaal vorausgehende radicale *š*, dessgleichen das im Ischtafal dem *t* vorhergehende *š* der Causativform bleibt in sehr vielen Fällen (von dem Uebergang in *l* abgesehen) rein erhalten: *aštakan* (*altakan*), *uštêbila* u. s. w. Sehr gern geht aber auch solches *št* und zwar, wie es scheint, vor allem in der Umgangssprache in *ss, s* über: daher in den babyl. wie assyr. Briefen die häufigen Formen *assapar*, *asapra* ‚ich sandte‘, *isaparûni* ‚sie sandten‘, *ussîbila* ‚ich liess bringen‘; vgl. *usamriṣ* (III R 4 Nr. 4, 41). In den grösseren Texten historischen Inhalts finden sich diese

Formen mit besonderer Vorliebe nur in der auch sonst Eigenthümlichkeiten (der Volkssprache?) aufweisenden grossen Asurnazirpal-Inschrift: *asakan* ,ich machte' (Asurn. III 2 u. ö.), *asarap* ,ich verbrannte' (II 21) u. v. a. m. 3) Vor unmittelbar folgendem Dental gehen die assyrischen Zischlaute gern in *l* über (vgl. neben *vista* in italienischen Dialecten, z. B. dem von Pisa, *vilta*), daher *šelalti* ,drei', *ḫamilti* ,fünf', *rapaltu* = *rapaštu*, Fem. von *rapšu*, *maltîtu* ,Getränk' aus und neben *maštîtu*, *alṭur* ,ich schrieb' (Asurn. I 69) aus und neben *ašṭur* (Asarh. III 48), *altanan* ,ich kämpfte' (Tig. I 55. III 77, שָׁנַן), *manzalti* ,Standort' (V R 2, 43), *eldu* und *eṣ(a)du* ,Erndte'; *tultêšera* = *tuštêšera* ,du regierst' (IV R 67, 12b). Ebendieser Lautwandel findet sich beim Zusammentreffen zweier verschiedener Zischlaute: *ulziz* ,ich stellte auf' aus und neben *ušziz* (= *ušêziz*), *alsi* ,ich sprach, rief' = *aššì*. Aus *iltânu* ,Nord' in dem assyr. Vocabular II R 29, 2h gegenüber talm. אִסְתָּנָא (babyl. *ištânu*), babyl. *kuštâru* ,Zelt' (V R 35, 29), assyr. stets *kultâru*, und vor allem aus dem bislang nur in assyrischen Texten gefundenen Namen Chaldäa's, *Kaldu*, gegenüber dem, babyl. *Kašdu* voraussetzenden, hebr. כַּשְׂדִּים könnte man versucht sein zu schliessen, dass dieser Lautwechsel von *š* und *l* specifisch assyrisch gewesen sei; indess finden sich wenigstens in der jüngeren babylonischen Zeit, z. B.

in den Texten Nebukadnezars, Formen mit ebendiesem Lautwandel. Dass zwischen *š* und *l* ein *r* die Mittelstufe gebildet habe, hat man längst aus babyl. *Urašṭu*, assyr. *Urarṭu* (אֲרָרָט) geschlossen; seitdem sind, zuerst von Pinches, noch andere Beispiele dieser Art gefunden worden: so wechselt vor allem innerhalb des nämlichen (neubabylonischen) Textes IV R 15 *išdudû* (Z. 5) mit *irdudû* (Z. 10), ein assyr. Duplicat bietet auch an der letzteren Stelle *išdudû*. Vgl. ferner den Pflanzennamen *maš-ta-kal*(?), *mar-ta-kal* und *mal-ta-kal*.

§ 52. Die durch Wortstamm und Form gegebene Verdoppelung, nicht minder die durch den Ton veranlasste Schärfung eines Consonanten, wird oft durch Nasalirung des dem betr. Consonanten vorausgehenden Vocals compensirt: *ṣumbu* ‚Lastwagen' = *ṣubbu*; *numbû* ‚schreien, heulen' = *nubbû*, *ḫambaḳûḳu* (= *ḫabbaḳûḳu*), *Amḳarrûna* ‚Ekron' (עֶקְרוֹן), *inamdin*, *inambi*, *ittanamzaz*, *ittanamdi* (sämtlich mit *nam* geschrieben, wofür S. 116 zu vergleichen) aus und neben *inádin*, *inábi*, *ittanázaz*, *ittanádi*; *ittanbiṭ* und *ittanánbiṭ* (I 3) ‚er glänzte' (= *ittábiṭ*, *ittanábiṭ*), Inf. *itanbuṭu* (= *nitábuṭu*), *etanamdarû* (I 3) ‚sie fürchteten sich' (= *ittanádarû* oder *etanádarû*); *innamdarû*, *innandarû* (IV 1) ‚sie wüthen', *ittanamdar* neben *ittanádar* (IV 3) ‚er wüthet'; *iṣṣanundu* (= *iṣṣanúddu*); *aštamdiḫ*, Inf. *šitamduḫu* (= *aštádiḫ*, *šitáduḫu*). Für den Wechsel von *nâduru*, *nâḫuzu* und *nanduru*, *nanḫuzu*, für *ittananmar* ‚es wird gefunden' (IV 3 = *ittanâmar, ittanáʾmar*) und andere Fälle mehr beachte § 11. Auflösung der Verdoppelung durch *r* findet sich nicht.

Auch durch Verlängerung des vorausgehenden Vocals findet sich Consonantenverdoppelung ersetzt: beachte hierfür *ṣûbu* ‚Lastwagen' (= *ṣubbu*) sowie die in §§ 33 und 41, b erwähnten Fälle *zêru* ‚Same' (= *zâru, zarru*), *zîmu* (= *zimmu, zimîu*) u. s. f. (auch *ušâziz, ušêziz* § 101 dürfte hierher gehören als = *ušazziz, ušanziz*); für analoge Compensirung von Consonantenschärfung vgl. die § 53, d erwähnten Wortformen mit enklitischem *ma*.

Anhangsweise mögen hier noch einige Bemerkungen zum assyrischen Wortton Platz finden. *a*) Dass in Wörtern wie *kárdu, šárratu, epússu* (‚ich that ihm'), *mušákšid, mušákšidu, uttákkar, uštáklil, tušaḫḫássi*, dessgleichen solchen wie *abúʾbu, nakrúʾti, iméʾrê, ikšudúʾni, narkabáʾti, idûkúʾni, ušamsikúʾni, ikšudsunúʾti* der Ton bez. der Hauptton so wie hier geschehen richtig bestimmt ist, unterliegt wohl kaum einem Zweifel. Formen wie *ulabbissu* ‚ich bekleidete ihn' (= *ulabbiš-šu*) werden, selbst wenn sie *u-lab-bi-su* geschrieben sind, dennoch *ulabbisu, ulabbissu* zu betonen sein. Die mit der Betonung eines kurzen Vocals unzertrennlich verbundene Schärfung des nächstfolgenden Consonanten und die bereits wiederholt hervorgehobene Anlehnung der assyrischen Schrift an die lebendige Aussprache ermöglicht aber für die § 53.

assyrische Wortbetonung noch etliche weitere Beobachtungen. Die in der grossen Mehrheit der Fälle durchgeführte Doppelschreibung des zweiten Radicals in den Praesensformen des Qal, wie *išakkal, iballuṭ, inaddin, ilabbin, išemmû*, setzt ausser Zweifel, dass der charakteristische *a*-Vocal dieser Praesentia betont war. Das Nämliche lehren für die *ta*-Sylbe des Verbalstammes I 2 und die *na*-Sylbe des Verbalstammes I 3 im Praet. wie im Praes. die ausserordentlich häufigen Schreibungen wie *ištakkan, aštakkan, iltak(k)anu* (Asurn. I 30), *attaḳ(ḳ)i* ‚ich opferte' (Tig. VIII 10), *amdaḫ(ḫ)iṣ, mundaḫḫiṣê* ‚Krieger', *iktarrabû* ‚sie segneten', *iptallaḫû* ‚sie fürchteten', *muttabbil* ‚führend, regierend', *italluku* ‚hin und her gehen', vgl. *aštamdiḫ, ištamdaḫû* ‚sie zogen' (§ 52); — *iḫtanabbata* ‚er plünderte', *ištanappara* ‚er sandte', *imtanallû*, vgl. *ittanamdi* (§ 52). Für die *ta*-Sylbe I 2 machen überdies die mit *aḳtarib* wechselnden Formen *aḳtérib, iltéḳi* (§ 34, *a*) die Betonung in hohem Grade wahrscheinlich. Dass auch im Praes. des Nifal der Ton auf der zweiten Sylbe lag, zeigen Schreibungen wie *innaḳḳû* ‚es werden vergossen', *innemmedu* (Rel.) ‚es wird gesteckt', und besonders *innamdarû, innamdû* ‚sie werden gegründet' (V R 64, 27 b), vgl. § 52. Bei zusammenhängender Umschrift assyrischer Wörter gebe man solche Formen mit Doppelschreibung durch *išaḳḳal* oder *išáḳal* wieder, sodass *išaḳal* auf einfache Schreibung des zweiten Radicals weist.

b) Aus der consequenten Einfachschreibung eines Consonanten geht umgekehrt die Tonlosigkeit des vorhergehenden kurzen Vocals mit Sicherheit hervor. Bei Verbal- und Nominalformen wie *iškulu* (Rel.), *iškulû*, *iškulâ*; *ḫatanu* ‚Schwiegersohn', *labiru* ‚alt' u. s. w. steht darum zunächst so viel fest, dass der Ton auf der mittleren Sylbe nicht lag. Dass der Ton aber auch nicht der Ultima zukam, dürfte für die Verbalformen schon die § 10 hervorgehobene Thatsache lehren, dass die Länge der Verbalendungen *î*, *û*, *â*, wenn diese wirklich den Wortauslaut bilden, niemals ausdrücklich in der Schrift hervorgehoben wird: sogar bei den Verbis tertiae י finden sich — allerdings selten — Schreibungen wie *ib-nu* ‚sie bauten', eine Schreibung, die bei der Betonung *ibnû́* unmöglich wäre. Es geht aber mit noch grösserer Sicherheit aus der Verkürzung der urspr. auf *ê, î* auslautenden Formen *išmê*, *išmî*, *ibnê*, *ibnî* zu *išmĭ*, *ibnĭ* u.s.w. hervor. Man lese also: *ikšud*, *tákšud*, *tákšudî*, *ikšudû*, u. s. f.

c) Besondere Beachtung werden in Zukunft die Fälle erheischen, in welchen die letztgenannten Verbalformen, im Gegensatz zu der erdrückenden Mehrheit, dennoch mit Verdoppelung des dritten Radicals geschrieben sind. Der Annahme lediglich ungenauer, schlechter Schreibweisen (s. § 22) ist einmal der Umstand entgegen, dass diese Schreibungen immerhin nicht gar so vereinzelt sind, sodann aber, dass wenigstens in einzelnen Fällen ganz sicher der Satzton als die treibende Ursache sich zu erkennen giebt. Ich beschränke mich hier auf die Mittheilung etlicher Beispiele, wobei die in Betracht kommenden Verbalformen durch gesperrten Satz hervorgehoben sind. ‚Eine Kunst, die unter den Königen, meinen Vätern, keiner *iḫuzzu* erlernt hatte' (Satzende). ‚Gebiet und Grenze *iškunnû* setzten sie fest' (Ende eines Abschnittes, II R 65 Obv. Col. I 23); ‚den und den zur Herrschaft über sich *iškunnû* setzten sie' (Satzende, ebenda Col. II 32, Ergänzung). ‚Wirbelsturm und Windsbraut *išabbannû* (Satzende, Nimr. Ep. XI, 122); ‚was ich ihnen sage, *ippuššâ* thun sie' (NR 24); ‚*ul illikkû* ‚sie sind nicht gekommen' (Satzende, K. 831 Obv. 7); am Abend *ušaznan(n)û šamûtu kîbâti*' (Nimr. Ep. XI, 83); ‚auf die Strasse *ittanamzazzû šu-nu* treten sie' (IV R 2, 17 b); *immalillû, ittanaḫlallû* (Satzende, IV R 15, 38. 40 a). Sehr oft in den Contracttafeln: *ušzizzû* (Str. II. 13, 6); ‚bis dass der Gläubiger *kaspa išallimmu* befriedigt ist' (Str. I. 118, 11), *inamdinnu* ‚sie sollen zahlen', u. v. a. — alles Pausalformen. Am Ende von Relativsätzen: ‚ihre Grenzen welche *ibṭillû* abgeschafft worden waren' (Khors.

136); ‚wo ihn mein Vater *ipkiddušu* eingesetzt hatte‘ (Asurb. Sm. 46, 62); ‚Auramazda der diesen Erdboden (bez. diese Himmel u. s. w.) *iddinnu* geschaffen hat‘ (z. B. D, 2 f.); ‚was ich hier *êpuššu* und in einem andern Lande *êpuššu*, alles was ich *êpuššu* gethan habe‘ (E, 16—18); ‚was ich *êpuššu* und was mein Vater *îpuššu*‘ (D, 14. 19. C, a, 11 f. C, b, 21/23). Vgl. noch *iškunna* Asurn. III 110. Bei zwei durch *ma* verbundenen Verbis findet sich diese Schreibung nicht selten beim zweiten: ‚Asurbanipal, dem Nebo und Tasmet weiten Sinn verliehen haben (*išrukûš*) *îhuzzu ênu namirtum* der zu eigen bekam ein helles Auge‘ (oft in den Tafelunterschriften); *ikbusûma ušaknišsû šêpûšun* ‚sie traten (sie) nieder und unterwarfen sie sich‘ (Asarh. IV 36); Sargon der den K. nach seiner Stadt Assur brachte und *Muski êmiddu apšânšu* (Lay. 33, 11). Vgl. auch I R 49 Col. IV 6. Sogar durch Verlängerung des Vocals an Stelle der Schärfung des nachfolgenden Consonanten findet sich die Tonstelle hervorgehoben: vgl. *u-ši-i-bu* K. 13 (IV R 52 Nr. 2) Z. 6; und *ul-te-zi-i-bi*? (Asurb. Sm. 293, a c), auch *bi-i-li* (IV R 5, 39 b)?. Von Permansivformen gehört wohl hierher: ‚Istar *išâta lit-bu-šat mêlammê na-ša-a-ta* (Var. *našat*) war in Feuer gekleidet, trug Strahlenglanz‘ (V R 9, 80), wo *našâta* doch wohl nur = *našáta*. Aus den Contracttafeln vgl. die Phrase *ištên bu-ud šanî naši*, wofür auch *na-a-ši*, *na-aš-ši*, Fem. *na-ša-a-ta*. So erklärt sich auch in den Tafelunterschriften *šaṭirma ba-a-ri* (IV R 16, 67b).

d) Enklitisch angehängtes *ma*, und zwar sowohl das *ma* der Copula als das hervorhebende *ma*, zieht den Ton auf die unmittelbar vorausgehende Sylbe: ursprünglich lange Vocale treten dann wieder hervor, freilich oft genug nur um sich sofort wieder in Schärfung des *m* von *ma* zu verlieren, vgl. einestheils *ma-ti-e-ma*, *aḳ-ri-e-ma* St. קרא₁ (Sarg. Stier-I. 99), *ap-te-e-ma* (Sanh. I 27), *iš-me-e-ma* (oft), *aš-me-e-ma* (V R 3, 127), *adḳêma*, *aḫrêma*, *aš-te-'-e-ma* (oft), *ab-ri-e-ma* (Neb. Senk. II 3 u. ö.), *u-maš-ši-i-ma* (Sarg. Cyl. 46), anderntheils *šanumma* ,irgend ein anderer' (= *šanû-ma*), *îlamma* ,er kam herauf und' (= *îlâ-ma*); ursprünglich kurze Vocale bleiben, natürlich unter gleichzeitiger durch den Ton veranlasster Schärfung des *m* von *ma*, vgl. *amêlûtumma* (Nimr. Ep. XI, 182) *illikamma* ,er ging und', *ikkisûnimma* ,sie schlugen ab und', doch wird in etlichen Fällen die Schärfung des *m* durch Verlängerung des kurzen Vocals compensirt (vgl. § 52 Anm.). So in *mi-tu-ti-i-ma* (IV R 67 Nr. 2, 60b), *i-ba-ru-(ú-)-ma* ,er zog heraus und' (Rel., Sarg. Cyl. 21), ,wenn jenes Haus *i-lab-bi-ru-(u-)ma* altern wird und', ,wer einen Fremden *u-ma-a-ru-u-ma* (III R 43 Col. I 32) schicken wird und', neben *u-ma-'-a-ru-ma*. — In manchen Fällen kann man zweifelhaft sein, ob die Länge des dem enklitischen *ma* vorausgehenden Vocals auf die eine oder die andere Weise zu erklären sei. So z. B. beim Verbalsuffix der 3. Pers. m. Sing., welches in Verbindung mit *ma* häufig *šumma* oder *šûma* geschrieben wird; vgl. *liškunšumma* ‚er möge ihm anthun' (V R 56, 43); *arši-šu-u-ma* (V R 3, 20), *tam-nu-šu-u-ma* (V R 3, 7), *liskipû-šu-u-ma* (IV R 6, 68 a. 63, 55 a): tritt hier die ursprüngliche Länge des Vocals von *šu* wieder hervor? Und wie verhält es sich mit *šarri eni-ia-a-ma* ‚meines Herrn Königs' (K. 823 Obv. 5 u. ö.), *šumi-ia-a-ma* (neben *šumi-a-ma*) ‚meines Namens'? und wie mit *kalâma* ‚allesamt' (declinirt *ka-la-mu*, Gen. *ka-la-a-mi* Nimr. Ep. 1, 4)?

Inwieweit aus Schreibungen wie *ina bi-ri-in-ni* ‚zwischen uns' (V R 1, 126) allgemeinere Folgerungen für die Tonstelle gewagt werden können, sind Fragen, deren Entscheidung zum Theil schwer ist und besser der Zukunft aufbehalten bleibt (vgl. § 74). Im Allgemeinen ziehen weder Nominal- noch Verbalsuffixe den Ton auf die letzte ihnen vorausgehende Sylbe: *ḳin-na-aš-šu gabbi* ‚seine ganze Familie' (IV R 52 Nr. 2, 8) ist ebenso wie *ab-bi-e-šú* ‚ich rief ihn an' (V R 64 Col. III 11) offenbar durch den Satzton beeinflusst. Von besonderer Bedeutung würde es sein, wenn aus *nam-kur-ri-šu-nu* (z. B. Tig. III 3) gegenüber *na-am-ku-rum* (II R 47, 49 d) geschlossen werden dürfte, dass Betonung eines Wortes auf der fünftletzten Sylbe (also *námkurišunu*), wie sie im Arabischen möglich ist, im Assyrischen nicht statt hatte, dass vielmehr in Fällen wie diesen der Ton auf die nächste Sylbe nach dem Wortende zu gelegt wurde.

Formenlehre.

§ 54. Die beiden einzigen bislang sicher erkannten Interjectionen, nämlich die Weherufe *a-a*, d. i. wohl *â*, und *û'a* kurz erwähnend, gehen wir sofort zu den sei es in den blossen Vocalen *â* und *û* sei es in einem der Consonanten *t*, *n*, *k*, *g*, *š*, *l*, *m* nebst kurzem oder langem Vocal bestehenden Pronominalstämmen und den aus diesen entwickelten Fürwörtern über. **Dieselben sind aus den Paradigmen A, 1—6 zu erlernen;** die §§ 55—60 wollen lediglich Zusatzbemerkungen zu den Paradigmen sein.

A. Pronomen.

§ 55. 1. Selbständige persönliche Fürwörter *a*) mit Nominativbedeutung: Sing. 1. c. *anâku*. 2. m. *atta*; bisweilen auch für das Fem. mitgebraucht, z. B. *lu aššatî atta* ‚du bist nicht mein Weib' (V R 25, 10b). Die Schreibung *at-tam* (IV R 20 Nr. 3, 18) wird als *atta* nebst hervorhebendem *ma* (*m*) zu erklären sein. 2. f. Zur Schreibung *at-ti-e* (IV R 57, 45—54b)

s. S. 77 unten. Plur. 1. c. Beachte den Personennamen *Ištu-Rammân-a-ni-nu* (Var. *ni-ni*) C^b 233; *ni-i-ni* (IV R 53 Nr. 1, 40). 2. m. *at-tu-nu*, z. B. IV R 56, 47 a. — Für die seltenen Fälle der Verwendung von *anâku, attunu* an Stelle des Verbalsuffixes mit Dativbedeutung (und zwar ohne besonderen Nachdruck) s. Syntax § 135.

Für den adjectivischen Gebrauch von *šû, šî, šunu* s. § 57, a. — Das geschlechtslose *û* ‚er, es', mit hervorhebendem *ma* ‚ebenderselbe, ebendasselbe', z. B. *ina šatti û-ma* ‚in ebenjenem Jahr' (Sanh. Baw. 34), wird besonders gern zum Ausdruck der Wiederholung eines oder mehrerer vorhergehender Wörter gebraucht (beachte Neb. III 50, wo *um-ma* geschrieben ist). Auch *šû, šûma* hat oft, vor allem in den Vocabularien, diese Bed. ‚ditto'. Vielleicht ist auch in dem häufigen *ina ûmê-šu-ma* ‚in ebenjenen Tagen' das *šu* nicht Pronominalsuffix, sondern ist diese Phrase als *ina ûmê šûma* zu fassen, analog dem ebenerwähnten *ina šatti ûma*. Für das Ideogramm jenes *û* (*û-ma*) s. die Schrifttafel Nr. 268; alles Nähere s. im WB, Nr. 103.

b) mit Genitiv-Accus.-Bedeutung. Sing. 1. c. Zur Lesung von *ia-a-ši, a-a-ši* u. s. f. als *âši, âti* (aus *i̯âši, i̯âti* § 41, b) s. §§ 13 und 14; *ia-a-tu* geschr. *ia-a-pi* (s. Schrifttafel Nr. 69) Asurb. Sm. 37, 9. 2. m. und f. sind äusserlich ganz übereinstimmend: *kâti, kâši*; auch bei der 3. m. und f. haftet nicht etwa an dem auslautenden *ša, ši* von *šâša, šâši*, im Gegensatz zu *šâšu*, der Geschlechtsunterschied — schon die Masculinformen *kâša* und *âši* verbieten dies. Vielmehr lehren die in der Bertin'schen Liste (s. S. 70) vorkommenden Formen der 1. c. Plur. *ni-ia-ti, ni-ia-šim, a-na ni-a-šim*, dass alle diese Pronomina *âši, kâši* u. s. w. zusammengesetzt sind aus den Nominalsuffixen und *ati, aši,* bez. *atu, ašu* und *ata, ata* (*ăti, ăši* u. s. f. oder *âti, âši*? vgl. *šu-a-tu* § 57, a). Für die 1. c. Sing. ist dies ein Grund mehr, die Lesung *aiši* als schlechterdings unmöglich auszuweisen; in der 2. f. wird Contraction aus *ki-aši*, ebenso in der 3. m. und f. Contraction aus *šu-aši* (*šu-ašu*) bez. *ša-aši* vorliegen. Die Form *šu-a-šu* findet sich sogar noch, z. B. Asurn. III 76 (*ana šu-a-šú* ‚ihm'). Bei der 2. und 3. Pers. Plur. ist die Pluralendung an die Singularformen gefügt. — Die Bezeichnung dieser Pronomina als Pronn. mit Genitiv-Accus.-Bed. ist nur im Allgemeinen zutreffend. In der That werden in Verbindung mit den den Genitiv regierenden Praepositionen nur diese Pronn. gebraucht: vgl. *ana âši* ‚auf mich' (richte deine Augen, IV R 68, 29 b), *ana kâši* ‚dir' (fem., wird er sich nähern), *ana šâšu, ana šâši* ‚zu ihm, zu ihr' (sprach er), *ana kâšunu* ‚euch' (IV R 56, 46 a), *kîma ia-ti-ma* ‚wie ich' (Tig. VIII 60), *kîma šâšunu* ‚gleich ihnen' (Khors. 96), *šanamma eli âši* ‚ein anderer als ich', *ela kâti* ‚ausser dir' (o Göttin, giebt es keine Gottheit). Ebenso sagt man im Accusativ in Zusammenhängen wie: ‚ihn (selbst), sein Weib u. s. w. führte er fort', oder: ‚sie (selbst) nahm ich lebendig gefangen' niemals anders als *šâšu, šâša*. Indess sagt man auch: *anâku u kâši* ‚ich und du' sc. wir wollen das und das thun (K. 3437 Rev. 3), und wenn dem Verbal- oder Nominalsuffix zum Zwecke der Hervorhebung eines dieser Pronomina noch vorausgestellt wird, so steht dasselbe virtuell ebenfalls im Nominativ, z. B. *šâšu êsiršu* ‚ihn schloss ich ein', eig. was ihn betrifft (Nom. absol.), so schloss ich ihn ein (Sanh. III 20); *šâšu mašakšu aḳûṣ* ‚ihm selbst zog ich die Haut ab' (Khors. 35), *kâtu amâtka* ‚dein Befehl'. Andere Beispiele dieses Gebrauchs der in Rede stehenden Pronn. s. Syntax §§ 119 und 135. Für die, von *šulmu âši* ‚mein Gruss' abgesehen, seltenen Fälle der Verwendung dieser Pronomina zu blosser Umschreibung des Nominalsuffixes s. Syntax § 119; für die gleich seltenen Fälle, da sie, ohne dass irgendwelche Hervorhebung beabsichtigt sein könnte, das Verbalsuffix einfach umschreiben, ebendort § 135.

Für den seltenen Gebrauch von *šâšu* als Adj. ‚selbiger' (gew. *šu'atu*) s. § 57, a.

c) Noch in anderer Weise finden sich die Nominalsuffixe zu selbständigen Fürwörtern umgebildet. *α*) In Verbindung mit *râmânu* (*râmênu*, *râmnu*) d. i. ‚Furcht oder Ehrfurcht einflössende Macht' (St. ראם) bezeichnen die Nominalsuffixe den Begriff der ‚Selbstheit': *râmânî* ‚ich selbst', *râmânka* ‚du selbst' u. s. w. Vgl. Khors. 77: *ina ḳât râmânišu napištašu uḳatti* ‚mit eigener Hand nahm er sich das Leben'; Beh. 17: ,Kambyses *mitûtu ra-man-ni-šu mîti* starb durch Selbstmord'; *râmânkunu* ,euch selbst' (IV R 52, 23 a); — *šaknu ša râmênî'a* ,meinen eigenen Statthalter' (Asurn. I 89); — *râmnu* z. B. Khors. 125. β) In Verbindung mit *attu*, und zwar in der Form *attû'a* (1. Sing.), *attûni* oder *attûnu* (1. Plur.; nicht zu verwechseln mit *attunu* ,ihr'!), *attûkunu* (2. m. Plur.), dienen sie zur Hervorhebung der Nominalsuffixe, vgl. *at-tu-ni ašâbani* ,unser Bleiben' (V R 1, 122); für *at-tu-ku-nu* s. K. 312 Z. 24. Doch finden sie sich in den Achämenideninschriften auch einfach zur Umschreibung des Nominalsuffixes, wobei das letztere obendrein selbst noch stehen kann, s. Syntax § 119. Mit der Bed. eines Possessivpronomens lesen wir *attûnu* Beh. 18: ,von den Vätern her ist die Herrschaft *at-tu-nu u ša zer-ú-ni* unser und unserer Familie'. γ) Als Possessivpronomen für ,dein' in Verbindungen wie ,Himmel und Erde sind dein' findet sich *ku-um-mu*, z. B. IV R 29, 26 ff., zusammengesetzt aus dem Nominalsuffix *ku* (einer Nebenform von *ka*, s. § 56) und der in die Casusunterscheidung eingetretenen Partikel *ma* (vgl. *kalâmu* Gen. *kalâmi* und *mimmu*, *mimmû* § 58 Schluss); für *mm* s. § 53, d.

§ 56. 2. Suffigirte persönliche Fürwörter. *a*) Nominalsuffixe. Für die Art und Weise ihrer Anfügung an die drei Casus des Sing. sowie an die verschiedenen Pluralformen s. das Nähere in § 74, ebenso für die Wahl zwischen den beiden Formen des Suffixes der 1. c. Sing. *î* und *a* (= *ịa*, § 41, b). Für Schreibungen wie *mu-te* ‚mein Gemahl' (*mu-ti-ma* Var. *mu-te-ma* Nimr. Ep. 42, 9) s. S. 77 unten. 2. m. Statt *ka* findet sich auch *ku*; beachte hierfür vor allem den Text IV R 46: *âl-ku* ‚deine Stadt' (Z. 30 a), *bît-ku* ‚dein Haus' (31 a), *bêlût-ku* ‚deine Herrlichkeit' (28a), u. a. m. Für den Uebergang des *š* der Suffixe der 3. Pers. Sing. und Plur. in *s* s. § 51. Plur. 1. c. Neben *ni* findet sich *nu*, so in *attûnu* § 55, c, β und Eigennamen wie *Šadûnu* (neben *Šadûni*), *A-ḫu-nu* (neben *A-ḫu-ni*). Auch der altbabylonische Königsname *Samsu-i-lu-na* dürfte dieses Suffix enthalten. 3. m. Das *m* von *bu-šá-šu-num* ‚ihren Besitz' (Neb. VII 20) wird gleich jenem von *at-tam* (§ 55, a) zu erklären sein. Mit *šunu* wechselt *šunûti*; vgl. *libba-šu-nu(-ti)* ‚ihr Herz' (V R 1, 120), [*eli-šu-*]*nu-u-te* ‚über sie' (Asurb. Sm. 35, 14), *balṭûsunûti*. 3. f. Ein Mal findet sich *šinu*, nämlich V R 66 Col. II 19: *mandatti-ši-nu* ‚ihren (der Länder) Tribut'.

b) Verbalsuffixe. Für die Art und Weise ihrer Anfügung an die theils consonantisch theils vocalisch auslautenden Verbalformen der Verba mit starkem und mit schwachem drittem Radical s. § 118. — Die neben *iškulšu, iptišu* u. s. w. sich findenden Formen *iškulaššu*, *iptaššu* u. s. w. sind, was *iškulaššu* zunächst anbetrifft, nicht etwa so zu erklären, dass das einfache Pronominalsuffix *šu, ši, ka* u. s. f. an die auf kurzes *a* auslautende Verbalform *iškula* angetreten sei; denn das Verbalsuffix zieht nicht den Ton auf Ultima: *tu-na-'-a-šu-nu* (VR 45 Col. II 52) könnte als eine solche Form gelten, aber nimmer *iškulaššu, iškulaššunu.* Eher liesse sich bei dem Verbum tertiae infirmae annehmen, dass Formen wie *iptašši* gemäss § 11 als *iptâ-ši* (= *ipti-a* + *ši*) zu fassen seien. Indessen macht es die Analogie der hinten starklautigen Verba so gut wie zweifellos, dass wir auch hier die mit *šu, ši, ka* parallel laufenden stärkeren Suffixe *aššu, ašši, akka* vor uns haben: *al-ka-šú-nu-ú-ti* ‚ich versetzte sie' (Tig. I 87) mag unmittelbar von *alkâ* gebildet sein, aber *iptašši, iptaššunûti* stehen gewiss für *ipti-ašši, ipti-aššunûti* (wie *našanni* ‚es trieb mich' Perm. für *naši-anni* Neb. III 19): es finden sich ja sogar noch Formen wie *us-si-ṣi-aš-šu* ‚ich brachte es heraus' (III R 4 Nr. 2, 7). Das Gesagte schliesst nicht aus, dass in einzelnen Fällen, wie z. B. bei Verbalformen innerhalb eines Relativsatzes, das *a* von *aššu*, *aššinâtu, annâši* gleichzeitig den *a*-Auslaut des Verbums mit vertritt. Das Verbalsuffix der 1. Pers. Plur. findet sich nur in solcher stärkeren Form: *annâši*; ebenso lautet das der 1. Pers. Sing. nach Verbalformen im Sing. ausnahmslos *anni.* Ausnahmen finden sich nur bei Verbalformen im Plur.

(auf *û*), z. B. Tig. VIII 30: *šalmiš littarrûni* ‚sie mögen mich wohlbehalten leiten'; V R 7, 105: ‚deren Herrschaftsausübung die Götter *iddinûni* mir verliehen hatten'; Asurb. Sm. 11, 12: ‚erhabene Kräfte *ušatlimûni* haben sie mir verliehen'; Asarh. IV 41 (*ušâzizûni*). An Stellen wie Asurb. Sm. 11 (vgl. auch 217, k) wäre es äusserst hart und gezwungen, wollte man auf das Suffix der 1. Pers. verzichten, an den andern verbietet dies der Zusammenhang kategorisch. *U-ṣal-la-a-ni* ‚er flehte mich an' (Asarh. III 7) steht für *uṣallánni*. Die Frage nach dem Ursprung dieser stärkeren Suffixe *aššu,ašši, akka* (unter Umständen *ikka*), *anni* (unter Umständen *inni*), *aššunu*(*tu* bez. *ti*), *aššinâtu* (bez. *ti*) und *aššinîti, annâši* ist augenscheinlich mit jener nach dem Ursprung der hebr. Suffixe ךֶָּ֫—, נִּי֫—ַ u. s. w. eng verwachsen. Beispiele für die 3. und 2. Pers. sind: *ušêbilaššu* ‚er liess ihn bringen' (V R 7, 44), *rîmûtu aš-ku-na-šu* (für *aškunaššu*) ‚Gnade erwies ich ihm' (Satzende, Asurn. III 76), *lâ tanâšašši* ‚erschüttere es nicht' (o Istar, Höllenf. Obv. 23), *iptašši* ‚er öffnete ihr' (ebenda Z. 39), *a-da-na*(*k*)-*ka* ‚ich werde dir geben' (Satzende, IV R 68, 21 a. 58 c), *šî tu-ša-an-nak-ka* ‚sie thut dir kund' (Asurb. Sm. 125, 63); *rîmûtu aš-ku-na-*(*aš-*)*šu-nu* (Ende eines Abschnitts, Asurn. III 56), *in-da-na-aš-šu-nu-tú* ‚er gab sie' (Beh. 96), ‚was ich *a-ḳab-ba-aš-ši-na-a-tú* ihnen heisse' (NR 24), *id-dan-na-aš-ši-ni-ti* ,er übergab sie, sc. die Länder, mir' (NR 21). Ein Unterschied im Gebrauch wird sich zwischen der einfachen und der stärkeren Suffixform allem Anschein nach nicht erweisen lassen.

Einzelbemerkungen: Sing. 1. c. *Ašûr-še-zib-a-ni* (C[a] 28). *i-ki-pa-an-nim* ,er hat mir übergeben' (Neb. I 42), vgl. *at-tam* § 55, a. Nach der 3. Pers. fem. Plur. *-inni*: *i-še-im-ma-'-in-ni* ,sie gehorchen mir' (Beh. 7), ,die Länder *ša ik-ki-ra-'-in-ni* welche sich wider mich empörten' (Beh. 40). 2. m. Abgekürzt *k*: *aḳ-ṭi-ba-ak* ,ich habe zu dir gesagt' (IV R 68, 39 c); *ku*: *liḳ-bi-ku* ,er möge dir kund thun' (IV R 66, 7. 8 a). 2. f. *li-bil-lak-ki* ,er bringe dir' (IV R 65, 38 b). 3. m. Für den Uebergang des *š* aller Verbalsuffixe der 3. Person in *s* s. § 51; für das lange *û* von *šû* in Formen wie *liskipû-šu-u-ma* s. § 53, d. Beispiele für das abgekürzte Verbalsuffix *š*: *u-šak-ni-šu-uš* ,sie unterwarfen ihn', *aḳ-bi-iš* (Neb. I 54), *u-še-ri-ba-aš* ,er liess ihn einziehen' (V R 35, 17); *uš-mal-liš* = *ušmallišî*, sc. den Palast (Sanh. Konst. 86). Verstärkt durch *m* (*ma*) lesen wir *šu* IV R 21, 30 b: *liḳ-ḳa-bi-šum* ,es werde zu ihm gesagt'. Plur. 1. c. *ikarrabannâši* ,er segnet uns' (Nimr. Ep. XI, 181), ,welcher *il-li-kan-na-ši* zu uns gekommen ist' (Nimr. Ep. 60, 14); *iš-pur-an-na-a-šu* ,er hat zu uns geschickt' (K. 647 Obv. 7). 2. m. *aḳ-bak-ku-nu-šu* ,ich sprach zu euch' (IV R 52, 27 b). 3. m. *du-ú-ku-*

šú-nu-ú-tu ‚tödte sie‘ (Beh. 48). *at-ta-nab-bal-šu-nu-ši* ‚ich bringe ihnen dar‘ (V R 63, 22 a); beachte auch II R 11, 25—28 b: *id-din-šú-nu-šim*, *i-na-din-šú-nu-ši*, u.ä. 3. f. *ultêšib-ši-na-a-tú* NR 23. *iš-te-ni-'-e-ši-na-a-tim* ‚er nahm sich ihrer an‘ (V R 35, 14). *aškun-ši-na-ši-im* (Hammur. Louvre II 6). Die Form *-ši-na* ist bislang nur mit der enklitisch angehängten Partikel *ni* gefunden: ‚die Länder *ša a-pi-lu-ši-na-ni* die ich in Besitz genommen hatte‘ (I R 27 Nr. 2, 23. Asurn. III 125. 133).

Demonstrativpronomina. *a) šu-a-tu* (*šu'atu*, *šu'âtu*, *šû'atu*?), woraus *šâtu* zusammengezogen ist, vgl. § 38, a. Nur in Verbindung mit einem Substantiv, welchem es stets nachgesetzt wird. Zu sämtlichen in den Paradigmen aufgeführten Formen giebt es reichliche Belege. Für das Fem. des Sing. vgl. Salm. Ob. 50. III R 4 Nr. 1, l. 2 u. o.: *ina šatti-ma ši-a-ti* ‚in ebenjenem Jahr‘. Plur. m. *âlâni šu-a-tum* bez. *šú-a-tum* oder, wie ich vorschlagen möchte zu lesen, *šu-a-tun* (s. § 49, b, S. 116) V R 56, 9. 11. Gleichbedeutend mit *šu'atu* Fem. *ši'ati*, Plur. *šu'atunu* Fem. *šâtina* findet sich *šû* Fem. *šî*, Plur. *šunu*, häufiger *šunûti* Fem. *šinâti* gebraucht: vgl. *âlu šú-u* und *šu-ú* ‚selbige Stadt‘ (Asurn. III 133), *âlu šú-ú* (Var. bloss *âlu*) ‚die Stadt hier‘ (V R 69, 21) — hiernach ist das vermeintliche Suffix *šú* Sarg. Stier-Inschr. 91 zu erklären —, *ekallum ši-i* ‚jenen Palast‘ (Asurn. II 5); *mûrâni šu-nu* (*šú-nu*) § 57.

‚selbige junge Löwen‘ (Lay. 44, 16), *ṣâbê šu-nu-ti* ‚jene Leute‘ (Salm. Ob. 154), *âlâni šu-nu-ti* ‚jene Städte‘ (Asurb. Sm. 82, 7); für das Fem. beachte den Wechsel von *eḳlê ša-ti-na* und *eḳlê ši-na-a-ti* innerhalb der beiden Parallelstellen III R 15 Col. III 25 und Asarh. II 49. Ganz selten, wie es scheint, sagte man *šâšu* statt *šu'atu* (obwohl beide im letzten Grunde völlig übereinstimmend aus *šu* und *atu* bez. *ašu*, s. § 55, b, gebildet sind), z. B. V R 64, 11 a: *eli âli u bîti ša-a-šú* ‚wider jene Stadt und jenes Haus‘.

b) *annû*, aus *an-ni-u*, vgl. z. B. *an-ni-ú a-ḫ̆i-ú* ‚dieses andere‘ (III R 54, 43 b), *ûmu an-ni-ú* (V R 54, 39 a), gewöhnl. *ina ûmi an-ni-i* ‚heute‘, vgl. ܝܘܡܢܐ. Wird seinem Substantiv stets nachgesetzt; eine Ausnahme bilden *an-na-a ḳa-bi-e* ‚diese Rede‘ Nimr. Ep. 48, 178, III *an-nu-tú ṣâbê* ‚diese 3 Leute‘ (V R 54, 51 a). In *an-ni-a-am* (IV R 66, 30 a) ist abermals *ma* enthalten; ebenso in *šá-ma-mi an-nim* (*annêm*) ‚dieser Himmel‘ Gen. (Neb. Bab. II 2). Für das Fem. Sing. beachte *ištu ušmâni an-ni-te-ma* ‚von jenem Lagerort‘ (Asurn. II 39 u. ö.). Plur. m. *an-nu-te . . . an-nu-te*, auch *a-nu-te* ‚die einen . . . die andern (. . . die dritten)‘, s. Asurn. I 117. 90 f.

c) *ullû*, z. B. D, 20: ‚was ich gethan und was mein Vater gethan, *ul-lu-ú-um-ma* das möge Auramazda schirmen‘; D, 15: *tabbanûtu ullûtu* ‚jene Bauten‘ (Acc.). —

Ein anderer Gegensatz von *annû* ‚dieser‘ ist *ammu* in der Wortverbindung *ina padan* (? § 9 Nr. 261) oder bloss *padan*, auch *padan*^{pl} *am-ma-(a-)te* ‚jenseits‘ eines Flusses (Tig. II 4. Asurn. III 1), Gegensatz von *padan an-na-te* (Var. *ti*) Asurn. III 49 f. (*padan am-ma-te*, Var. *ti*).

d) *agâ* (bei Asurbanipal und vor allem in den Achaemenidentexten), dem Substantiv nach- oder vorgesetzt, z. B. *bît a-ga-a* ‚dieses Haus‘, *a-ga-a šadû* ‚dieser Berg‘, *ûmu a-ga-a* ‚heute‘, *šamê a-ga-a* ‚diesen Himmel‘, *irṣitim a-ga-a-ta* ‚diese Erde‘ (dieses Fem. stets nachgestellt). Pluralformen (dem Subst. stets nachgestellt): *ṣalmânu agannûtu* ‚diese Bildnisse‘ (Beh. 106); *mâtâti a-ga-ni-e-tú* ‚diese Länder‘ (Beh. 8. 9). In diesen Pluralformen ist *agâ* offenbar durch *annû* verstärkt, wie in *agâšû* durch *šû*. Einem Subst. oder Eigennamen wird *agâšû* stets nachgestellt, z. B. *nikrûtu a-ga-šu-nu* ‚diese Rebellen‘ (Beh. 46. 65).

Das Relativpronomen *ša* (urspr. *ša-a*, Acc. von § 58.
šû, s. II R 31 Nr. 2, 14c. d, u. ö., vgl. hebr. ·שֶׁ, ·שַׁ, urspr. שָׁ) kann auch zur Bezeichnung des Genitivverhältnisses verwendet werden, z. B. *ina ṣilli ša Uramazda.* Die ursprüngliche Demonstrativbed. zeigt sich noch in Redeweisen wie *ša bît ṣibitti* ‚der (Mann) des Gefängnisses, der Gefangene‘ (IV R 58, 32a, und vgl. V R 13, 8—10b), in welchem *ša* analog dem arab. ذُو gebraucht ist.

Das sog. Pron. relativum generale ‚wer immer, was immer, alles was, so viel als, so viele als' wird theils durch das Interrogativpronomen mit oder ohne *ša* theils durch die urspr. ‚Fülle' bedeutenden Substt. *ma-la*, *mal* (wohl = *mâla*) und *ammar* (stets ohne *ša*, wofür Syntax § 147 zu vergleichen ist) ausgedrückt. Vgl. *man-nu ša itábalu* ‚wer immer wegnehmen wird' (s. WB, S. 214), *man-nu atta šarru* ‚wer du auch immer König sein wirst' (Beh. 105), *ma-nu arkû* ‚wer immer Zukünftiger sein wird, Mensch zukünftiger Zeiten' (I R 35 Nr. 2, 12); *bêl mi-na-a ba-ši-ma* ‚Herr alles Existirenden' (von Merodach, Neb. I 35); — *ilâni ma-la šum nabû* ‚die Götter so viele existiren', ‚die beseelten Wesen *ma-la ina mâti bašâ*', oft in der Phrase *ma-la (mal) bašû* ‚so viele ihrer sind oder waren'; *gab-bi ma-la êpuššu* ‚alles soviel ich gethan habe' (E, 9); *ṣâbê am-mar ipparšidû* ‚die Leute so viele deren geflohen waren' (Asurn. I 66 u. ö.). Noch eine dritte Ausdrucksweise, nämlich durch das Indefinitpronomen mit oder ohne *ša*, ist nur für das Neutrum nachweisbar: *man-ma* (wohl *min-ma* oder *mim-ma* zu lesen, s. § 60) *ša etépuša* ‚alles was ich gethan hatte' (Salm. Ob. 72); *mi-im-ma* oder *-ma* — d. i. *mim-ma* (s. § 9 Nr. 212) — oder *mimma* (scheinbares Zeichen *nin*, s. ebenda) *šumšu* ‚alles was heisst d. i. existirt', *mimma išû* ‚alles was ich besass' (Nimr. Ep. XI, 77 ff.), *mimma* *ša šuma nabû* ‚alle Kreatur'. Beachte auch -*mu-u* d. i. *mimmû eppušu* ‚alles was ich thue' (V R 63, 11 a, vgl. 41 b), -*mu-šu*(-*nu*) ‚sein bez. ihr Besitz' (oft in den Contracttafeln), und vgl. *man* (d. i. wohl *mim*)-*mu-šu* ‚alles das Seine' (K. 245 Col. II 68).

Interrogativpronomina. Belegstellen für *mannu* § 59.
und *minû* (z. B. *ina eli mi-ni-e* ‚wesswegen?' V R 9, 70) unnöthig. Dem mit *mannu* wechselnden Pron. *a-a-u* d. i. *â-u* (s. §§ 13 und 31), z. B. *a-a-ú ilámad* ‚wer erlernt?' (IV R 67, 58 a), *a-a-ú ilu* ‚welcher Gott?' (IV R 9, 52 a) liegt, unmittelbar oder mittelbar (*âi*), der Interrogativstamm *â* zu Grunde, welcher entweder als aus *ai* contrahirt (vgl. Stade, Grammatik § 99, 3) oder besser als neben *ai* selbständig existirendes Fragwort betrachtet werden kann (das Gleiche gilt natürlich für hebr. אָן neben אַיִן; vgl. *bâtîm* ‚Häuser' neben *bait*?).

Das Indefinitpronomen ist theils durch Re- § 60.
duplicirung des Interrogativstamms *man* (persönliches Indefinitpron.) theils durch enklitische Anfügung des verallgemeinernden *ma* an den Interrogativstamm *man* (persönlich) und *min* (sächlich) gebildet. Belegstellen finden sich allerorten (vgl. *ma-ma ša-na-a* ‚irgend einen andern' IV R 45, 25; *mi-im-ma* oder *mi-ma lim-na* ‚irgend etwas Böses' Tig. VIII 70). Ganz vereinzelt steht *mu-um-ma* ‚irgend jemand' (Salm. Mo. Rev. 71). Für den adjectivischen Gebrauch von *manman* u. s. w. vgl.

ilu ma-nu-man ul . . . ‚kein Gott‘ (IV R 6, 14 c). Wie hier folgt auch sonst auf *manman* meist die Negation. Mit Voranstellung der Negation bed. *la mammana* u. s. f. ebenfalls ‚niemand‘. — *Manma* (*mamma*) sowohl wie *mimma* finden sich sehr häufig ideographisch durch mit phon. Compl. *ma* wiedergegeben, woraus sich bei enger Zusammenschreibung scheinbar das Zeichen *nin* ergiebt (s. hierfür schon § 58). Für *-ma* (*nin*) = *mamma* s. z. B. V R 6, 66 (*mamma aḫû* ‚irgendein Fremder‘) und WB, S. 293 f., für *nin* = *mimma* s. V R 63, 23 a (wechselnd mit *mi-im-ma* Neb. II 32. VIII 11), u. v. a. St. m. (stets so in *mimma šumšu* ‚allerhand, alles‘). — Das sächliche Indefinitpronomen findet sich zuweilen auch *man-ma* geschrieben; s. bereits § 58 und vgl. weiter *man-ma amât limutti* ‚irgend etwas Böses‘ (I R 27 Nr. 2, 80, wofür Z. 42: *mimma amât limutte*). Da es höchst unwahrscheinlich ist, dass *manma* auch sächlich gebraucht worden sei, so wird wohl sicher *min-ma* bez. (s. § 49, b, S. 116) *mim-ma* gelesen werden dürfen, zumal da der Werth *min* des Zeichens *man* V R 37, 34 d ausdrücklich bezeugt ist (vgl. auch *man-di-e-ma* IV R 53 Nr. 3, 37, wechselnd mit *mi-in-di-e-ma* Nimr. Ep. 65, 13). — Für *â'umma*, zu dessen Schreibungen und Lesung die §§ 12—14 zu vergleichen sind, s. z. B. Salm. Bal. V 3: *a-(i)a-um-ma ul êzib* ‚keinen liess ich übrig‘, *šarru ia-um-ma* ‚irgend ein König' (Tig. I 67 u. ö.), *la te-zi-ba a-a-am-ma* ,lasse niemand am Leben' (M 55 Col. I 21).

Die meisten in den §§ 55—60 besprochenen Pronominalstämme kehren auch bei den ,Partikeln' wieder (*û*, *šû* in dem Adverb *umma* und der Conjunction *šumma*, *agâ* im Adverb *aganna*, u. s. w.); das Nähere s. in den §§ 78—82.

Uebergang zum Nomen und Verbum.

Die Begriffs- oder Bedeutungswurzeln sind, wie in allen semitischen Sprachen, so auch im Assyrischen theils von Haus aus drei- und mehrconsonantig theils erst auf die Stufe des Triconsonantismus aus ursprünglich zweiconsonantigen Wurzeln gebracht. **§ 61.**

1) Zweiconsonantige Wurzeln liegen noch vor: *a*) in den vollständige Wurzelreduplication aufweisenden Nominibus (Verba sind noch nicht gefunden). Solche Nomina sind: *laḳalaḳa* ,Storch' Syn. *raḳraḳḳu*, *ṣarṣaru* ,Grille', *barbaru* ,Schakal', *panpanu* ,Götterkammer'; *dandannu* ,allmächtig', *kaškaš(š)u* ,sehr stark'; *ḳalḳaltu* ,Verschmachten', *kamkammatu* ,Ring'; — *birbirru* ,Glanz der aufgehenden Gestirne', *zirzirru* Name eines ganz kleinen Insects, *diḳdiḳḳu* Name eines ganz kleinen Vogels; — *zunzunu* und *duḳduḳḳu* Synn. der beiden letztgenannten Wörter, *mulmul(l)u* ,Speer, Lanze'. *b*) in den unvollständige Wurzelreduplication aufweisenden Nominibus und Verbis. Verba sind

selten: *babâlu* ‚bringen', *ḳaḳâru* II 1 ‚austilgen', *ṭaṭâpu* ‚umschliessen, verschliessen' (Part. II 1: *mu-ṭe-ṭip-tum* ebenso wie *ṭi-ṭip-pu* Syn. von *daltum,* II R 23, 2. 3 c). Bei den Nominibus kann man bisweilen zweifelhaft sein, ob nicht geradezu Assimilation des zweiten Radicals der zweiconsonantigen Wurzel an den wiederholten ersten Radical stattgefunden habe: so z. B. in *ka(k)kabu* ‚Stern', *ḳakḳadu* ‚Haupt' vgl. קָדְקֹד, *ḳakḳaru* ‚Erdboden', n. pr. m. *Ḫaḫḫûru* hebr. הַרְחוּר, *sissinnu* ‚Palmenzweig' vgl. סַנְסִנִּים, *kuḳubânu* ‚Magen des Thiers' vgl. arab. قُبْقُب, aram. קוּרְקְבָנָא, doch dürfen aus diesen und etlichen andern analogen starken Zusammenziehungen (vgl. *li-il-li-du* ‚Kind' II R 30, 47 c) keine allgemeiner gültigen Assimilationsgesetze für die assyrischen Consonanten, etwa innerhalb der Derivata von dreiconsonantigen Wurzeln, hergeleitet werden (vgl. bereits oben § 50). Sonst beachte noch *papaḫu* ‚Götterkammer', *dadmu* ‚Wohnstätte', *mamlu* ‚stark', *lallaru* ‚Schreier, Ausrufer' Fem. *lallartu* ‚Geheul, lautes Schreien' (auch Name eines Vogels und Insectes), *sis(s)iktu* ‚Kleid', *dudittu* (=*dudîntu*) ‚ein Brustschmuck', *pitpânu* (?) ‚Bogen'. *c*) möglicherweise in einigen der § 62 zu besprechenden sog. nomina primitiva. — Erschlossen dürfen aber solche zweiconsonantige Wurzeln auch werden aus einzelnen der sog. ‚schwachen' Stämme oder Verba, obenan aus den Verbis tertiae י

(und ו) — s. § 62 —, den Verbis mediae geminatae, welchen eine zweiconsonantige Wurzel mit scharf betontem *a*-Vocal zu Grunde liegen dürfte (s. § 63), und den Verbis mediae ו und י, die aus einer zweiconsonantigen Wurzel mit mittlerem *â*-Vocal entwickelt zu sein scheinen (s. § 64).

2) Für die dreiconsonantigen Wurzeln kommen obenan die Verba mit drei starken Radicalen in Betracht. Ob und in welchen Fällen das *n* der Verba primae נ, das *u̯, i̯* der Verba primae ו, י secundären Ursprungs sei, wird sich schwer ermitteln lassen; die Hauchlaute aber waren mit den Verbis mediae und tertiae א,ע,ח gewiss von Anfang an ebenso unzertrennlich verbunden wie bei den Verbis primae א, ע, ח.

3) Vierconsonantige Wurzeln, welche als Verba verwendet werden, finden sich im Assyrischen nur spärlich; die beiden Hauptwurzeln sind בלכת IV 1 ‚sich losreissen, zerrissen werden; überschreiten‘ und פרשׁד IV 1 ‚fliehen‘, sonst vgl. noch שׁרבט, חרמט II 1. III 1 ‚vernichten‘, פלסח, פרזח. Von Nominibus seien erwähnt: *aḳrabu* ‚Scorpion‘, *ḫarbašu* ‚Schrecken‘ (?), *paltigu* ‚Reisestuhl‘ (II R 23, 6a), *parzillu* ‚Eisen‘, *ḫab(b)aṣillatu* ‚Halm, Stengel, Blumenstengel‘, *paršumu* und *puršumu* ‚alt, greis‘, *šuršummu*, *ḫurḫummatu*, *pur(par)-šú-'u-ú* ‚Floh‘, *šumêlu* ‚links‘ (שמ$_1$אל), u. v. a. m. Schon aus diesen Beispielen erhellt, in welchem

Umfang die Liquidae *r* und *l* zur Bildung vierconsonantiger Wurzeln beigetragen haben. — Für die nur scheinbar vierconsonantigen Wurzeln wie פלכה, שחרר s. § 117, 1 und 2. — Mehr als vierconsonantige Wurzeln sind mir nicht bekannt.

B. Nomen.

§ 62. Zur schweren Frage nach der Existenz sogenannter nomina primitiva dürfte vom assyrischen Standpunkt Folgendes zu bemerken sein.

1) Nomina primitiva neben Wurzeln tertiae י. Schon in § 39 geschah der bis zu gänzlicher Unterdrückung des auslautenden kurzen und sogar langen Vocals und damit zugleich des letzten Radicals fortgeschrittenen äussersten Formverkürzung Erwähnung, welche bei den Verbis tertiae א und י im Part. des Qal (und Schafel), im Perm. des Qal, bei den Verbis tertiae י auch im st. cstr. des Nominalstamms فَعِل statthat. Von Ableitungen der Verba tertiae י verdienen in dieser Hinsicht noch Hervorhebung die Nominalstammbildungen wie *têrtu* ‚Gesetz‘ oder *tûdtu* ‚Entscheidung‘ (von הרו und ודה), s. § 65 Nr. 32, a. Der nämliche Schwund des Auslauts ist nun auch bei einer Reihe von Nominibus zu beobachten, welche nach dem Gesagten dadurch, dass sie nur zwei Radicale aufweisen, durchaus noch nicht zu nn. primm. in dem

Sinne gestempelt werden, dass die zum Triconsonantismus ausgebildeten entsprechenden Verba tertiae י noch nicht oder überhaupt nicht existirt hätten. So unmöglich es ist, Formen wie *šurb-at, têr-tu* von andern als dreiconsonantigen Stämmen herzuleiten, so unnöthig ist es zum mindesten, *Anu* ‚Himmelsgott', Fem. *An-tu* [st. cstr. *Anat*], *šat-tu* ‚Jahr' = *šantu* [*šanat*], *ḳaš-tu* ‚Bogen' Plur. *ḳašâti*, *am-tu* ‚Magd', *dal-tu* ‚Thürflügel', *šap-tu* ‚Lippe', *bar-tu* ‚Aufruhr'; *enu* ‚Herr' Fem. *entu*, *enu* ‚Zeit' Fem. *en-tu*, *ettu*, *ittu*; *binu* ‚Sohn' Fem. *bin-tu*, *ilu* ‚Gott' Fem. *il-tu* [*ilat*], *iṣu* ‚Holz', *ir-tu* ‚Brust' [*irat*], *it-tu* ‚Seite' Pl. *itâti*, *šinu* (*šinâ*) ‚zwei'; *šuḳ-tu* ‚Tränkrinne', *ul-tu* urspr. ‚Richtung', dann Praep. ‚von — her', u. a. m. für nn. primm. zu halten, zumal da zu den meisten dieser Nomina der dreiconsonantige Stamm vorliegt. Es kann hier genau so wie dort äusserste Verkürzung der Verba tertiae י vorliegen, was ja bei *el* = *eli*, *elî*, *elai̯*; *mat* = *matai̯*, *le'-at* Fem. st. cstr. von *le'û* ‚stark', u. v. a. m. (vgl. auch hebr. עַד, קַו, רֵעַ) niemand bezweifelt.

Während aber hiernach *dal-tu*, *binu*, *bin-tu* u. s. f. durchaus nicht nothwendig nn. primm. zu sein brauchen, so ist doch in anderer Hinsicht sehr beachtenswerth, dass derartige kürzeste Nominalbildungen bei den Stämmen (Verbis) tertiae א nicht nachweisbar sind (Nominalstämme wie *mi-lu* ‚Hochfluth', *ze-ru* ‚Same' werden durch die Schreibungen *mi-i-lu*, *ze-e-ru* als Formen wie *zîmu*, *bûnu*, s. § 65 Nrr. 1—3, erwiesen). Der dritte Radical der Stämme tertiae י (auch ו?) wurde augenscheinlich weit weniger wurzelhaft gefühlt und behandelt als auslautendes א; ebendesshalb schienen mir § 61, 1 die Stämme tertiae י (und ו) in erster Linie einen sicheren Schluss auf zweiconsonantige Wurzeln zu gestatten.

Schwerer gestaltet sich die Frage bei den zweiconsonantigen Nominibus, welchen ein sicher zu erweisender Stamm tertiae י nicht zur Seite gestellt werden kann, also z. B. bei *aḫu* ‚Bruder‘ und ‚Seite‘, *emu* ‚Schwiegervater‘. Sind dieselben wegen ihrer Femininformen *aḫâtu* ‚Schwester‘ und ‚Seite‘, *emêtu* ‚Schwiegermutter‘ dennoch als abgekürzte Bildungen von dreiconsonantigen Stämmen tertiae י anzusehen, oder sind sie als zweiconsonantige nomina primitiva anzuerkennen, welche eben im Begriff sind, sich über die zweiconsonantige Stufe zu erheben und zum Triconsonantismus sich zu entfalten (beachte das lehrreiche *atḫû* ‚Genosse‘)? Für *aḫâtu* in der Bed. ‚Schwester‘, ebenso für *emêtu* scheint mir die letztere Erklärung den Vorzug zu verdienen, da mit der Form فَعَال nur ganz vereinzelt concret-persönliche Bedeutung sich verband. Das *â* scheint lediglich dem Streben nach Kräftigung, so zu sagen Verbreiterung des kurzen zweiconsonantigen Wortes seinen Ursprung zu verdanken, wie ähnlich wohl auch das *â* in den Permansivformen *dannâta* u. s. w. — *Abû* ‚Vater‘ (mit bestbezeugtem *û*) kann von assyrischem Standpunkt aus nur als Ableitung eines dreiconsonantigen Stammes אבה (wahrsch. ‚entscheiden‘) betrachtet werden.

2) Sonstige nomina primitiva. *Ummu* ‚Mutter‘, urspr. ‚Mutterleib‘, geht, wie im Assyr. klar erkennbar ist, auf den St. אמם ‚weit, geräumig sein‘ zurück; als ein nomen prim. kann es also nur insofern gelten, als die Stämme mediae geminatae überhaupt im letzten Grunde zweiconsonantigen Ursprungs sind. Wörter wie *sâsu* ‚Motte‘, *šûmu* ‚Knoblauch‘ für nn. primm. in der mit diesem Namen gewöhnlich verbundenen Bed. (vgl. Stade: ‚isolirte Nomina‘) zu halten, ist zum mindesten sehr gewagt, da die betreffenden mittelvocaligen Stämme vielleicht nur zufällig nicht mehr oder noch nicht zu belegen sind. Bei *dâmu* ‚Blut‘, *âmu* ‚Meer‘ liesse sich im Hinblick auf דָּם, דַּם, דְּמֵי, دَم; יָם, יָם, יַמִּים desshalb an nn. primm. denken, weil die verschiedenen semitischen Sprachen verschiedene (zum Theil sogar jede einzelne Sprache verschiedene) Wege eingeschlagen haben, um diesen Wörtern mehr Halt zu geben; aber wer bürgt dafür, dass etwa die hebr. und arab. Formen nur eine verhältnissmässig jüngere Entwickelungsstufe (unter dem Einflusse fortschrei-

tender Verkürzung, der Analogie u. s. w.) darstellen, dass für das Ursemitische dennoch *dâmu*, *i̯âmu* als Grundformen anzunehmen sind, wer weiss von welchem längst verloren gegangenen Stamm? Aehnliches gilt für *išâtu* ‚Feuer‘ u. a. Nomina mehr.. Am ehesten könnte man noch in *mutu* ‚Gemahl‘, *idu* ‚Hand, Seite‘, *immu* in Zusammenhalt mit *ûmu* ‚Tag‘ (vgl. יְמֵי, יָמִים, nach Praetorius von einem alten Wort *i̯im*) nn. primm. erblicken, wogegen *mâtu* ‚Land‘, *šumu* ‚Name‘, *mû* ‚Wasser‘, *pû* ‚Mund‘ völlig unsicher sind.

§ 63. Eine Mittelstellung zwischen den sog. nomina primitiva und den in § 65 behandelten Nominalstammbildungen nehmen die Ableitungen der Verba mediae geminatae und mediae י, ו ein, indem sie noch in unzweideutigen Spuren ihre Abstammung von zweiconsonantigen Wurzeln zur Schau tragen (s. § 61, 1). Wir behandeln darum beide getrennt von den Ableitungen der übrigen Stämme und zwar zunächst die Nominalstammbildungen der Stämme mediae geminatae. Während die Verbalformen dieser Stämme ganz der Analogie der starken Stämme folgen (nur der Permansiv des Qal — s. § 87 und vgl. § 89 — macht eine Ausnahme, sonst s. § 37, b), gilt dies von den Nominalstammbildungen durchaus nicht in dem gleichen Umfang. Die Nomina wie *dannu* ‚mächtig‘, *šarru* ‚König‘, *šallu* ‚gefangen‘ sind unmittelbar von der

Wurzel aus gebildet, ohne dass sich, was wenigstens bei den Nominalstämmen فَعَل (§ 65 Nr. 6) und فَعِل (Nr. 7) in der Femininbildung hervortreten müsste, eine Mittelstufe mit Vocal zwischen dem zweiten und dritten Radical nachweisen liesse. Zwischen *šarru* und zwischen *dannu*, *ellu*, *emmu* (,heiss'), welche drei letzteren als Adjectiva unmöglich die Form فَعْل darstellen können, zwischen *šarratu* ,Königin' und *dannatu* ,mächtig', *dannat* ,sie war mächtig' (Permansivform ist فَعِل), *šallatu* ,Beute' (vgl. das hebr. Masc. שָׁלָל) ist keinerlei Unterschied wahrzunehmen: mit andern Worten, die Stämme mediae geminatae begnügen sich an Stelle aller § 65 Nr. 1—10 aufgeführten Nominalstammbildungen lediglich mit dreien: mit فَعْل, welches Substantiv- und Adjectivbedeutung in sich vereinigt, und mit فِعْل, فُعْل, welche nur Substantiva bilden. Für فَعْل wurden bereits Beispiele genannt. Für فِعْل vgl. *ṣillu* ,Schatten', *sippu* ,Schwelle', *libbu* ,Herz', *ḫissatu* ,Wahrnehmung'; auch *illatu* ,Macht' wird, trotzdem sich *ellatu* geschrieben findet, wegen der Femininendung *atu* (*ellatu* würde *ellitu* bilden) hierher gehören, während umgekehrt *ṣirritu* § 34, δ direct dem hebr. צָרָה gleichgesetzt werden durfte. Für فُعْل vgl. *gubbu* ,Cisterne', *zumbu* ,Fliege', *uzzu* und *uzzatu* ,Zorn', *kullatu* ,Gesamtheit'. Diesen Formen natürlich entsprechend auch *šarrûtu*, *šallûtu* (§ 65 Nr. 34); *ḫarrânu* ‚Strasse', *Rammânu*, *zillânu* (Nr. 35). Nur wenn ein langer Vocal zwischen den zweiten und dritten Radical tritt oder dem Nominalstamm die Verdoppelung des dritten oder zweiten Radicals wesentlich ist, sind auch die Stämme med. geminatae gezwungen, dem Beispiel der starken Stämme zu folgen. Daher *šalâlu*, *narâru* (*nerâru*) ‚Helfer' (Nr. 11); *dumâmu* ‚Wildkatze' (13); *ḫasîsu* ‚Sinn' (14); *kilîlu* ‚Umfassung, Kranz', *ziḳîḳu* neben *zaḳîḳu* ‚Wind' (15); *šarûru* ‚Glanz', *abûbu* ‚Sturmfluth', *ašûštu* ‚Leid' (17); *šibûbu* ‚Glanz', *sinûndu* ‚Schwalbe' (18); *ṣulûlu* ‚Schatten, Schirm, Bedachung' (19); *Dan-na-(a-)nu* n. pr. m., *al-lal-lu* ‚stark' (25, oder ist letzteres Stamm Nr. 23 ?); Vogelname *nambûbtu* (28); *imbûbu* ‚Flöte' (נבב, 30, e). Für den Nominalstamm 31, a vgl. einestheils *maṣallu* ‚Hirtenzelt', *namaddu* ‚Mass', anderntheils (nach Art der starken Stämme) *manzazu* ‚Standort, Ort' Fem. *manzaltu*. — Die Stämme *ḳunnunu*, *šuklulu* (auch *namurratu*) s. § 88.

§ 64. Gleich den Stämmen mediae geminatae verleugnen auch die Stämme med. ו und י ihren Ursprung aus zweiconsonantiger Wurzel nicht. Am handgreiflichsten zeigt sich dieser Ursprung bei der Permansivform des Qal: *dâr*, *kân*, *târat* u. s. f. (s. § 87 und vgl. § 89). So unmöglich es aber ist, an diese Permansivformen den Massstab des gewöhnlichen Permansivschemas

(فَعِل) zu legen, so unnöthig ist es, Nominalstämme wie *ṭâbu* ‚gut' etwa aus ursprünglichem *ṭaịabu* (Stamm فَعَل) zusammengezogen sein zu lassen, vielmehr liegt auch in ihnen die älteste, über inneren Vocalwechsel noch erhabene Wurzelform vor. Auch für den halbnominalen Infinitiv des Qal: *târu* (mit Feminin-endung *târtu*), *ṭâbu* wird man getrost auf die Annahme von Mittelstufen *taụâru*, *ṭaịâbu* verzichten dürfen — war einmal das Charakteristicum der Infinitivform der *â*-Vocal vor dem letzten Radical (فَعَال), so ergab sich auch für den Infinitiv der Wurzelstamm *târu* ganz von selbst.

Im Anschluss an die ebenerwähnten, in § 89 eingehender besprochenen Permansivformen wie *da-(a-)ri*, *ka-ịa-an* und *ka-a-a-an, ṭa-ab*, *ta-a-a-rat* u. s. f., deren Lesung als *dâri, kân*, *ṭâb*, *târat* unzweifelhaft ist (s. bereits § 13), sei vorab der schwierigsten Nominalformen der Stämme med. ו und י gedacht, nämlich der Nomina geschrieben *da-ia-nu*, *da-a-a-nu* ‚Richter', *a-a-bu*, *ia-a-bu*, *a-ia-a-bu* ‚Feind', *ḫa-a-a-ru* ‚Gemahl' u. a. m. Es liegt ja nahe genug, im Hinblick auf hebr. דַּיָּן, auch das assyrische Wort für ‚Richter' *daịanu* zu lesen; aber abgesehen davon, dass eine solche Form der sonstigen Behandlung des intervocalischen *ị* zuwiderläuft (§ 41, b S. 98), wesshalb höchstens *da'anu* lautgesetzlich möglich wäre, scheitert sie an der Schreibung *da-a-a-nu*, das, mag man es *dâ'anu* oder *da'ânu* lesen (*dainu* bleibt graphisch — s. § 13 — wie grammatisch ausgeschlossen), nimmer mit der Form فَعَّل (§ 65 Nr. 24) in Einklang gebracht werden kann. Der einzige Ausweg würde sein, *da'ânu* zu lesen und darin eine Form فَعَّال zu sehen, wofür man sich auf *za-ia-a-re* ‚die Widersacher' (Asurn. I 8), auf *a-ia-a-bu* und *ta-ia-a-ru* (s. § 14) berufen könnte. Indess die Form فَعَّال (Nr. 25), für Berufsnamen wie ‚Richter' im Assyrischen überhaupt kaum nachweisbar, erscheint bei Wörtern wie *za-ia-a-ru*, *a-ia-a-bu* wenig angemessen, und sonderlich bei einem Nomen wie *ḫa-a-a-ru* ‚Bräutigam, Gemahl', das doch von *a-a-bu*, *da-a-a-nu* schwerlich getrennt werden kann, ist die Annahme einer solchen Form mit verschärftem zweitem Radical unmöglich. Eine ungleich passendere Erklärung würde darum gerade das letzterwähnte *ḫa-a-a-ru* an die Hand geben, welches II R 36, 39—42 d unmittelbar neben dem Part. *ḫa-i-ru* erscheint, nämlich die, dass jene vermeintlichen Nomina lediglich Participia mit synkopirtem *i* seien, dass also *ḫâru* sich zu *ḫâ'iru* verhalte wie *âšbu* zu *âšibu*, *râmu* ‚liebend' zu *râ'imu* (§ 37, a). Auch bei dieser Erklärung würde natürlich über die Fassung von *a-a* als *ai* der Stab gebrochen bleiben; ja sogar wer *ḫairu*, *aibu* als aus *ḫâ'iru*, *â'ibu* zusammengezogen für möglich hielte, würde angesichts des st. cstr.

a-a-ab (§ 14) diese Lesung für immer fahren lassen müssen. Indess spricht auch gegen diese Fassung von *âbu*, *dânu* u. s. w. ein gewichtiges Bedenken, nämlich die Beobachtung, dass gerade die nach Art der starken Stämme gebildeten Participia der Verba med. ו und י, im Gegensatz zu dem فَاعِل aller übrigen Verba, aus leichtbegreiflichem Grunde den *i*-Vocal vor dem letzten Radical consequent rein zu erhalten pflegen: vgl. aus einer grossen Menge solcher Participia nur *za-'-i-re*, *za-i-re*, *za-e-re*, *za-e-ru-ut* (IV R 44, 25. Tig. VIII 32. 41. Asurn. I 28. Salm. Ob. 20. Sanh. V 57. Neb. II 25 u. s. w.), *da-i-nu-te* ‚richtende' (Sarg. Cyl. 53), *ṣâ'idu*, *dâ'iku* Fem. *dâ'iktu* (s. § 13). Es bleibt nach alledem nichts übrig als diese Nominalformen, im Anschluss an die eingangs erwähnten Permansivformen und in Uebereinstimmung mit dem doppelten Gebrauch des hebr. קָם als 3. m. Perf. wie auch als Part., *dânu*, *âbu*, *zâru* (זָר), *târu*, *ḫâru* zu lesen (der häufige Plur. dieser Nomina auf *ût* stimmt zu ihrem theilweisen Participialcharakter vortrefflich), ebenso *ka-a-a-nam-ma* Adv. ‚beständig' *kânâma*, *ka-a-a-ma-nu* (St. § 65 Nr. 35) Adj. ‚ewig; Saturn' *kâmânu*, u. s. f. Dass von graphischer Seite kein Hinderniss im Wege steht, wurde bereits §§ 12—14 erwiesen: die Permansivformen und die Schreibungen eines Wortes wie *târtu* (§ 13) lehren es immer von neuem.

Auch *a-a-lu* ‚Widder' kann graphisch wie lautgesetzlich kaum anders als *âlu* gelesen werden. Bei Wörtern wie *a-a-lu* ‚Hirsch' und dem Monatsnamen *A-a-ru* mag man principiell die Form فَعَّل als Grundform annehmen, aber gesprochen wurden beide ebenfalls doch wohl nur *âlu* und *Âru*. Selbst wenn man *A'aru* oder ganz falsch *Airu* lesen wollte — das hebr. אִיָּר (Form wie אַבָּר) würde auf alle Fälle als eine freie hebräische Umgestaltung des babylonischen Namens anzuerkennen sein (wie מַרְחֶשְׁוָן), und *a'alu* ‚Hirsch' (hebr. אַיָּל) wurde gewiss ohne Weiteres zu *âlu* contrahirt (s. § 47), wodurch allein die völlig gleiche Schreibung des ‚Widders' wie ‚Hirsches', nämlich *a-a-lu*, gerechtfertigt erscheinen kann. — Das י in der ersten Sylbe des Saturn-Namens כִּיוּן, كَيْوَان gegenüber assyr.-babyl. *kâmân*, *kâvân* (vgl. S. 104 f.) geht vielleicht auf eine in der gesprochenen Sprache übliche Nebenform *kêvân* mit Umlaut des ersten *â* zurück (vgl. שִׁנְעָר in seinem Verhältniss zu *Šumêr*, § 49, a Anm.).

Als Beispiele für die übrigen Nominalstammbildungen seien erwähnt: *mûtu* ‚Tod', *šûru* ‚Stier', *urru* (d. i. *ûru*) ‚Licht', *înu* ‚Auge', *îmtu* ‚Schrecken' (Stamm § 65 Nr. 1); *nîru* ‚Joch', *dînu* ‚Gericht', *šiḫtu* Syn. *pirḫu* ‚Spross' (Nr. 2); *sûḳu* ‚Strasse', *nûnu* ‚Fisch', *rû'tu* ‚Athem' (3); *mîtu*, *mêtu* ‚todt' (nom. abstr. *mêtûtu*), *kênu*, *kînu* Fem. *kêttu*, *kîttu* ‚wahr, recht' (7); *târtu* ‚Heimkehr' (11); *ḳi-a-šu* ‚Beiname' (? קִישׁ, 12); *šîmu* ‚Kaufpreis' Fem. *šîmtu* ‚Geschick' (eig. das Festgesetzte), *dîktu* ‚getödtete Schaar', *ḳîštu* ‚Geschenk', *ḫîr(a)tu* ‚Verlobte, Gattin' (14); *makânu* ‚Ort', *maḳâṣu* ‚Folter', *maḫâzu* ‚Stadt', *mâlu* (אול) ‚Vorderseite', *manâḫtu* ‚Ruheort', auch ‚Versorgung' (31, a); *mûtânu* ‚Seuche, Pest', *ṣi-da-nu* ‚Jagdnetz' (35). Den Stamm *kunnu*, Fem. *ṭubtu* = *ṭubbatu* (und das hievon abgeleitete *kut-tin-nu*) s. §88.

Viele Räthsel sind hier noch zu lösen: verhält sich z. B. *pûru* ‚junger Wildochs' zu *pîru* ‚Elefant' (St. פור ‚stark, gewaltig sein') und *pûlu* ‚Quader' zu dem gleichbedeutenden, gewöhnlicheren *pîlu* (*pêlu*) wie فُعْل zu فِعْل? Für die Nominalstämme *tidûku* ‚Tödten', *titûru* ‚Brücke', *tinûru* ‚Ofen' vgl. § 83 Anm.

Allgemeine Uebersicht der assyrischen Nominalstammbildungen.*) § 65.

I. Innerer Vocalwechsel allein (Nrr. 1—19).

1. Nur kurze Vocale (Nrr. 1—10).

a) Kurzer betonter Vocal nach dem ersten Radical und unwesentlicher, gleicher Vocal nach dem zweiten Radical (Nrr. 1—5): bildet höchst wahrscheinlich nur Substantiva. Der dem zweiten Radical nachklingende

---

*) Nämlich derjenigen, welche bei den starken dreiconsonantigen Stämmen (oder ‚Verba') vorkommen, dessgleichen bei den schwachen Stämmen, mit Ausnahme der bereits in §§ 63 und 64 vorweggenommenen Stämme med. gemin. und med. ו, י. Für die Nominalstammbildungen vierconsonantiger Stämme, soweit sie lediglich inneren Vocalwechsel aufweisen, s. § 61, 1, a und 3; ausserdem beachte § 65 Nr. 35 Schluss und vor allem § 117, 1 und 2. — Anordnung innerhalb der Nrr. 1—33: den Derivaten der starken dreiconsonantigen Stämme, welchen die der Stämme primae נ gleich mitbeigefügt sind, folgen, durch Punkt und Strich geschieden, unter sich selbst durch Semicolon und Strich getrennt, die Derivate der schwachen Stämme in dieser Reihenfolge: primae, mediae und tertiae א, tertiae י und ו, primae ו und י. Die st. cstr.-Formen sind, wie in § 62, stets in eckige Klammern gesetzt.

Vocal dient lediglich zur Vermeidung des doppelconsonantigen Auslauts und verfällt bei antretenden Endungen fast ausnahmslos der Synkope. Nur bei antretender Femininendung *atu* zeigt sich innerhalb dieser Stammbildungen eine Verschiedenheit: die Nrr. 1—3 synkopiren auch vor ihr den zweiten Vocal, Nrr. 4—5 behalten ihn (im st. absol.) bei.

1. فَعْلٌ (فَعْلُ st. cstr. فَعَلْ) Fem. فَعْلَةٌ. *kalbu* [*kalab*] ‚Hund' Fem. *kalbatu*, *šamšu* [*šamaš*] ‚Sonne', *mašku* [*mašak*] ‚Haut', *šaknu* [*šakan*] ‚Statthalter'. — *abnu* [*aban*] ‚Stein', *anbatu*, aber auch *erṣitu*; *eḳlu* [*e-ki-el*] ‚Feld'; *enzu*, *erpu* Fem. *erpitu* (s. §§ 34, γ. 35); — *rêšu* ‚Haupt' Fem. *rêštu*; *ṣêru* ‚Rücken'; *rêmu*, *šêru*; *bêlu* Fem. *bêltu*, doch auch *râdu* (s. § 32, γ); — *mâlu* ‚Fülle', *labbu* ‚Löwe'; *zêru*, *di-mu* ‚Thräne' = *dêmu*, *dâmu* (s. §§ 33. 47); — *bêru* ‚Blick' (IV R 45, 43), *bêru* ‚Mitte' Fem. *bêrit*; vielleicht auch *mênu*, *mînu* (= *mânu*) ‚Zahl' (s. §§ 33. 41); — *arḫu* [*araḫ*] ‚Monat'.

2. فِعْلٌ (فِعْلُ st. cstr. فِعِلْ) Fem. فِعْلَةٌ. *zikru* [*zikir*] ‚Name', *šibṭu* ‚Stab', *kirbu* [*kirib*] ‚Inneres', *kibratu* ‚Himmelsgegend', *zibbatu* ‚Schwanz'. — *igru* ‚Bezahlung'; — *rîmu* ‚Wildochs', *šîru* ‚Fleisch' (s. § 47); — *ḫiṭṭu*, *ḫîṭu* ‚Sünde', *mîlu* ‚Hochfluth' (s. § 47); — *simmu* ‚Blindheit' (סמּה, wovon *samû* ‚blind'), *limmu* und *lîmu* ‚Archontat', eig. ‚Periode' (s. § 41).

Wo dieser Nominalstamm, von starken Verbis gebildet, der unmittelbar zugehörigen Femininform ermangelt, lassen sich die Stämme 2 und 4 natürlich nicht streng scheiden. Das Gleiche gilt für Nrr. 3 und 5.

3. فُعْلٌ (فُعُلٌ st. cstr. فُعُلُ) Fem. فُعْلَةٌ. *šulmu* [*šulum*] ,Heil, Friede', *murṣu* ,Krankheit', *puḫru* ,Gesamtheit', *lubšu* ,Kleid', *dumḳu* ,Gunst', *lumnu* ,Böses'. — *urḫu* [*uruḫ*] ,Weg, Strasse', *umṣu* Fem. *umṣatu* ,Mangel'; — *mu'du* ,Menge, Fülle' (מְאֹד), *bûru*, *bûrtu* ,Brunnen, Grube'; *nûru* ,Licht', *mûru*; *rûbatu* ,Hunger' (s. § 47); — *tultu* ,Wurm'; — *ṣu-(um-)mu* ,Durst'; *bûnu* ,Kind'; ,Antlītz', *mûšu* ,Nacht' (مُمْسًى, beachte *mušîtu*).

4. فِعْلٌ (فِعِلٌ st. cstr. فِعِل) Fem. فِعْلَةٌ. *riḫṣu* [*riḫiṣ*] ,Ueberschwemmung' Fem. *riḫiṣtu* (*riḫiltu*), *gimru* [*gimir*] ,Gesamtheit' Fem. *gimirtu* [*gimrat*], *ṣimdu* und *ṣimittu* Plur. *ṣimdâti* ,Gespann', *šipru* und *šipirtu* ,Sendschreiben', *sidirtu* ,Schlachtordnung', *sikiptu* ,Niederlage', *sipittu* (ספד) ,Trauer', *niṣirtu* ,Schatz', *piristu* ,Entscheidung', *širiḳtu* ,Geschenk', *libittu* [*libnat*] ,Ziegel' Plur. *libnâti*. — *nîbu* ,Zahl' Fem. st. cstr. *nibit* ,Name'; — hierher auch *ilittu* ,Spross, Kind' (neben *littu*), *biltu* [*bilat*] ,Abgabe', *šiptu* ,Beschwörung', *ṣîtu* ,Ausgang'?

Wo keine Masculinform, kein Plur. fem. oder st. cstr. fem. Sing. vorkommt, ist an sich auch die Form Nr. 15 möglich. Und so unwahrscheinlich es mir dünkt, muss doch auch darauf aufmerksam gemacht werden, dass das *i* der ersten Sylbe in Bildungen wie diesen auch als aus *e* (*a*) entstanden betrachtet und dann das *i* der 2. Sylbe nach § 35 beurtheilt werden kann: so brauchte z. B.

für die neben *ḫi-ši-iḫ-tu* ‚Bedürfniss' sich findende Schreibung *ḫi-šaḫ-tu* nicht nothwendig die Lesung *ḫi-šiḫ-tu* angezeigt sein: *ḫešaḫtu* und *ḫešiḫtu* (*ḫišiḫtu*) könnten beide den Nominalstamm فَعَلْتُ (Nr. 6) repraesentiren. Unzweifelhafte Fälle dieses Ursprungs des *i* in der ersten Sylbe s. im Anschluss an *ṣiḫru* d. i. *ṣeḫru* ‚klein' in der Anm. zu Nr. 7.

5. فُعْلُ (فُعُلُ st. cstr. فُعُلُ) Fem. فُعُلْتُ. *pulḫu* [*puluḫ*] und *puluḫtu* [*pulḫat*] ‚Furcht', *tubḳu* [*tubuḳ*] und *tubuḳtu* [*tubḳat*] ‚Himmelsgegend' Plur. *tubḳâti* und *tubuḳâti*, *tukultu* [*tuklat*] ‚Beistand' Plur. *tuklâti* ‚Helfer, Soldaten', *bukru* und *bukurtu* ‚Erstgeburt', *nukurtu* ‚Feindschaft'. — Hierher auch *šubtu* [*šubat*] ‚Wohnung', *šuttu* ‚Traum' Plur. *šunâti*?

Die Anfangsbemerkung in der Anm. zu Nr. 4 gilt auch hier: ob z. B. *ukultu* ‚Speise' kurzes oder langes *u* in der zweiten Sylbe hat, kann erst durch Auffindung des st. cstr. Sing. entschieden werden. — Masculinformen wie *miṣiru* ‚Gebiet' (V R 8, 72), sonst stets *miṣru* [*miṣir*]; *uzunu* ‚Sinn' (Bors. I 5), sonst stets *uznu* [*uzun*]; *udrê* und *udurê* ‚Dromedare'; dessgleichen der Wechsel von *tuḳuntu* [*tuḳmat*] ‚Kampf' mit *tuḳmatu* (als Sing. doch wohl zu fassen an Stellen wie Asurn. I 35. Sarg. Cyl. 25), Plur. *tuḳmâti* und *tuḳumâti*, u. andere Fälle mehr zeigen die enge Zusammengehörigkeit der Stämme Nrr. 2 und 4, 3 und 5. Für den in ebendieser Weise dem Stamm Nr. 1 entsprechenden Stamm فَعِلْ Fem. فَعِلْتُ s. die Anm. zu Nr. 6.

b) Kurzer betonter Vocal nach dem ersten Radical und kurzer Vocal nach dem zweiten Radical (Nrr. 6—10): bildet Substantiva und Adjectiva. Der Vocal des zweiten Radicals verfällt weit seltener der Synkope und hält sich besonders (wenige Analogiebildungen ausgenommen) stets vor *atu* (Fem.st.absol.).

6. فَعَل (فَعِل oder فَعُل st. cstr. فَعَل) Fem. فَعَلَة. *ḫatanu* [*ḫatan*] ‚verschwägert, Eidam', *nakaru* ‚Feind', *rapšu* ‚weit' Fem. *rapaštu* [*rapšat*] Plur. *rapšâti*. — *aḫru* Fem. *aḫartu* ‚Zukunft'; *agalu* ‚Kalb', aber auch *elamu* ‚hoch' Fem. *elamtu* (s. § 34, γ), *eširtu* ‚zehn' Fem. (= *ešartu*, gemäss § 35), woraus dann (s. § 36) *ešertu* [*ešerit*]; — *ma'adu*, *mâdu* ‚viel' Fem. *ma'attu*; *la'abu* ‚Flamme'; — *ḳanû* ‚Rohr', *manû* ‚Mine', *šamû* ‚Himmel', *kalû* [*kal*] ‚Gesamtheit', *matê* (vgl. S. 99) ‚wann?', *erû* ‚Kasten', *adî* ‚bis' (vgl. עֲדֵי), *elî* (*eli*, *el*, *ela*) ‚auf' (vgl. עֲלֵי), *abîtu* und *abûtu* ‚Bescheid' (St. אבי und אבו), *nagû* und *nagîtu* (auch *na-gi-a-tu*) ‚Bezirk, Ortschaft'; — *aḳru* ‚kostbar' (יָקָר) Fem. *aḳartu* Plur. *aḳrâti*.

Einzelne Nomina der Form *fa'al* Fem. *fa'altu* stehen gewiss zum St. Nr. 1 in demselben nahen Verhältniss wie Nrr. 4 und 5 zu 2 und 3 (s. Nr. 5 Anm.); vgl. z. B. *nakmu* und *nakamtu* ‚Schatz' Plur. *nakamâti*, *si-ba* (d. i. wohl *sêba*) ‚sieben' Fem. *sibittu* (*sebittu* = *sebattu*, *seba'tu*), dessgleichen *karašu* ‚Inneres' (Asurb. Sm. 11, 8), *rakabu* ‚Gesandter', *palagu* ‚Kanal' (Plur. *pa-la-ga-šú*, Neb. VIII 39), die sich zu *karšu*, *rakbu*, *palgu* verhalten dürften wie *uzunu* zu *uznu*. Bei der Schwierigkeit sicherer Trennung wurde auf die Ansetzung eines den Nrr. 4 und 5 analogen Stammes mit dem *a*-Vocal verzichtet. Das sicherste Erkennungszeichen, ob ein Nomen zu den Stämmen Nrr. 6—12 oder jenen 1—5 gehört, würde die mir unanfechtbar scheinende Wahrnehmung darbieten, dass Adjectiva niemals eine der Formen 1—5 aufweisen. — Ist der zweite Vocal syncopirt und liegt keine Femininform oder st. cstr. vor, so ist die Wahl zwischen Nrr. 6 und 1, 6 und 7 sehr schwer, oft unmöglich: für *admu* ‚Erschaffenes, Kind, Junges‘ darf viell. aus hebr. אָדָם auf Nr. 6 geschlossen werden; ob aber *šadû* ‚Berg‘, *ṣabîtu* ‚Gazelle‘ zu Nr. 6 oder 7 gehören, lässt sich vielleicht niemals entscheiden. — Bei Wörtern wie *epiru*, *epru* [*epir*] ‚Staub‘ ist nicht zu vergessen, dass das *i* möglicherweise nach § 35 zu beurtheilen, *epru* also dem hebr. עָפָר unmittelbar gleichzusetzen ist. Für die Femm. wie *ḫišiḫtu*, *si-ḫar-tu*, *si-ḫir-tu* ‚Umfang, Ringmauer‘ s. diese Bemerkung bereits zu Nr. 4. Auch von den zu Nr. 7 gestellten Nominibus mit *e* in der ersten, *i* in der zweiten Sylbe können etliche zu Nr. 6 gehören: *erištu* ‚Verlangen‘ z. B. kann = *araštu* אֲרֶשֶׁת sein. Auch *mi-ḫi-ir-tu*, st. cstr. *mi-iḫ-rit* (*miḫ-ri-it* Tig. jun. Rev. 16, *miḫ* Zeichen § 9 Nr. 109) neben *mi-iḫ-ra-at* (Neb. VII 61), auch *mi-ḫi-ra-at* (Neb. Bab. II 18, Form wie *siḫ-ḫi-rat*, II R 21, 16 d), dürfte als Fem. von *maḫru* [*maḫar*] in der Aussprache *meḫru*, *miḫru* zu betrachten sein. Vgl. zu alledem meine Bemerkung S. 48 f. — Endlich mag man da und dort zwischen Nrr. 6 und 11 schwanken; *ga-ra-bu* ‚Aussatz‘ freilich wird wegen hebr. גָּרָב Nr. 6 sein.

7. فَعِلٌ (فَعِلٌ oder فَعْلٌ st. cstr. فَعِل) Fem. فَعِلْتٌ. *nakiru* ‚fremd, feind‘ Fem. *nakirtu*, *kabtu* ‚schwer‘ Fem. *kabittu* [*kabtat*] Plur. *kabtâti*, *kabittu* ‚Gemüth‘, *napištu* [*napšat*] ‚Seele, Leben‘ Plur. *napšâti*, *namru* ‚glänzend‘ Fem. *namirtu* (und *na-mi-ra-tu* ‚Helligkeit‘ K. 40), *labiru* ‚alt‘ Fem. *labirtu*, *damḳu* ‚gnädig‘ Fem. *damiḳtu* [*damḳat*], *gamru* [*gamir*] ‚vollständig‘ Fem. *gamirtu*, *ḫamšu* ‚fünf‘ Fem. *ḫamiltu*. Das Fem. von *maliku*, *malku* [*malik*] ‚Fürst‘ (und wenigen andern Nomm.) folgt der Analogie des Stammes Nr. 1: *malkatu* [*malkat* und *malikat*]. — *eširtu* [*ešrit*] ‚Tempel‘ Plur. *ešrêti*, *er(i)nu* ‚Ceder‘, *egirtu* ‚Brief‘; *erîtu*; *ebru* [*ebir*], *eklu* ‚finster‘ Fem. *ekiltu*; *edlu* Fem. *ediltu*, *epištu* [*epšit*]

(s. § 34, γ und beachte Nr. 6 Anm.); — *na'idu, nâdu* ,erhaben'; — *malû* ,voll' Fem. *malîtu*; *petû* [*pet, pit*] ,geöffnet, offen' Fem. *petîtu*; *nisû* ,entfernt'; — *rabû* ,gross' Fem. *rabîtu*; *šaḳû* ,hoch' Fem. *šaḳîtu* (Lay. 51 Nr. 1, 2).

Wie *nakaru* ,feind' mit *nakiru* wechselt, synkopirt *nakru*, so hat allem Anschein nach neben *aplu* [*apil*] ,Sohn' eine Nebenform *aplu* [*apal*] existirt. — Für *ṣiḫru* [*ṣiḫir*] ,klein' kann man zunächst schwanken zwischen den Nrr. 2, 4 und 7; aber selbst wenn es sich nicht bewähren sollte, dass die Stämme 1—5 ausschliesslich Substantiva bilden — bei *ṣiḫru* weist das neben *ṣiḫirtu* vorkommende Fem. *ṣi-iḫ-ri-tu* (II R 36, 57 a. 37, 51 h) durch sein *i* in der zweiten Sylbe auf *e* in der ersten (s. § 35), sodass *ṣiḫru* wohl sicher als *ṣeḫru* und dieses hinwiederum mit seinem Fem. *ṣeḫirtu* als St. Nr. 7 oder (vgl. die Anm. zu Nr. 6) als St. Nr. 6 gefasst werden darf (das ursprüngliche *ṣaḫru* findet sich daneben auch noch wie *râšu* ,Haupt' neben *rêšu*). Das Gleiche gilt wohl auch von *gišru* neben *gašru* ,stark': denn wenngleich das Fem. von *gišru*, *gi-šar-tu* (Zeichen *šar*, *šir* § 9 Nr. 141), auch die Möglichkeit des Stammes Nr. 9 zulässt, so bleibt die Lesung *giširtu* (= *geširtu*) doch ebenfalls erlaubt. Zu dem Nebeneinander der Formen *ṣaḫru* und *ṣiḫru*, *gašru* und *gišru* u. a. vgl. die interessante Zusammenstellung II R 32, 31—36 c: *šamkatu* und *šamuktu*, *ḫarmatu* und *ḫarimtu* (je ein Paar repraesentirt augenscheinlich den nämlichen Nominalstamm), endlich — *kazratu* und *kizritu* (=*kezratu*), Plur *kiz(i)rêti*. S. weiter die Anm. zu Nr. 8.

8. فَعُلٌ (فَعُلُ oder فَعُلْ st. cstr. فَعُلْ) Fem. فَعُلْتْ. *šamuḫu* ,üppig wachsend' Fem. *šamuḫtu*, *maruštu* (*marultu*) Fem. ,schlimm, unheilvoll'. — *rûmtu* Syn. von *kabittu* (Masc. *ra'umu*, ר͏ֹאם‎, ?); *rûḳu* ,fern' (auch Perm. der Form فَعُلْ) Fem. *rûḳtu* [*rûḳat*]; — *šaḳû* ,hoch' (= *šaḳui*) Fem. *šaḳûtu* (neben *šaḳû*, St. فَعِلٌ, Nr. 7). Beachte auch § 76.

Ein Seitenstück zu *ṣiḫru* = *ṣeḫru* ist *limnu* ‚bös' Fem. *limuttu*, aber auch *lim-ni-tu* (V R 6, 114): auch hier beweist die letztere Femininform *limnitu*, dass das *i* der ersten Sylbe von Haus aus *e* d. i. umgelautetes *a* ist (§ 35), also *limnu* = *lemnu* (*lemunu*). So erklären sich nun auch die Permansivformen *li-mun* (*le-mun*) ‚er ist böse' (IV R 6 Col. VI), Fem. *limnit* = *lemnat*, *limnêtunu* ‚ihr seid böse' (s. Pinches in PSBA, Nov. 7, 1882, p. 28).

Für die Stämme Nrr. 6—8 vgl. auch § 87.

9. فِعَلٌ (فِعَلُ st. cstr. فِعَلْ) Fem. فِعَلْتُ. *šikaru* ‚Wein' (שֵׁכָר), *zikaru* ‚männlich, Mann' Fem. *zi-ka-rat* (III R 53, 31 b). — *niḳû* ‚Opfer', *binûtu* ‚Erzeugniss, Geschöpf', *ḫidûtu* ‚Freude', *minûtu* ‚Zahl', *nigûtu* (neben *ningûtu*) ‚Jubel, Jubelfest' (Plur. *nigâti*), *ḳilûtu* ‚Verbrennung'; *i-ti-a-tu* ‚Seite, Umfassung' (II R 30 Nr. 4 Rev.), *šiḳîtu* ‚Bewässerung', *bikîtu* ‚Weinen', *bišîtu* ‚Wesen, Besitz', *šisîtu* ‚Rede', auch mit *ê*: *limêtu* (und *li-mi-tu*) ‚Umfassung, Gebiet, Periode', *ki-ri-e-tu* ‚Gastmahl' (Asarh. VI 35; כֵּרָה).

Bei einzelnen dieser Nomina mit *ê* in der zweiten Sylbe muss die Möglichkeit des Ursprungs von *ê* aus *â* offen bleiben. — Das neben *zikaru* sich findende *zikru* ist nicht etwa synkopirtes *zikaru*, sondern, wie der st. cstr. *zikir* lehrt, eine besondere Nebenform, welche vielleicht ebenso wie *gišru*, *nikru* ‚feind' (Beh.) zu beurtheilen ist. Auch für *bi-'-šu* ‚bös' und *ṣîru* ‚erhaben' werden sich noch Erklärungen finden, welche die Annahme, فِعْلٌ bilde auch Adjj., unnöthig machen.

Anm. zu Nrr. 6—9. Für *imnu* ‚rechts' Fem. *e-mit-tu*, *i-mit-tu* und *i-ša-ru* ‚recht, gerade' Fem. *išartu* und *iširtu* verzichte ich einstweilen noch auf Bestimmung des Nominalstamms; es scheint fast als ob *emittu* einerseits und das *i* der zweiten Sylbe von *iširtu* andrerseits auf *i* = *e* (= *a*) in der ersten Sylbe hinwiesen.

10. فَعْل Fem. فَعْلَة. Viell. *ugaru* ‚Gefild‘; — *urû* ‚Scham, Blösse‘, *unûtu* ‚Gefäss‘, *utûtu* (auch *itûtu*) ‚Berufung‘; *mušîtu* ‚Nacht‘, *bušû*, *bušîtu* ‚Habe‘.

2. Kurzer Vocal nach dem ersten und langer Vocal nach dem zweiten Radical (Nrr. 11—19).

11. فَعَال. *taḫâzu* ‚Schlacht‘, *karâšu* ‚Feldlager‘, *ḳarâbu* ‚Kampf‘. Form des Inf. Qal, z. B. *pa-ḳa-a-du* ‚aufbewahren‘ (Sanh. VI 29), *ka-na-(a-)šu* ‚sich unterwerfen‘ (Tig. III 74. IV 51); für die Umlautformen wie *amêru*, *ṣeḫêru* ‚klein sein‘ (geschrieben *ṣi-ḫi-ru* opp. *rabû* K. 2867 Obv.) s. §§ 32,γ. 34,β. — *atânu* ‚Eselin‘. — *ḳi-be-tu*, *ḳibîtu* ‚Befehl‘ (VR 51, 50b: *ki-ba-a-tu*); — *amâtu* ‚Rede, Angelegenheit‘, *kamâtu* ‚Umfassung, Ringmauer‘ (vgl. S. 99).

Zu diesen als Nomina gebrauchten weiblichen Inff. des Qal, wie *amâtu*, *ḳibêtu*, *rêštu* ‚Jauchzen‘ Plur. *rêšâti*, *târtu* (s. § 64), vgl. die analogen hinter Nrr. 24, 33 und 40 sowie § 88, b, Anm. besprochenen Formen.

12. فِعَال. *lišânu* ‚Zunge‘, *pisânu* ‚Behälter‘ (Wasserbehälter und Speicher). — *igâru* ‚Wand‘ Pl. *igârâti*, *imêru* ‚Esel‘; — *ri'âšu* ‚Gewürm‘; *ti'âmtu* ‚Meer‘; — *ḫimêtu* ‚Milchrahm‘; *šipâtu* ‚Gewand‘, *piḫâtu* ‚Statthalterschaft‘, *kinâtu* ‚Gesinde‘ (vgl. S. 99).

Auch *pi-ti-e-ḳu* ‚Kind‘ (II R 36, 51 c) stellt Haupt hierher.

13. فُعَال. *ḫurâṣu* ‚Gold‘, *turâḫu* ‚Steinbock‘, *ḫu-ša(ḫ)-ḫu* ‚Hungersnoth‘; *ḳurâdu* ‚tapfer‘. — *ubânu*

Felsspitze, Finger'; — *tu'âmu* ,Zwilling' Plur. f. *tu'âmâti* ,Flügelthüren' (vgl. תְּאוֹמִים); — *rubû* ,gross, hehr' Fem. *rubâtu*, *šupâtu* ,Gewand', *usâtu* ,Unterstützung' (vgl. S. 99).

14. فَعِيل. *ḫarîṣu* ,Stadtgraben', *zaḳîpu* ,Pfahl', *maḫîru* ,Kaufpreis', *salîmu* ,Zuneigung, Erbarmen, Bündniss', *talîmu* ,leiblicher Bruder' Fem. *talîmtu* [*talîmat*]. — *alîbu* ,süsse Milch'; — *rîmtu* ,Geliebte' (V R 9, 75).

15. فِعِيل. *ziḳîpu* ,Pfahl' (besonders bei Asurn. und Salm.); oder ist *ziḳîpu* neben *zaḳîpu* (vgl. *ziḳîḳu* neben *zaḳîḳu* § 63) nach § 34, δ zu beurtheilen?

16. فُعِيل. *u-di-i-nu* ,Adler' oder ,Geier'; wohl auch *šú-pi-lu*, *šú-pil-tu* ,weibliche Scham', *butiḳtu* (häufiger *butuḳtu*) ,Dammbruch, Ueberfluthung'.

17. فَعُول. *batûlu* ,junger Mann' Fem. *batûltu* ,Jungfrau', *ka-ru-bu* Syn. von *rubû* ,gross, hehr', *gašûru* ,Balken'. — *Ašûr* ,Gott Asur' (als der ,heilbringende'), Pflanze *a-du-ma-tu*, *ebûru* ,Feldfrucht' (coll.), *emûḳu* ,Macht'; — *ba'ûlâti* Plur. ,Unterthanen'.

18. فِعُول. Vgl. die Beispiele in § 63 (S. 152).

19. فُعُول. *rukûbu* ,Fahrzeug', *rukûšu* ,Besitz', *lubûšu* ,Gewand', wohl auch *gušûru* ,Balken'; Fem. *šubûltu* ,Aehre'. — *uzûbu* ,Abfindung', *uṣûrtu* ,Bann', ,Ende'. — *usûmu* ,Schmuck, Auszeichnung'.

Anm. zu Nrr. 11—19. Mit langem Vocal nach dem ersten und kurzem Vocal nach dem zweiten Radical findet sich nur فَاعِل und zwar ausschliesslich für das Participium des Qal.

II. Innerer Vocalwechsel nebst Verschärfung eines der Wurzelconsonanten (Nrr. 20—29).

1. Verschärfung des dritten Radicals (Nrr. 20—23).

a) mit gleichen Vocalen der beiden ersten Radicale (Nrr. 20—22).

20. فَعَلّ. *parakku* ‚Göttergemach, Allerheiligstes, Thronzimmer; Monarch‘, *kalakku* ‚Lattenwerk‘, *kaparru* (V R 12, 36 b). — *adannu* ‚stark‘, *agammu* ‚Sumpf, Teich‘, wohl auch *agappu* ‚Flügel‘, *agannâti* Plur. ‚Becken‘.

21. فِعِلّ. *kisimmu* ‚ein verheerendes Insect‘ (Heuschrecke?), *gimillu* ‚Wohlthat, Schenkung‘, *nigiṣṣu* ‚Spalt‘, *sipirru* (wohl besser als *siparru*) ‚Bronze‘, *ki-bi(r)-ru* ‚Begräbniss‘, *šibirru* ‚Stab‘. — *isinnu* ‚Fest‘.

22. فُعُلّ. *suluppu* ‚Dattel‘, *kurunnu* eine Art Wein, *ḫubul(l)u* ‚Zins‘, *durušśu* [*duruš*] ‚Grundlage‘, *sugullatu* ‚Heerdenbesitz‘. — *uruḫḫu* ‚Weg‘, *uḫummu* ‚Felsabhang‘, Dämon *Utukku*. S. auch Stamm 38.

b) mit ungleichen Vocalen der beiden ersten Radicale (Nr. 23).

23. فَعُلّ und andere Formen: *šaḳummu* ‚leidvoll‘

Fem. *šaḳummatu* ‚Leid, Weh'. — *abullu* ‚Stadtthor', *agurru* ‚Umschliessung, Einfassung, coll. gebrannte Ziegel'; — *da'ummatu* ‚Finsterniss, Wehklage'. — *ekimmu* ‚Räuber' (ein Dämon). — *pilaḳḳu* ‚Beil', *pilakku* ‚Spindel'.

Anm. zu Nrr. 20—23. Ob die Verschärfung des dritten Radicals der Stämme 20—23 eine Folge der Betonung der zweiten Sylbe oder da und dort aus Compensirung einer urspr. Vocallänge in der zweiten Sylbe zu erklären ist, ist eine schwierige Frage. Keinesfalls wird die letztere Erklärung ohne Weiteres in den Fällen als zweifellos angenommen werden dürfen, in welchen neben der Doppelschreibung des letzten Radicals auch Einfachschreibung sich findet; denn bekanntlich findet sich auch umgekehrt Consonantenschärfung durch Vocalverlängerung compensirt (s. § 53, d). Es betrifft das Gesagte Nomina wie z. B. *lamassu*, woneben *la-ma-su* (Neb. Grot. II 55), *ḫazannu* ‚Vorsteher' (vgl. חַזָּן), woneben Plur. *ḫa-za-na-a-ti*, *ku-nu-(uk-)ku* ‚Siegel' u. a. m.

2. Verschärfung des zweiten Radicals (Nrr. 24—29).

24. فَعَّل (bildet Berufsnamen und Steigerungsadjectiva). *gallabu* ‚einer der stäupt', *kallabu* ‚Pionier' (der mit Aexten Bahn bricht), *kaššapu* ‚Zauberer' Fem. *kaššaptu*, *makkasu* ‚Zöllner', *maṣṣaru* ‚Wächter'; *ḳarradu* ‚tapfer', *nakkaru* ‚feind', *gammalu* ‚Kamel', *bakkaru* ‚junges Kamel', *šapparu* Fem. *šappartu* eine Antilopenart. Vgl. auch *šallaru* ‚Wand'. — *allaku* ‚Bote', *aḫḫazu* ‚Packer' (ein Dämon), *annabu* ‚Hase' (eig. ‚Springer'), *ammaru* ‚Fülle', *apparu* ‚Marsch, Rohrdickicht'; *irrišu* ‚Gärtner' (= *arrašu*), vgl. *ippišu* (V R 13, 39 b); — *tap-pi-u*, *tappû* ‚Genosse' (wohl = *tappai̯-u*).

Auch *im-me-ru* ‚Lamm‘ könnte hierher gehören, wenn sein *e* nach § 36 beurtheilt und *immiru* als aus *emmiru, emmaru* entstanden (§ 35) angenommen wird. Fragen wie diese gehören in die Zahl der zu Nrr. 4. 7. 8 besprochenen. Ebendesshalb wurde auch für Nomina wie *in-di-ru* ‚Tenne‘ (wohl = *iddiru*) — vgl. das in *di-gi-ru-ú* ‚Gott‘ enthaltene *diggiru, dingiru* —, *ṣi-iḫ-ḫi-ru* ‚klein, jung‘ (auch *ṣi-ḫi-ru* geschrieben), *zinništu* [*zinnišat*] ‚weiblich, Frau‘ (auch *zi-ni-eš-tum* geschrieben) u. a. m. einstweilen auf Bezeichnung des Stammes verzichtet.

Die Form فُعَّل als Inf. des Piel bez. als infinitivisches Nomen, dessgleichen als Adjectiv (stets mit Passivbed.), z. B. *bussurtu* [*bussurat*] ‚frohe Botschaft‘, *nukkusu* ‚abgehauen‘, *burrumu* ‚buntgewirkt‘ Fem. *burrumtu*, *uḫḫuzu* ‚eingefasst, gefasst‘, *ullû* ‚hinaufgerückt, entrückt, ewig‘, s. § 88, b nebst Anm.

25. فَعَّال (vgl. § 63 Nr. 25), wechselnd mit فَعَّل (wie hebr. קַנּוֹא mit קַנָּא), doch ungleich seltener. *za-am-me-ru* ‚Sänger, Musiker‘ Fem. *zammêrtu*.

26. فُعَّال. *ummânu* ‚Künstler‘.

27. فَعِّيل. *ḫab-bi-lu* ‚bös‘, *ša-ag-gi-šu* ‚Verbrecher‘ (Neb. Grot. II 2).

28. فَعُّول. *Aššûr* ‚Stadt und Land Assur‘, *ma-ak-ku-ru* ‚Besitz‘, *paššûru* ‚Schüssel, Schale‘, *šak-ku-ru* ‚berauscht‘. — *ak-ku-lu* ‚gefrässig‘ (II R 56, 23 c).

29. فِعُّول. *sik-ku-ru* ‚Riegel‘, *bi-iṣ-ṣu-ru* ‚Scham‘.

Anmm. zu Nrr. 20—29. *a*) Eine nicht geringe Anzahl von Nominalformen bereitet, was die Länge oder Kürze des Vocals der zweiten Sylbe, zum Theil auch die Verdoppelung oder Nichtverdoppelung des zweiten Radicals betrifft, der genauen Angabe des Stammes noch allerlei Schwierigkeit. So z. B. *uḫḫaztu* Name einer Schlingpflanze, *ṣu-(um)-me-rat libbi* ‚die geheimen Gedanken des Herzens'; *ḫa-ṣi-in-nu* und (st. cstr.) *ḫa-aṣ-ṣi-in* ‚Axt', u. v. a. m. Nomina wie *aggullu* ‚Hacke', *sattuk(k)u* ‚tägliches Opfer', *akkullu* ‚Betrübniss, Umnachtung', *ikkillu* ‚Wehklage', *zikkurratu* ‚Tempelthurm, Spitze' (*zi-ku-ra-at* bei Neb.) scheinen Verschärfung des 2. und 3. Radicals aufzuweisen.

b) Im Anschluss an die Formen mit Verschärfung des dritten oder zweiten Radicals seien hier jene mit Wiederholung des zweiten oder dritten Radicals erwähnt: *zu-ḳa-ḳi-pu* ‚Scorpion', *adudîlu*, *a-mu-meš-tu*, *a-gu-gi-il-tu* (s. WB, Nr. 61), *a-ṣu-ṣi-im-tu* ein Pflanzenname (vgl. hebr. חֲצַצְרָה), u. a. m. — *a-dam-mu-mu* ein Vogelname, *alkakâti*, *ilkakâti* ‚Wege, Ereignisse, Erfolge', *nam-ri-(ir-)ru* ‚Glanz', *irnintu* (*irnittu*) und *urnintu* (*urnittu*) ‚Stärke, Sieg', *ren-nin-tu* Fem. ‚üppig' (vom Pflanzenwuchs, vgl. רַעֲנָן), u. a. m. *Šaḫrartu* (und *šaḫarratu*) ‚Enge, Bedrängniss' kommt von שחרר; für diese Art vierconsonantiger Verba s. § 117, 2.

III. Innerer Vocalwechsel nebst Vermehrung durch äussere Bildungsmittel (Nrr. 30—40).

1. Praeformative (Nrr. 30—33).

30. א: أَفْعَل u. s. w.

a) أَفْعَل. *arba'u* ‚vier' Fem. *erbitti* (= *erbatti*), *irbitti*. Wohl auch *azkaru* ‚Neumondsichel', *ašgagu*, *ašlaku*. S. auch *b*.

b) إِفْعَل. *ismaru* ‚Lanze' neben *asmaru* (oder *û*?), *inṣabtu* ‚Ohrgehänge' neben *anṣabtu*. Wohl auch *iš-ka-ru* ‚Fessel', *išparu* Fem. *išpartu*. Oder zu *c* gehörig?

c) إِفْعَال. *ip-te-en-nu* d. i. *iptênu* ‚Mahlzeit', also wohl auch *ip-ṭi-ru* ‚Lösegeld', *ik-ri-bu* ‚Gebet', *iš-di-ḫu*

,Weg', *iš-kip-pu* ein Thier s. v. a. *ipṭêru* u. s. w. Beachte *iš-ri-i-ru* II R 32, 10c.

d) أُفْعُول. Viell. *askuppu, askuppatu* ,Schwelle'.

e) إِفْعُل (vgl. § 63 *imbûbu*). *iš-ru-ub-bu* (II R 32, 35b), wovon *iš-ru-bu-u*.

Etwaige Bildungen mit א prostheticum gehören natürlich nicht hierher. — Ein sicheres Beispiel für das Praeformativ י ist mir nicht bekannt; die Namen zweier Hunde Merodach's, *Ikšuda* und *Il-te-bu* (II R 56, 24. 25c), sind gewiss wie z. B. der Göttername *Iš-me ka-ra-bu* (III R 66 Obv. 2e) reine Verbalformen.

31. מ bez. נ: مَفْعَل bez. نَفْعَل u. ä.

a) مَفْعَل (bildet nomina loci und instrumenti, dient aber auch zur Bezeichnung dessen, womit sich der im Verbum ausgesprochene Begriff vollzieht und verwirklicht). *magšaru* ,Macht, Stärke', *maškanu* ,Stätte', ,Pfand' (oder hiess ,Pfand' *maškânu*?), *ma(n)dat(t)u* ,Tribut', *maṣṣartu* ,Wache'. — *mêsiru* ,Belagerung, Ueberzug'; *mâlaku* ,Weg'; *mêtiḳu* (= *mêtaḳu*, s. §§ 32, γ und 35) ,Weg, Verlauf' (die Schreibung *mi-te-ki* III R 55, 59b ist ein Seitenstück zu *ne-mi-ḳu* und *ni-me-ḳu* S. 78) Fem. *mêtaḳtu* ,Zug, Fortgang' (Sams. IV 27), *mêdilu* ,Riegel'; — *ma-a-a-lu*, *ma-a-a-al-tu*, d. i. wohl, im Hinblick auf *narâmu* von $\text{ר}\text{א}_3\text{ם}$, *ma'âlu*, *ma'âltu* ,Ruhelager, Bett'; — *messû* (*me-is-su-u*) und *messêtu* (*me-si-e-tum* II R 20) ,Strasse', also vielleicht auch *mil-ki-tum* ,Besitz' als *melḳêtu* (= *malḳâtu*) zu fassen; — *mašḳû* ,Trank' Fem. *mašḳîtu* ,Tränkung,

Trank', *maltû* ,Trinkgefäss' Fem. *maštîtu* ,Getränk', *maršîtu* ,Besitz', vgl. *markîtu* ,Zuflucht'; *maḳlûtu* ,Verbrennung'. — *mûšabu* ,Wohnung', *mûṣû* ,Ausgangsort'; *mêšaru* ,Gerechtigkeit', *mêkaltu* ,kleiner Wasserbach' (II R 38, 19b, vgl. hebr. מִיכַל מַיִם).

Statt dessen bei labialhaltigen Stämmen (Barth) نَفْعَل: *naḳbaru* ,Grab', *narbaṣu* ,Lager, Versteck', *nadbaku* ,Abhang, Wand' (נִדְבָּךְ), *nappašu* ,Luke', *napraku* ,Riegel', *nalbašu* ,Kleid', *naṣramu* ,Werkzeug zum Abschneiden', *narpasu* ,Dreschschlitten', *napsamu* ,Zaum und Gebiss', *naglabu* ,Geissel', *narkabtu* ,Wagen', *naḫlabtu* ,Kleid', *nakpartu* ,Deckel', *napḫaru* ,Gesamtheit', *našpartu* ,Sendung', *nabšaltu* (sic) ,Gekochtes' (IV R 64, 7 b), *namraṣu* ,Beschwerde', *našpatu* (auch *nišpatu*, C[a] 96) ,Gericht, Recht'. — *nabbaḫu* ,Folterbank', *nannabu* ,Spross'; *nâbaru*, *nâbartu* ,Käfig' (St. $אבר_3$); *ni-bi-ru* d. i. *nêbiru* (= *nâbaru*, s. §§ 32, γ und 35) ,Fähre' Fem. *nîbartu*, *nîbirtu* (*î* = *ê* = *â*) ,Ueberfahrt, Jenseits', *nêribu* (*nîribu*, *nirbu*) ,Eingang, Pass', *nîpištu* (= *nêpištu*, *nâpaštu*) ,Machwerk, Erzeugniss' (vgl. מַעֲשֶׂה); für *ni-me-ḳu* wechselnd mit *ne-mi-ḳu* s. § 30 S. 78, also wohl auch hierher gehörig *ni-me-du* ,Zimmer'; — *narâmu* ,Liebe, Liebling' Fem. *narâmtu* (gebildet nach Analogie der Verba med. ו, י); — *naḫbû*, *naḫbâtu* ,Köcher' ($חבא_1$); *naptêtu* ,Schlüssel'; *namba'u* ,Quell', *našmû* und *nišmû* (wohl = *nešmû*) ,Gehör', *nišbû*

,Sättigung'; *namsû* ,Waschungsort'; *narbû* (*narbûtu*) und *nirbû* ,Grösse'; *nabnîtu* ,Erzeugniss'.

Für Wörter wie *nirbû* ,Grösse', *nirmû* ,Fundament', *niptû* ,Schlüssel', *nirdamu* (neben *nardamu*, K. 4378 Col. VI 57), *nirmaku* ,Krug o. ä.', *nir'amtu* eine Waffe (I R 28, 12 a), *nibrêtu* ,Hunger' liesse sich auch eine besondere Form مِفْعَل annehmen. — Vereinzelt steht *mêtuḳu* ,Weg' (Asurn. III 110). — Ausnahmen vom Barth'schen Lautgesetz sind *mâmîtu* ,Wort, Eid' (doch wohl von אמה), *mûšabu* (s. oben), *mušpalu* und *mudbaru* (s. sofort).

b) مُفْعَل. *muš-pa-lu* ,Tiefe', *mûlû* ,Höhe' (II R 29, 66 f. b), *mudbaru* ,Wüste' (Tig. V 45, auch *madbaru*). — *mu-nu-u* (und *ma-nu-u*) ,Ruhelager' (II R 23, 57 f. c). Statt dessen نُفْعَل: *nunṣabtu* (Nimr. Ep. 51, 14).

Die Form نَفْعَل als Inf. des Nifal bez. als infinitivisches Nomen, dessgleichen als Adjectiv, z. B. *namkuru* ,Eigenthum', *na'duru* ,finster', s. § 88, b nebst Anm.

32. ת: تَفْعَل u. ä.

a). تَفْعَل. *tarbaṣu* ,Hof, Mutterleib', *tapšaḫu* ,Ruhestätte', *tamḫaru* ,feindliche Begegnung, Kampf'. — *tâmartu* ,Gesehenwerden, Anblick'; *tallaktu* ,Weg'; *takkaltu* ,Weinen', *tênû* ,Ruhelager, Schlafgemach'; — *tanâttu* ,Erhabenheit' (gebildet nach Analogie der Verba med. ו, י); — *tarbû* Fem. *tarbîtu* ,Spross', *tabrû* Fem. *tabrîtu* ,Schauen' Plur. *tabrâti*, *târîtu* ,Schwangere'; — *tûšaru* ,Niederwerfung'. Vgl. auch die ganz kurzen Bildungen: *têltu*, *têrtu* (neben *tûrtu*) ,Gesetz', *tûdtu* ,Entscheidung' (s. § 62, 1).

b) تَفْعِل. *tak-ti-mu* ‚Hülle‘, *taškirtu* ‚Lüge‘, *tazzimtu* ‚Wehklage‘, *tazmertu* dass. (vgl. § 36). — *tânihu* ‚Seufzen‘, *tâdirtu* ‚Furcht‘, *tâmirtu* ‚Gesichtskreis‘, *têriktu* ‚Länge‘, *tênihu* ‚Ruhelager‘, *têništu* ‚menschliches Wesen‘; — *ta-nit-tu* ‚Erhabenheit‘; — *têniku* ‚Säugling, Sprössling‘.

Einzelne der Formen mit *ê* in der ersten und *i* in der zweiten Sylbe mögen zu *a* gehören. Bei andern wie z. B. *têdištu* ‚Erneuerung‘, *ta-am-ši-lu* ‚Gleichheit, Aehnlichkeit‘ liesse sich auch an *d* denken. — *ta-lit-tu* ‚Nachkommenschaft‘ (St. ולד) ist augenscheinlich eine Analogiebildung.

c) تَفْعَال. *tašmêtu* ‚Erhörung‘. Vgl. *tah-ra-ah-hu* (VR 48 Col. IV 28. V 28). — *tal-la-ak-ku* ‚Weg‘ (VR 65, 26 b)?

d) تَفْعِيل. *tašrîtu* ‚Einweihung‘ vgl. *šurrû* ‚einweihen, anfangen‘ (auch *tišrîtu* aus *tešrîtu*, vgl. תִּשְׁרִי), *taṣlîtu* und *teṣlîtu* ‚Gebet‘ vgl. *ṣullû* ‚bitten‘, *teṣbîtu* ‚Wunsch, Bitte‘ vgl. *ṣubbû* ‚suchen‘; — *tamlû* (auch *tam-li-a* geschrieben) ‚Terrasse‘ vgl. *mullû* ‚auffüllen‘, auch ‚Edelsteinbesatz‘ Plur. *tamlêti*.

Vgl. noch *te-di-(iḳ-)ḳu* ‚Kleid‘: *c* oder *d*? *te-me-ḳu* ‚Inbrunst, inbrünstiges Flehen‘: *c* oder *a* (*b*)?

e) تَفْعُول oder تَفْعُل. *tahlubu* und *tahlubtu* ‚Bedeckung, Ueberzug, Bedachung‘, *tapšuhtu* ‚Ruhe, Ruhestätte‘, *taḳrubtu* ‚Angriff, Kampf‘, *tamgurtu* (II R 40 Nr. 4), *tam-hu-uṣ kakki* (IV R 13, 10 b); vgl. *targûm-ânu*, *turgûm-ânu* ‚Dolmetscher‘. — *ta-hu-za-tu* eine Schlingpflanze, *ta-lu-ku* ‚Zug, Verlauf‘.

f) تُرْبُعُول. *tur-bu-'u* Fem. *tur-bu-u'-tu* ,Getümmel'. Beachte schliesslich noch das absonderliche *tabbanû* ,Baulichkeit' Plur. *tabbanûtu* (D, 13. 15).

33. ش: شَفْعَل u. ä., sehr selten.

a) شَفْعَل. *šapšaku* ,Noth', auch ,steiler Weg'.

b) شَفْعَل (شَفْعُول?). *šaḫluktu* ,Verderben', *šal-pú-tu* (d. i. wohl *šalputtu*) ,Umsturz, Verheerung, Unheil'.

Die Form شُفْعُل Fem. شُفْعُلَت als Inf. des Schafel bez. als infinitivisches Nomen, dessgleichen als Adjectiv, z. B. *šulputtum* ,Umsturz, Unheil' (III R 62, 31 a), *šûšurtu* ,Niederwerfung' (II R 43, 4 a), *šú-ru-ub-tum* ,Feldertrag' (eig. Einbringung), *šûluku* ,gangbar, passend', *šurbû* ,gross', *šuškû* ,hoch' s. § 88, b nebst Anm.

2. Afformative (Nrr. 34—39).

Diese bilden ausschliesslich Nomina aus den bisher genannten Nominalstämmen und zwar fast ausschliesslich nur von deren Masculinform.

34. *ûtu*, bildet Abstractnomina. *aplûtu* ,Sohnschaft', *abûtu* ,Vaterschaft', *ilûtu*, *bêlûtu*. Zuweilen mit Collectivbed. (vgl. § 67, a, 6), z. B. *amêlûtu* ,Menschheit', *littûtu* ,Nachkommenschaft'.

35. *ân*, mit Umlaut *ên*, bildet Substantiva und Adjectiva. *admânu* ,Wohnsitz'; *râmânu* und *râmênu* (§ 55, c). — *šil-ṭan-nu* ,Machthaber' (II R 31, 27 a);

ištânu und *ištênu* ‚eins, einzig'; *mi-ra-nu* ‚junger Hund'; *lidânu* ‚Kind, Junges'. — *dulḫânu* ‚Verstörung, Unruhe', *Šulmânu* ein Gottesname, *ḳur-ba-an-nu* und *ḳir-ba-an-nu* ‚Opfergabe, Almosen'; *Uznânu* (n. pr.), *uš-ma-nu* und *uš-man-nu* ‚Heerlager'; *bu'šânu*, *bûšânu* ‚übelriechende Krankheit'; *bu-un-na-nu* ‚Bau', *bu-(un-)na-(an-)ni(-e)* Plur. ‚äussere Erscheinung, Ebenbild'; *šurmênu* ‚Cypresse'. — *adannu* ‚Zeit', *da-la-ba-na-a-ti* Plur. fem. (Neb. III 52); *e-ri-in-nu* ‚Kasten' d. i. wohl *erînu*, *erênu*. Vgl. ferner noch die beiden Vogelnamen *kakkabânu* (von *kakkabu* ‚Stern') und *ḫurâṣânîtu* (‚die goldige'), *targûmannu* und *turgûmannu* ‚Dolmetscher' (s. Nr. 32, e), *nabalkuttânu* ‚Aufrührer' (von *nabalkuttu* ‚Aufruhr', s. § 117, 1 unter IV 1).

Von Quadrilitteris vgl. weiter *argamannu* ‚rother Purpur', *kurkizannu* ‚Rhinoceros', *ḫarbaḳânu* ein Vogelname (II R 37, 7 f). Zweifellos sind einige dieser Bildungen auf *anu*, *annu* (*innu*) als Stämme mit kurzem *ăn* anzusehen, z. B. *ḳurbannu*, *bit-tan-nu* ‚Palast' (Asarh. V 32) hebr. בִּיתָן, doch ist die Scheidung keine ganz leichte, wesshalb sie vorläufig unterblieb.

36. *ăm* und *âm*, sehr selten. *êlamu* ‚Vorderseite'. — *ṣu-ma-mu* ‚Durst', *si-ri-ia-a-am* ‚Panzer', *pa-li-ia-a-mu* (V R 28, 7a). Und vgl. zu *pu-ri-mu* ‚Wildesel' hebr. פֶּרֶא?

37. *â*, urspr. *âi̯*, bildet Beziehungsadjectiva, insonderheit nn. gentilicia. (Zur Lesung von *a-ia*, *a-a* als *â* s. die §§ 13 und 14). *Ar-ma-da-a-ia* ‚aus Arwad' (I R 28, 2 a), *Ṣur-ra-a-a* ‚Tyrer'. Mit dem *u* des Nom.

Sing. *E-la-mu-u* ‚Elamit', *U-ru-u* ‚aus Ur'; ebenso mit *û* des Plur.: *amêlu Aššûr-ú* ‚Assyrer' (Khors. 32), *ṣâbê Nippur-ú Bâbil-ú* (V R 56, 3). Fem. Sing. theils *â-i-tu* theils *îtu* (s. § 41, b, S. 99): *ar-ka-a-a-i-tu* ‚die von Erech', *Dûr-Šarru-kên-a-a-i-ti* (1 Mich. I 14); *aššûrîtu, akkadîtu.* — Adjj. sonstiger Bed. sind z. B. *aḫrû* und *arkû* ‚zukünftig' (Plur. fem. *aḫrâtu, arkâtu* ‚Zukunft'), *dârû* ‚dauernd', *maḫrû* ‚erster', *elû, šaplû* ‚oben, unten befindlich' Fem. *elîtu, šaplîtu, ḳaḳ-ḳar ṣu-ma-ma-i-tum* ‚Wüste' (H, 11 u. ö.). Vgl. noch § 117, 1.

Auch an die Endung *ân* (Nr. 36), findet sich dieses *âi* gefügt: ausser dem Nr. 35 erwähnten *ḫurâṣânîtu* vgl. noch *rêmênû* (*rêmnû* Fem. *rêmnîtu*) ‚barmherzig', *barânû* ‚empörerisch' (St. ברה). Bei Participialformen bezeichnet es die ständige, so zu sagen professionelle Ausübung der betr. Thätigkeit: vgl. IV R 57, 3. 4. 49 a u. ö. und (so Haupt) das häufige *mutnennû* ‚der Beter' von *utnen* ‚ich flehte um Gnade'.

38. *ai*, stets mit dem *u* des Nom. Sing. zu *û* contrahirt: *eribû* (neben *aribu*) ‚Heuschrecke' St. ארב$_1$ ‚verwüsten' (vgl. אַרְבֶּה). Die nämliche Form weisen wohl auf *egirrû* ‚Träumerei', *igisû* ‚Geschenk'. Auch die zunächst auf فُعَّل zurückgehenden Nomm. wie *nudunnû* ‚Mitgift', *purussû* ‚Entscheidung', *sulummû* ‚Zuneigung', *duluḫḫû* ‚Beunruhigung', *ḫuluḳḳû* ‚Verderben' (s. Pinches' *Texts* p. 18) u. a. m. (*nušurrû, pugurrû, rugummû*) dürften diese Endung aufweisen. Bei vielen der auf *û* auslautenden Nomina ist dessen Ursprung zur Zeit noch dunkel.

Anmerkungsweise seien wenigstens noch erwähnt *si-ḫi-pu-u* (V R 36, 39 f), *di-gi-ru-u* und *ḫi-li-bu-u* ‚Gott', *id-di(š)-šu-u* (s. WB s. v. אדשׁ$_3$), *si-su-u* ‚Pferd', *ki-ru-bu-u* ‚Grundstück', *šalḫû* ‚Wall', *du-ḳa-ḳu-u* ‚Jugend'.

39. *ak* (*âk*? mit *u* des Nom. *akku*, *aku*), gleichbedeutend mit *âi* (Nr. 38): beachte innerhalb des nämlichen n. pr. m. den Wechsel von *Za-za-a*(*-a*) und *Za-za-ku* d. h. etwa ‚mit strotzendem Körper begabt' (C[a] 220). Für *ud-da-ak-ku* ‚matutinus' s. § 80, *α*.

Vgl. auch die der grammatischen Kunstsprache angehörenden bez. entnommenen Namen und Wörter wie *gešpu-tukullâku* (S[c] 25), gleicher Bildung wie *mušên-dûgû* (Z. 51); *ša-na-ba-ku* ‚mit der Ziffer 40 begabt' (von Ea, II R 55, 51 c. d), *ḫe-nun-na-ku* (IV R 61, 45 a), gleichbedeutend mit *za-za-ku*. — Die Adjectiva auf *i-šu* (*i-šam-mu*) s. § 80, *α* und *β*.

3. Informative (Nr. 40).

40. ת nach dem ersten Radical: فْتِعَال u. ä.

a) فْتِعَال. *it-ba-a-ru* ‚befreundet, Freund', *ri-it-pa-šu* ‚weit', *git-ma-lu* ‚vollkommen', *mit-ḫa-ru* ‚eins' (eig. ‚zusammentreffend, übereinstimmend', Bildung mit Iftealbedeutung) Fem. *mitḫârtu* (Adv. *mitḫâriš* ‚in gleicher Weise'), *Ištârtu* (wahrsch. = *Itšârtu*; oder weist עַשְׁתֹּרֶת auf eine Grundform mit *a*-Vocal in der ersten Sylbe, wie *atḫû* ‚Genosse, Bruder', *atmû* ‚Wort, Rede' ? vgl. V R 20, 17 b); *itpêšu* ‚sorgsam, umsichtig'. *Tiz-ḳa-ru* ‚erhaben' =*zitḳâru*? (vgl. § 83 Anm.).

b) فُتْعَال. *šutmâšu* und *šutmêšu* (IV R 52, 43 b). Auch *kuštâru* ‚Zelt‘ (mit gleicher Umstellung der Consonanten wie bei *Ištârtu*)?

Die Form فِتْعُل Fem. فِتْعُلْتُ als Inf. des Ifteal bez. als infinitivisches Nomen, dessgleichen als Adjectiv, z. B. *ḳitrubu* ‚Angriff‘, auch ‚Darbringung, Gabe‘, *mit-ḫur-tu* ‚Uebereinstimmung‘ (III R 52, 39 b), *šitḳultu* (ibid. 52 a), *mitluktu* ‚Berathung, Entscheidung‘, *šitultu* (= *šit'ultu*, שׁ₁אל) ‚Entscheidung‘, *šitmuru* ‚Zorn; zornig‘, *pitḳudu* ‚achtsam‘, *šitluṭu* ‚siegreich‘ (Khors. 74), *ḫitmuṭu* ‚schleunig‘, s. § 88, b nebst Anm.

Casusbildung der Nomina im Singular. Von den Götternamen abgesehen, welche vielfach in die Casusunterscheidung nicht eingegangen sind (vgl. *Šamaš*, *Sin*, *Marduk*, *Ištâr*), dessgleichen von den Personennamen, deren nominale Bestandtheile den Casusendungen sehr oft entsagen (vgl. *Adar-malik*, *Šamaš-šum-ukîn*, *Ašûr-aḫ-iddina*), entbehrt das ausserhalb der status constructus-Verbindung stehende assyr. Nomen nur selten des vocalischen Auslauts: vgl. *muruṣ ḳakḳad* (IV R 3, 43 b), *ku-dur u-kin-nu* ‚die Grenze setzten sie fest‘ (II R 65 Rev. Col. III 21), *mâla šú-um nabû* (IV R 26, 59 a), *unammer kîma ù-um* (V R 34 Col. I 52), *simma lâ âṣ* (statt *lâ âṣâ*) ‚nicht weichende Blindheit‘ (III R 43 Col. IV 17). Für gewöhnlich lauten vielmehr § 66.

alle Nomina, die männlichen wie die mit der Feminin-endung *at* versehenen, auf einen der drei Vocale *u*, *i*, *a* aus, welcher bei den Nominalstämmen, die bereits auf einen kurzen oder langen Vocal auslauten (was bei den meisten der von Verbis tertiae infirmae hergeleiteten Stämme und beim Stamm § 65 Nr. 37, vgl. 38, der Fall ist), mit dem betr. Stammvocal zu einem langen Vocal: *û*, *î* (*ê*), *â* verschmilzt. Und zwar muss es im Allgemeinen als Regel festgehalten werden, dass *u* den Nominativ (so durchweg in den assyrischen Vocabularien), *i* den Genitiv, *a* den Accusativ bezeichnet — trotz der mannichfachen und massenhaften Ausnahmen, die sich von dieser Regel finden: vgl. z. B. *nûru ul immarû* ‚Licht sehen sie nicht' (Höllenf. Obv. 9), *ṭêmu uttêrûni* ‚man brachte die Nachricht' (Asurn. I 101), *tar-pa-šú-ú* ‚die Weite' Acc. (Lay. 38, 17); *ana nâru inaddûšu* ‚in den Fluss wirft man sie' (V R 25, 6 b); *iplaḫ libbašunu* ‚ihr Herz fürchtete sich', Nebukadnezar *mu-da-a e-im-ga* ‚der Kluge, der Weise' (Neb. Bors. I 4), *ru-ba-a-am na-a-dam* (Nom.); *pîšu imsi* ‚er wusch seinen Mund', *rubbišî zêrim* ‚vermehre die Nachkommenschaft', *ma-a-ti u ni-ši* ‚Land und Volk' (Acc., Neb. Senk. I 9), u. s. w. In babylonischen Vocabularien findet sich der *i*- Vocal gern für den Nominativ. An die kurzen Casusendungen (*u*, *i*, *a*) kann noch ein *m* antreten, seinem Ursprung nach eins mit dem hervorhebenden, auch sonst vielfach zu *m* verkürzten *ma* (s. § 79): *um*, *im*, *am*, Fem. *atum*, *atim*, *atam*. Bei langen Vocalen findet sich diese Mimation nur vereinzelt, z. B. *re-e-um* ‚Hirt' d. i. *rê'ûm*, *ra-bi-im* Gen. von *rabû* (I R 52 Nr. 4 Rev. 8), *ru-ba-a-am* ‚der Grosse'. Für bestimmte oder unbestimmte Bed. ist die Mimation gänzlich ohne Belang: *ilum* wie *ilu* bedeuten sowohl den Gott als einen Gott.

Für die Zusammenziehung der auslautenden Stammvocale *a*, *â*, *i*, *î*, *u*, *û*, *ê* mit dem *u* des Nom. und *a* des Acc. zu *û* bez. *â* s. § 38, a. Bei antretendem Genitiv-*i* könnte man vermuthen, dass auslautendes *i*, *î*, *u*, *û*, auch wohl *ê* zu *î*, dagegen *a*, *â* zu *ê* werde, indess finden wir dort ebensogut *ê* wie hier *î*: *šakû* (فعل) Gen. *ša-ki-e* und *ša-ki-i*, *ina ra-mi-e-ka* ‚wenn du aufschlägst', aber auch *a-ṣi-i* Gen. von *aṣû*, *nam-si-e* ‚Waschungsort' Gen. von *namsû* (= *namsî-u*) u. s. f. Vgl. § 30 S. 78.

Pluralbildung der nicht mit Femininendung *atu* versehenen Nomina. § 67.

a) Die Substantiva weisen folgende Pluralendungen auf:

1) *ê*, passim. Die vielfachen Schreibungen des Plural mit ausdrücklicher Hervorhebung des Auslauts *e* (Beispiele s. S. 75) rechtfertigen es wohl, auch Pluralformen wie *mal-ki*, *ar-ḫi*, *gi(r)-ri* ‚Wege' (Asurn. I 43. 45) *malkê*, *arḫê*, *girrê* zu lesen, ebenso *laḳ-ti* ‚Finger', *ḳa-ti* ‚Hände' *laḳtê*, *ḳâtê*. Jedenfalls wird, unbeschadet des Wechsels von *ê* und *î* in der Aus-

sprache, *ê* als die ursprüngliche und gewiss einmal so auch gesprochene Pluralendung zu gelten haben. Als Femininum findet sich *ê* construirt z. B. in *emûḳê ṣîrâti* ‚erhabene Kräfte‘, *emûḳê rabâte* (Sanh. VI 59). Von Stämmen tertiae י (ו) vgl. *abê* ‚Väter‘ (*abû*^{pl}*-e-a* ‚meine Väter‘ I R 7 Nr. E, 5), *ru-bi-e* ‚die Grossen‘, *šamê* ‚die Himmel‘, *mi-e*, *me-e* ‚Gewässer‘. Die beiden letztgenannten Substt. bilden auch *šamâmi* und *mâmi*. Ein *m* findet sich an *ê* gefügt Neb. II 14. 34: *ša-di-im* d. i. doch wohl *šadê-m* ‚Berge‘, IV R 61, 19. 32 b: *še-rim* (*šêrê-m*) *u lîlâti* ‚Morgens und Abends‘. Vgl. § 57, b.

2) *âni* (*ânu*), passim. *ilâni* ‚Götter‘, *ziḳîpê* und *za-ḳîpâni* ‚Pfähle‘ (Lay. 72 Nr. 2, 8), *ḫuršâni* und *ḫur-ša-a-nu* (I R 28, 12 a), *ḫarbânu* und *tilânu* (III R 66 Rev. 36. 37 d), *ṣal-ma-a-nu* ‚Bilder‘ (Beh. 106). Von Stämmen tertiae י vgl. *šadâni* im Adv. *šá-da-ni-iš* ‚berggleich‘ (z. B. Neb. VI 34).

3) *ân*, stets als Fem. construirt. *e-mu-ḳa-an*, *e-mu-ḳan ṣîrâte* (z. B. Lay. 33, 6), *i-da-an paḳlâte* ‚gewaltige Kräfte‘ (Sarg. Cyl. 24), *ur-maḫ-ḫe pi-tan bir-ke* (Sanh. Kuj. 4, 21). Auch *ên* (mit Umlaut des *â* zu *ê*) findet sich; beachte das interessante *e-mu-ki-in* d. i. doch wohl *emûḳên gašrâtim* ‚die gewaltigen Kräfte‘ (Hamm. Louvre II 15). Bei einem männlichen Subst. findet sich diese Pluralendung *ên* in *ar-di-en* (1 Mich. II 4).

4) *â*, sehr häufig als Fem. construirt. *VI ur-ra*

(anderwärts auch *ur-re*) ‚6 Tage‘ (Nimr. Ep. XI, 121), *ru-bi-e u šak-kan-nak-ka* (V R 35, 18), *ni-ri-ba-ši-in* ‚ihre Eingänge‘ (Neb. V 63), *ar-na-a-šu* ‚seine Missethaten‘, *nam-rá-ṣa* ‚Beschwerden‘ (Neb. II 21, sonst *namraṣê*), *puggulû e-mu-ga-a-šú* ‚gewaltig sind seine Streitkräfte‘ (V R 64 Col. I 25), *nidbâšu ellûtim* (Neb. Grot. I 13), *ši-in-na-a-šu* ‚seine Zähne‘, *si-ba ḳaḳ-ḳa-da-šu* ‚seine Häupter sind sieben‘ (II R 19, 14 b), *rêšâšu* ‚seine Spitze‘, *išdâšu* ‚sein Fundament‘, *sittâtim ma-ḫa-za* ‚die übrigen Städte‘ (V R 35, 5), *il-la-ka di-ma-a-a* ‚es fliessen meine Thränen‘, *kat-ma šap-ta-šu-nu* (Nimr. Ep. XI, 120). Besonders beliebt ist diese Pluralform auf *â* bei den Namen paarweis vorhandener Körpertheile, z. B. *bir-ka-a-a* ‚meine Kniee‘, *še-pa-a-a* ‚meine Füsse‘, *u-zu-na-a-šu* ‚seine Ohren‘ (Sinne), doch findet sich auch häufig der Plur. auf *ê*. Für die Bildung der Zahlwörter 20, 30, 40, 50 mittelst des Plur. *â* s. § 75.

Die Frage nach dem zwischen den Pluralformen 1—4 etwa bestehenden verwandtschaftlichen Zusammenhang kann hier nicht eingehender erörtert werden. Aber Hervorhebung verdient doch noch das in dieser Hinsicht sehr lehrreiche *i-na-an*, was gemäss den Ideogrammen, also nach der Assyrer eigenster Lehre, ‚die beiden Augen‘ und ‚die beiden Wörter *înu*‘ (näml. Auge und Quelle) bedeutet; s. Zürich. Vocab. Rev. 17—19, vgl. V R 36, 39 c.

5) *û. pa-ar-ṣu rêštûtu* ‚die von Anfang an geltenden Gesetze‘ (Nerigl. I 20), *ù-mu rab-bu-tum* (IV R 1, 19 a), *še-e-du* (IVR 5, 4 a), 470 *pit-ḫal-lu-šu* (III R 5 Nr.

6, 12), vgl. III R 66 Rev. 38—40 d. In *annû'a ma'idâ* ‚meine Sünden sind viel' (IV R 10, 37 a) als Fem. construirt (s. auch § 70, b). Ein *m* ist an *û* gefügt IV R 20 Nr. 1 Obv. 25: *be-el be-lum* ‚der Herr der Herren'.

6) *û tu* (*ûti*, *ûta*, *ûtum*); sehr selten, gewiss Eins mit dem Afformativ *ûtu* des Nominalstamms § 65 Nr. 34, also gewissermassen ein sog. ‚pluralis fractus'. *tab-ba-nu-ú-tu* ‚Bauten' (D, 13. 15: *mâdûtu* ‚viele', *ullûtu* ‚diese'), *a-me-lu-ú-tú* (z. B. D, 3), *a-me-lu-ta* (I R 27 Nr. 2, 69), *a-me-lu-ti* (IV R 68, 27 b) u. ä. ‚Menschen', *ša-mu-tum* ‚die Himmel' (Verbum: *ušazninâ*, Sanh. IV 76).

b) Die Adjectiva, dessgleichen die Participia, bilden, sofern sie ihre reine Adjectiv- bez. Participialbedeutung bewahren, den Plural stets mittelst der soeben genannten Endung

û tu (*ûti*, *ûte*, *ûtum*). *ilâni šur-bu-tú* (IV R 59, 49 b), *ḫuršâni šaḳûti* (*šaḳûtu*, *šaḳûte*) ‚hohe Gebirge', *ûmê ru-ḳu-ti*, *arḫê* oder *girrê pašḳûte* (Asurn. I 43. 45), *ma-ru git-ma-lu-tum* (IV R 1, 6 c), *limnûti* ‚die Schlechten' (Asurn. I 8), *balṭûti* ‚die Lebenden'; (*i*)*a-a-bu-ut* ‚Feinde' (vgl. § 64 S. 155); *âlikût*(*u*) ‚gehend, lebend' Plur., *mu-ut-tab-bi-lu-ut* ‚regierend' (Tig. I 15), u. v. a.

Da indess Adjectiva und Participia sehr leicht Substantivbedeutung annehmen oder wenigstens solchen sich zuneigen, finden wir neben *ûtu* auch *ê*. *ru-bi-e* ‚die Grossen, Magnaten' (V R 35, 18, vgl. § 67, a, 4), *lâ ma-gi-re* ‚die Ununterwürfigen' (Sanh. I 8), *multaḫṭê* ‚die Rebellen', *mun-nab-ti* ‚die Flüchtlinge', *mundaḫ(i)ṣê* ‚die Krieger', u. a. m.

Die Endung *û* lesen wir IV R 2, 40 b: *ul zik(a)rû šú-nu* ‚nicht männlich sind sie'; oder wäre *zi-ka-ru* trotz des parallelen *zinnišâti* als Sing. zu fassen?

Bildung des Femininums. Das assyr. Nomen unterscheidet an Geschlechtern neben Masc. nur noch Fem., welches bei Adjectiven zugleich neutrische Bed. hat, z. B. *ṭâbtu* ‚das Gute', *limuttu* ‚das Böse', *šîmtu* ‚das Festgesetzte' (vgl. § 9 Nr. 212). Femininendung ist *at* (*atu*, *ati*, *ata*; *atum* u. s. w., s. § 66), welches sich an den der Casusendungen baren Nominalstamm (in gewissen Fällen unter Synkopirung des Vocals der 2. Sylbe, s. § 65 vor Nrr. 1 und 6) anschliesst: *kalbu* Fem. *kalb-atu*, *rapšu* Fem. *rapaštu*. Nach vorausgehendem *ê*, *e* lautet die Femininendung *it*, daher *bêlitu*, *ellitu* (s. § 35). Sehr häufig verfällt das *a* der Endung *atu* der Synkope, sodass es den Anschein hat, als sei blosses *tu* an den Masculinstamm gefügt: vgl. *šattu* ‚Jahr' (= *šan-tu* = *šan-atu*, st. cstr. *šanat*), *ti'âmtu* (= *ti'âm-atu*), *ṣiḫirtu* (= *ṣiḫir-atu*) u. s. f., s. § 37, a, wo auch bereits bemerkt ist, dass Formen wie *bikîtu*, *rabîtu*, *šaḳûtu* (Istar *ša-ḳu-ut ilâni*), *šurbûtu* (Istar *šur-* § 68.

bu-ut ilâni, II R 66 Nr. 1, 4) u. s. w. als synkopirt aus *bikî-atu* (*bikai-atu*), *rabî-atu* u. s. w. zu fassen sein werden; vgl. hiefür die interessanten Singg. *na-gi-a-tu*, *i-ti-a-tu* (s. § 65 Nrr. 6 und 9), *ta-mi-a-tu* (s. § 108 Schluss). Eine Menge anderer Beispiele für alles bis hierher Bemerkte enthält § 65. Eine Eigenthümlichkeit weisen einige der von Verbis tertiae infirmae gebildeten Participia dadurch auf, dass sie im st. cstr. vor der Femininendung ihren eigenen letzten Vocal und damit zugleich ihren letzten Radical gänzlich unterdrücken: vgl. *še-ma-at ik-ri-bi le-ḳa-at un-nin-ni* (II R 66 Nr. 1, 7), *mušalḳat*, *mušamṣat* (ebenda Z. 6). Die nämliche Erscheinung findet sich, wohl in noch weiterem Umfang, bei den Ableitungen von Stämmen tertiae י, wo sich neben den regelmässigen weiblichen Participien, wie *ka-mi-tum*, *lâ pa-di-tum* (IV R 57, 50. 53 a), *bânîtu* (*ba-ni-ti-ia*, vgl. *Zêr-bânîtu*), auch das verkürzte *bântu* (*ba-an-tum* V R 29, 66 h), und neben der zu erwartenden st. cstr.-Form *ba-nit ilâni* auch *ba-na-at ilâni* findet, und wo auch die Nominalform فِعَل, neben den regelmässigen Femininformen, wie z. B. *rabîtu*, Bildungen wie *le'atu*, woraus *lêtu* (‚Macht, Kraft, Sieg' und ‚Wildkuh'), st. cstr. *le-'a-at*, vom Masculin *le'û* zulässt. S. bereits § 39 und für *le'at* § 62, 1.

Anm. 1) Über die Femininformen auf *utu*: *mut-tal-ku-tu ša sûḳê* ‚die auf den Strassen umhergeht' (IV R 57, 1 a), *ru-uḳ-ḳu-*

ti (E, 12, sonst stets, auch in den Achaemeniden-Inschriften, *rûḳti* Fem. von *rûḳu* ‚fern'), wage ich kein Urtheil. Für *šanûtu* ‚die zweite' s. § 76. *Ina ummânišu i-ṣu-tu* ‚mit seinem geringen Heer' (V R 64 Col. I 30) wird nach Nabon. II 42. 51 unter Vergleichung von § 70, b Schluss zu verstehen sein (*ummânêšu*!). Ganz vereinzelt steht das Fem. auf *âtu* H, 5: *ina ḳaḳ-ḳar a-ga-a rap-ša-a-tum*. Schwer ist auch *tap-pat-tum* ‚Genossin, Nebenfrau' (V R 39, 62 d); die Form erinnert an *a-ḫat-tum* ‚Schwester', aber als Fem. von *tappû* ‚Genosse' (s. § 65 Nr. 24) wäre doch wohl *tappîtu* zu erwarten.

2) Eine Anzahl assyr. Substt. hat im Sing. Femininendung, wo das Hebräische (meist gleich den übrigen semitischen Sprachen) keine hat: so z. B. *erṣitu*, *ti'âmtu*, *napištu*, *rû'tu*, *rûtu* ‚Hauch, Geist', *kabittu* ‚Leber, Gemüth', *zibbatu* ‚Schwanz', vgl. auch *Elamtu* ‚Elam', *Idiḳlat*, *Diḳlat* ‚Tigris'.

Pluralbildung der Feminina auf *atu*. Die Pluralendung der im Sing. auf *atu* endenden Substantiva und Adjectiva ist *âti* (*âte*, *âtim*, auch *âtum*, *âtu*, *âta*): *šar-ra-a-ti* ‚Königinnen', *ta-ma-a-ti* ‚Meere', *kibrâti* ‚Himmelsgegenden', *pulḫâti* ‚Furcht' (für Formen wie *nakamâti*, *tubuḳâti* s. § 65 Nrr. 5 und 6 Anm.), *ummânâte'a gab-ša-a-te* (Sanh. III 43), *mâtâti ru-ga-a-ti* ‚ferne Länder' (Neb. II 13). Endet der der Femininendung vorausgehende Singularstamm auf ein *î* oder *û*, z. B. *rabî^{a}tu*, *ḫidû^{a}tu*, so geht dieses mit dem *â* von *âti* zu *â* zusammen (s. § 38, a): *nišê ra-ba-a-ti* ‚die grossen Völker' (IV R 32), *tabrâti* Plur. von *tabrîtu*, *ḫidâti*, *minâti*, *unâti* Plur. von *unûtu*, *ugnâtum* Plur. von *ugnîtu*, *ruššâtu* (Sing. masc. *ruššû*). Fälle, wo der Vocal sich hält, sind selten: *mâtâti ša-ni-a-ti* ‚an- § 69.

dere Länder' (Salm. Mo. Rev. 33), *naṁ-zi-a-te* (Asurn. II 67), *e-ri-a-tum* ,schwangere Frauen' (III R 62, 26 a) neben *e-ra-a-ti*. Für die Femininformen auf *êti* (mit Umlaut des *â* zu *ê*), wie *girrêti*, *ešrêti*, *bêlêti*, *kudurrêti*, ja sogar *mâdêtu* (beachte auch *mâtâti ša-ni-ti-ma* H, 7) s. § 32, α und γ.

Für die weiblichen Pluralformen mit Suff. der 1. Pers. Sing. wie *ḫablâtû'a* s. § 74, 2, e. — Fälle, in welchen an ein Femininum auf *atu* unter Beibehaltung des *t* des Sing. die Pluralendung *âti* angetreten ist, sind selten. Die sichersten Beispiele sind: *le-ta-at ḳur-di-ia* ,die Siege meiner Tapferkeit' (Tig. VIII 39), *lêtât* Plur. von *lêtu*, ,Macht, Sieg' (St. לאה), und *i-si-ta-a-te* (Asurn. I 109) oder *a-si-ta-a-te* (Salm. Mo. Rev. 53), Plur. von *isîtu*, *asîtu* ,Pfeiler', woneben sich auch der regelmässige Plur. *a-sa-ia-te*, sprich *asâte* (§ 12), findet (Tig. VI 27). Vgl. ferner das in zweiter Sylbe der Lesung nach unsichere *ṣalmatâte* ,Schirme' (Asurn. Mo. Rev. 40). Ob *mâtâti* ,Länder' hierher gehört? Hebr. קְשָׁתוֹת lautet assyr. *ḳašâti*. Die Pluralendung *ê* (*ân*) verbinden mit sich, den Ursprung ihres *t* ganz vergessend, *daltu* ,Thürflügel', Plur. *daltê* (hebr. דְּלָתוֹת), und *šaptu* ,Lippe', vgl. *šap-te-e-šu* ,seine Lippen' (V R 3, 80), *šap-tan* (als Fem. construirt, IV R 16, 61 b), auch *šaptâ* (s. S. 183).

§ 70. *a*) Eine Anzahl assyr. Nomina hat weiblichen Plural auf *âti*, obwohl der Sing. die Femininendung nicht hat; so bildet *nâru* ,Strom' Plur. *na-ra-a-ti* (IV R 22, 11 b), *înu* ,Quelle' Plur. *înâti*, *gurunnu* ,Haufen' *gurunâti* (*gurunêti*, Sams. IV 30), *ḳanû* ,Rohr' *ḳanâti*, *miṣru* ,Gebiet' *miṣrêti*, *kudurru* ,Grenzstein, Grenze' *kudurrêti*, *pîru* ,Elefant' *pîrâti*, *atânu* ,Eselin' *atânâti*, *ekallu* ,Palast' *ekallâti*, *papaḫu* ,Kammer' *papaḫâti*, *pit*(?)-*pânu* ,Bogen' *pitpânâti*, *pilaḳḳu* ,Beil' *pilaḳḳâti*, *riksu*

,Band, Bund' *riksâti*, *ḫarrânu* ,Strasse, Zug' *ḫarrânâti*; *ḫazzanu* ,Stadtvorsteher' *ḫazzanâti*, u. a. m.

Mu-ša-a-ti ,Nächte' kann Plur. von *mûšu* oder *mušîtu* sein. Die Singg. von *ba-ma-a-ti* ,Höhen' und *par-ṣa-a-tú* ,Lügen' (Beh. 100) sind mir nicht bekannt. Vielleicht nur im Plur. gebräuchlich sind *lîlâtu* ,Abend', *re-ša-a-tum* ,Jauchzen' (z. B. S[b] 352) und *ši-na-a-tu* ,Urin' (S[b] 229); vgl. das masc. Plur. tantum *uššê*, *uššû* ,Grund, Fundament'. *Ṣâtu* ,Ewigkeit' Plur. von *ṣîtu* ,Ausgang'? — Eine Anzahl von Adjectiven verbindet scheinbar mit dem Plur. auf *âti* Substantivbed., indem ein Subst. gen. fem. im Geiste zu ergänzen ist; vgl. *aḫrâtu* ,Zukunft' (eig. zukünftige, sc. Zeiten), *ana dârâti* ,auf ewig', *ana ru-ḳa-ti* ,bis in ferne Zeiten' (IV R 44, 31), *ana ru-ki-e-ti* ,in die Ferne' (floh er, Sanh. II 10. IV 14 u. ö.). Auch *ṣalmat* (*ṣalmât*?) *ḳaḳḳadi* babyl. *gagada(m)* ,die schwarzköpfigen' sc. Wesen (zu ergänzen *šiknât* oder *ni-šim*?) gehört möglicherweise hierher.

b) Viele Nomina, welche im Sing. die Feminin-endung *atu* nicht haben, haben im Plural die (ausschliesslich weibliche) Endung *âti* und eine der § 67, *a*, 1—5 genannten Endungen (vorwiegend männlichen, aber auch weiblichen Geschlechtes). Beispiele: *ep(i)ru* ,Sand, Erde, Staub' Plur. *epirê* (als Masc. construirt) und *eprâti*, *girru* ,Weg' *girrê* und *girrêti*, *ṭûdu* ,Weg' *ṭu-ud-de* (Tig. IV 53) und *ṭu-da-at* (Sarg. Cyl. 11), *sûḳu* ,Strasse' *sûḳâni* und *sûḳâti*, *nîribu* ,Eingang, Pass' *nîribê*, *nîribâ*, *nîribêti*, *mâtu* ,Land' *mâtâti* und *ma-tan* (V R 62 Nr. 1, 3), *ubânu* ,Fels-, Fingerspitze' *ubânê* und *ubânâti*, *bâbu* ,Thor' *bâbâni* (*ba-bi* Sanh. Konst. 71) und *bâbâti*, *bîtu* ,Haus' *bîtâni* und *bîtâti*, *igâru*

,Wand' *igârû*, *igarê* und *igârâti*, *lišânu* ,Zunge, Sprache' *li-ša-(a-)nu* (IV R 20 Nr. 1 Obv. 24, als Fem. construirt B, 3) und *li-ša-na-a-ta* (O, 16), *kursinnu* ,Knöchel, Bein' *kursinnâ*, *kursinnû* und *kursin(n)âti*, *šinnu* ,Zahn' *šinnâ* und *šinnâti*, *ḳarnu* ,Horn' *ḳar-ni* (auch V R 6, 29 Var.!) und *ḳarnâti*, *ṣumbu* ,Lastwagen' *ṣumbê* und *ṣumbâti*, *ûmu* ,Tag' *ûmê und ûmât* (I R 28, 14 a), *kuppu*, Wasserstrahl, Quell' Plur. *kuppê* und *kuppâti*, *ud(u)rê* und *udrâti* ,Dromedare', *tuppu* ,Tafel' (S^c 38) *tuppê*, *tuppâni* und *tuppâti*, *kultârê* und *kultârâti* ,Zelte', *ummânu* (selten *ummâtu*, s. S. 116) ,Heer, Truppen' *ummânâte*, aber doch wohl auch *ummânê* (so wird *um-ma-ni* V R 35, 24. 64 Col. I 39. 43 zu fassen sein, s. § 74, 1, b); *nasîku* ,Fürst' *nasîkâni* und *nasîkâti*, u. a. m.

§ 71. Geschlecht. Auch ohne die weibliche Endung *atu* sind viele Substt. weiblichen Geschlechts. *a*) die Namen paarweis vorhandener Körpertheile, wie *uznu*, *ênu*, *šaptu*, *ḳâtu*, *birku*, *šêpu*. Doch auch *šinnu*, *lišânu*, *kursinnu*. *b*) Von andern Wörtern z. B. *abullu* ,Stadtthor', *bâbu*, *ḫalṣu* ,Schanze' (*ḫalṣi rabîtim* Acc., Neb. Bab. II 16), *ḫarrânu*, *ušmannu* ,Feldlager', *ummânu*, *elippu* ,Schiff', *ḫaṭṭu* ,Stab, Scepter' (*nâš ḫaṭṭi ṣîrti*, *elliti*), *pitpânu* (aber *pitpânu šu'atu* III R 16 Nr. 4, 51), *birḳu* ,Blitz' (Tig. VIII 84), *zuḳtu* ,Spitze', *emûḳu*. Auch *mâtu* ,Land'. *c*) die Flussnamen, vgl. wenigstens das häufige *Purât ina mîliša êbir* (Salm. Ob.).

Generis communis sind: *abnu* ‚Stein', *eḳlu* ‚Feld' (masc. III R 43, fem. Asarh. VI 49), *girru* ‚Feldzug' (fem. Sanh. V 26), *urḫu* ‚Weg', *kussû* ‚Stuhl, Thron', *bîtu* ‚Haus', *ekallu* ‚Palast', *ummânu* ‚Heer' (masc. Sanh. Konst. 30. Nabon. II 42. 51), u. a.

Status constructus. *a*) Singular. Verbindet sich mit einem Nomen im Sing. ein Substantiv im Genitiv (sog. status constructus-Kette), so fällt beim 1. Glied vor allem die Mimation weg und weiter, im Nom. und Acc., der Casusvocal. Für das Wiederhervortreten der vor der Casusendung synkopirten kurzen Stammvocale (bei Wörtern ohne die Femininendung *atu*) und ihr Syncopirtbleiben vor dem unter allen Umständen sich zeigenden *a* (*i*) der Femininendung *at* (*it*) bei den § 65 Nr. 1—8 aufgeführten Nominalstämmen s. dort. Genitiv-*i* des 1. Gliedes hält sich; ja auch beim Nom. und Acc. kann der *i*- Vocal den st. cstr. ersetzen. Beispiele: *ba-ab bîti*, *bêl ilâni*, *miṣir Aššûr*, *muruṣ kaḳḳadi*, *erêb Šamši*, *napḫar mâtâti*; *bêlût mâtâti*, *gimrat ilâni rabûti* (Salm. Ob. 1). — *ana nîri bêlûti'a*, *ša-ak-ni Bêl* ‚des Statthalters Bel's' (IV R 44, 14), *ina tukulti ilâni rabûti*, *ṣi-ir zuḳti Nipur* ‚auf der Spitze des Gebirges Nipur' (Sanh. III 69). — *bi-ši-ti šá-di-im ḫi-iṣ-bi tâmâtim* (Neb. II 35), ‚ich liebe *puluḫti ilûtišunu*' (Neb I 38). Diese letztere Verwendung des Genitivs an Stelle des st. § 72.

cstr. findet sich besonders häufig bei den auf langes *û* im Nom. Sing. auslautenden Nominalstammbildungen hintenschwachlautiger Verba; vgl. *ša-ni-e ṭêmi* ‚Wahnsinn‘ (Nom., Asurb. Sm. 135, 54), *mu-pi-(it-)ti durug šadâni* (Tig. II 86), *mu-di-e tuḳunti* ‚erfahren im Kampf‘ (Acc., Sams. II 18), *ḫi-ri-e nâri* (Acc., Sarg. Cyl. 46. 55). Doch sagt man auch z. B. *rab šaḳê*. — Werden die Casusendungen *u* und *a* beim 1. Glied beibehalten, so ist die st. cstr.-Kette durchbrochen und es muss *ša* vor den als 2. Glied folgenden Genitiv treten, z. B. *erêbu ša Šamši*.

Von diesen Regeln giebt es freilich abermals, wie bei den Casusendungen (§ 66) mannichfaltige und zahlreiche Ausnahmen. Besonders häufig werden die Casusendungen *u* und *a* beim 1. Glied beibehalten, ohne dass ein *ša* vor das 2. Glied tritt; z. B. *šalâmu Šamši* ‚Westen‘ (Tig. VI 44), *ḫarbašu taḫâzi'a* (III R 4 Nr. 4, 48), *ṣubâtu bêlûtišu* ‚sein Herrschergewand‘ (Acc., III R 4 Nr. 4, 45), *mandattu bêlûti'a* (Sanh. Konst. 15), *šušḳû tamlî* ‚die Erhöhung der Terrasse‘ (Sanh. Bell. 54); *mâla libbi*, *kullata ilâni* ‚die Gesamtheit der Götter‘ (V R 35, 34). Für die analoge Erscheinung bei Participien im 1. Glied s. § 131. Ja sogar mit Beibehaltung der Mimation *kîma pûrim ṣêri* ‚gleich dem Wildochsen‘ (IV R 63, 49 b), *ḫarânam namraṣâ* (Neb. II 22). Dagegen sind Redeweisen wie *ṭêm ša Arabi* ‚Nachricht von den Arabern‘ (K. 562, 10) äusserst selten.

b) Plural. Die Pluralendungen *ûti* und das weibliche *âti* lassen, wenn sie im st. cstr. stehen, ebenfalls zumeist den Schlussvocal wegfallen: *âbût Ašûr* (Asurn. I 28); *idât âlâni* (Tig. I 81), *šanât nuḫše* ‚Jahre des

Überflusses' (Tig. VIII 29), *ba'ûlât Bêl* (Tig. I 33. Lay. 33, 5 u. ö.), *šinnât imêri* ,Eselszähne'. Doch vgl. auch *šalmâta ḳurâdêšunu* ,die Leichen ihrer Krieger' (Sams. IV 29). Für die Pluralendung *ê* vgl. *mê nâri* ,die Wasser eines Stroms', aber auch *kâpê ša šadê* ,die Felsen des Gebirgs' (Asurn. I 65); für die übrigen Pluralendungen: *ilâni ša šamê* (IV R 28, 20 b), *gubbâni ša mê* ,Wassercisternen', aber auch *ma-ši-ḫa-an eḳli* ,Feldmesser' (III R 41 Col. I 14); *gi-me-ir ma-al-ku šadî u ḫuršâni* ,alle Fürsten des Gebirgs und der Berge' (IV R 44, 18).

Wortcomposition oder Verschmelzung zweier Nomina zu Einem Begriff und einheitlichem Wort weisen mitunter auf *a*) zwei im st. cstr.-Verhältniss stehende Nomina (die Fälle, in welchen das 1. Glied ein Participium ist, hier gleich mit eingeschlossen): *apil šarrûtu* ,Prinzenschaft, Thronfolgerschaft' (V R 1, 20), *âlik pânûtu* ,Vorsteherschaft' (K. 312, 11), *nâš paṭrûtu* ,Dolchträgerschaft' (V R 61 Col. V 25); — *bît nakantu* ,Schatzhaus' Plur. *bît nakamâti* (V R 5, 132 ff., als Masc. Plur. construirt), *murnisḳu*, d. i. doch wohl *mûr nisḳu* ,Pferd' (als ,edles' Thier so genannt, vgl. *aban nisiḳti* ,Edelstein'), Plur. *mur(mu-ur)-ni-is-ḳe* (Asarh. IV 26 u. ö.), *mu-ur-ni-is-ke-ia* ,meine Rosse' (III R 38 Nr. 2 Rev. 62). Auch Wortverbindungen wie *bin binim* ,Enkel' werden, wie *lillidu*, d. i. doch wohl = *lid lidu*, vgl. S. 144) zeigt, als Ein Wort gefasst worden § 73.

sein. *b*) Adjectiva mit vorausgestelltem, virtuell im Acc. stehenden Substantiv. Die dem Assyrischen eigenthümliche Stellung des von einem Verbum finitum abhängigen Objects vor dem Verbum (s. § 142), welche sich in seltenen Fällen auch dem Participium des Qal (vgl. *Zêr-bânîtum*, *Sammu-râmat*, d. i. ,Wohlgerüche liebend'?, s. weiter § 131 Anm.), häufig den Infinitiven (z. B. *mîta bulluṭu* ,Todtenerweckung', s. weiter § 132), nicht minder den mit dem Perm. und Inf. der abgeleiteten Verbalstämme sich deckenden Adjectiven (§ 88) mitgetheilt hat (vgl. *ḫurâṣu uḫḫuzu* ,in Gold gefasst'), scheint weiter dazu geführt zu haben, auch sonstigen Adjectiven die ihnen zu näherer Bestimmung beigefügten accusativischen Zusätze voranzustellen. Wohl sagt man für gewöhnlich *ṭâbat rigma* (Nimr. Ep. XI, 111), *rapša uzni* ,weitsinnig', *pit uzni* ,offensinnig', ,Sin *bêlu nam-ra ṣi-it* der Herr glänzend in Bezug auf Aufgang, glänzenden Aufgangs' (IV R 2, 22 b, anderwärts: *ša ṣêsu namrat*), aber man kann auch sagen *še-ip a-rik* ,Langfuss' (ein Vogel, II R 37, 46 b), *ilu ḳa-at ra-bu-tú* (III R 66 Rev. 23 d), *libbu rapšu*, *libbu ritpâšu* ,grossmüthig' (V R 4, 37. 35, 23), *libbu rûḳu* dass., *libba palḫu* ,gottesfürchtigen Herzens' (V R 63, 4 a), *šumu ṭâbu* ,schönnamig' (von Nebo), *a-ša-ri-du* ,der Erste, Vornehmste', eig. *ašar edu* ,der Erste an Platz, der den ersten Platz einnimmt', wovon Plur. *a-ša-rid-*

du-ti (Khors. 31), nom. abstr. *ašaridûtu* ‚erster Platz, Vorrang, Oberherrlichkeit‘.

Anmerkungsweise ein Wort zu den zahlreichen und noch immer ziemlich räthselhaften babyl.-assyr. Substantiven wie *gù-maḫ-ḫu* ‚grosser Stier‘, *paramaḫ(ḫ)u* ‚erhabenes Heiligthum‘, *ki-salluḫ(ḫ)u* ‚Fussbodensalber‘ (V R 13, 1—4 b, Fem. *kisalluḫatu*), *tupšarru* ‚Tafelschreiber‘. Dass Wörter wie diese, welche man insgemein für ‚sumerische‘ Composita und Lehnwörter zu halten pflegt, wirklich als Wörter dienten, also nicht etwa nur ideographischen Werth besassen, ist ebenso unzweifelhaft wie dass viele derselben in der That nur als Composita sich begreifen. Wer sich aber nicht dazu verstehen kann, assyr. *parakku* (und damit hebr. פָּרֹכֶת, vgl. auch syr. ܦܪܟܐ) mit seinem denkbar besten assyrisch-semitischen Etymon, für ein Lehnwort aus einem vermeintlichen sumerischen *bara(g)* zu halten, vielmehr in dem dem Ideogramm für *parakku* als Glosse beigeschriebenen und auch als Sylbenwerth verwendeten *bara(para)* nur eine Abkürzung aus *parakku* (*ba-rak-ku* Sanh. Kuj. 4, 6. 8 u. ö.) zu erblicken vermag, der muss das ganze *pa-ra-ma-ḫu*, *para-maḫ(ḫ)u* (Sarg. Cyl. 49. Stier-Inschr. 47) als ein Wort semitischer Prägung anerkennen, und zwar mit so zwingender Nothwendigkeit, dass dabei nach der Herkunft von *maḫḫu* gar nicht erst gefragt zu werden braucht. Das assyr. *paramaḫu* trägt den Stempel eines von Semiten geprägten Kunstworts. Solcher künstlich gebildeten Wörter giebt es im Assyrischen eine Menge, doch hat nur eine verhältnissmässig geringe Minderheit Aufnahme in die lebende Sprache gefunden. Solche von niemand geläugneten, auch ihrem semitischen Ursprung nach allgemein zugestandenen Kunstwörter sind zunächst die Namen der assyrischen Schriftzeichen und Schriftzeichengruppen: das aus *ši* (*igi*) und *tal* zusammengesetzte Zeichen *ar* hat den Namen *igitallu* ($\mathrm{S^a}$ 1, 2), das aus *gad*, *tak* und *úr* gebildete Ideogramm für *ṣupru* ‚Nagel, Klaue‘ u. ä. den Namen *gadatakkurû* ($\mathrm{S^c}$ 298). Sodann aber verdienen ernstlichste Beachtung die uns als Vocabulare dienenden ideographischen Zusammenstellungen der babylonisch-assyrischen Gelehrten: diese zeigen uns den Gebrauch solcher aus den ideographischen Schreibweisen künstlich entwickelten Wörter in ziemlich weiter Ausdehnung. Gewöhnt jeden Begriff, jedes Ding neben der phonetischen Schreibung des betr. Wortes auch ideographisch auf mannichfaltige Weise auszudrücken und diese Ideogrammgruppen als den Wörtern völlig gleichbedeutend zu betrachten und sich einzuprägen, musste sich den Inhabern der babylonischen Schreibkunst, den Priestern und Gelehrten, unvermerkt die Grenze zwischen den Ideogrammen samt deren conventionellen Lesungen, den Ideogrammwörtern, möchte ich sagen, und den ihnen entsprechenden eigentlichen Wörtern verwischen. Natürlich sind die meisten dieser künstlich gebildeten Wörter, wie wir sie in den ,Vocabularen' so vielfach finden (vgl. z. B. V R 32 Nr. 1 Obv. 7—17), über die Grenzen wissenschaftlichen Sprachgebrauches hinaus niemals zu allgemeinerer Geltung gekommen. Immerhin ist die Zahl der uns in den Keilschrifttexten mannichfachsten Inhalts begegnenden Wörter dieses Gepräges keine gar so geringe. Sie werden alle im Einzelnen auf die Art und Weise ihrer Zusammensetzung hin geprüft und geordnet werden müssen; vielleicht lässt sich auch noch eine bestimmte Begriffssphäre entdecken, welcher die durch solche Wörter bezeichneten Begriffe und Dinge allesamt angehören. Nur ein Zweifaches sei hier noch hervorgehoben! Die Babylonier-Assyrer nennen eine schriftliche Urkunde, bestimmt obenan den Namen ihres Verfassers zu verewigen, *šiṭir šumi* oder *šumu šaṭru* (auch *šumu zakru*, s. II R 40, 46 f. c. d. IV R 45, 12. 14) und bezeichnen sie ideographisch, in engem Anschluss an diese semitische Benennung, als *mu-sar-(a)*, woraus dann als ein neues Wort für ,Urkunde, Inschrift' *mu-sa-ru-û* (Khors. 159 *musarrû*, Asarh. VI 64 *mu-ša-ru-û*) üblich wurde. Wenn nun diesem *musarû* Sanh. VI 68. Asarh. VI 64 ff. V R 64 Col. III 45. 47 (vgl. II 43) und an anderen Stellen mehr die Apposition *šiṭir šumi* beigefügt ist — erweckt dies nicht den Anschein, als habe *musarû* trotz seines häufigen Gebrauchs fortgefahren, den Eindruck eines seltsamen, erklärungsbedürftigen Wortes zu machen? Sodann muss abermals (s. den Anfang dieser Anm. und vgl. § 25 S. 67) hervorgehoben werden, dass gar manche Wörter nur scheinbar dieser Klasse künstlicher Neubildungen zugehören, die Ideogramme vielmehr umgekehrt auf einer künstlichen Zerlegung des echtsemitischen drei- oder vierconsonantigen Substantivs beruhen. Es ist dies z. B. sicher der Fall bei *ki-sur-ru* (Khors. 82. 136, vgl. V R 31, 3 e. f) d. i. *kisurru* (oder *kisurrû*? vgl. *kusurrû*) ‚Grenze, Gebiet' von כסר ‚umschliessen, absperren' (also kein Compositum aus *ki-sur-ra*), wohl auch bei *ki-maḫ-ḫu* ‚Sarg', welches trotz seiner ideogr. Schreibung *ki-maḫ* von dem dreiconsonantigen Stamm קמח abzuleiten sein wird, wie das mit *ki-ma-ḫi* Sm. 50 Z. 14 wechselnde *gi-ma-ḫi* beweisen dürfte. Gehören etwa auch *ekallu* ‚Palast' (ideogr. *e-gal*), *ḫu-ḫa-ru* ‚Vogelschlinge' Tig.jun. Obv. 15. 32) u. a. hierher?

Ich gebe zum Schluss noch eine kurze Liste weiterer Wörter, welche meines Erachtens nach den hier dargelegten Gesichtspunkten zu fassen bez. zu prüfen sein dürften: *ab-kal-lu* ‚höchster Entscheider' (*kal* Zeichen § 9 Nrr. 162 und 169, s. WB, Nr. 23), *gù-gal*(169)-*lum* ‚grosser Stier' (IV R 23, 10 a) — gleicher Bildung wie *gu-uk-kal-lum*, *gu-uk-ka-al-lam* (S^b 1 Obv. Col. III 12. Neb. Grot. III 12)? —, *dim*(?)-*gal*(169)-*le-e* Plur. ‚Baumeister' (Sanh. VI 45; zum Zeichen *dim* = *banû* s. S^c 279), *ki-ši-ib-gal*(169)-*lum* ‚Oberaufseher' (V R 13, 34 b; vgl. zu *kišib* ‚Aufsicht' hebr. קשב?), *šú-uš-kal-lu* eine Art Fallstrick o. ä. (ideogr. *šú-uš-gal* und *šú-uš-kal*), *ú-šum-gal-lu*; ^amêlu^*sur-maḫ-ḫu* Name einer Priesterclasse (Khors. 157), ^iṣu^*sar-maḫ* ‚grosser Baumgarten' (Asarh. VI 14), *ur-maḫ-ḫe* Plur. ‚Löwen' (Sanh. Kuj. 4, 21); *zag-mu-ku* ‚Jahresanfang', Neb. II 56 mit dem erklärenden Zusatz *rêš šatti* (ohne denselben Neb. IV 1 u. ö., *zag-muk-ki* Asarh. VI 46, *zag-muk* III R 52, 37. 51 b, vgl. IV R 18, 23/24 a), *im-ḫul-lu* ‚böser Wind', wiederholt, z. B. IV R 5, 39 a, mit dem erklärenden Zusatz *šâru limnu*, *egi-zaggû* (s. WB, Nr. 58), *agargarû* (s. ebenda Nr. 74), *šà-gurrû* ‚Barmherzigkeit', eig. ‚Herzenszuwendung' (V R 21, 55 a), *kiḫullû* ‚Weinen, Wehklage' (Khors. 78. V R 7, 15. 47, 44 b), *ḫegallu*, auch *ḫengallu* (IV R 20 Nr. 1 Obv. 22), ‚Überfluss', vgl. *ḫe-nun* (*ḫe* Zeichen § 9 Nr. 138) = *nuḫšu*, wovon das Adj. *ḫenunnâku* (vgl. § 65 Nr. 39 Anm.).

Für die Verschmelzung der Nomina mit dem selbständigen Fürwort der 2. und 1. Pers. zu den permansivartigen Formen *ṣîrât*, *šarrâku* u. s. f. s. § 91.

§ 74. Verbindung des Substantivs (auch Participiums) mit dem Pronominalsuffix (vgl. § 56, a).

1) Substantiv (Participium) im Singular. *a*) Die Suffixa ausser der 1. Pers. Sing. Diese Suffixa können entweder an die st. cstr.-Form der Substantiva oder an deren mit Casusendung versehenen Formen angefügt werden. Das erstere ist ganz besonders beliebt, wenn das Subst. im Nominativ steht; auch beim Accusativ ist diese Verbindungsweise häufig; nur der Genitiv behauptet auch vor den Suffixen regelmässig sein *i*. Beispiele: Nom.: *šumšu* ‚sein Name', *kabtatsu* ‚sein Gemüth', *aššatka* (Nimr. Ep. 42, 9), *Bi-li-it-ni* ‚unsere Herrin'; doch vgl. auch *mêlammušu* ‚sein Glanz' (Tig. I 41), *šuškallaka* bez. *-šu*, *kabittaša* (neben *kabtatsa*), *zêr-û-ni* ‚unser Geschlecht' (Beh. 3), *tu-kul-ta-ni* ‚unser Helfer' (Sanh. V 25). Acc.: *šumšu* ‚seinen Namen', *ša-pat-su* ‚seine Lippe', *ummânka* (Sanh. V 23), *bâbka*, *admânšun* (V R 35, 9), *malikšunu* (Lay. 33, 8), *mašakšun*, *bilatsunu*, *ḫubussunu*, *bêlûtsun*, *ašaršin* (Sams. II 49), *kullatsin*, *pu-ud-ni* ‚unsere Seite' (Nimr. Ep. XI, 181); doch vgl. auch *bukrašu* ‚seinen Erstgeborenen', *ta-mar-tuš*, ‚den König *lâ pâliḫišu*' (V R 35, 17), *libbakunu*. Gen.: *ṣi-ir bîti-šú* ‚auf seinem Hause' (I R 7 Nr. F, 26), *ina ḳibîtišu* bez. *-ka*, *ki*, *ina idiša*,

ina ašrišina (NR 23), *lib-bi-ku-nu* (Tig. I 19. 20); doch vgl. auch ‚dem König *pâliḫšu*' (V R 62 Nr. 1, 20. 35, 27). *b*) Das Suffix der 1. Pers. Sing. Steht das Subst. im Nom., so wird fast ausnahmslos *î* an die st. cstr.-Form gefügt: *li-ib-bi* ‚mein Herz', *ḳa-ti* (Tig. VI 45), *mu-ti*, *áš-šá-ti* (V R 25, 4. 10 a), *ma-a-ri* ‚mein Sohn' (auch Vocativ). Ebendesshalb wurde in § 70, b *um-ma-ni-ia rapšâtim* (Nom., V R 35, 24) als *ummânê'a* (Plur.) gefasst. Wenn sich in babyl. Briefen Formen wie *bêli'a*, *bêlti'a* auch für den Nom. finden, so wird hierfür wohl die Bemerkung unten auf S. 180 in Betracht kommen. Als *î* erscheint das Suffix zumeist auch im Acc.: *a-ma-ti* ‚meinen Befehl', *bi-in-ti* (Khors. 30), *ḳa-a-ti* oder *ga-ti* (Tig. I 51. IV R 10, 59 a), *ma-a-ti* (Sanh. II 29), doch vgl. *arda-a* ‚meinen Knecht' (K. 312, 10). Für *um-ma-ni-ia rapšâti* (Acc., V R 64 Col. I 39. 43) s. soeben. Dagegen behauptet der Gen. abermals sein *i*, woran sich die Suffixform *ia* als *a* schliesst: *âl bêlûti'a* (*be-lu-ti-ia*), *ana šarri bêli'a* oder *eni'a*, *ina ta-a-a-ar-ti-a* (Sams. III 37), *ana ma-ti-ia* (NR 33). — Das unter *a*) und *b*) Bemerkte berücksichtigt, wie man sieht, ausschliesslich solche Substantiva (Participia), welche, der Casusendungen entkleidet, consonantisch auslauten; dagegen möchte ich mich für die im Nom. Sing. auf *û* auslautenden Nominalstammbildungen (Participia) an Stelle von Regeln lediglich auf etliche Beispiele beschränken (es scheint dass, mit theilweiser Ausnahme der 1. Pers. Sing., das Pronominalsuffix sich stets an die durch die Casusendung vermehrte Substantivform anschliesst): man sagt nicht nur *a-bi-ia* Gen. ‚meines Vaters', sondern auch *a-bu-šu*, *a-ba-šu*, *a-ba-ka*, vgl. ferner *a-gu-ku* ‚deine Krone' (IV R 46, 16 a), *bu-šá-šú-num* (von *bušû* ‚Besitz'), *i-ta-šin* ‚ihre Grenze' (V R 6, 67), *Šadûnu* und *Šadûni*, *Aḫûnu* und *Aḫûni* (nn. prr.). Für die 1. Pers. Sing. in Verbindung mit einem Subst. im Nom. oder Acc. vgl. einerseits zwar *kussû'a* ‚mein Thron' (V R 66 Col. II 13), *dimmi-ir-ú-a* ‚mein Gott' (Neb. I 23), *abû'a* ‚mein Vater' (Beh. 1), andrerseits aber auch *a-bi* ‚mein Vater, o mein Vater, meinen Vater'. Für das Part. des Qal der Verba tertiae י vgl. *abû bânû'a*, *malku ba-nu-šu-un* ‚der Fürst, ihr Erbauer' (Khors. 191), aber auch *ilu ba-ni-ia* (Nom., IV R 17, 24 b), *abû ba-ni-ia* (Nom., s. WB, Nr. 13); im Gen. natürlich *ili ba-ni-ia* (Neb. I 30), *a-bi ba-ni-šun(u)*.

Die Gesamtheit der unter *a*) und *b*) aufgeführten Beispiele lehrt, dass die Nominalsuffixe den Ton auf die die Casusendung enthaltende letzte Sylbe des Substantivs nicht ziehen. Dass aus Formen wie *ṣîruššu*, *pânukka*, *šaptukka* nicht das Gegentheil geschlossen werden darf, lehrt § 80, e; in Fällen aber wie *ḳinnaššu gabbi* oder *Nu-ur-an-ni-ilu* ‚unser Licht ist Gott' (n. pr. m. II R 63, 37 c, vgl. dagegen *nu-ur-a-ni Nabû* III R 16 Nr. 3, 39), auch *Nabû-re-ṣu-u-a* ‚Nebo ist mein Helfer' (n. pr. m. II R 64, 51 c), *Nûrû'a* u. s. f. könnte die Betonung die Ausnahme verursacht haben; vgl. bereits § 53, d, Anm. und siehe für *rêṣû'a* = *rêṣú'a* analoge Fälle S. 125 ff. Noch unaufgeklärt sind die wenig zahlreichen Fälle, in welchen das Substantiv vor dem Suffix die Mimation behält, vgl. *za-ku-tum-šu-nu* ‚ihre Freiheit' (V R 55, 50), *ana šûzub napiš-tim-šu(-nu)* (V R 8, 38. 43), *aššu balâṭ napiš-tim-šu* (V R 3, 17). Ebenso enthalten die in einem Subst. mit Suffix der 1. Pers. Sing. bestehenden nn. prr. noch manches Räthsel. Zwar der Acc. in Namen wie *Šu-ma-a(-a)*, *Ap-la-a(-a)* würde keine erhebliche Schwierigkeit bereiten (liegen etwa Ausrufe vor wie z. B. ‚o über mein Kind!'?), aber wie erklärt sich *Nûr-e-a* ‚mein Licht' (wechselnd mit *Nu-úr-ú-a* als Namen der nämlichen Person), *Aḫe-e-a* ‚mein Bruder', *Ardê'a* (geschr. *Ar-di-ia*, *Ardi-ia*, wie auch *Nu-ur-ia Nûrê'a* zu sprechen sein wird), *Zêrê'a*? Ist etwa aus *Aplâ'a*, wofür man *Aplâ* zu sprechen pflegte (vgl. § 13 Schluss) und welches selbst nichts weiter als Acc. mit emphatisch betonter Casusendung = *Aplá'a* ist (vgl. *Nûrû'a*), *Aplê'a* hervorgegangen mit Umlaut von *â* zu *ê*?

2) Substantiv im Plural. *a*) Pluralendung *ê*: *ḳu-ra-di-e-šu* ‚seine Krieger' (V R 5, 109), *laḳ-te-e-šu* oder *laḳ-ti-šu* (zweifellos auch *laḳtêšu* gelesen) ‚seine Finger' (V R 2, 12), *kul-ta-ri-e-ša* ‚ihre Zelte' (Asurb. Sm. 291, n), *aš-ri-e-ki* ‚deine Tempel' (Asurb. Sm. 121, 33), *abê'a* ‚meine Väter' (geschr. *abu*^{pl}*-i*, Var. *e*,*-a* I R 7 Nr. E, 5, *ab-bi-e-a* V R 34 Col. II 46), *ilu*^{pl}*-e-a* ‚meine Götter' (K. 647 Obv. 8), *sîsê-ši-na* (Sanh. VI 10). *b*) *âni*: *ilâ-ni-ia* ‚meine Götter' (III R 38 Nr. 1 Obv. 38), einzige mir erinnerliche Stelle. *c*) *â*: *ḳar-na-a-ša* ‚seine (des Wagens) Hörner' (Nimr. Ep. 42, 11), *še-pa-a-a* ‚meine Füsse'; andere Beispiele s. § 67, a, 4. *d*) *û*: *še-pu-uš-šu* ‚seine Füsse' (V R 35, 18), *gaṭ-tu-ú-a* (Neb. I 46. Bors. I 14), *ar-nu-ú-a* ‚meine Missethaten'

(IV R 66, 45 a), *pa-nu-uš-šu-un* ‚ihr Antlitz' (V R 35, 18). *e*) *âti* (*âte*, *âtu*), die einzige Pluralendung, welche bezüglich der Anfügung der Suffixe eine Schwierigkeit darbietet. Im Hinblick auf Schreibungen wie *ep-še-ti-e-šu* (III R 38 Nr. 1 Rev. 22), *ep-še-te-e-šu* (III R 15 Col. II 12), *i-ta-te-e-šu* (V R 10, 105), *si-ma-te-e-ša* (Var. *si-ma-ti-ša* V R 6, 109) und hinwiederum *e-ep-še-tu-ú-a* (Neb. Bors. II 18 u. ö.), *šá-na-tu-ú-a* ‚meine Jahre' (V R 34 Col. III 43), *ḫi-ṭa-tu-u-a*, *ḫab-la-tu-u-a* (IV R 10, 37 a. 44 b) wird man wohl nicht umhin können, auch Pluralformen der Schreibung *um-ma-na-te-šunu* (Tig. III 98 u. o.), *um-ma-na-te-ia* (Tig. II 43), *um-ma-na-ti-ia* (I R 7 Nr. F, 9), *ba-ú-la-a-tu-šú* (Neb. VII 29) *ummânâtê-šunu*, *ummânâtê'a*, *ba'ûlâtûšu* zu lesen. Indess möchte ich in dieser Verlängerung des Endvocals der Pluralendung gleichfalls nicht sowohl einen Einfluss des Suffixes, welches den Ton auf die ihm unmittelbar vorausgehende Sylbe gezogen hätte, als vielmehr einen Einfluss seitens der übrigen Pluralendungen *ê*, *â* und *û* erblicken. Man scheint durch die Pluralformen auf *ê*, *â*, *û* dermassen gewöhnt worden zu sein, die letzte Sylbe eines im Plural stehenden Substantivs vor dem Pronominalsuffix mit langem und darum betontem Vocal zu sprechen, dass man diese Aussprache auch auf die weibliche Pluralform *âti* übertrug, sodass es nun den Anschein hat, als vereinigte *âtê-šu*, *âtû-a* in sich eine doppelte Pluralendung. Natürlich will dies lediglich eine Vermuthung sein.

Anhang zum Pronomen und Nomen.

Zahlwörter und Partikeln.

1) *Zahlwörter.*

Die bislang bekannten assyr. Cardinalzahlen sind: § 75.

1 *ištên* (aus *ištân*, § 65 Nr. 35): *iš-tin* (z. B. Khors. 126), als wirkliches Zahlwort stets ohne Endung gesprochen, und zumeist mit der Ziffer I und phon. Compl. *ên* geschrieben (z. B. D, 5. F, 11). Die gemäss Asurn. I 118 auf *it* auslautende Femininform wird (im st. cstr.) *ištênit* gelautet haben; vgl. *iš-ti-en-i-ti* (sic! V R 34 Col. I 28). Daneben findet sich auch noch *ištâttu*, wovon z. B. *iš-ta-at* ‚erstens', s. § 77. Für *edu* und *aḫadu* s. ebendort. **2** *šinâ* (§ 62, 1): *ši-na* (IV R 22, 53 a. V R 12, 33 f). **3** [*šalâšu*, *šelâšu*, § 65 Nr. 11]. Fem. *šalâltu* u. ä.: *šá-la-aš-ti* (V R 12, 34 f), *ša-lal-ti* (z. B. S^c 124), *še-lal-tu* (IV R 5, 64 a). **4** *arba'u* (§ 65 Nr. 30, a), auch *erba'u* (*irba'u*): *ar-ba-'(-i)* (II R 38, 44 a. Sarg. Cyl. 2. 9), *ša ir-ba šêpâšu* (V R 50, 16 a). Fem. *erbitti* (*irbitti*, aus *erba'ti*, s. § 35): *ir-bit-ti* (II R 35, 40 b), *irbit-tim*, *ir-bit* (V R 37, 5 c). **5** [*ḫamšu*, § 65 Nr. 7]. Fem. *ḫa-mil-ti* (K. 4378 Col. VI 22). **6** lautete, wie die Gleichung VI = *su-du* . . . . (ABK 237) beweist, jedenfalls mit *s* an (wohl zum Zwecke der Dissimilation vom dritten Radical *š*) und zog weiter auch die Aussprache der ‚Sieben' und theilweise auch der ‚Acht' mit anlautendem *s* nach sich). **7** *si-ba* (Form nach Art der § 65 Nr. 6 Anm. besprochenen): *si-bi*, *si-ba* (II R 19, 14 b). Fem. *sibitti* (z. B. IV R 2, 31 b), *si-bit* (IV R 66, 47 a). **8** lautete, wie die Gleichung VIII = *ṣu-ma-nu*[-*u*?] (ABK, l. c.) beweist, jedenfalls mit *s* an: [*samânû*?]. **9** [*ti-šu*, § 65 Nr. 4]. Fem. *ti-šit* (Sm. 699, nach Pinches). **10** [*ešru*, § 65 Nr. 6 und s. Anm.]. Fem. *eširtu*, auch *ešertu* gesprochen (s. § 36): *ešir-te* (II R 31, 45 c. III R 51 Nr. 5, 3), *e-še-rit* (K. 4378 l. c. 21) und *ešrit*, s. sofort.

11 *iš-ten-eš-rit* (K. 3437 Rev. 32). — **15** *ḫa-miš-še-rit* (K. 4378 l. c. 20).

20 *eš-ra-a*. **30** *ša-la-ša-a* (V R 37, 45. 50 f), *še-la-ša-a* (auch *ša-la-še-e*, IV R 23, 5 a, ?). **40** *ir-ba-'-ia* (Var. *a*), sprich *irba'â* (*erba'â*), umgelautet aus *arba'â*, vgl. *ar-ba-a* (V R 37, 7. 14 c). **50** *ḫa-an-ša-a* (s. für diese Zahlen K. 4378 l. c. 16—19; für *â* § 67, a, 4).

60 (*ištên*) *šú-*(*uš-*)*šu* bez. *-ši*, *še*, σῶσσος; II *šú-ši* 120, III *šú-ši* 180, u. s. w. **600** *ne-e-ru* (AL[3] 130, 138), *ni-e-ir* (V R 18, 23 b), νῆρος. **3600** *ša-ar* (S[c] 79), σάρος. Vgl. noch *šú-uš-ša-ar* (II R 45, 29 f).

100 wohl *mê* (s. § 9 Anhang 1).

Die bislang bekannten Ordinalzahlen sind: § 76.
1. *maḫrû* (*maḫrê*, *maḫrâ*), Fem. *maḫrîtu* (eig. ‚an der Vorderseite, *maḫru*, befindlich‘). Das mit hebr. רִאשׁוֹן verwandte *rêštû* (eig. ‚an der Spitze, *rêštu*, befindlich‘) bed. nur ‚erster an Rang oder an Zeit‘ (daher auch ‚anfänglich‘). 2. *šanû* (*šanê*), geschr. *ša-nu* (IV R 5, 15 a), *šá-ni-e* (IV R 66, 3 b), Fem. *ša-nu-tu* (s. § 77). 3. *šal-šú* (IV R 5, 18 a, Var. -*ši*), Fem. *šalultu* (*ina šá-lu-ul-ti šatti* ‚im dritten Jahr‘, V R 64 Col. I 28). 4. *re-bu-ú* (IV R 5, 20 a).. 5. *ḫa-aš-šu* (Z. 22 a) und *ḫanšu*. 6. *seš*(*siš*)-*šu* (Z. 24 a). 7. *si-bu-u* (wohl *sebû*), Fem. *si-bu-tum* (s. § 77). 8. Als *ša-am-nu* sowohl wie *sa-am-nu*, *sam-na* erscheint die Ordinalzahl im Monatsnamen *araḫ-šamnu*, *araḫ-samnu*, doch gab es, wie schon das phon. Compl. *e* hinter der Ziffer VIII (Sanh. V 5. V R 5, 63) lehrt, noch eine andere Form, nämlich, gemäss Nimr. Ep. 55, 24 (*ḫa-an-ša siš-ša u si-ba-a sa-ma-na-a*, sc. *ûma*), *samânû*. 9. [*tešû*]. 10. *ešru*. S. zu diesen Ordinalzahlen auch die Bruchzahlen in § 77. Die übliche Ansicht, dass die assyrischen Ordinalzahlen von 3—10 gleicher Bildung seien mit arab. ثَالِث, خَامِس, wird im Hinblick auf die Feminformen ‚die 2., die 3.‘, dessgleichen ‚die 7.‘ endgiltig aufzugeben sein. Ohnehin würde *seššu* (§ 48 weniger genau *šeššu*), wenn es wirklich = *sêššu* = *sâdišu* wäre, das einzigste Beispiel für Umlaut von *â* in *ê* innerhalb des Participiums

eines starken Verbums sein; auch liesse sich vereinzelt wenigstens *ḫâmišu* ohne Synkopirung des *i* erwarten. Die Form der assyr. Ordinalzahlen ist *fa'ul*!

[*Ûmu*] *XIV-tu* ,am 14. Tag' s. K. 3567 Z. 18.

§ 77. Sonstige Zahlwörter. Bruchzahlen. $^1/_2$ *mišlu* (V R 37, 44 f), Plur. *mišlânu*, *mišlâni* ,die Hälften' (V R 40, 51 d. K. 56 Col. I 25). $^1/_3$ *šú-uš-ša-nu* (Var. *-an*, S^b 50); die Femininform mit phon. Compl. *ti* lesen wir Tig. III 101 (,ein Drittel der Tags'). $^2/_3$ *ši-(i-)nipu* (z. B. S^b 52), Plur. *ši-ni-pa-(a-)tum* (V R 37, 13 c. 40, 57 d), vgl. *ši-ni-pat* (st. cstr. Sing., K. 56 Col. III 45. Nimr. Ep. XI, 73). $^5/_6$ *pa-rab* (S^b 54). Die beiden letzten Bruchzahlen erinnern an hebr. Redeweisen wie פִּי שְׁנַיִם (z. B. Dt. 21, 17). Alle übrigen Bruchzahlen bildete der Assyrer gleich dem Hebräer durch das Fem. der Ordinalzahl. Wie dieser das Drittel oder den dritten Theil als שְׁלִישִׁית u. s. w., sc. חֶלְקָה, bezeichnete, so nannte der Assyrer die ,Drittel' oder ,Dritttheile' *šalšâtu* (*šal-šá-a-tu*, *šal-šá-ti* u. ä.), die ,Vierttheile' *rebâtu* (*re-ba-a-tum*, *re-ba-a-ti*), die ,Fünfttheile' *ḫaš-ša-a-tum* bez. *ḫa-an-šá-tu(ti)*, die ,Zehnttheile' oder die ,Zehnten' *ešrêtu* (*eš-re-tum*, *eš-re-ti*). S. für diese Zahlen V R 40, 52—56 d, wo auch ein Syn. von *ešrêtu*, nämlich *uš-[ri??]-a-tum* aufgeführt ist, ferner K. 56 Col. II 16. 22—33 und III 4—8. Zu ergänzen ist zu diesen weiblichen Pluralformen *inâ*, gemäss K. 56 Col.

II 16. Übrigens findet sich in den Contracttafeln auch das Masc. *šalšu* für ‚Drittel' gebraucht; das hiervon durch die Endung *âi* weitergebildete *šalšâi* in *aḫu šal-ša-a(-a)* (V R 3, 48. Asurb. Sm. 130, 1) scheint einen Bruder zu bezeichnen, der (wahrsch. als Drittgeborner) nur auf einen Dritttheil des Ranges des Erstgeborenen Anspruch erheben kann. — Die Feminina der Ordinalzahlen dienen auch noch zum Ausdruck für zwei andere Zahlbegriffe, nämlich zunächst für ‚zweitens', ‚drittens' u. s. f.; denn dass II-*tum*, III-*tum* u. s. f. bis VI-*tum* (Nimr. Ep. XI, 205 f.) als *šanû-tum*, *šalul-tum* (vgl. Z. 215!) u. s. w. zu fassen sind, lehrt *si-bu-tum* ‚siebentens, an siebenter Stelle' (ebenda Z. 207). Welches Subst. zu ergänzen, ist noch unklar. ‚Erstens' wird durch das Fem. der Cardinalzahl ausgedrückt: *iš-ta-at* (ebenda Z. 204); *ištât(u)* = *ištântu* (vgl. § 49, b auf S. 116). Sodann dienen jene Feminina in Verbindung mit *šanîtu* ‚Wiederholung, Mal' (Ideogr. § 9 Nr. 88) zur Bezeichnung von ‚zum 2., 3. u. s. w. Mal': vgl. *ša-nu-te šanîtu* ‚zum zweiten Mal' (Salm. Ob. 77. 174), hebr. שֵׁנִית; statt dessen die Ziffern *VIII*, *IX* u. s. w. *šanîtu* (natürlich auch als Ordinalzahlen zu lesen) ebenda Z. 85. 87 u. s. w. Nur für ‚zum zweiten Mal', ‚zum dritten Mal' sind besondere Adverbia ausgeprägt, nämlich *šani'ânu* (*šanî* Gen. + *ânu* § 80, c?), geschr. *ša-ni-ia* (Var. *'a*)*-a-nu* (V R 4, 18), *ša-ni-(ia-)a-nu* (V R 8, 41), *ša-ni-a-nu* (Asurb. Sm. 215, d), und *šal-ši-a-nu* (Asurb. Sm. 217, k). — Zahladjectiva: *ištânu* ‚einer, einzig' (*ilu iš-ta-a-nu* ‚Ein Gott', IV R 16, 8 a), *edu* (*idu*) ‚einer (mit Neg. ‚keiner, niemand'), eins, einzig, einerlei'; *šunnû* ‚doppelt'. Das etymol. Verhältniss von *edu* zu *aḫadu* (vgl. Asurn. I 81: *a-ḫa-da-a-ta* . . . *a-ḫa-da-at* . . . *a-ḫa-de* ‚die einen . . . die andern . . . die dritten') ist noch dunkel, s. WB, Nr. 139. Das Fem. von *edu* ist *ettu* (= *edtu*, *idtu*), vgl. *ašarittu* (ASKT 126 Z. 21). ‚Eins' i. S. v. ‚übereinstimmend' heisst *mitḫâru*. Für das unbestimmte ‚ein, einer' wird *edu* sowohl wie *ištên* (z. B. V R 3, 118) gebraucht. Die entsprechenden Adverbia sind *ištêniš*, geschr. *iš-te-niš* oder *I-niš*, ‚jeder für sich, gegenseitig' (z. B. Khors. 118. II R 65 Rev. Col. IV 21. 22), auch ‚in eins, zusammen' (z. B. vermengen); *ediš* ‚allein, einsam'; *mitḫâriš* ‚in gleicher Weise, zusamt'.

2) *Partikeln.**)

Adverbia.

§ 78. 1) Adverbia ohne besondere Endung. *a*) Selbständige.

*) Die mit † versehenen Partikeln sind pronominalen Ursprungs; die übrigen sind sicher bez. möglicherweise nominalen Ursprungs oder weisen eine Vereinigung nominaler und pronominaler Bestandtheile auf.

Advv. der Art oder Beschaffenheit: †*ki-a-am* ‚so, also‘ (Beh. 1. 2 u. o.), wohl *kî'am* (vgl. § 10) zu lesen. †*ma-a* und †*um-ma* (eig. *û-ma* ‚dieses‘, vgl. § 55 Anm.) ‚also, folgendermassen‘, führen beide die oratio directa ein (Asurn. I 102. III R 16 Nr. 2, 34; Asurb. Sm. 123, 52 u. o.); ersteres dient überdies gern dazu, bei längeren Mittheilungen den fortdauernden Charakter der betr. Worte als einer Mittheilung immer wieder hervorzuheben (*um-ma* findet sich weit seltener so gebraucht). *ki-(i-)ki-i* viell. ‚irgendwie‘, mit Neg. ‚gar nicht‘ (Nimr. Ep. XI, 169).

Advv. des Orts: †*a-gan-nu* (Beh. 12), †*a-gan-na* (Asurb. Sm. 125, 63. E, 8) ‚hier‘ (vgl. § 57, d), *a-na-gan-nu* ‚hierher‘. Vgl. die adverbialen Ausdrücke: *ina libbi* (geschr. *lìb-bi* oder *libbi* § 9 Nr. 259) ‚dort, alldort‘, auch ‚darauf‘ (z. B. schrieb ich), *ana libbi* ‚dorthin‘ (z. B. Tig. VI 92), *ultu libbi* ‚von dort aus‘ (Beh. 15). *aḫannâ*, *aḫen(n)â* ‚diesseits‘ (s. WB, S. 279 f.), mit *ana*: ‚nach diesseits, nach dem diesseitigen Ufer‘, auch *a-ḫa-na-a-a a-ga-a* (H, 9 f. 16 f.); *aḫul(l)â* ‚jenseits‘ (s. WB, S. 280 f.), auch *a-ḫu-ul-lu-a-a ul-li-i* (H, 11. 19).

Advv. der Frage: †*ia-ú* (V R 23, 57 d), gewöhnlich †*a-a-nu*, *a-a-na* (z. B. K. 823 Obv. 5) und †*ia-nu* ‚wo?‘ (V R 23, 57 d; *ia-nu-uk-ka*, *ia-nu-uš-šú*, *ia-nu-ú-a* ‚wo bist du?‘ etc. II R 42, 12—14 g), auch *ia-'-nu* (vgl.

§ 20 Anm.) geschrieben (*ia-'-nu atta*, *anâku* etc., V R 40, 3 ff. a. b); *ištu ia-nu* ‚woher?‘ (II R 42, 15 g); zur Lesung *â'u*, *ânu* = אָן s. §§ 12. 13. †*e-ka-a* ‚wo?‘ (vgl. אֵיכָה, z. B. IV R 15, 20 a: *e-ka-a-ma*), †*a-a-ka-ni* und †*a-a-kan* ‚wo? wohin?‘ (Nimr. Ep. XI, 220. IV R 68, 34 b), †*e-ki-(a-)am* ‚wo? wohin?‘ (z. B. IV R 57, 34 a. V R 23, 56 d). †*a-li* ‚wo?‘ (z. B. V R 23, 56 d. 40, 12 ff. b: *a-li at-ta*, *anâku* etc.), urspr. viell. wie *ia-ú*, אֵי, ein Fragewort allgemeinster Bed. (vgl. V R 36, 33 a. c). Ideographisch entspricht allen diesen Fragewörtern *me-a*, was an *ilî me-e-eš at-ta* ‚mein Gott, wo bist du?‘ (K. 143 Rev. 7) erinnert. — †*ak-ka-a-a-i* (K. 828, 18), *ak-ka-a-'i* (K. 312, 5) ‚wie?‘ (auch *a-ki-i* viell. als Frageadverb gebraucht Sanh. Baw. 24), urspr. gewiss *â-kâi* (*â* Fragepartikel wie in *ânu*, *kâi* Grundform des meist zusammengezogenen *kî*, urspr. ‚da, so‘, dann ‚wie‘). †*ak-ka-'-i-ki* ‚wie mannichfach?‘ (NR 25, vgl. אֵיכָכָה). †*me-i-nu*, *mi-i-nu* (V R 1, 122), *me-e-nu* ‚wie?‘ (in indirecter Frage *me-nu ša*, *mi-i-nu ša*), *ana mêni* (*me-i-ni*), *ammêni* (*am-me-ni*, *am-mi-ni*) ‚warum? wesshalb?‘ (z. B. Höllenf. Obv. 43 u. ö.). — *mi-in-di-e-ma* ‚warum?‘ (Nimr. Ep. 65, 13), auch *man-di-e-ma* geschrieben (s. S. 142), vgl. hebr. מַדּוּעַ. — *matê*, *mati*, *mat* ‚wann?‘, *a-di ma-ti(m)*, *a-di mat* ‚wie lange?‘ (für das ‚synonyme‘ *aḫulâ*, *aḫulâpi* s. WB, Nr. 144).

Advv. der Zeit: *adû* ‚nun, nunmehr‘. *u-ma-a* ‚nun,

jetzt'. *i-nu-šu* ,zu jener Zeit, da'. *e-nin-na(-ma)*, *e-ne-na* ,jetzt'. *an-nu-šim* ,soeben'(?). *(i-)ti-ma-li* ,gestern'. *ina am-šat* ,am Abend vorher' opp. *ud-di-eš* ,frühmorgens' (IV R 67, 61 a). *ul-tu ul-la(-a)* ,von je her, von alters her' (oft). *ina maḫ-ra* ,vordem' (Tig. IV 54), *ina pa-na*, *ina pa-an* (auch *pa-na-ma*) dass. *ár-ki* (Beh. passim), *ar-ka* (Asarh. III 19) ,darnach, darauf, späterhin'. *ap-pit-ti* (und *ap-pit-tim-ma*, s. § 79, *a*) ,in Zukunft', z. B. K. 95, 9 (vgl. Proll. S. 151 f.). *matêma* (*ma-ti-ma*, *ma-ti-e-ma*) und *immatêma* (*im-ma-ti-ma*, 1 Mich. II 1) d. i. *in(a) matêma*, ,wann nur immer'; mit Neg. ,niemals'. *immu u mûša*, *urra (u) mûša*, *urru u mûšu*, *mûša u urra*, *mûši u urri*, *mûšam u urri* u. ä. (s. WB, 236 f.) ,bei Tag und bei Nacht'. *ina pit-ti*, *ina pi-it-ti* ,plötzlich, sofort' (auch *ina pi-te-ma* K. 486, 10, *ina pi-it-tim-ma* Nimr. Ep. XI, 207). Andere Zeitadvv. s. § 80, a und b (auch c).

Advv. des Hinweises: †*en-na(-a)* ,siehe!'.

Advv. des Grades: *ma-a-du* ,sehr' (Beh. 20). *ap-pu-na-ma* = *ma'adiš* V R 47, 54. 55 a (vgl. Proll. S. 135 ff.).

Advv. der Hervorhebung: *lu(-u)* ,fürwahr'; der 3. m. und 1. c. Sing. und Plur. Praet. vorgesetzt, hebt es das vom Verbum Ausgesagte als wirklich geschehen hervor, doch hat sich die hervorhebende Kraft mehr und mehr abgeschwächt: *lû allik* ,ich ging', *lû ašti*, *luptêḫir.* Seltener findet sich dieses *lû* beim Perm., z. B. *lû šaknâ šêpâka* (s. § 89).

Advv. der Aufforderung und des Wunsches: *lû* (eins mit dem eben erwähnten *lû*, s. Proll. S. 134 f.), dient als Wunsch- und Cohortativpartikel. Mit dem Praet. des Verbums verschmilzt es zu Einem Worte, die 3. Pers. f. Sing. ausgenommen. Näheres s. in §§ 93 und 145. *ê*, *î* ‚wohlan!', z. B. *ê rid*, ‚wohlan! geh hinab' (zum Walde, Nimr. Ep. 69, 41); für *i* (*î*) als Cohortativpartikel vor der 1. Plur. Praet. s. § 145. Auch der Imp. *al-ka* „gehe! wohlan!" mag hierher gegestellt werden.

Advv. der Verneinung: *la*, *la-a*; *ul* (*ul*—*ul* ‚weder — noch'); *a-a* (zur Aussprache s. § 31), *ê* ‚nicht'. Für den verschiedenen Gebrauch und die verschiedene Construction dieser Negationen s. die §§ 143. 144.

§ 79. *b*) Enklitisch angehängte Adverbia.

α) †*ma* (eins mit *mâ* § 78; vgl. äth. መ:, Pognon), hervorhebende Partikel, an selbständige Pronomina, an Nomina und Verba mit und ohne Pronominalsuffix, dessgleichen an Adverbia pronominalen und nominalen Ursprungs sowie adverbiale Ausdrücke enklitisch gefügt. Für die Betonung s. § 53, d. Beispiele: *at-ta-ma* ‚du' (im Gegensatz zu andern, IV R 17, 14 b. 19, 53 a. 29, 2. 4. 6. 8 b); *kîma ia-ti-ma* ‚wie mich' (Tig. VIII 60); für *û-ma* (gleichen Ursprungs *um-ma* § 78), *šû-ma* (gleichen Ursprungs die Conj. *šum-ma* § 82) s. § 55, a, Anm.; *ištu uš-ma-ni an-ni-te-ma* ‚aus diesem Lager' (brach ich auf, Asurn. II 65). — *šar Aššûr-ma* (Tig. VII 67), *Ilu-ma-damiḳ* (n. pr. m.); vgl. *e-nu-ma* § 82; *ina šatti-ma ši-a-ti* (s. o. S. 137) wie *ina ta-lu-uk gir-ri-ma šú-a-tu* (Tig. V 33); *ana uš-ma-ni-ia-ma* (kehrte ich zurück, Asurn. II 75); für *ina ûmê-šu-ma* s. § 55, a, Anm. — ‚auf seinen Thron *u-šib-ma* setzte er sich' (Sanh. V 4), *u-pa-ḫir-ma* ‚ich versammelte' (Asarh. I 27), *lû ašibma* ‚er wohne' (Nimr. Ep. XI, 184); *iḳ-bi-šu-ma* ‚er sprach zu ihm' (also, *um-ma*). Andere Beispiele s. § 53, d. — *a-a-ma* ‚nicht' (Nimr. Ep. XI, 116), *êkâma* ‚wo?', *min-dêmâ* ‚warum?', vgl. auch *kî-ma* § 81, c, u. a. m.; *kîma labirimma*, *ištu* oder *ultu ullânumma*, *appittimma* (IV R 52 Nr. 1, 19), u. a. m. Die Adverbia nominalen Ursprungs mit enklitischem *ma*, wie z. B. *kânamma*, *ûmišamma*, sind in § 80, a und b, β besonders behandelt. — An Wörter mit allgemeiner Bed. gefügt, hebt *ma* die Allgemeinheit noch mehr hervor, sodass sich scheinbar verallgemeinernde Bed. mit *ma* verknüpft: *ša-nu-um-ma*, *ša-nam-ma* ‚(irgend) ein anderer, etwas anderes', *ka-la-ma* (sprich *kalâma*) ‚alles mögliche, alles' (Sanh. Kuj. 4, 20) — beachte *ka-la-mu* (V R 6, 8 u. ö.), *ka-la-a-mi* (Gen., Var. *ka-la-ma*, Nimr. Ep. 1, 4), *ka-la-me* (Gen., K. 4931 Obv. 10) und vgl. § 55, c, Schluss —;

auch *matêma* ‚wann nur immer‘ dürfte hierher gehören. — Ein anderes enklitisches *ma* s. § 82.

Wirklich indefinite Bed. haftet an *ma* in den § 60 (vgl. 58) besprochenen indefiniten Fürwörtern *manamma*, *manma* u. ä., *mimma* (*mimmu*, *mimmû*, letzteres auch IV R 56, 38—40 a) und *â'umma*. Vgl. auch *man-de-ma* ‚aus irgendeinem Grunde‘ Sanh. Baw. 40? — Das im Anschluss an selbständige Pronomina und Pronominalsuffixe vielfach sich findende *m*, z. B. *at-tam* (§ 55, a), *bu-šá-šú-num* (§ 56, a), *i-ki-pa-an-nim* u. a. m. (§ 56, b auf S. 136 f.), wurde in den citirten §§ gewiss richtig als Abkürzung aus *ma* erklärt. Dass die sog. Mimation beim Nomen im Sing. masc. und fem. (s. § 66), dessgleichen bei den weiblichen Plurr. auf *âti*, *âtu* (§ 69), seltener bei den übrigen Pluralendungen (§ 67, a, 1 und 5), diesem enklitischen *ma* ihren Ursprung verdankt, wurde bereits § 66 bemerkt. Auch bei Verbalformen im Sing. sowohl wie im Plur. ist dieses *m* ziemlich häufig: vgl. *ab-nim* ‚ich baute‘ (Neb.); *ušamgatim* ‚er wird niederwerfen‘ (IV R 55, 13 a), *lu u-bil-lam* ‚ich brachte‘ (Neb. Grot. II 37), *i-ta-ma-am libbam* ‚das Herz denkt‘ (Neb. Bab. I 23); *i-bar-rum* ‚sie ziehen heraus‘, *iš-ta-(na-)'-a-lum* ‚sie fragen‘. S. weiter § 147. Auch in dem *m* der Advv. wie *kânam*, *šattišam* möchte ich, analog dem *m* der Praep. *aššum* (neben *aššu*, s. § 81, c) — auch dem *m* von *ki-a-am* § 78? — abgekürztes *ma* sehen; s. § 80, a, Anm.

β) †*ni*, selten *nu*, besonders häufig an Verbalformen innerhalb eines Relativsatzes und zwar an solche ohne oder mit Pronominalsuffix enklitisch gefügt. Zieht, ebenso wie *ma*, den Ton auf die ihm unmittelbar vorausgehende Sylbe. Beispiele: ‚der das Haupt des Königs von Chidali *na-šu-ni* bringt‘ (K. 2674, 7), *ak-kar-u-ni* (Rel., IV R 68, 15 a), *tadanûni* (Rel., V R 53, 56 d), ‚der König *kî ša i-la-u-ni lêpuš* thue wie es ihm gefällt' (V R 54, 61a), *ḳâlâkûni* ,ich rede' (IV R 68, 36b); *šá aḳ-ḳa-ba-kan-ni* ,was ich dir sage' (IV R 68, 17a, vgl. 48a), ,Achiababa, den sie aus Bit-Adin *ub-lu-ni-šu-nu* (Var. *ublûni-šú-ni*) geholt hatten' (Asurn. I 82), *i-sa-si-ú-šú-ni* (Rel., Tig. II 26), *i-ḳab-bu-šu-u-ni* ,sie nennen es' (Rel., Tig. jun. Obv. 10), ,das persische Meer, das sie *nâru* *Marratu i-ḳa-bu-ši-ni* (Salm. Co. 83), *ušaṣbitu-šu-nu-ni* (Rel., Asurn. I 103), ,die Länder *ša a-pi-lu-ši-na-ni*' (s. § 56 Schluss). Seltener findet sich *ni* hinter Nominalsuffixen; vgl. Asurb. Sm. 228, 76: *Šûšinak ša manman lâ immaru epšiṯ ilu-ti-šu(-ni)*.

γ) *tû*, Fragepartikel. *an-ni-tu-u bêlitsa ša* ,ist diese die Herrin von ...?' (III R 16 Nr. 2, 34), *ul a-na-ku-ú* ,bin ich nicht' (die Tochter Bels? u. ä., ASKT S. 126), *i-nak-ki-su-u ḳaḳḳad šarri Elamti* ,enthauptet man einen König von Elam?' (V R 4, 16), *uznê'a tu-pat-tu-u* ,willst du mir Mittheilung machen?' (K. 95, 17), *a-mat-ú ša-lim-tu ši-i* ,verhält sichs wirklich so?' (Asurb. Sm. 187, j); s. weiter § 146.

2) Adverbia mit (allerdings theilweise nur scheinbar) besonderer Endung. **§ 80.**

a) Zunächst sind hier die Nominaladverbia auf *ma*, *m* nachzuholen, welche eigentlich gleich mit bei *ma* § 79, *a* besprochen werden konnten, hier aber absichtlich besonders gestellt werden mögen. Vgl. *an-na-ma* (Schreibung wie *ma-na-ma* = *manamma*) wahrsch. ,aus freien Stücken' (II R 65 Col. I 4. 7), *mu-šam-ma* ,gestern'; *ka-a-a-nam-ma* (V R 65 Col. II 20) und *ka-a-a-nam* (Neb. I 17 u. ö.) ,beständig, immerfort' neben *ka-a-a-na* (IV R 16, 4 b), *ka-ia* (Var. *a-a*) *-na* (Var. *nu*) (Asurn. I 24) und *ka-a-a-an* (V R 10, 68), *sa-at-ta-kam* dass. (Nerigl. II 12) neben *sa-at-ta-ak-ka* (V R 34 Col. III 52), *ud-da-kam* bez. *kan-* (Neb. III 34. IV R 64, 36 a) ,frühmorgens' neben *ud-da-ak-ku* (Neb. Bab. I 22), urspr. Adj. ,matutinus' (s. § 65 Nr. 39).

Bei den Advv. auf *m* liesse sich zweifeln, ob nicht vielleicht blosse Mimation des Accusativs des betr. Adj. vorliegt; aber das Nebeneinander der Formen *kânamma* und *kânam* (vgl. unter *b*, β *ûmišamma* und *ûmišam*) und vor allem die § 79, α, Anm. besprochenen analogen und unzweifelhaften Fälle solcher Abkürzung von *ma* zu *m* machen solche Abkürzung auch hier wahrscheinlich.— Beiläufig die Vermuthung, ob nicht die bekannte Schreibung des Adv. *rabiš* als *ma-gal* (Zeichen § 9 Nr. 169) den Advv. auf *ma* ihren Ursprung verdankt: das *ma* wäre dem *gal* vorgesetzt wie sich ähnliche Spielereien bei dem Ideogr. für *apsû* (*zu-ab*) u. a. m. finden.

b) Adverbialendung *iš*, *eš*. Zeigt an, in welcher Weise, in welchem Grade, an welchem Orte oder zu welcher Zeit, in welcher Richtung eine Thätigkeit sich vollzieht oder eine Zuständlichkeit statthat, entspricht daher mit *kîma*, *ina*, *ana* gebildeten praepositionellen Ausdrücken. α) Beispiele für *iš* (*eš*): *ediš* ,allein', *ad*(*d*)*anniš*, auch doppelt gesetzt, ,sehr, gar sehr', *mâl-mâliš* ,in zwei (gleiche) Theile' (s. WB, S. 223 f.), *abûbiš* und *abûbâniš* ,sturmflut(en)gleich', *iṣ-ṣu-riš* ,gleich einem

Vogel' (entfloh er, Sanh. III 57), *še-la-biš* ,wie ein Fuchs'; *ma'adiš* ,viel, sehr'; *e-liš* ,droben', *šapliš* ,drunten'; *mûšiš* ,während der Nacht'; *rûḳiš* ,fernhin' (Khors. 102), *ša-ma-meš* ,zum Himmel, himmelwärts' (stiegen sie empor, I R 49 Col. II 8), *na-ba-liš ušêlûšinâti* ,sie brachten sie (die Schiffe) aufs trockne Land' (Sanh. Kuj. 2, 16), ,der Tempel *la-ba-ri-iš il-lik* war alt geworden' (I R 68 Nr. 1 Col. I 20), *šallatiš* (oder *ana šallati*) *amnu*, ,die Stadt *ḳakḳariš amnu*'. Nach langem *û* hat sich die Endung *iš*, *eš* zumeist selbständig erhalten, vgl. *da-bu-u-eš*, gleich einem Bär' (? Sanh. Konst. 36), *gû'iš* ,wie eine Schnur' (Sanh. V 77), *ušâlika na-mu-iš* ,er brachte in Verfall, zerstörte' (IV R 20 Nr. 1 Obv. 4); doch finden sich auch contrahirte Formen wie *ud-di-eš* (von *uddû*), s. § 78 auf S. 211. Vgl. *a-ḫa-iš* (s. WB, S. 269f.) neben *a-ḫi-iš* (,beiderseits', z. B. K. 481, 13). Zu den Advv. auf *iš* können auch noch Praepp. treten, z. B. *ana ma'adiš* ,in grosser Menge' (III R 5 Nr. 6 Z. 5), *dâriš* und *ana dâriš* ,ewig, auf ewig' (wohl von *dâru* ,Dauer', nicht von *dârû* ,dauernd').

Der Ursprung dieser Adverbialendung *iš*, *eš* ist noch sehr dunkel. Die Advv. *dabû'eš*, *namû'iš* lehren, dass in der That *iš*, *eš* als Endung anzusetzen ist, nicht etwa bloss *š*, welches man dann wohl als das abgekürzte Pronominalsuffix der 3. Pers. Sing. zu fassen versucht sein könnte (unter Vergleichung von *edišširu* bez. *-ka*, *ia* ,er, du, ich allein'). Wohl haben die Assyrer bei ideographischer Wiedergabe ihrer Advv. auf *iš* dieses *š* oft behandelt als wäre es das Pronominalsuffix, aber solche vielfach ganz oberflächliche Schreibweisen dürfen unsern Blick nicht trüben, in diesem Falle um so weniger, als die Assyrer daneben auch das Richtige erkannt haben, wie aus ihrer Erklärung der ‚Postposition *eš*‘ durch *ina*, *ana* und *kîma* zu folgern sein dürfte (s. o. S. 70). Recht beachtenswerth ist das Adv. auf *aš*: *aḫrâtaš*, s. § 130, dessgleichen die ebenda besprochene syntaktische Eigenthümlichkeit dieser Adverbia. Auch die Frage bleibt zunächst noch offen, ob die Adjj. auf *išu*, *ešu* wie *šat-ti-šu* ‚jährlich‘ (II R 33, 18f), *u-me-šu* ‚täglich‘ (*e-diš-šu* neben *e-di-šu* ‚einzig‘, S[b] 171. S[c] 17, lässt wohl auf *îšu* schliessen) erst secundär von den Advv. aus gebildet sind oder ob nicht umgekehrt diese Adjj. die ursprüngliche Form darstellen; vgl. *mar-ṣa-ku i-[bak-]ki-ka* ‚schmerzvoll weint er vor dir‘ (IV R 61, 10 a), wo *mar-ṣa-ku*, ganz wie *marṣiš* gebraucht, urspr. gewiss ebenfalls Adj. ist (s. § 65 Nr. 39), ferner *kâna, kânu, kân*, wohl auch *šaplânu, šaplân*, u. dgl. m. Pognon (*Inscription de Bawian*, p. 38 *note*) hält *iš*, das er mit syr. ܐܝܟ identificirt, für ‚*une véritable postposition signifiant comme*‘.

β) Bei den Advv. auf *iš*, welche zeitliche Bed. haben, findet sich diese Endung auch noch durch *ma*, *m* verstärkt und zwar in der Form *išamma*, *išam*, z. B. *ù-mi-šam-ma* und *ù-mi-ša-am*, *ù-me-šam* ‚täglich‘, *ár-ḫi-šam-ma* (V R 64 Col. II 34) und *ar-ḫi-šam* (III R 52, 40 b) ‚monatlich‘, *dà-ri-šam* ‚für immer‘ (Sanh. I 62), *šat-ti-šam-ma* und *šá-at-ti-šam* o. ä. theils ‚jährlich‘ theils (vgl. *ana šatti* ‚für ewig‘ Nabon. III 36. II R 66 Nr. 2, 7) ‚für immer, ewiglich‘.

Das sehr häufige Adv. *a-ḫa-miš*, *a-ḫa-mi-iš*, *ana aḫamiš* ‚gegenseitig‘, *itti aḫamiš* ‚mit einander‘, abgeleitet von *a-ḫa-ma* (vgl. oben *a-ḫa-iš*, *a-ḫi-iš*, abgeleitet von *aḫu*), weist die beiden Bestandtheile *ma* und *iš* in umgekehrter Reihenfolge auf. — Ein von *-išamma* aus gebildetes Adj. ist *ù-mi-šam-mu* ‚täglich‘ (Nabon. I 16). — Hier in dieser Anm. seien auch die beiden Advv. *ù-mu-*

us-su ‚täglich' und *arḫu-us-su* ‚monatlich' kurz erwähnt: das erstere findet sich ausserordentlich oft in den Eingängen der babyl.-assyr. Briefe, für das letztere s. K. 700, 7. Eine Vermuthung über den Ursprung dieser Advv. s. in § 136 Anm.

c) Adverbialendung *ânu*, *ân* (daneben auch *ăn*?). *ar-ka-(a-)nu*, *ár-ka-nu*, *arkâ-nu* u. ä. ‚nachher, nachmals, darnach' (oft), *šap-la-(a-)nu* ‚unten, untenhin' (Sanh. Rass. 81. Lay. 38, 15 opp. *e-la-niš*). Vgl. die Zahladverbia in § 77 sowie das als Praep. gebrauchte *šaplân(u)* ‚unterhalb', *elânu*, *ellân* ‚oberhalb' § 81, b. Advv. wie *ar-ka-niš* ‚darnach' (Sanh. Konst. 30), *elâniš* dürften lehren, dass die scheinbare Adverbialendung *ân* urspr. Nomina bildete (vgl. auch *ana elâni* Sanh. VI 40), also mit dem *ân* § 65 Nr. 35 ursprünglich eins ist. Vgl. ferner *ki-lal-la-an* und *ki-lal-li-en* (Hamm. Louvre I 23) ‚ringsum, umher' (? zunächst vom Nomen *kilallû* aus gebildet), *ultu ṣîtan* (*ṣi-tan*—*tan* auch Zeichen § 9 Nr. 82 —, *ṣi-ta-an*)*adi šillan* (*ši-la-an*, *šil-la-an*) ‚von A bis Z, ganz und gar' o. ä. (V R 42, 43. 44 c. d. Khors. 166. I R 7 Nr. F, 9 u. ö.), sowie das häufige *e-bir-tan* ‚jenseits', *ištu e-bir-ta-an* (Asurn. II 127) ‚von jenseits'. Auch in *ki-la-(at-)ta-an* ‚beiderseits' (Asarh. V 54. Neb. V 59, vgl. hebr. כִּלְאַיִם) dürfte die Endung *ân* (*ăn*?) an ein weibliches Nomen gefügt sein.

d) Adverbialendung *tan* (wahrsch. *tân*), wie es scheint, mit Collectivbed., wesshalb sie geradezu Pluralformen vertritt (vgl. V R 35, 19: *mi-tu-ta-an* ‚die Todten', *kul-la-ta-an* ,alle'). Hauptbeispiel ist *mâti-tan*: *dadmê ma-ti-tan* ,die Bewohner aller Länder' (Khors. 165), *ḫiṣib šadî u ma-ti-ta-an* (V R 63, 48 b), *malkê ma-ti-tan* ,die Fürsten aller Länder' (Khors. 177), *ma-ti-tan*, durchs ganze Land' (liess ich es zur Besichtigung tragen, Asurb. Sm. 138, 83), *ki-ir-bi ma-ti-ta-an* ,in allen Landen' (Neb. VIII 26). Sonst vgl. noch *u-ma-tan* (von *ûmu* ,Tag', V R 25, 20 b).

e) Ein mit Pronominalsuffix verbundenes, von *ina*, *ana* oder *ištu* abhängiges Subst. kann dadurch gleichsam adverbialisirt werden, dass, unter Weglassung der Praep., ein langes *û* zwischen Nomen und Suffix eingefügt wird. Daher *libbû'a* s. v. a. *ina libbi'a* ,in meinem Herzen' (Neb. VIII 32), *ki-bi-tu-uk-ka* s. v. a. *ina ḳibîtika* ,auf dein Geheiss' (oft), *mu-šá-bu-ú-ka* s. v. a. *ana mûšabika* ,dir zur Wohnung' (Höllenf. Rev. 27), *kir-bu-uš-šu* s. v. a. *ina kirbišu* ,in ihm, in ihn' (oft), *âlu-uš-šu* s. v. a. *ištu âlišu* ,aus seiner Stadt' (Khors. 41. 114). Vgl. ferner *el-la-mu-u-a* ,vor mir, mir gegenüber' (Sanh. II 9. 77 räumlich, Sarg. Cyl. 45 zeitlich), *ul-la-nu-u-a* ,vor mir' (zeitlich, eig. ,in meiner Vorzeit', Sanh. IV 5. Sanh. Rass. 64), *ki-(e-)mu-u-a* ,statt meiner' (V R 1, 38), *imnûšu ḳa-tu-ú-a* (Asurb. Sm. 217, i), ,den Speer nahm ich *laḳ-tu-u-a* in meine Finger' (Sanh. V 60), *šê-pu-ú-a* ,mir', eig., meinem Fuss' (unterwarf ich, unterwarfen sie sich), *pânukka* ,vor dir', *šaptukki* ,auf deiner Lippe' (o

Göttin), *ṣîruššu* ‚auf ihm, auf ihn, darauf (z. B. schrieb ich)', *edânuššu*, *edênuššu* ‚er allein', *ma-tu-uš-šu-un* ‚in ihr Land' (Sanh. Baw. 39). Den Schlüssel zum Ursprung dieser auf den ersten Blick wunderlichen Bildungen bieten die Fälle, wo wir ebendieser ‚Postposition' *û* mit folgendem Genitiv an Stelle eines Pronominalsuffixes begegnen: vgl. *lìb-bu-ú šamê* ‚im Himmel' (K. 81, 11); *lìb-bu-ú ša anâku ṭême aškunnuš-šunu* ‚auf Grund des ihnen von mir gewordenen Befehls' (H, 20), ‚was ich ihnen befehle, thun sie, *lìb-bu-u ša anâku ṣi-ba-a-ka* auf Grund meines Willens, nach meinem Willen' (NR 24).

Praepositionen.

Unter den Praepositionen, welche zumeist § 81. noch klar erkennbar substantivischen Ursprungs sind, unterscheiden wir:

a) solche, die mit einer andern Praep. als erstem Glied nicht zusammensetzbar oder wenigstens zusammengesetzt bis jetzt noch nicht gefunden worden sind. *i-na*, *ina* (§ 9 Nr. 91), auch *in* (Sanh., Neb.), ‚in, bei' (zeitlich und räumlich), der Bed. nach = hebr. בְּ. *e-ma* ‚in' (in Verbindungen wie: ‚Thürflügel, Schwellen u. s. w. befestigte ich *e-ma bâbâniša* in des Palastes Thoren', z.B. Neb. VI 14 u. ö.). *a-na*, *ana* (§ 9 Nr. 204), selten *an* (z.B. Nabon. I 23: *a-a iršâ an ḫiṭêti*; vgl. auch oben S. 116), ‚nach, für‘, etymologisch eins mit arab. لَدُنْ, der Bed. nach = hebr. לְ, welch letzteres nur in *lapân* (s. u. b) erhalten ist. *mâla* ‚für‘, s. WB, S. 222 f. und beachte das die dortige Auseinandersetzung von neuem bestätigende *ma-la* in der Bed. ‚gegenüber, im Vergleich zu‘ K 56 Col. II 17. *iš-tu* und *ul-tu*(*tú*), etymologisch zu trennen (s. Proll. S. 132 f. 141 Anm.), ideogr. *ištu*, *ultu* (§ 9 Nr. 95), ‚aus, von — weg, seit‘. *a-du*, gew. *a-di*, *adi* (§ 9 Nr. 62) ‚während; bis, nebst‘. *ga-du* ‚nebst‘ (z. B. Khors. 28). *it-ti*, *itti* (§ 9 Nr. 40) ‚mit‘ (freundlich und feindlich), z. B. *it-ti-šu* (auch *it-te-šu*) ‚mit ihm‘. *is-si*, *i-si* ‚mit‘, der Umgangssprache angehörig, ebendarum auch bei Asurn.; vgl. *anâku is-si-šu-nu* ‚ich mit ihnen‘ (K. 538, 16), *is-si-ka adabubu* ‚ich rede mit dir‘ (IV R 68, 17 b), *is-si-ia* ‚mit mir‘ (ebenda, 22 b), ‚die Wägen etc. *i-si-ia a-si-kin* (*asékin* = *asékan* = *aštákan*) nahm ich an mich‘ (Asurn. III 58. 63); beachte Haupt's scharfsinnige Beobachtung oben S. 102 f. *ku-um* ‚an Stelle von, anstatt‘ (z. B. Asurb. Sm. 264, 43. III R 47 Nr. 11, 1 u. ö.), auch *ke-mu* (III R 41 Col. II 33). ‚Bei‘ jem. oder etw. schwören wird durch *niš* (st. cstr. von *ni-šu* ‚Name‘) ausgedrückt; Näheres am Schluss von § 138.

b) solche, die ebensowohl selbständig als auch mit andern Praepp. als erstem Glied zusammengesetzt gebraucht werden. *ki-rib*, *ki-ri-ib* (vor Substt. und Suffixen), ganz selten *ki-ir-ba* (V R 35, 30, *ki-er-ba-šú* Neb. Grot. III 22), und *ina ki-rib* (vor Substt.), *ina kir-bi*, *ki-ir-bi*, *ki-er-bi* (vor Suffixen) ‚in'; *ana ki-rib* (*ana ki-ir-bi* V R 35, 34) ‚nach'; *ištu* oder *ultu ki-rib* ‚von — weg, aus'. *libbi* (geschr. *libbi* § 9 Nr. 259 mit oder ohne phon. Compl. *bi*), gewöhnlich *ina libbi* ‚in, nach; unter, aus der Zahl von, aus; durch, mit Hülfe von'; *ana libbi* ‚in, nach', auch ‚wegen' (Beh. 2: *ana libbi agâ* ‚desswegen'); *ištu* oder *ultu libbi* ‚von — weg, aus, von, aus der Zahl von' (z. B. Asarh. V 7. V R 2, 107); *adi libbi ûme annê* ‚bis auf diesen Tag'. *ḳabal* (§ 9 Nr. 254) und *ina ḳabal tâmtim* ‚im Meere', *ḳa-bal-ti*, *ḳabal-ti* und *ina ḳa-bal-ti mâti'a* ‚in meinem Lande' o. ä. (Asurb. Sm. 275, 32. V R 9, 48. I R 27 Nr. 2, 40). *e-li*, *eli* (§ 9 Nr. 189), *muḫ-ḫi* und *ina eli*, *ina muḫḫi* ‚auf, über, gegen, betreffs', auch ‚zu' (zu jem. gehen u. dgl.), z. B. *elišunu*, *ina elišunu* und *ina muḫḫišunu* ‚auf sie', *eli* und *ina eli nâri* ‚am Ufer des Flusses'; *ana eli* und *ana muḫḫi* ‚zu' (zu jem. etw. bringen u. dgl., Asurn. I 58. II 81); *ištu eli nâri* ‚vom Ufer des Flusses'; *a-di eli tâmtim* ‚bis ans Meer'. Seltenere Schreibungen und Formen sind: *i-li* (K. 4931 Obv. 16: *ša i-li-ša ṭâbu* ‚was ihr wohlgefällt'), *el* (z. B. IV R 12 Obv. 16: *ša epšêtušu el Bêli ṭâbâ*), *e-la* (K. 101 Rev. 2), *e-lat Parsû* ‚ausser Persien' (d. h. noch dazu, NR 8). Hier seien auch gleich miterwähnt *e-la-nu*, *el-la-an*, *e-le-nu*, *e-le-na*, *e-li-en* ‚oberhalb' (z. B. einer Stadt) und dessen Gegensatz *šap-la-nu* (Sanh. Konst. 82), *šap-la-an* ,unterhalb'. Für ,unter, zu Füssen', z. B. unter sich treten, zu Füssen jemandes niederfallen, ist *šapal* in Gebrauch (z. B. V R 2, 119). *šú-ut*, *šu-ut* (Dental unsicher) ,über, betreffs' (z. B. V R 7, 16. 25). *ṣi-ir* (in den Texten Asurbanipals auch ideogr. mit dem Zeichen § 9 Nr. 240 geschrieben) ,auf, gegen', z. B. *ṣi-ir zuḳti Nipur* (Sanh. III 69), *ṣi-ir bîtišu* ,auf seinem Hause' (I R 7 Nr. F, 26), *ṣi-ir* ,gegen' (Sanh. IV 3); seiner Grundbed. nach besonders durchsichtig III R 4 Nr. 4, 49: *ul-tu ṣi-ir sîsê ḳakḳariš imḳut*. *pa-an*, *pân* (§ 9 Nr. 86) und *ina pân* ,an der Spitze von, vor', auch *pa-na-at* (Salm. Ob. 176) und *ina pa-na-at* (ebenda Z. 142. 149; *ina pa-na-tu-u-ka* ,vor dir her' IV R 68, 23 a, *ina pa-na-tu-u-a* ,vor mir', zeitlich, Beh. 3); ,vor' jem. sich fürchten, fliehen u. dgl.: *pa-ni*, *i-na pa-an*, *iš-tu* oder *ul-tu pa-an*, *ištu pa-na* u. ä., und *la-pa-an* (d. i. doch wohl = hebr. לִפְנֵי, z. B. III R 15 Col IV 26, wechselnd mit *ul-tu la-pa-an* Asarh. III 41), *la-pa-ni* (,vor' etw. beschützen NR 33, ,wider' jem. sich empören Beh. 16). *ma-ḫar*, z. B. *ma-ḫar-šu-un* (Sanh. Baw. 55), *ma-ḫar-ka* (auch *maḫ-ra-ka* IV R 61, 41 a) und *ina ma-ḫar* (Tig. V 13) ,vor, coram'; *a-di maḫ-ri-ia* und *ana maḫ-ri-ia* ,vor mich' (brachten sie, u. dgl.; *ina maḫ-ri-ia* V R 1, 71), vor einem Subst. *ana maḫar*. Hier sei auch gleich angeschlossen *mi-iḫ-rit* (z. B. Khors. 162. V R 9,

89), *miḫ-ri-it* (Tig. jun. Rev. 16, s. § 65 Nr. 6 Anm.), *mi-iḫ-ra-at* (Neb. VII 61) ‚angesichts, gegenüber, vor'. Vgl. ferner *ina tar-ṣi* und *ina tir-ṣi* (z. B. V R 3, 23) ‚zur Zeit von', *ina tar-ṣi* ‚gegenüber' (einer Stadt, II R 65 Obv. Col. II 16), *a-na tar-ṣi* ‚gegenüber, gegen, wider' (z. B. Beh. 50), *iš-tu tar-ṣi* ‚von gegenüber', zeitlich: ‚seit der Zeit' (*abê'a* ‚meiner Väter' Tig. VI 97). *pu-ut* und *ina pu-ut* (Dental nicht ganz sicher) ‚am Eingang (z. B. einer Stadt), vor' (Asurn. I 62. III 84. III R 5 Nr. 6, 46). *ar-ki*, *arki* (§ 9 Nr. 245) ‚hinter, nach (räumlich und zeitlich), hinter — drein' (z. B. Tig. III 21. Sanh. VI 22; beachte auch *ar-ki-e-šu* ‚hinter ihm drein' Lay. 67 Nr. 1, 9; 68 Nr. 2, 7) und *ana arki-ia* ‚hinter mir' (liess ich das und das, Asarh. III 32). *ina bêri*, *ina bîri* (*ina bi-e-ri-šú-nu* ‚zwischen ihnen' Neb. VIII 52, *ina bi-ri-šu-nu* V R 9, 58, *ina bi-ri-(in-)ni* V R 1, 125 f., vgl. § 53, d, Anm.); *bi-rit* (Asurb. Sm. 130, 6) und *ina bi-rit* (Khors. 129), *ina bir-ti* (Asurn. II 66) ‚zwischen, unter' (*ina bi-rit* ‚innerhalb, in' Beh. 8. 9. 95); *ana bi-rit* ‚zwischen' (Asurn. II 66); *ultu bi-ri-šu-nu* ‚aus ihrer Mitte' (V R 2, 8). *bat-tu-bat-te* (Asurn. I 91) und *ina ba-tu-* [*ba-ti*] (Salm. Mo. Rev. 54), *ina* (sic) *bat-ti-bat-ti* (IV R 68, 25 b) ‚ringsum', *ištu ba-ta-ba-ti-ia* ‚von um mich her' (K. 513, 7). *ṭi-iḫ* (Tig. jun. Obv. 24), *ṭi-ḫi* (Asarh. II 12) und *ina ṭi-iḫ*, *ina ṭi-ḫi* (IV R 27, 48 b. Asarh. II 3) ‚hart an, in nächster Nähe von, an, bei, neben'. Vgl.

auch *idâ* ‚zur Seite', z. B. *i-da-a-ni iziz* ‚tritt uns zur Seite' (Sanh. V 24), *i-da-a-ka nittallak* ‚wir gehen dir zur Seite' (III R 15 Col. I 9), *i-da-a-a ul illik* ‚sie ging mir nicht zur Seite' (IV R 67, 58b). *ba-lu* (*ba-lu ilâni* ‚ohne die Götter', *ba-lum ṭe-me-ia* ‚ohne mein Geheiss' Khors. 84), auch *ba-la* und *ina ba-lu* (Asurn. I 3) ‚ohne'.

c) Unter dieser Rubrik mögen schliesslich die Praepositionen pronominalen Ursprungs Platz finden: †*ki-i* ‚wie, als, gemäss', z. B. *ki-i ṭêm râmânišu* ‚aus freien Stücken' (Asarh. III 57), *ki-i mê* ‚wie Wasser' (1 Mich. IV 8), *ki-i li-ṭu-te* ‚als Geisseln' (nahm ich sie, Asurn. I 108 u. ö.), *ki-i pi-i* ‚in Übereinstimmung mit, entsprechend'. Auch †*a-ki*(*-i*) ‚wie'. In Fällen wie *Man-nu-ki-ilu-rabû*, *Man-nu-ki-Rammân* (nn. prr.) verwischt sich die Grenze zwischen Praep. und Adverb. Mit Neg. *lâ* vgl. *ki-i lâ libbi ilâni* ‚wider den Willen der Götter' (Khors. 124), ‚wer irgend etwas verüben wird *ki-i lâmâri u lâ šasê* dass man nicht sehen und lesen kann' (I R 27 Nr. 2, 65). †*ki-ma*, *kîma* (§ 9 Nr. 197) ‚wie, gleichwie' (passim); vgl. für *ma* § 79, *a*; seltene Schreibungen sind *kim-ma* (IV R 9, 44 b) und *ki-i-ma* (III R 43 Col. IV 18: *ki-i-ma mê* ‚wie Wasser', wofür 41 Col II 31 *ki-ma mê*). †*aš-šu*, *àš-šum* ‚betreffs, um—willen, von—wegen', z. B. *aš-šu epêš ardûti'a* (kam er nach Ninewe, Asarh. II 36), *aš-šu danân Ašûr nišê kul-lu*(*m*)*-mi* (Var. *me*) *-im-ma*

‚um die Leute die Macht Asurs sehen zu lassen‘ (I 47a), *aš-šu nadân ilânišu uṣallâni* (III 7).

Conjunctionen.

Die gebräuchlichsten Conjunctionen sind: †*u* § 82.
(Zeichen § 9 Nrr. 5 und 267, äusserst selten Nr. 4) ‚und‘ (urspr. wohl *û*, s. WB, S. 212 Anm. 7), allgemeinste Copula (z. B. bei Aneinanderreihung von Sätzen, die nicht ganz eng zusammengehören, bei Uebergängen, wie etwa ‚und nun‘), speciell aber zwischen Nominibus. †*ma* ‚und‘, Copula zwischen Verbis, stets dem ersten Verbum bez. dessen Suffix enklitisch angehängt (vgl. amhar. ም:, Haupt); Beispiele s. § 53, d, wo auch von der Betonung die Rede ist. Zu *m* findet sich *ma* als Copula nie abgekürzt. †*ki-i* ‚wie‘, ‚wenn, als‘, z. B. *ki-i tam-ma-ri* ‚wenn du sehen wirst‘ (Beh. 106), *ki-i* ‚als‘ (das und das stattfand, Sanh. V 15); *ki-i ša* und †*a-ki-i ša*, *a-ki ša* ‚wie‘: *ki-i ša aḳbû* ‚wie ich gesprochen habe‘ (V R 3, 7), *ki-i ša ilâ'û*, *a-ki-i ša ilê'û* ‚wie er will‘. †*šum-ma* ‚wenn‘, hypothetisch (eig. *šû-ma* ‚den Fall gesetzt dass‘, vgl. § 79, α). †*aš-šu* ‚weil, da‘, z. B. *aš-su lâ iṣṣuru* ‚weil er nicht bewahrt hatte‘; auch *aš-ša-a* (IV R 52, 27 a), *aš-šu ša* und das blosse †*ša* haben die Bed. ‚weil‘ (s. für letzteres V R 2, 51. 112). †*am-ma-ku*, *am-ma-ki* ‚anstatt dass‘ (? Nimr. Ep. XI, 172—175). *u-la-a* ‚vielleicht dass‘ (? III R 16

Nr. 2, 33; s. WB, Nr. 112). — *û* (Zeichen § 9 Nrr. 5 und 267, seltener Nr. 4), *lû* (*lu*, *lu-u*, *lu-ú*), *û lû* ‚oder' (s. WB, Nr. 104), *lû* . . . *û*, *lû* . . . *lû*, *lû* . . . *û lû* ‚sei es . . . sei es' ‚entweder . . . oder' (z. B. IV R 16, 16—22 a. 1 Mich. Col. II 5 f. 10 ff. V R 56, 34), mit folgender Negation ‚weder . . . noch'. *ultu* und *ištu* ‚seitdem, als, sobald', *ultu eli ša* dass., *iš-tu* oder *ul-tu ul-la-nu-um-ma* ‚von dem Augenblick an da (?), seitdem' (Höllenf. Obv. 63. Rev. 6). *a-di* ‚während, so lange als' (V R 56, 60. 3, 93 u. ö.), *a-du*, *a-di* ‚bis, bis dass' (Asurb. Sm. 125, 67), *a-di eli ša*, *a-di muḫḫi ša* ‚während, so lange als; bis dass' (Beh. 84. 109. Beh. 10. 27. 47). *ár-ki ša* ‚nachdem' (Beh. 11. 66). *i-nu* ‚zur Zeit da, als' (z. B. *i-nu imbû* ‚als sie beriefen' Nabon. III 24), *ì-nu* und *ì-nu-um* (*ì* Zeichen *ni* § 9 Nr. 57) dass. (ob *m* Mimation oder = *ma*, ist schwer zu entscheiden), z. B. *ì-nu(-um) Marduk* . . . . *iddina* ‚zur Zeit da Marduk Land und Volk zur Herrschaft mir übergab' (Neb. Senk. I 7, folgt: *i-na* Var. *i-nu ûmišu* ‚zu ebenjener Zeit' geschah das und das; hiernach ist Nerigl. II 15. V R 34 Col. III 5 *ì-nu-mi-šú* zu lesen), *ì-nu-um Marduk ibnanni* ‚als M. mich erschuf' (Neb. Bors. I 10); mit *ma* (s. § 79, *a*): *e-nu-ma* ‚zur Zeit da, wann, als'.

C. Verbum.

Das assyrische dreiconsonantige Verbum*) lässt die Bildung folgender zehn **Hauptverbalstämme** zu: **§ 83.**

I 1. Qal.	I 2. Ifteal.	I 3. Iftaneal.
II 1. Piel.	II 2. Iftaal.	
III 1. Schafel.	III 2. Ischtafal.	
IV 1. Nifal.	IV 2. Ittafal. (= Intafal).	IV 3. Ittanafal. (= Intanafal).

Ein Afel oder Hifil hat das Assyrische nicht, ebensowenig Passivstämme mit innerem Vocalwechsel. Von den zu erwartenden Stämmen II 3 und III 3 ist mir der erstere nur durch *um-da-na-al-lu-ú* (Asurb. Sm. 285, 8) und *u-ṣa-na-al-la-a* (= *uṣṣanallâ*, *uṣtanallâ*) ‚er flehte an' (ebenda 290, 54) belegbar, der letztere nur durch die Praesensform *ul-ta-nap-ša-ḳa* (Salm. Mo. Obv. 8); vielleicht darf auch an *uš-ta-na-al-ḫab* (IV R 65, 42 d, verw. mit *alluḫabbu*?) erinnert werden.

Das *t* der Stämme I 2—IV 2 wurde anfänglich präfigirt, nicht infigirt. Diese ursprüngliche Stellung des *t* scheint auch im Assyr.

---

*) Bis § 116 ist immer nur vom dreiconsonantigen Verbum die Rede.

Ein Mal noch vorzuliegen, nämlich in der Permansivform *tiṣmur* Neb. I 12: ‚der unermüdliche Machthaber, der auf die Wiederherstellung der Tempel täglich *ti-iṣ-mu-ru-ma* bedacht war und..'; vgl. Neb. Bab. I 8: *ti-iṣ-mu-ru-ú-ma*. Hier steht *tiṣmur* doch wohl für *ṣitmur*. Beachte ausserdem die enge begriffliche Verknüpfung von *tidûku* und *mitḫuṣu* (auch äusserlich oft gepaart, z. B. Asurn. I 115. II 55), welche es nahe legt, *tidûku* auch formell mit *mitḫuṣu* in Zusammenhang zu bringen (vgl. § 64 Schluss). Ob das in der Nominallehre § 65 Nr. 40, a kurz erwähnte Adj. *tizḳâru* einen analogen Fall (= *zitḳâru*?, St. זקר ‚emporragen') darstellt? — Von den Stämmen I 2—III 2 finden sich vereinzelte Verbalformen mit doppeltem *ta* (*te*), z. B. *e-te-te-bi-ra* ‚ich habe überschritten' (Nimr. Ep. 71, 27); *uḳ-ta-ta-ṣar* (Var. *uḳtaṣṣar*) ‚er sammelt sich' (V R 5, 76), *tu-uḫ-ta-tab-bil* (V R 45 Col. I 39); *uš-te-te-eš-še-ir* ‚ich richte her' (Nerigl. I 19), *uš-te-te-ši-ir* ‚ich richtete' (ebenda II 5). — Für die, wie es scheint, denominativen Verba wie פרכה, פלכה s. die Verba quadrilittera § 117, 1; ebendort, § 117, 2, sind auch die aus dreiconsonantigen Verbis durch Wiederholung des letzten Radicals secundär entwickelten vierconsonantigen Verba, z. B. שקלל, שחרר, besprochen.

§ 84. Die Bedeutung dieser zehn Hauptverbalstämme (vom Permansiv und Infinitiv zunächst abgesehen) deckt sich im Allgemeinen mit der der entsprechenden Verbalstämme in den übrigen semitischen Sprachen:

Qal (I 1) ist theils transitiv theils intransitiv theils beides zugleich: *šaḳâlu* ‚wägen, zahlen', *rapâšu* ‚weit sein'; *na'âdu* ‚erhaben sein' und ‚erheben'.

Piel (II 1) hat intensive Bed.: *nabû* ‚kund thun', *nubbû* (*numbû*) ‚laut rufen, laut jammern', *ḳibû* ‚sprechen', *ḳubbû* ‚laut schreien', *šarâṭu* ‚zerreissen', *šurruṭu* ‚zerfetzen'; und macht intransitive Verba transitiv:

ṛuppušu ,erweitern', *ṣaḫâru*, *arâku* ,klein, lang sein', *ṣuḫḫuru*, *urruku* ,verkleinern, verlängern'.

Schafel (III 1) hat transitive bez. causative Bed.: *pazâru* ,verborgen sein', *šupzuru* ,verbergen', *našû* ,tragen', *šuššû* ,tragen lassen', *barû* ,schauen', *šubrû* ,sehen lassen, zeigen', *šumruṣu* ,mit Krankheit schlagen', *šûduru* ,ängstigen', *šurdû* ,fliessen lassen, gehen lassen', *šûšubu* ,sitzen lassen, wohnen machen', ,wer dieses Feld *ušakkaru inakkaru* verwüsten lassen oder selbst verwüsten wird' (IV R 41, 16. 17 c); nicht selten hat es innerlich transitive im Sinne inchoativer Bed., z. B. *šulburu* ,altern', *bâ'u* III 1 ,bringen', aber auch ,auf jem. losgehen', *šušmuru* ,in Zorn gerathen, zürnen' (neben *šamâru* und *šitmuru*). Bisweilen dient das Schafel als Causativ des Nifal, z. B. *ippariš* ,er flog', *ušaprašû* ,sie machen fliegen' (IV R 27, 19 b).

Nifal (IV 1) hat stets passive Bed.: *mašû* ,vergessen', IV 1 ,vergessen werden'; *iššakin* ,es geschah'. Scheinbar active Bed. hat *nâbutu* (IV 1 von אבת$_1$) ,fliehen'. Und wie erklärt sich das Nifal bei *ippalis* ,er sah', *ippariš* ,er flog'?

Die Stämme I 2—III 2 haben eigentlich reflexive Bed., doch lässt sich nur in den seltensten Fällen (wie z. B. in *maḫâṣu* ,schlagen, zerschlagen', I 2 ,kämpfen') ein ausgesprochener Unterschied zwischen ihnen und den entsprechenden, gleichzeitig gebräuchlichen, einfachen Stämmen I 1 —III 1 erkennen. Dagegen hat sich mit allen diesen Reflexivstämmen, vor allem mit II 2 und III 2, zugleich auch passive Bedeutung verbunden.

Ifteal (I 2) hat ziemlich die nämliche Bed. wie I 1: zwischen *ibtáni* ‚er baute‘, *ittanbiṭ* ‚er glänzte‘, *itámar* ‚er sah‘, *itépuš*, *itérub* und *ibni*, *ibbiṭ*, *êmur* etc. wird es schwer sein, einen Bedeutungsunterschied zu fixiren. Passive Bed. liegt wohl vor in *lim-te-is-si* ‚er werde gewaschen‘ (IV R 19 Nr. 1 Rev. 16).

Iftaal (II 2) hat theils ziemlich die nämliche Bed. wie II 1 theils dient es als Passiv von II 1: *uptarriṣ* ‚er log‘ (Beh. 90 ff.), *uṣṣabbit* ‚ich nahm gefangen‘ (Beh. 90), *umdašir* ‚er verliess‘ (Salm. Ob. 37), aber ‚die Paläste welche *umdašerâ* verlassen waren‘ (Tig. VI 98), *umdallû* ‚sie füllten an‘ (V R 9, 45), aber *umdalli* ‚er ist erfüllt worden‘ (IV R 16, 28 b), *utanniš* ‚er hat geschwächt‘ und ‚er ist geschwächt worden‘, *ša lâ ut-tak-ka-ru* ‚unabänderlich‘ (IV R 16, 6 a).

Ischtafal (III 2) hat theils ziemlich die nämliche Bed. wie III 1 theils dient es als Passiv von III 1: *uš-tasḫir* ‚ich liess umgeben‘ (Neb. VI 52), *ultašpir* ‚er regierte‘ (*išpur*, *iltanapar* dass., welcher Unterschied wäre zu entdecken?), *ultaḳṣirû* ‚sie versammelten‘ (Tig. IV 85); *lištaklil* ‚er werde vollkommen‘ (IV R 19 Nr. 1 Rev. 17), ‚das göttliche Geheiss *ša lâ uštamsaku*‘ (V R 66, 11 b).

Ittafal (IV 2) hat wie IV 1 stets passive Bed.: *ittaškan* ‚es wurde gethan'. Für *ittapraš* ‚er flog' s. IV 1.

Iftaneal (I 3) hat stets active (transitive oder intransitive) Bed.: *etanamdarû* ‚sie fürchteten sich', *ištanatti* ‚er trank', *ittananbiṭ* ‚er erglänzte', *attanâdu* ‚ich erhebe, preise' (vgl. *itta'id* ‚er erhob, pries').

Ittanafal (IV 3) hat ursprünglich gewiss nur passive Bed.; wo sich active zeigt, wird die Bedeutungsentwickelung noch zu ermitteln sein: *ittananmarû* ‚sie werden gefunden', *ittanâdar* ‚er wüthet' (eig. er ist rasend gemacht, vgl. *innadir* ‚er wüthete'), *attanasḫar* ‚ich wende mich', *ittanabrik* ‚es ist aufgeblitzt'.

Eine besondere Stellung nimmt unter den assyrischen Verbalstämmen ein vom Piel gebildetes Schafel bez. Ischtafal ein (von mir $III^{II}1$ bez. $III^{II}2$ bezeichnet), welches gleich hier zur Illustrirung von Form und Bed. mit Beispielen belegt werden mag. § 85.

$III^{II}1$. Praet. ‚seinen Graben *uš-rap-piš* liess ich so und so viel Ellen breit machen' (I R 7 Nr. F, 18), *uš-nam-mir* ‚ich machte glänzend' (I R 7 Nr. D, 6), *ušmalli* ‚ich liess auffüllen' (Asarh. V 10), *uš-ma-al-lam* ‚ich stattete reich aus, liess reich ausstatten' (Neb. VI 21), *ušrabbi* ‚ich vergrösserte, liess vergrössern', *ušraddi*. Praes. *u-ša-na-ma-ra* ‚ich werde leuchten lassen' (IV R 68, 35 c), *tuš-nam-mar* ‚du erhellst' (IV

R 64, 35 a), *tu-uš-ka-at-ta-ma* (V R 41, 50 d), *tu-ša-bal-ṭa* (V R 45 Col. VI 55). (Inf. *šuparrušu*).

III^II^2. Praes. ‚mit Ach und Weh täglich *uš-ta-bar-ri* wird er übersättigt‘ (IV R 3, 1 b), *ḳašâti ul-ta-ma-la* (d. i. *uštamallâ*) ‚die Bogen werden mit Pfeilen versehen, eig. gefüllt‘ (II R 47, 59 d). Part. *muštabarrû* ‚strotzend‘.

Für die von den Verbis med. ו, י gebildeten Formen des Stammes III^II wie *ušmît*, Inf. *šuṭubbu*, Imp. *šumît* s. § 115; für die analogen Formen von Verbis med. א s. § 106.

§ 86. Innerhalb des einfachen Stammes (Qal) und der vermehrten Verbalstämme mit ihren transitiven, intransitiven, passiven Bedd. unterschied das Assyrische ursprünglich, wie es scheint, zwei Existenzweisen*), je nachdem die Thätigkeit, Zuständlichkeit, Passivität eine seiende d. i. dauernde, vollendete oder eine erst werdende, eintretende, noch unvollendete ist, gleichviel ob diese Dauer oder dieses Eintreten, diese Vollendetheit oder Unvollendetheit der Gegenwart, Vergangenheit oder Zukunft angehört. Beide Existenzweisen wurden dadurch auf das Schärfste unterschieden, dass die pronominalen Bildungssylben, welche die bei der Thätigkeit, Zuständlichkeit oder Passivität betheiligte Person oder Sache ausdrücken,

---

*) Ich finde augenblicklich keinen besseren Namen als diesen, welcher insofern wenigstens berechtigt ist, als *existere* die Bedd. des Eintritts in das Sein und des Daseins vereinigt.

im ersteren Fall dem Verbalthema affigirt wurden (entsprechend den Formen wie *šarrâku* ‚König bin ich‘, s. § 91), im letzteren dagegen praefigirt.

Die dem sprachlichen Ausdruck beider Existenzweisen dienenden Verbalthemata 1) des Qal: ihre Natur, Grundbedeutung und spätere Bedeutungsdifferenzirung. *a*) Im Qal diente von Haus aus die Wurzel in ihrer ursprünglichsten Vocalaussprache als Grundthema für beide Existenzweisen: *dan* ‚er ist oder war mächtig‘; *dân* ‚er ist oder war Richter‘, *i-nâr* ‚er bezwingt‘ und ‚er bezwang‘, *târ-at* ‚sie (die Strasse) geht zurück‘, *ta-târ* ‚sie (die Frau) geht zurück‘; *râm* ‚er ist oder war Liebhaber‘, *i-râm* ‚er fasst oder fasste Liebe‘ (weitere Beispiele für diese Art von Permansivformen s. § 89 unter Vergleichung der §§ 63 und 64). Wie aber das Hebräische und die andern semitischen Sprachen zur Bezeichnung von Zuständlichkeiten und Eigenschaften neben der Form *fa'al* die Formen *fa'il* und *fa'ul* in Gebrauch haben, so sagte man auch im Assyrischen *kabit* ‚er ist oder war schwer‘, *mêt* (*mît*) ‚er ist oder war todt‘, *maruṣ* ‚er ist oder war krank‘, ja diese beiden Formen oder besser, da *kašud* verhältnissmässig sehr selten ist, die Form **kašid** überwucherte das Haupt- und Grundthema *kašad*, obwohl auch dieses zum Ausdruck der Zuständlichkeit und Eigenschaft diente (s. § 65 Nr. 6), dermassen, dass es *kašad* als § 87.

Verbalthema zum Ausdruck der Dauer, Vollendetheit einer Thätigkeit, eines Zustands oder Leidens, d. h., wie man zu sagen pflegt, als Permansivthema bei allen Verbis (mit Ausnahme der Verba med. ו, י, א und med. gemin.) verdrängte, wogegen sich ***kašad*** als Verbalthema zum Ausdruck des Eintritts, der Unvollendetheit einer Thätigkeit, eines Zustands oder Leidens, d. h. als Praesens-Praeteritalthema festsetzte: *i-kašad* ‚er wird oder wurde ein Eroberer', woraus dann, unter gleichzeitigem Fortbestehen von *ikašad*, schon sehr frühzeitig durch Synkope *ikšad* (bez. *ikšud*, *ikšid*) wurde.

Ein ziemlich analoger Fall solcher Synkope liegt vor bei dem Permansivthema des Ifteal, wo ebenfalls *kitšud* aus *kitašud* (*kitášud*) synkopirt ist und beide Formen neben einander in Gebrauch geblieben sind (s. § 88, b). — Der Grund des die Synkope so oft begleitenden Vocalwechsels ist noch unaufgeklärt: die Verba tertiae infirmae haben ja zwar so gut wie ausnahmslos den *a*-Vocal auch bei der gekürzten Form beibehalten, und zu einem gewissen Grade ist dies auch bei den Verbis med. א der Fall, aber warum man *êmur* ‚er sah' und *ikšud* ‚er eroberte', dagegen *êsir* ‚er schloss ein' und *ipḳid* ‚er vertraute an' sagte, bleibt räthselhaft. Aus der Natur des dritten Radicals lässt sich kein allgemein gültiges Gesetz herleiten (s. hierfür obenan die zahlreichen Beispiele in § 96) — es scheint dass in diesem Punkte von Anfang an grosse Freiheit herrschte, welche erst allmählich durch den Zwang der Analogie einigermassen eingedämmt wurde.

b) Das Thema *kašid* (*kašud*) ist natürlich eins mit dem § 65 Nr. 7 (8) besprochenen Nominalstamm: wie dem Nominalstamm *faʿil*, so eignet auch dem Permansivthema in erster Linie die Bed. der Zuständlichkeit (*labir* ‚alt', *labir* ‚er ist oder war alt') und weiter, im Anschluss an die intransitive Bed., die der Passivität (*peti* ‚geöffnet seiend, offen', *peti* ‚er ist oder war geöffnet', *šakin* ‚gelegt, niedergelegt' — beachte *makkûri šak-na šukutta ša-kin-ta* IV R 23, 24 b —, *šakin* ‚es ist gelegt, liegt', ‚die Stadt *ṣabit* ist oder war im Zustand der Eroberung, ist oder war erobert'). Zudem dient das assyr. Permansivthema auch noch zum Ausdruck dauernder activer Thätigkeit, z. B. *paḳid* ‚er beaufsichtigt', eig., er ist dauernd im Zustand des Beaufsichtigens, ist Aufseher'. Näheres an der Hand weiterer Beispiele s. § 89. Dass dem Haupt- und Grundthema *kašad*, welches wahrscheinlich als älteste Vocalaussprache der Verbalwurzel gelten darf, alle diese Bedeutungen der Zuständlichkeit, Passivität und obenan der Thätigkeit gleichfalls eigneten, bedarf keiner Erörterung; im gleichlautenden assyrischen Nominalstamm § 65 Nr. 6 drückt sich vornehmlich der Begriff des Zustandes, der Eigenschaft aus.

c) So wenig beim Permansiv die Zeitverhältnisse in Betracht kommen, so wenig kann bei dem mit Hülfe präfigirter Pronominalelemente flectirten Verbalthema *i-kašad*, synkopirt *ikšad* (*ikšud*), ein zeitlicher Unterschied betr. den Eintritt einer Thätigkeit u. s. w. in der Vergangenheit, Gegenwart oder Zukunft, ursprünglich gemacht worden sein. Späterhin allerdings, und zwar verhältnissmässig frühzeitig, wurde in der That ein solcher Unterschied gemacht, indem man die durch Synkope gewonnenen Parallelformen *ikašad* und *ikšad* (*ikšud*) zu zeitlicher Differenzirung ausnützte. Aber etwas ursprüngliches kann das nicht gewesen sein. Ist es schon bemerkenswerth, dass die Formen *inâr* und *ibâ'* noch unterschiedslos für Praesens und Praeteritum gebraucht werden, so scheint mir besondere Beachtung zu verdienen, dass alle Imperative, ebenso die Participia der vermehrten Verbalstämme vom Praet., nicht vom Praes. aus gebildet werden, ferner, dass die Prohibitivpartikel *a-a* mit dem Praet., *lâ* mit dem Praes. (s. § 144), und hinwiederum die Wunschpartikel *lû* mit dem Praet. (s. § 93) verbunden wird, woraus doch nur gefolgert werden kann, dass der spätere scharfe Unterschied zwischen Praes. und Praet. im ersten Anfang nicht existirte. Schon frühzeitig allerdings, wie bemerkt, wurde *ikašad* i. U. v. *ikšad* (*ikšud*) zur ausschliesslichen Praesensform und letzteres zur ausschliesslichen Praeteritalform gestempelt (auch die Betonung des *a*-Vocals in *ikášad* ist möglicherweise erst durch diesen Differenzirungstrieb veranlasst): es bot sich diese Art der Differenzirung von selbst und als bequemstes Mittel dar, als das Permansiv im Assyrischen seine ursprüngliche Bedeutung festzuhalten fortfuhr und nicht, wie in den übrigen semitischen Sprachen, zum Perfect umgeprägt wurde.*)

Die beiden Verbalthemata 2) der vermehrten § 88.
(abgeleiteten) Stämme. Während die in § 87 besprochenen Verbalthemata des Qal ihre Einheit mit

---

*) Obige Vermuthungen zur Entstehungs- und Entwickelungsgeschichte der assyrischen und allgemein semitischen Verbaltempora gebe ich selbstverständlich nur unter Vorbehalt. Sie schienen mir gewagt werden zu dürfen einmal desshalb, weil auch das hebr. יִקְטֹל noch die ursprüngliche Indifferenz gegenüber dem Eintritt eines Ereignisses u. s. w., ob in der Gegenwart, Zukunft oder in der Vergangenheit, klar erkennbar zur Schau trägt, indem dieses Praesens-Futur-Thema in Verbindung mit dem sog. -וַ conversivum, mit אָז u. sonst plötzlich Aorist-Bed. aufweist, sodann weil das hebr. Perfect nicht nur nach Form, sondern auch nach Bed. sich auf das Engste mit dem assyr. Permansiv berührt und zwar nicht nur in Fällen wie צָדַקְתִּי ‚ich bin gerecht' (Job 34, 5), גָּדַלְתָּ ‚du bist gross' (Ps. 104, 1), קָטֹנְתִּי ‚ich bin klein' (Gen. 32, 11). Auch der Übergang der Permansivbed. zur Perfectbed. würde sich unschwer erklären, da der Vollendetheit einer Thätigkeit die Ausübung derselben in der Vergangenheit vorausgegangen sein muss, wie ja auch Zustände sehr oft das Ergebniss einer vorausgegangenen Entwickelung sind. Von *katal* ‚er ist Mörder', *labaš* ‚er ist bekleidet', *nakar* ‚er ist feind', *ma'ad* ‚es ist viel' ist zu ‚er hat gemordet, angezogen, sich empört', ‚es hat sich gemehrt' nur ein sehr kleiner Schritt. Nimmt doch auch das assyrische Permansiv mitunter unwillkürlich Perfect- bez. Plusquamperfectbed. an; vgl. Beh. 17: ‚darnach starb (*mîti*) Kambyses durch sich selbst'; Sanh. V 48 f.: ‚da und da *šitkunû sidirta pân maški'a ṣabtû* hatten sie die Schlachtordnung aufgestellt, mir gegenüber Stellung genommen', u. a. St. m. Das Thema יִקְטֹל, welches ursprünglich den Eintritt einer Thätigkeit u. s. w. in allen drei Zeiten bezeichnen konnte und auch niemals aufgehört hat, unter bestimmten Verhältnissen den Eintritt einer Thätigkeit u. s. w. auch in der Vergangenheit zu bezeichnen (wie assyr. *ikšud*), würde sich — so liesse sich annehmen — doch mehr und mehr auf Gegenwart und Zukunft beschränkt haben, seitdem das Thema קָטַל immer entschiedener seine Perfectbed. gewann und diese in mannichfaltiger Weise ausbildete.

dem Nomen noch offen zur Schau tragen (wie ja überhaupt Nomen und Verbum durch die Doppeltheit des Numerus, die Gleichheit der Femininbildung u. a. m. als engst zusammengehörig ausgewiesen werden), lockern sich auf dem Gebiet der vermehrten Stämme diese Bande mehr und mehr. Selbst die Permansivthemata, wie z. B. *nukkus*, *šuklul*, *mitḫuṣ*, können, obwohl sie auch Adjectivbed. haben, doch nicht als eigentliche Nominalstämme gelten; sie zeigen sich vielmehr, im Gegensatz zu andern Bildungen mit verschärftem zweitem Radical, mit präfigirtem *š*, mit eingeschaltetem *t*, schon durch ihre Bedeutung mit den betr. Verbalstämmen innig verwachsen; vgl. z. B. zu *mitḫuṣu* ‚Kampf‘ *amdaḫiṣ* ‚ich kämpfte‘, zu *ḳitrub taḫâzi* das häufige *aḳṭérib*. Und *šêzuzu* ‚aufgerichtet‘ ist doch wohl unmittelbar von *ušêziz* aus gebildet. Das Verhältniss des nominalstammbildenden *š* und *t* zu dem verbalstammbildenden ist noch wenig klar.

a) Die Praesens-Praeteritalthemata, deren Bedeutungen aus § 84 ersichtlich sind, mögen durch folgende Übersicht veranschaulicht werden:

	I 2. *k*^{a}*tašad*	I 3. *k*^{a}*tanašad*
II 1. *kaššad*	II 2. *k*^{a}*taššad*	
III 1. *šak*^{a}*šad*	III 2. *š*^{a}*takšad*	
IV 1. *n*^{a}*kašad*	IV 2. *n*^{a}*takšad*	IV 3. *n*^{a}*tanakšad*

Im Praet. wird das *a* der letzten Sylbe meist zu

i verkürzt, indess findet sich beim starken Verbum innerhalb der Stämme I 2 (auch I 3) und IV 2 (IV 3) für Praes. und Praet. vielfach Eine Form mit *a* in der letzten Sylbe; Praesensformen des starken Verbums, welche innerhalb der vermehrten Stämme den *i*-Vocal nach dem zweiten Radical haben, sind äusserst selten: vgl. *i-ta-na-ar-ḫi-iṣ*. Näheres für alles dies s. in § 97.

b) Die Permansivthemata, deren Bedd. aus § 89 ersichtlich sind, lauten:

	I 2. *kitášud*, *kitšud*	I 3. vacat
II 1. *kuššud*	II 2. *kutaššud*	
III 1. *šukšud*	III 2. *šutakšud*	
IV 1. *nakášud*, *nakšud*	IV 2. vacat	IV 3. vacat

Alle diese Permansivthemata dienen zugleich als Infinitive der betr. Verbalstämme, die meisten von ihnen, vor allem die der Stämme II 1, III 1 und I 2, finden sich ausserdem als Adjectiva gebraucht. So bed. z. B. *uḫḫuz* ‚er (der Stein) ist oder war gefasst‘, *uḫḫuzu* ‚fassen‘ und ‚gefasst‘ (z. B. in Gold); *šuklul* ‚es ist vollendet‘, *šuklulu* ‚vollenden‘ und ‚vollendet, vollkommen‘; *šitmur* ‚er ist oder war voll Zorns‘, *šitmuru* ‚zürnen, Zorn‘ (auch *šušmuru*) und ‚zornig‘. Die Erkenntniss der Einheit dieser Permansivthemata und der jedesmaligen Infinitive ist es auch, welche das Permansivthema des Ifteal *kitšud* als aus *kitášud* synkopirt ausweist: wie im Inf. I 2 *gitpulu* wechselt mit *šitálulu* (s. § 98), *itḫuzu* mit *itétuḳu* (§ 104), *bitrû* mit *bitákû* (§ 110), so muss auch im Perm. neben *kitšud* die ursprünglichere Form *kitášud* existirt haben (die in § 98 citirte Form *mi-taḫ-ḫu-ru* bestätigt mir nachträglich das Gesagte!). Das Nämliche gilt auf Grund der beiden Infinitivformen *našlulu* und *našalulu* (§ 98) für das Permansivthema IV 1. Einen analogen Fall solcher Synkope eines betonten *a*-Vocals s. in § 94. Beiläufig bemerkt, kann es im Hinblick auf dieses Nebeneinander zweier Infinitivformen I 2, ebenso im Hinblick auf *italluku* (§ 104 Anm.) und *itanbuṭu* (§ 101), keinen Augenblick zweifelhaft sein, dass auch *itappuṣu* und *itakkulu*, welche in den Vocabularen neben *itpuṣu* und *itkulu* aufgeführt werden (s. §§ 101. 104), nur Nebenformen der letzteren sind. Es ist charakteristisch für den semitischen Ursprung wie auch für die oft ganz sinnlose und in Irrthümer verstrickende Spielerei der assyr. Ideogramme, dass, obschon nicht der mindeste Bedeutungsunterschied zwischen *itkulu* und *itákulu* statthatte, die volleren Formen auch durch vollere Ideogramme wiedergegeben wurden; auch bei *italluku* ist dies bekanntlich der Fall (ebenso wie bei den Praesensformen des Qal).

Bei der Darlegung dieses § 88, b ist als sicher vorausgesetzt, dass die drei Formen mit Perm.-, Inf.- und Adj.-Bed. identisch sind. Man könnte dies bezweifeln und einwenden, dass ihre Einheit möglicherweise nur scheinbar, der *u*-Vocal nicht überall kurz sei. Zwar für die Permansivformen wird niemand die Länge des *u*-Vocals des zweiten Radicals behaupten wollen: ein Blick auf die in § 89 und weiterhin unter den ‚bemerkenswerthen Einzelformen' der §§ 98. 101 u. s. w. angeführten Beispiele genügt, um die Richtigkeit der Lesungen *kuššud*, *šukšud*, *nakšud*, *kitšud* ausser Zweifel zu setzen — die einzige mir bekannte Schreibung mit verdoppeltem dritten Radical: *kabtassu na-an-kul-lat-ma* ‚sein Gemüth ist verfinstert und' (IV R 61, 11 a), lies *nankulátma*, kann hieran aus leicht begreiflichem Grunde nichts ändern; ohnehin lässt gerade der Übergang von *na'kul*, *na'ḫuz* (IV R 61, 12 a) in *nankul*, *nanḫuz* auf Betonung der 1. Sylbe, also Kürze des *u* in der 2., schliessen. Mit den Permansivformen sind aber sicher eins die entsprechenden Formen mit Adjectivbed.: schon der Bedeutung nach sind ja Permansiv und Adjectiv nächstverwandt (*nalbušâku* ‚ich bin bekleidet' könnte an sich wie *kabtâku* ‚ich bin angesehen' ebensogut als Perm. wie nach Art der § 91 erwähnten Bildungen, z. B. *ḳarradâku*, gefasst werden), so nahe verwandt, dass in gewissen Fällen die Entscheidung schwer ist, ob wir ein Perm. oder Adj. vor uns haben; vgl. z. B. I R 7 Nr. E, 5: ‚der Asnanstein, welcher zur Zeit meiner Väter für ein Amulet *šûḳuru* (Var. *aḳru*) kostbar befunden wurde, als kostbar galt'. Was aber die Bedeutung lehrt, wird durch die Schreibung bestätigt: auch mit Adjectivbed. werden die Formen *uḫḫuzu*, *šuklulu* u. s. w. in überwältigender Mehrzahl der Fälle mit einfachem dritten Radical geschrieben: vgl. die § 65 im Anschluss an Nrr. 24. 33. 31. 40 angeführten mancherlei Beispiele, ferner *kuššudu* ‚gefangen' (Sanh. VI 19), *šuklulu* ‚vollkommen', *šupšuḳu* ‚arg, steil, mühselig', *šûnuḫu* ‚kläglich' (Asurb. Sm. 123, 46) u. v. a. m. Einige seltene Fälle wie *ša ašaršina šug-lud-du* (Sarg. Cyl. 11), *šú-zu-uz-zu* (K. 246 Col I 6) werden nach § 53, c zu beurtheilen sein. Für die Schreibung *nam-kur-ri-šu-nu* von *namkuru* ‚Eigenthum', eig. ‚Erworbenes, Erwerbung' s. § 53, d, Anm. Auch das *ŭ* der Inff. II 1. 2. III 1. 2. IV 1 steht durch eine Menge von Beispielen fest; s. eine Reihe von Belegstellen unter den ‚bemerkenswerthen Einzelformen'. Unter diesen Umständen hat von vornherein die Ansetzung des Inf. I 2 als *kitšûdu* wenig Wahrscheinlichkeit, um so weniger als die Grundform *kitašudu* zweifellos auf dem *ta* betont war, wodurch langes *u* ausgeschlossen ist, und als weiter mit einziger Ausnahme von *mitḫuṣu* ‚kämpfen, Kampf‘, für welches Asurb. Sm. 89, 27. 175, 45. V R 8, 16 (= Asurb. Sm. 261, 20) neben *mit-ḫu-ṣi* auch *mit-ḫu-uṣ-ṣi* bezeugt wird, auch diese Inff. I 2 stets mit einfachem dritten Radical geschrieben werden. Es drängt sich in der That der Verdacht auf, dass *mitḫuṣṣi* auf irriger Textausgabe beruhe (so Haupt); oder lag etwa auf dem *mitḫuṣṣi* der Ton besonderen Nachdrucks? Jedenfalls schliesse ich mich Haupt's Ansicht jetzt an, dass auch Bildungen wie *mitḫuṣu* mit kurzem *u* anzusetzen sind. Die Frage, welche Bed. den oben unter b) aufgeführten Permansivthemata ursprünglich geeignet habe, die Adjectiv-Permansiv-Bed. oder die Infinitiv-Bed., bleibt besser einstweilen noch unberührt — jedenfalls ist der Übergang vom Adjectiv bez. Participium zu abstracter Infinitiv-Bed. denkbar (vgl. גּוֹלָה). In den Fällen, wo obige Permansivthemata in Femininform mit Subst.-Bed. erscheinen, ist ihre Fassung als Feminina (Neutra) eines Adjectivs bez. Participiums oder aber als weibliche Infinitive gleich möglich. Zu den bereits § 65 ll. cc. (vgl. § 65 Nr. 11 Anm.) erwähnten Beispielen solcher weiblichen ‚Permansivthemata‘ seien hier noch gefügt: *suḫḫurtu* ‚in die Flucht schlagen‘ (Sanh. V 66), *ṭubtu* ‚Freundschaft‘ (*ṭu-ub-ta* II R 65 Obv. Col. II, Ergänzung), Fem. von *ṭubbu* (= *ṭubbatu*, St. טיב), wie der Plur. *ṭu-ub-ba-a-ti* ‚Freundschaftliches, Freundliches‘ (V R 3, 80) beweist (hiernach giebt sich auch *kuttênu* als Bildung auf *ênu*, *ânu* von *kuttu* = *kuntu* = *kunnatu* Fem. von *kunnu* ‚wahr, echt, treu‘), *šûšubtu* ‚Sitzchen‘. Übrigens sind auch bei Masculinformen zuweilen beide Erklärungen möglich, z. B. bei *nâdušu* ‚frischer, junger Pflanzenwuchs‘ (s. WB, S. 202) und *šutâbšu* (III 2) ‚Turban, Kopfbinde‘ (s. WB, Nr. 45). Auch *namurru* st. cstr. *namur*, *namurratu* st. cstr. *namurrat* und *namrurat* ‚Zorn, Schrecklichkeit, Furchtbarkeit, Schrecken‘ möchte ich den hier besprochenen Bildungen zugesellen. — Das Meiste von dem in dieser Anm. Dargelegten gilt auch für die Quadrilittera und wird durch diese noch weiter erhärtet; vgl. für die Identität der Formen mit Adj.- und Inf.-Bed.

lâ naparkû ,nicht aufhören' und ,nicht aufhörend', für die Kürze des *u*-Vocals *šuḫárruru* und *šupárruru* (ebenfalls Inff. und Adjj.); von Feminformen vgl. *napalsuḫtu* (neben *napalsuḫu*). Näheres für dies alles s. in § 117, 1 und 2.

Bei der Wichtigkeit des Permansivs für die assyr. Grammatik dürfte es gerechtfertigt sein, vor der Bedeutung des Permansivs der vermehrten Stämme auch die Bed. des Permansivs des Qal — in Ergänzung der kurzen Bemerkungen des § 87 — noch durch einige weitere Beispiele zu erläutern. § 89.

I 1. Verba med. gemin. (vgl. §§ 87 und 63): ,die Stadt *da-an* (geschr. *dan-an*, phon. Compl.) *danniš* war gewaltig stark' (Asurn. I 114. III 51; wechselt mit *marṣi danniš* II 104), ,welcher nicht *ḫa-as-su* gedachte', *ellâ*, *ebbâ* ,sie sind hell, rein' (3. f. Plur., V R 51, 36b). Verba med. ו, י (vgl. §§ 87 und 64): *Šarru-lû-dâr(i)* ,der König währe ewig', *lû kân* ,er, es sei' (geschr. *ka-ia-an* IV R 45, 42, *ka-a-a-an* K. 246 Col. IV 45), ,die Strasse *ša alaktaša lâ ta-a-a-rat* nicht zurückgeht' (Höllenf. Obv. 6), *Ašûr-da-a-an* ,Asur ist Richter' (Tig. VII 49. 66), ,mein Gruss *lû ṭa-ab-ka* (oder — *ku-nu-ši*) thue dir (euch) wohl' (oft), *ânu* ,es ist oder war nicht' (geschr. *ia-a-nu* Beh. 19 u. ö.); ,dein Befehl *ki-na-at* steht fest' (d. i. *kênat*, K. 3258), *dîktu ina libbišunu ma-'a-da di-e-ka-at* ,viele von ihnen wurden getödtet' (IV R 54 Nr. 3, 25 f.), *mi-i-ti* ,er starb' (Beh. 17). — *kašid*: *a*) Zuständlichkeit. *ša-lim* ,er ist wohlbehalten', *na'id* ‚er ist oder war erhaben', ‚Auramazda *ra-bi* ist gross' (H, 1), *ša 'a-ad-ru* ‚der in Bedrängniss ist, bedrängt wird' (IV R 5, 60 b), ‚die Stadt welche da und da *šak-nu* liegt' (Nimr. Ep. XI, 11), Plur. *šaknû* (Tig. III 57), *ša-ak-nu-ú-ni* (Asurn. III 98), *bal-ṭu-'* ‚sie leben' (H, 3), *lab-šú* ‚sie sind gekleidet' (Höllenf. Obv. 10), *lû šak-na šêpâka* ‚es ruhen deine Füsse' (IV R 17, 10 b), *aš-ba-ak* ‚ich weilte' (Asurb. Sm. 119, 18), ‚der Palast *ša eli maḫrîti ma'adiš šú-tu-rat ra-ba-ta u nak-lat*' (Sanh. VI 44 f.), *annû'a ma'idâ rabâ ḫiṭâtû'a* (IV R 10, 37 a), *ma-la ba-šu-u*. *b*) Passivität. *'-a-bit* ‚er war zerstört worden', ‚die Stadt *ṣab-ta-at* wurde genommen' (C[b] Rev. 31), (')-*al-du* ‚sie wurden oder sind geboren' (IV R 15, 22 a. 2 b), *kat-ma-ku* ‚ich bin überwältigt' (IV R 10, 4 b). *c*) dauernde bez. vollendete Thätigkeit. ‚der Gott *ša kippât šamê irṣitim ḳâtûšu paḳdu* der die Enden Himmels und der Erde in seiner Hand bewahrt' (Asurn. I 6), *Adar-pa-ḳi-da-at* (ein Königsname, V R 44, 37 d), *tarṣât* ‚du streckst aus', ‚Istar trat herein, rechts und links *tu-ul-la-a-ta išpâti tam-ḫa-at pitpânu ina idiša šalpat namṣaru* .... hatte sie hängen (s. u. II 1) Köcher, einen Bogen hielt sie an ihrer Seite, aus der Scheide zog sie das scharfe Schlachtschwert' (Asurb. Sm. 124, 53 ff.), *aḫzû* ‚sie haben', *našûni* ‚sie bringen', ‚welche *na-šú-u* tragen' (NR 18. 27), *šiknât napišti mâla šuma na-ba-a ina mâti ba-ša-a* (IV R 29, 38 a). — *kašud. ma-ru-uṣ* ‚er ist krank‘ (K.524 Z. 13), ‚über Thür und Riegel *ša-pu-uḫ epru* ist Staub gebreitet‘ (Höllenf. Obv. 11), ‚dessen Antlitz *ta-ru-ṣu* gerichtet war‘ (Asurn. III 26), ‚*man-nu-um-ma ba-ni man-nu-um-ma ša-ru-uḫ* unter den Männern‘ (Nimr. Ep. 49, 201), *epuš* ‚es ist gemacht‘ K. 63, d. i. IV R 25, Col. III 25), *ša ašaršu rûḳu* ‚dessen Ort fern ist‘; an sich könnte für *rûḳu* auch an das Adj. gedacht werden (vgl. § 147), aber im Hinblick auf die Femininform *ša ḳibîtsu ru-ḳa-at* (K. 3258) ist die Fassung als Perm. besser (vgl. ebenda).

II 1 *kuššud* hat active und passive (bez. intransitive) Bedeutung. *a*) ‚Schrecken u. s. w. *ḳud-du-šum-ma* haben ihn niedergebeugt‘ (= *ḳuddudû*, IV R 61, 9 a), *tu-ul-la-a-ta išpâti* ‚sie hatte Köcher angehängt, hatte Köcher hängen‘ (s. u. I 1, c; für die Endung *âta* vgl. § 53 S. 125 unten). *b*) ‚wie lange, Herrin, *su-uḫ-ḫu-ru pa-nu-ki* ist abgewendet dein Antlitz?‘, ‚worin die Schätze *nu-uk-ku-mu* aufgehäuft waren‘ (Asurb. Sm. 225, 51), ‚auf Regen *turruṣâ înêšun* waren ihre Augen gerichtet‘ (Sanh. Baw. 7), *uššušâku* ‚ich bin betrübt‘ (IV R 10, 4 b).

III 1 *šukšud* hat active und passive (bez. intransitive) Bedeutung. *a*) ‚Sargon der zur Niederwerfung der Feinde *šutbû kakkûšu* seine Waffen ausgehen liess‘ (Lay. 33, 3. Sarg. Cyl. 7), ‚[welcher?] mehr als seine

Väter *arna šú-tu-ru šur-bu-u ḫîṭušu kabtu* die Missethat überhand nehmen liess, viel machte schwere Versündigung‘ (III R 38 Nr. 2 Obv. 61). *b*) ‚hohe Abhänge, auf denen *ur-ḳi-tu lâ šú-ṣa-at* nichts Grünes hervorgebracht worden, aufgesprosst war‘ (Sarg. Cyl. 35), ‚auf festen Boden *ul šuršudâ išdâšu* war sein Fundament nicht gegründet worden‘ (Lay. 33, 14), ‚eine Überschwemmung, welche zur Nachtzeit *šur-da-at* zum Fliessen gebracht wird, ausbricht‘ (IV R 26, 20 a), ‚der welcher *šuk-lu-lu* vollendet ist‘ (IV R 9, 20 a), *šú-tu-ga-ta* ‚du bist prächtig‘ (IV R 30, 7 a).

IV 1 *nakšud* hat passive Bedeutung. *na-al-bu-ša-ku* ‚ich bin bekleidet‘ (K. 3456), ‚Cedern die auf dem Gebirg Sirâra in Verborgenheit *na-an-zu-zu* standen‘ (eig. gestellt waren? Sanh. Kuj. 4, 11).

I 2 *kitšud* hat active und intransitive (bez. passive) Bedeutung. *a*) ‚der Truppen *šit-pu-ru* gesandt hatte‘, ‚der wie ein Fisch *šit-ku-nu šubtu* die Wohnung aufgeschlagen hatte‘ (Asarh. III 55. Asurb. Sm. 76, 28), ‚sie verliessen sich auf die Berge und *lâ pit-lu-ḫu bêlût Aššûr* (Asurb. Sm. 81, 7). *b*) ‚welcher *pit-ḳu-du* Acht hat auf‘ (*ana*, Asurn. I 24), ‚der sich nicht *kit-nu-šu* unterwarf meinem Joch‘ (u. ä., oft), ‚deren Wohnung gleich dem Nest eines Adlers *šit-ku-na-at* gelegen war‘ (Sanh. III 70), ‚Istar *išâtu lit-bu-šat* war mit

Feuer bekleidet' (V R 9,80), *ḫi-it-pu-ṣu-nik-ka* ‚sie haben nach dir verlangt' (IV R 17, 11b).

III 2 *šutakšud* hat passive Bedeutung. ‚Ninewe worein allerlei Kunstwerk *šú-ta-bu-la* gebracht war' (Sanh. Rass. 63), *mi-lam-me šú-ta-as-ḫur* ‚von Glanz ist er umflossen' (K. 63, d. i. IV R 25, Col. III 11, vgl. *šú-tas-ḫur* IV R 18, 51 a).

Weitere Beispiele für das Permansiv s. bei der Lehre vom Precativ (§ 93, 2) und unter den ‚beachtenswerthen Einzelformen' der §§ 98. 101 u. s. w.

Permansivformen der Stämme II 2. IV 2. I 3. IV 3 sind mir noch nicht bekannt geworden.

Die Vereinigung activer und passiver Bed. innerhalb der Permansivthemata II 1 und III 1 erinnert an den Gebrauch der Infinitive, s. § 95 Schluss.

Conjugation (Personen- und Numerusbildung) der beiden Verbalthemata: 1) des Praesens-Praeteritalthemas *a*) im Qal. **§ 90.**

	Sing.	Plur.
3. m.	*i-ṣ(a)bat*	*i-ṣ(a)bat-û(ni, nu)*
3. f.	*ta-ṣ(a)bat*	*i-ṣ(a)bat-â(ni)*
2. m.	*ta-ṣ(a)bat*	*ta-ṣ(a)bat-û*
2. f.	*ta-ṣ(a)bat-î*	*ta-ṣ(a)bat-â*
1. c.	*a-ṣ(a)bat*	*ni-ṣ(a)bat*

Das Praeformativ *i̯a* ist vorauszusetzen für das Praet. der Verba primae א (ausser *alâku*) und primae

ו, י: *êkul*=*iêkul*=*iâkul* (*ia'kul*); *ûšib*=*iûšib*=*iaušib*, *îši* =*iîši*=*iaiši* (für den Wegfall des anlautenden *i* s. § 41, b, im Uebrigen vgl. die diesen schwachen Verbis gewidmeten §§); dagegen liegt allen andern Praesens- und Praeteritalformen des starken wie des schwachen Verbums, dessgleichen den entsprechenden Formen des Nifal, Ifteal und Ittafal das Praeformativ *i* zu Grunde, für welches — möglicherweise mit Unrecht — § 41, b, S. 98 Entstehung aus *ia* angenommen wurde.

Das obige Schema wird natürlich bei Analogiebildungen durchbrochen, und zwar sind solche beim Praesens des Qal sehr häufig. Wie beim starken Verbum die Vocalaussprache des zweiten Radicals sich stark vom Praet. beeinflusst zeigt, indem das urspr. Praes.-*a* vielfach, bei Praet.-*i*, wie es scheint, durchgängig durch den betr. Vocal des Praet. ersetzt ist, vgl. aus § 96 *ibâluṭ*, *išâgum*, *itârur*; *ilâbin*, *inâdin*, *isâkip*, *išâbir* (mitunter finden sich diese Neubildungen neben den älteren Formen mit *a*, vgl. *izânan* und *izânun*, *idâbab* und *idâbub*, wie *ima'ad* und *imâ'id*, *iḫḫaz* und *iḫḫuz*), so wird beim schwachen Verbum nicht selten die ganze Praesensform mitsamt den Praeformativen vom Praet. aus gebildet, woneben ebenfalls zuweilen die älteren Formen noch in Gebrauch sind. Ich meine die Praesensbildungen *izzaz*, *iddan* (s. Verba primae נ, § 100); *ennaḫ* (vom Praet. *ênaḫ*) neben *innaḫ* = *i'ânaḫ*; *eppuš*, *errub*, 2 m. *terrub* (s. Verba primae א, § 103); *urrad* (vom Praet. *ûrid*, s. Verba primae ו, § 112); *iturrû* ‚sie werden' (vom Praet. *itûr*) neben *itârû* (s. Verba med. ו, י, § 115). — Analogiebildungen beim Praes. und Praet. finden sich innerhalb der Verba med. א, z. B. bei *râmu* und *bêlu*; s. hierüber § 106.

b) in den vermehrten Stämmen. Für die Afformative ist nichts zu merken: sie sind die gleichen wie in der Flexion des Qal; für die Praeformative genügt es die Formen *ikkašid*, *takkašid*, *akkašid*, *nikkašid*; *iktášad*, *taktášad*, *aktášad*, *niktášad*; *ukaššid*, *tukaššid*, *ukaššid* (1. Sing.), *nukaššid* (1. Plur.) kurz namhaft zu machen. Beachtenswerth scheint, dass die Praeformative den *u*-Vocal haben, wenn das Permansiv in der ersten Sylbe *u* aufweist, dagegen *i*, wenn das Permansiv den *a*- oder *i*-Vocal in der ersten Sylbe hat.

Auch hier gehen selbstverständlich alle Analogiebildungen ihren eigenen Weg: für *etêli*, *etêpuš* s. bereits § 34, α, Anm. und s. weiter Verba primae א, § 103; für *ittúbil*, *ittúṣi* (neben *ittáṣi*) s. Verba primae ו, § 112; für die Praesensformen wie *iṣṣanundu* s. Verba mediae ו, § 115. — Für die schon in § 88, a berührte Vocalaussprache des 2. Radicals s. § 97.

c) Zusatzbemerkungen zum obigen Schema: Die 3. m. Sing. wird sehr oft promiscue für die 3. f. mitgebraucht; z.B. *i-ra-an-ni* ‚sie ward mit mir schwanger', *ul i-ri-man-ni Iš-ta-ri* (IV R 67,58b), *šîmtu ûbilšu* ‚das Geschick raffte ihn fort' (Asarh. III 19), *kabittaki lipšaḫ̮*, *rêbitu litbal* ‚die Strasse möge fortnehmen', *Ištâr ušarḫ̮iṣanni libbu*, u. v. a. m. — Die Pluralformen 3. m. auf *nu* sind weit seltener als die auf *ni*, doch vgl. u. a. *ul-te-bir-ú-nu* (K. 823 Obv. 11), *iḳ-ta-bu-nu* ‚sie sagten' (K. 82, 16), *iṣbatûnu*, *i-tab-šú-nu*, *i-ḳab-bu-nu* etc. (K. 831), *lu-ú-ter-ru-nu* ‚sie mögen zurückbringen', *i-na-aš-šú-nu* ‚sie bringen' (NR 10). — Gar nicht selten lautet die 3. und 2. m. Plur. auf *â* statt auf *û* aus; vgl. neben einander V R 64 Col. III 49 ff.: ‚die Götter *li-im-gu-ra*, *lil-li-ku*, *li-ša-am-ki-ta*; *tu-kin-na* ‚ihr habt bestellt' (Tig. I 22), ‚den ihr *tu-up-pi-ra-šú* bedeckt habt' (Tig. I 21). Ebenso beim Imperativ, s. § 94. Dagegen sind Pluralformen auf *i* (= *ê* = *â*?), wie: ‚die grossen Götter *libbika li-ṭi-ib-bi* mögen dein Herz erfreuen' (V R 65 Col. II 19), seltenste Ausnahmen (vgl. — für den Perm. — § 91).

Für das der 3. m. und 1. c. Sing. und Plur. Praet. sehr oft zur Verstärkung vorgesetzte *lû* s. dieses Adverbium § 78.

§ 91. Conjugation 2) des Permansivthemas. Zur Veranschaulichung der Conjugation des Permansivthemas im Qal wie in den vermehrten Verbalstämmen diene folgendes Schema:

	Sing.	Plur.
3. m.	*kašid*	*kašd-û(ni)*
3. f.	*kašd-at*	*kašd-â(ni)*
2. m.	*kašd-â-t(a)*	*kašd-â-tunu* (?)
2. f.	*kašd-â-ti*	vacat
1. c.	*kašd-â-k(u)*	*kašd-â-ni*, *-nu*

Die 3. m. Sing. wird, ganz wie in den andern semitischen Sprachen die 3. m. Sing. Perf., durch kein besonderes pronominales Element bezeichnet. Die Bildung der 2. m. und f. Sing. und 1. c. Sing. und Plur. ist ganz die nämliche wie bei Substantiven und Adjectiven, welche mit einem ihnen als Subject dienenden Pronomen zur Einheit verschmelzen; vgl. *atta ṣi-rat*

,du bist erhaben' (IV R 9, 54 a), *šarrâku bêlâku na'idâku . . . ašaredâku ḳarradâku* etc. (Asurn. I 32 f.), *ṣi-iḫ-re-ku* ,ich bin klein' (K. 4931 Obv. 18). Das zwischen den Auslaut des Permansivthemas und die Afformative gefügte *â* (*kašd-â-ta*, *dann-â-ta*, *ban-â-ku*) erinnert an die hebr. Perfectformen סַבּוֹתָ, נְקוּמוֹתָ. Für die 2. f. Sing. vgl. *šak-na-a-ti* (IV R 63, 54 b), für die 1. Plur. *na-i-da-a-ni* ,wir sind erhaben' (IV R 68, 39 b). Sehr unsicher scheint mir die allgemein angenommene und auch in die ‚Paradigmata' übergegangene Permansivform der 2. m. Plur.: der für *kašdâtunu* gewöhnlich geltend gemachten Stelle IV R 34, 61 (*ba-na-tu-nu*), deren Context noch wenig klar ist, steht *ku-uṣ-ṣu-pa-ku-nu* (IV R 52 Nr. 1, 26, vgl. 1. Sing. *ku-uṣ-ṣu-pa-ku* Z. 10) entgegen. Auch im Permansiv (vgl. § 90, c Schluss) findet sich *â* bei der 3. m. Plur., vgl. *aš-ba* ,sie sitzen, wohnen' (Höllenf. Obv. 9), wogegen *i* (*î*) äusserst selten ist, vgl. Nimr. Ep. XI, 119: ,die Götter *aš-bi ina bikîti* sassen da unter Weinen'. — Für die Synkope des *i*-Vocals in *kašdat*, *kašdâku* u. s. w. s. § 37, b.

Der M o d u s r e l a t i v u s und die überschüssigen Endvocale des assyr. Praes.-Praeteritums und Permansivs. Jede Praesens- und Praeteritalform, die auf einen Consonanten endet, bei den Verbis tertiae infirmae jede, die auf einen kurzen Vocal endet (die Pluralendungen *ûni*, *ûnu*, *âni* natürlich ausgenommen), **§ 92.**

kann, wenn sie im Hauptsatz steht, einen der drei kurzen Vocale annehmen, ohne dass eine Änderung der Bed. damit verbunden wäre. Am häufigsten ist *a*, seltener *i*, noch seltener *u*. Für *a* vgl. *illika uruḫ mûti* (Khors. 118), *ûbil* oder *ub-la* ‚er brachte‘, ‚sein Heer *idḳâ* bot er auf‘, *isdira miḫrit ummâni'a* (Asurb. Sm. 39, 16), *taššuka* ‚sie biss‘, *šîmta tašâma* ‚du bestimmst das Geschick‘, *uṣabbita* ‚ich liess ergreifen‘, *upaṭṭira* ‚er öffnete‘, *aštakkana* ‚ich machte‘ (V R 3, 133), *at(t)arda* ‚ich zog hinab‘ (bes. oft bei Asurn.), *ušêbira* ‚ich liess übersetzen‘ (Sanh. IV 32), *nindagara* (V R 1, 125), u. v. a. m. Sehr häufig ist dieses Schluss-*a* bei den Verbis tertiae ו und י, z. B. *aḳḳâ* ‚ich goss aus‘, *iršâ* ‚er fasste‘, *ušellâ* ‚ich führe herauf‘, *uṣallâ* ‚er flehte an‘. Auch bei Precativformen findet es sich vielfach, z. B. *lu-uš-ba-a* ‚ich will mich sättigen‘ (Neb. X 8 u. o.); dessgleichen beim Imperativ (s. § 94). Für den Gebrauch dieses *a* bei copulativen Sätzen s. Syntax § 150. Permansivformen mit vocalischem Auslaut *a* sind mir, von Relativsätzen abgesehen, nicht erinnerlich. — Für *i* vgl. *êṣidi* ‚ich erntete‘, *akšiṭi* ‚ich hieb nieder‘ (Sams. IV 18), *uzaḳip* und *uzaḳipi* ‚ich pfählte, spiesste auf‘ (Asurn.), ‚sein Herz *ir-ti-ši* frohlockte‘, *ušêribi* ‚ich brachte hinein‘ (V R 35, 34), *ušatriṣi* (V R 62 Nr. 1, 15), *ušâlidi* (Lay. 44, 14. 17). Auch bei Precativformen: *liḫnubi* (III R 41 Col. II 33); dessgleichen bei

Permansivformen: *ma-ši-ḫi ka-ni-ki* (III R 43 Col. III 16. 17), ‚die Stadt *marṣi danniš*‘ (Asurn. II 104), *mîti* ‚er starb‘, *bi-e-di* ‚er wurde erschlagen‘ (Epon.-Canon), *na-(a-)di* ‚er war hoch‘, *ašbâti* ‚du (o Merodach) wohnst‘ (K. 3426). — Für *u* vgl. *arâmu* ‚ich liebe‘ (Neb. I 38), *unakkilu* ‚ich machte kunstvoll‘ (V R 64 Col. II 8). Auch bei Precativformen: *lušbû* ‚ich will mich sättigen‘ (I R 67 Col. II 34).

Jede Praesens-, Praeterital- und Permansivform muss aber einen Vocal annehmen, wenn sie in einem Relativ- oder Conjunctionalsatz steht. Dieser Vocal ist zumeist *u*, doch findet sich vielfach auch *a*; Vocallosigkeit ist äusserst seltene Ausnahme. S. alles Nähere für Relativsätze § 147, für Conjunctionalsätze § 148.

Gar nicht selten findet sich auch noch ein *m* an diese Auslautsvocale gefügt und zwar ebensowohl in Haupt- wie in Relativsätzen. Beispiele s. in § 79, *α*, Anm., dessgleichen in § 147.

Sowohl vom Praeteritum als vom Permansiv bildet das Assyrische einen Precativ mittelst des Adverbs *lû* ‚führwahr‘ (s. § 78), und zwar verschmilzt dieses *lû* mit den vocalisch anlautenden Praeteritalformen zu Einem Wort, während es vor dem Feminin-*t* und vor den Permansivformen seine Selbständigkeit bewahrt. § 93.

1) Vom Praeteritum finden sich Precativformen gebildet für die 3. m. und f. Sing. und Plur. und die

1. c. Sing. *a*) 3. Pers. m. Sing., m. f. Plur. Mit dem Praeformativ *i* der Verbalstämme I 1. 2. IV 1. 2 verschmilzt *lû* zu *li*: *likšud*, *likšudû*, *likšudâ*, *limmir*, *liṣṣur*, *lillikûni* ‚sie mögen kommen‘, *limsi* ‚er wasche‘, *limsû*, *litûr* ‚er kehre zurück‘; *litabbib*, *lit-tal-lak* ‚er möge wandeln‘ (IV R 61, 41 a); *lippaḳid* ‚er, es sei befohlen‘, *littabik*, *lippaṭir*; *littapraš* ‚er fliege davon‘; mit dem *î*, *ê* des Qal der Verba primae א zu *lî*, *lê*: *li-kul* ‚er esse‘, *li-ru-ru* ‚sie mögen verfluchen‘, *li-lil*, *li-bi-ib* (d. i. wohl *lêkul*, *lêrurû* u. s. f.); vgl. *lîšir* (ישׁר, IV R 64, 6 b); mit dem *u* der Verbalstämme II 1 und III 1 zu *lû*, woneben sich aber auch *li* findet: *lu-(u-) ḫal-li-iḳ* ‚er möge vertilgen‘ (Tig. VIII 88), *lu-šab-bi-ru* ‚sie mögen zerbrechen‘ (Tig. VIII 80), *lubbibû*, *luddiš* ‚er erneuere‘, *lu-u-tir* ‚er bringe zurück‘, und *li-ḫal-li-ḳu* (IV R 64, 64 b), *li-paṭ-ṭi-ru* ‚sie mögen lösen‘ (IV R 59, 52 b), *li-ma-'-i-da* (III R 41 Col. II 23), *lu* (Var. *li*)-*bal-lu-u* ‚sie mögen vernichten‘ (Tig. VIII 79); *lûšeknišû* (Tig. VIII 33), und *li-ša-li-ṣa* ‚er mache jauchzen‘ (Khors. 194), *li-še-ši-bu-šu* ‚sie mögen ihn sitzen lassen‘ (Sarg. Cyl. 77, dagegen *lu-še-ši-bu-šu* Tig. VIII 83), *li-šam-'-i-da* ‚sie mehre‘; mit dem *û* der Verba primae ו (Qal) zu *lî*, doch auch *lû*: *li-rid*, *li-ri-du*, *li-bil* und *lu-bil* ‚er entführe‘ (IV R 66, 49 a. 14 b). *b*) 1. Pers. Sing. Mit dem Praeformativ *u* verschmilzt es zu *lu*: *lubluṭ* ‚ich möge leben‘, ‚wen *lu-uš-pur* soll ich senden?‘,

lu-zi-iz ‚ich will mich stellen‘, *lullik* ‚ich will gehen‘ (dagegen *lillik* ‚er möge gehen‘), *lu-um-id* ‚ich möge zunehmen‘ (K. 2455), *lu-uḳ-bi*, *lu-ub-ki* ‚ich will weinen‘ (Höllenf. Obv. 34. 35) — beachte die Schreibung *lu-ú-up-te* ‚ich will eröffnen‘ (Nimr. Ep. XI, 252) —; *lu-ul-ta-ti* ‚ich will trinken‘ (Höllenf. Rev. 19). Ebenso mit *ê*: *lûbib* ‚ich möge rein werden‘, *lu-ru-ba* ‚ich will eintreten‘ (Höllenf. Obv. 15); vgl. *lûšir* ‚ich möge gedeiḫen‘ (ישר). Dessgleichen mit dem *u* der Stämme II 1 etc.: *lu-ša-an-ni* ‚ich will melden‘. Fälle wo sich *a* oder *â* hält, sind selten: vgl. z. B. *la-šú-ṭa* ‚ich will ziehen‘ (V R 2, 125) und das n. pr. m. *Pân-Ašûr-la-mur* ‚möge ich schauen das Antlitz Asurs‘ (C[a] 136. 153). Sehr schwer ist die Form *la-ta-am* in dem seiner Bed. nach gesicherten Sätzchen eines unveröffentlichten Textes: *la-ta-am nar-bi-ka ana nišê rapšâti* ‚ich will kundthun deine Grösse den weiten Völkern‘ (vgl. den Wechsel von *Mar-la-ar-me* und *Mar-la-rim* C[a] 244?). *c*) 3. Pers. f. Sing. ‚Istar *kakkêšu lu-ú tu-ša-bir kussâšu lu te-kim-šu* zerbreche seine Waffen, nehme ihm seinen Thron‘ (Asurn. Balaw. Rev. 20 f.)

Die Formen mit *i* wie *liḫalliḳ*, *lišâliṣa* sind gewiss durch den Trieb nach Differenzirung der 3. und 1. Pers. veranlasst. — Praecativformen, vom Praesens gebildet, giebt es nicht: *linâr* ist nur scheinbar eine Ausnahme (s. § 114), und das Gleiche ist der Fall mit den Precativformen IV R 7, 46. 48a, welche natürlich *liḳḳalip*, *lippašir* zu lesen sind. — Für die 1. Pers. Plur. mit Cohortativbed. s. Syntax § 145.

2) Vom Permansiv sind mir Precativformen zur Zeit nur für die 3. und 2. Perss. bekannt. 3. Perss. *lû ašib* ‚er möge wohnen‘, *lû baliṭ lû ša-lim* (III R 66 Rev. 23 c), ‚seine Regierung *ina dumḳi lû bullul* sei übergossen mit Gnade‘ (V R 33 Col. VII 15), ‚Berg und Thal *lû na-šú-nik-ka biltu* mögen dir Abgabe bringen‘ (Nimr. Ep. 43, 17), *lû emû kîma ilâni* ‚sie mögen den Göttern gleichen‘ (Nimr. Ep. XI, 183). 2. Perss. *atta aganna lû aš-ba-ta* (Asurb. Sm. 125, 64), *lû ta-mat* ‚sei beschworen‘; Fem. *lû šak-na-a-ti*, *lû na-ša-a-ti* (IV R 63, 54 f. b). — Beachte schliesslich noch die Vereinigung der beiden Precativarten V R 33 Col. VII 12 f.: *ûmêšu lû ar-ku šanâtešu lêrikâ.*

§ 94. Der Imperativ wird vom Praeteritum aus gebildet, indem das Praeformativ unterdrückt wird, worauf der erste Radical, sofern er hierdurch vocallos geworden, einen Hülfsvocal annimmt. Der Vocal des zweiten Radicals wird unwandelbar festgehalten. So begreift sich innerhalb der vermehrten Stämme das Verhältniss des Imp. II 1 *kaššid* zum Praet. *ukaššid*, I 2 *kitášad* (und mit Synkope — vgl. § 88, b — *kitšad*) zu *iktášad*, III 2 *šutakšid* zu *uštakšid*, dessgleichen von IV 1 *nakšid* zu *ikkašid* (d. i. *inkašid*) leicht. Die Imperativform *kaššid* des St. II 1 liegt allen Impp. der Verba med. ו und י zu Grunde, daher *ka-in*, *kên*; im Übrigen ist sie aber mehr und mehr durch die gewiss aus Nachwirkung des Praef. *u* zu erklärende Form *kuššid* verdrängt worden. Beim Imp. III 1 lässt sich sogar, was das starke Verbum anbetrifft, das ebenfalls vorauszusetzende *šakšid* gar nicht mehr nachweisen, es lautet vielmehr stets *šukšid*, und nur die Verba primae א$_{4.5}$ und die, hierin der Analogie der Verba primae א folgenden, Verba primae ו bilden theils, wie nach dem Praet. zu erwarten, *šêzib* (Praet. *ušêzib*) und *šêbil* (Praet. *ušêbil*) theils *šûzib*, *šûbil*. Die Imperative des Qal werfen bei den Verbis primae ו das ganze *û* des Praet., also Praeformativ mitsamt erstem Radical ab, daher *šib*, *bil*. Die starken Verba sowie die Verba tertiae infirmae nehmen den Vocal der zweiten Sylbe als Hülfsvocal an: *kušud*, *piḳid*, *ṣabat*; *miṣi*, *piti*, *šiti*, *munu*. Ebenso die Verba primae נ, welche ausserdem ihr *n* in spiritus lenis auflösen: *uṣur*, *idin*. Nur die Verba primae א nehmen — vielleicht zum Zwecke der Differenzirung von den Verbis primae נ — *a*, bez. mit Umlaut *e*, als Vocal beim ersten Radical an, daher *akul*, *amur*; *alik*; *etiḳ*, *epuš*; *erub*.

Die Geschlechts- und Numerusbildung des Imp. ist genau die gleiche wie beim Praeteritum. Auch im Imp. findet sich die 2. m. Sing. promiscue für die 2. f. mitgebraucht: *kišâdki su-ḫi-ir-šum-ma* ‚neige (o Göttin) deine Seite ihm zu' (K. 4623 Obv. 19), *šullim* neben *ṭibbî*, *uṣur* neben *kinnî* (V R 34 Col. III 46. 47); nicht minder lautet die 2. m. Plur. ebenfalls gern auf *â* aus: *a-ku-la* ‚esset', ‚grosse Götter, *di-ni di-na* schaffet mir Recht' (IV R 56, 14 a), *uṣ-ra-a-ma ṣu-ub-bi-ta-niš-šu-nu-tu* ‚habt Acht und nehmt sie gefangen' (K. 82, 22), u. v. a. m. Besonders beliebt ist bei der 2. Pers. m. Sing. der Endvocal *a*: *al-ka* ‚wohlan!', *ir-ba* ‚ziehe ein', *pi-ta-a* ‚öffne' (Höllenf. Obv. 14 f.), *šubšâ* ‚lass sein' (Neb. I 71), *šuptâ* ‚lass öffnen' (*E. M.* II 339), *šul-li-ma* ‚lass wohlgerathen' (ebenda), *šú-ṣa-a* ‚führe hinaus' (Höllenf. Rev. 33); auch mit Verstärkung durch *m*: *šú-ur-ḳam*, *šú-ur-ka-am* ‚schenke' (I R 52 Nr. 4 Rev. 22. Bors. II 22 u. ö).

§ 95. Für die Bildung der Participia, welche in den vermehrten Stämmen stets vom Praet. aus mittelst des Praeformativs *mu* gebildet werden, dabei aber den zweiten Radical ausnahmslos mit *i* aussprechen (vgl. *muktašidu* trotz *iktašad*), sind die Paradigmata zu vergleichen; für die Infinitive ebendieser Stämme s. § 88, b nebst Anm. Die Inff. *šêburu* (primae $א_4$) und *šêbulu* (primae ו), neben *šûzubu*, *šûšubu*, stehen wohl unter dem Einfluss der Praet.-Imp.-Formen. Das Part. des Qal hat die Form *kâšidu*, der Inf. *kašâdu* (vgl. § 65 Nr. 11 und die Anm. nach Nr. 19). Die Inff. haben sämtlich sowohl active als passive Bed. (vgl. § 89), wesshalb z. B. *šalâl ilâni* ‚die Wegführung der Götter' ihr Weggeführtwordensein bedeuten kann.

Verba firma*),

d. h. Verba mit drei starken Radicalen,

mit Einschluss der nicht mit א oder נ anlautenden**) Verba mediae geminatae.

(S. Paradigmata B, 1).

Uebersicht über die gebräuchlichsten***) Verba nebst Angabe ihrer Vocalaussprache im Praet. und Praes. I 1 sowie Praet. I 2.: § 96.

Praet. *u.* *a*) Praes. *a*: בקם ‚abschneiden, zerreissen', גמר* ‚vollführen'†), גצץ ‚zerreissen, zerfleischen', דגל ‚schauen', דלל ‚unterthänig sein, sich demüthigen unter etw.', זכר* ‚nennen, kundthun, berufen', זכן ‚füllen, voll ausrüsten, vollkommen ausstatten', זקף ‚aufrichten', חסס* ‚gedenken, erdenken', כבס ‚niedertreten, betreten', כרב* ‚segnen (c. *ana*, I 2 c. acc.),

---

*) **Die Erlernung der Conjugation der starken und schwachen dreiconsonantigen Verba hat mittelst der Paradigmen B, 1—12 zu erfolgen;** die §§ 96—116 wollen lediglich Zusatzbemerkungen zu den Paradigmen sein.

**) Diese sind bei den Verbis א bez. נ, wohin sie naturgemäss in erster Linie gehören, mitbehandelt.

***) Als ‚gebräuchlichste Verba' sind in diesen wie in den folgenden §§ 99. 102 u. s. w. ausschliesslich solche Verba aufgeführt, welche auch im Qal belegbar sind; die übrigen sind gelegentlich in den jedesmaligen beiden andern §§, welche den einzelnen Verbalclassen gewidmet sind, mitberücksichtigt. ‚Verba', die nur in nominalen Ableitungen vorliegen, blieben ausgeschlossen.

†) Die mit einem Stern beim ersten Radical versehenen assyr. Verba haben den Praesensvocal auch im Praet. I 2; gleichem Zwecke dient der Stern in den §§ 99 und 102. Wo sonst das Praet. I 2 belegt, die Vocalaussprache aber eine andere als im Praes. I 1 ist, oder wo das Praes. I 1 mir noch unbekannt ist, wurde der Vocal des Praes. I 2 in Klammern beigefügt.

beten‘, כשׁד* ‚gelangen, erlangen, erobern, besiegen‘, כתם‚bedecken, überwältigen‘, מדד‚messen‘, סחף‚niederwerfen‘, סלח ‚besprengen‘, ספן (mitunter שׁפן geschrieben), bedecken, überwältigen‘, פטר*‚spalten, zerreissen, lösen und dgl.‘, פרס* ‚brechen, zurückhalten, hemmen‘, פשׁר ‚lösen‘, שׁבס und סבס (ganz selten סבשׁ) ‚zürnen‘, שׁחט ‚abziehen (die Haut), zerreissen‘, שׁטר ‚schreiben‘, שׁכן* ‚legen, machen‘, שׁלל* ‚wegführen, plündern‘, שׁלף ‚herausreissen‘, שׁפר* ‚senden‘, שׁקל ‚wägen, zahlen‘, שׁרף* ‚verbrennen‘, שׁרק ‚schenken, verleihen‘, תמח ‚fassen, halten‘, תרך ‚entweichen‘, תרץ ‚richten, gerad stellen oder legen‘.

b) Praes. *i*: לבר ‚altern‘, שׁחת* ‚sich beugen, hinsinken, sich niederlassen‘.

c) Praes. *u*: בלט* ‚leben‘, כפד* (קפד?) ‚sinnen, planen‘, מקת* ‚fallen, stürzen, befallen‘, פחר ‚sich versammeln‘, רחץ ‚vertrauen sich verlassen‘, רמך* ‚ausgiessen‘, רמם ‚brüllen, donnern‘, רפד* ‚sich hinlegen‘, שׁגם ‚heulen, brüllen‘, תרר ‚zittern, beben‘.

d) Praes. noch unbekannt: בלל ‚überschütten‘, בתק ‚durchschneiden, abschneiden, trennen‘, גרר ‚laufen, rennen‘, חבת ‚plündern, erbeuten‘ (Praet. I 2: *a*), חטט ‚hineinstechen, graben‘, חשׁח ‚verlangen, begehren‘, חשׁל ‚zerschlagen‘, טבח ‚schlachten‘, טרד ‚verjagen‘, כנשׁ ‚sich unterwerfen‘, לפת ‚umfassen; wenden, rühren, umstürzen‘ (Praet. I 2: *a*), לקת ‚nehmen, wegnehmen', מגר, zu willen sein, gehorsam, gnädig sein' (Praet. I 2: *a*), מחר ,entgegennehmen, annehmen; entgegentreten, angehen u. ä.' (Praet. I 2: *a*), מרץ ,krank sein', מְשׁח ,messen', מתח ,richten', סחל ,durbohren', סחר ,drehen, wenden, sich wenden' (Praet. I 2: *u*? s. § 98 zu I 3), ספח ,hinstrecken, niederwerfen', סקר und שְׁקר ,reden, befehlen u. dgl., schwören', סרק ,ausgiessen', פסס ,tilgen', פרס ,entscheiden', פרץ ,lügen,' פרץ ,brechen, einbrechen', פרץ ,befehlen', פשׁשׁ ,einreiben', צרק ,färben', קדר ,sich beugen, sich neigen' (Praet. I 2: *u*? s. § 98 zu I 3), קצר ,binden, festfügen, sammeln', קרב ,darbringen', רדד ,verfolgen', רכס ,binden, festfügen', שְׁדד ,ziehen', שְׁדר ,gebieten', שְׁפך ,giessen, aufschütten', (Praet. I 2: *a*), שְׁקק ,aufstellen, pflanzen', שְׁרט ,einen Einschnitt machen, zerreissen, zerfetzen', תבך ,ausgiessen' (Praet. I 2: *a*).

e) doppelte Vocalaussprache im Praes.: דבב ,(heimlich) sprechen, reden, sinnen' (*idábab* und *idábub*), זנן ,regnen' (*izánan* und *izánun*). S. auch die ,Nachträge'.

Nur im Praes. sind mir bekannt: דמם ,wehklagen', צרר ,bedrängen, andrängen, sich verengern', תקן ,fest, beständig sein'; der Praesensvocal dieser Verba ist durchaus *u* und lässt wohl mit Bestimmtheit auf ein *u* auch im Praet. schliessen.

Praet. *i.* *a*) Praes. *i*: בטל ,aufhören, feiern', גמל

‚vollkommen, unversehrt erhalten, wohlthun, schenken (das Leben)‘, דנך ‚stark sein oder werden‘, כמס ‚sich beugen, niederfallen‘, כסר ‚umschliessen, absperren‘, לבן ‚platt hinwerfen‘, ‚Ziegel streichen‘, מלך* ‚berathen, sich berathen, beschliessen‘, סדר ‚reihen, ordnen, sich in Schlachtordnung stellen‘, סכף ‚niederwerfen, stürzen‘, סנק ‚einengen, zusammendrängen‘, פקד* ‚Acht haben; anvertrauen, übergeben; einsetzen‘, פשׁט ‚tilgen, auslöschen‘, קרב* ‚nahen, anrücken (zum Kampf)‘, שׁבר ‚zerbrechen‘, שׁלם ‚wohlbehalten, unbenachtheiligt sein‘, (in Bezug auf Geld:) ‚bezahlt werden‘, auch ‚vollkommen ausgeführt werden‘.

b) Praes. noch unbekannt: ברק ‚blitzen‘, בשׁל ‚kochen‘, בשׁם ‚gut sein; schön machen, herstellen‘, חלק ‚zu Grunde gehen; fliehen‘ (Praet. I 2: *i*), חתן ‚schützen, helfen‘, כבר ‚gross sein oder werden‘, כסם ‚zerschneiden‘, כשׁט (כ, ג, ק?) ‚abhauen, fällen‘, כשׁף ‚Zauberei jemandem anthun‘, סכר ‚sperren, verstopfen‘, סלם ‚sich zuwenden, sich erbarmen‘, פרך ‚verriegeln‘, פתק ‚bilden, schaffen, bauen‘, צמד ‚anschirren, anspannen‘, רבץ ‚lagern, lauern‘, רחץ ‚überschwemmen‘, רצף ‚zusammenfügen, schichten u. dgl.‘, שׁקשׁ ‚verderben, zerstören, erschlagen‘.

Nur im Praesens sind mir bekannt: זבל ‚bringen, tragen‘, חבל ‚verderben‘, חכם ‚verstehen‘, טמר ‚bedecken, verscharren, begraben‘, קבר ‚begraben‘,

רסק ‚schlagen, zerschlagen', שבט ‚schlagen, tödten', שדה ‚einherschreiten, wandeln' (Praet. I 2: *i*): der Praesensvocal dieser Verba ist *i*, woraus für das Praet. am besten auf *i* zu schliessen sein dürfte.

Praet. *a*. *a*) Praes. *a*: למד ‚lernen', מחץ ‚schlagen, zerschlagen' (Praet. I 2: *i*, seltener *a*; vgl. *im-ta-ḫa-aṣ* III R 4 Nr. 1, 29 u. ö., *im-da-ḫa-*[*ṣu*] Asurb. Sm. 89, 28), פלה* ‚sich fürchten', פשה ‚sich beruhigen, sich besänftigen', צבת* ‚nehmen', רכב* ‚besteigen, fahren, reiten', חבל* ‚wegnehmen'.

b) Praes. noch unbekannt: צלל ‚sich legen, liegen'.

Nur im Praes. ist mir bekannt: שנן ‚wetteifern, jem. gleichkommen' (Praet. I 2: *a*), aus dessen Praesensvocal *a* für das Praet. auf *a* oder *u* zu schliessen sein wird.

Doppelte Vocalaussprache weisen im Praet. des Qal auf: *u* und *i* כנש ‚sich unterwerfen' (*iknuš*, s. o., aber V R 65 Col. II 45: *ikniš*); *a* und *u* צבת ‚fassen' (*iṣbat*, s. o., aber besonders bei Asurn. und Salm.: *iṣbut*); *i* und *a* תכל ‚vertrauen', bildet *at-kil* (z. B. V R 3, 127) und *at-kal* (z. B. I R 49 Col. IV 2).

[Nur im Praet. I 2 sind mir u. a. *ištámar* ‚er bewahrte', *ištápil* ‚es war niedrig' bekannt.]

Praet. Qal: Für *imkut* und *ikkut* s. § 49, a. Für § 97.
die Formen der 1. Pers. Sing. wie *eptik* statt *aptik* s.

§ 34, α. Im Imp. bildet eine Ausnahme von der § 94 gegebenen Regel die Form *li-mad* ‚lerne, erfahre' (IV R 17, 44c, vgl. *lim-di*, Fem., und *lim-da*, Plur., IV R 56 Obv. 14); man erwartet *lamad*: hat etwa Umlaut stattgefunden wie in den verhältnissmässig seltenen Permansivformen *niksu ni-ki-si* = *nekisi*, *nakisi*, V R 53, 14a, oder *lemnit* ‚sie ist böse' (s. oben S. 164 und vgl. § 35)? Für die Inff. mit Umlaut in der 2. oder in der 1. und 2. Sylbe wie *namêru*, *sekêru* s. §§ 32, γ (S. 83) und 34, β. Praes.-Formen mit Umlaut des betonten *á*, wie das § 34, α erwähnte *teḳébir*, sind selten; zwei andere Beispiele s. in § 98 (vgl. 101). Dagegen ist der Wechsel von *a* und *e* innerhalb der vermehrten Stämme sehr gewöhnlich: s. für *ukaššid* wechselnd mit *ukęšid* (*ukêšid*?), dessgleichen für die Formen II 2 *uštépil*, *luptéḫir* § 33, für *ušakšid*, *ušekšid*, *mušaknišu*, *mušeknišu*, dessgleichen für die Formen III 2 *uštasḫir*, *ultesḫir* § 34, α. Für die Betonung der *ta*-Sylbe I 2 und der *na*-Sylbe I 3 s. § 53, a, ebendort auch für die Betonung der 2. Sylbe des Praes. IV 1. Für die Formen wie *iptéḳid* s. § 34, α, für *aṣṣabat*, *aḳtérib*, *agdámar*, *amdáḫar* § 48, für *attaḫar* § 49, a, für *asakan* = *aštakan* (ebenso III 2 *ussîbila* = *uštêbila*) § 51, 2. Für die Vocalaussprache des 2. Radicals im Praet. I 2, welche zumeist *a*, vielfach aber auch, gleich dem *a* des Praes. Qal, durch die

Vocalisation des Praet. Qal beeinflusst ist, ist in jedem einzelnen Fall § 96 (bez. §§ 99 und 102) nachzusehen; für die Vocalisation der gleichen Sylbe im Praes. I 2 wage ich für diejenigen Verba, welche im Praet. einen andern Vocal als *a* aufweisen, trotz des *ibtalaṭ*, V R 53 Nr. 4 Rev., noch nicht, eine Regel zu formuliren. Im Praes. I 3 hat der zweite Radical zumeist *a*, während der Vocal des Praet. I 3 dem Praet. I 2 zu folgen scheint; ebendieser Vocal wird dann aber mitunter auch für das Praes. festgehalten, welches sich dadurch mit dem Praet. völlig vereinerleit. S. Beispiele in § 98 (und vgl. § 101). Das Praet. II 2 hat bei dem zweiten Radical ein *i*, das Praes. ein *a*: *uktaššid*, aber *uktaššad*. Wie die Tafel V R 45, welche lediglich Praesensformen der 2. Pers. Sing. masc. zusammenstellt, dazu kommt, *tu-uḫ-ta-bal* mit *tu-uḫ-tan-ni-ib*, *tu-uḫ-tar-rib* u. v. a. m. wechseln zu lassen (Col. I), ist mir unklar: aus andern Texten kenne ich keine sichere Praesensform II 2 mit *i* beim zweiten Radical. Beachtenswerth ist jedenfalls, dass die zu erwartende Form *tuḫtabbal* den Anfang der Reihe von Formen des Stammes II 2 macht: hat vielleicht ein einziges Versehen in Z. 20 die ganzen übrigen Formen mit *i* beim zweiten Radical zur Folge gehabt? Für die Vocalaussprache des St. IV 1 ist an sich nichts zu bemerken: wie in II 1 und III 1 mit *ukaššid*, *ušakšid* sich ausnahmslos Praeterital-, mit *ukaššad*, *ušakšad* ausnahmslos Praesens-Bed. verknüpft, so in IV 1 mit *ikkašid* einer-, *ikkášad* andrerseits. Eine Ausnahme bietet nur der St. צרח ,toben, aufgebracht sein', welcher das Praet. IV 1 *iṣṣariḫ* und *iṣṣaruḫ* bildet (III R 15 Col. I 2. II 13: *iṣ-ṣa-ri-iḫ*, V R 1, 64: *iṣ-ṣa-ru-uḫ*). Das Praet. IV 2 hat, als Regel, ein *a* beim zweiten Radical: *ittaškan* ,es wurde gethan, geschah', *it-ta-ad-laḫ* ,es wurde beunruhigt (IV R 11, 2a), *littapraš* ,es fliege davon'. Formen wie *it-taḫ-kim* (III R 51 Nr. 9, 25), auch *it-taš-kin* (IV R 52, 19b) scheinen seltener zu sein, ebenso *i-ta-am-gur*, welch letzteres zwar Praesens ist (,es wird gnädig aufgenommen, ist wohlgefällig', IV R 67, 55 a), aber doch auch auf ein Praet. *ittamgur* rückschliessen lässt. Für die Inff. IV 2 wie *itaktumu* = *nitaktumu* s. § 49, b, Schluss. Die Vocalaussprache des Praet. und Praes. IV 3 ist einstweilen aus den Beispielen des § 98 (vgl. auch § 101) zu ersehen; im Praes. scheint *a* das Regelmässige, eine Form wie *ittanarḫiṣ* mehr Ausnahme.

Die Verba mediae geminatae werden im Allgemeinen ganz regelmässig, wie die starken Verba, conjugirt (vgl. § 63). Sogar im Permansiv des Qal, der sonst seine eigenen Wege geht (s. § 87 und vgl. § 89), finden sich nach Analogie der starken Verba

Formen wie *ṣa-lil* ‚er liegt' (IV R 23, 28a; im Relativsatz freilich gleich wieder *ša ṣal-lum*, ebenda). Es ist natürlich, dass da wo die beiden gleichen Radicale nur durch einen kurzen Vocal getrennt sind, mehrfach Zusammenziehung stattfindet unter gleichzeitiger Synkopirung jenes Vocals. Zu den schon § 37, b genannten Beispielen *ša i-da-bu* ‚wer reden wird' (III R 43 Col. III 5) und *aštallum* vgl. noch *a-sa-la* (= *aštálala*, Salm. Ob. 129), *i-za-an-nu* ‚sie erfüllen' (= *izánanû*, Nerigl. I 27 u. ö.), *it-tar-ru* ‚sie zitterten', *at-ta-ri* ‚ich zitterte' (Nimr. Ep. XI, 87), *lit-tar-ri* ‚es zittere' (V R 65 Col. II 44), *ir-tam-ma-am-ma* ‚er donnerte' (= *irtamumamma*, Nimr. Ep. XI, 94), *ḳud-da-a-ta* (= *ḳuddudâta*, vgl. *ḳuddû* § 89 unter II 1), ‚der Ostkanal der mit Staubmassen *iz-za-an-nu-ú-ma imlû* (= *izzaninú-ma*, I R 52 Nr. 4 Obv. 17), *ip-pa-aš-šu* ‚sie wurden gesalbt' (= *ippašišû*, V R 6, 21), *uḫtaṣṣi* ‚er wird abgeschnitten' (= *uḫtaṣaṣi*, IV R 3, 6a), u. a. m.

Bemerkenswerthe Einzelformen:*) § 98.

I 1. Perm. *lû pa-aš-ša-a-ti* (IV R 63, 63b), *ša-an-na* (3. Plur. f., IV R 27, 17a). Praet., Praes. *lil-ḳu-tum* ‚sie mögen wegraffen' (IV R 41, 37c), *ni-ip-ki-dak-ka*, *ta-pa-ḳid-da-na-ši* (Nimr. Ep. 20, 18f.). *a-da-bu-bu* ‚ich rede' (IV R 68, 18b), *i-dib-bu-ba* (eig. *idébuba*) ‚er

*) Zu den Permansiv- und Praeteritalformen dieses wie der folgenden §§ ist stets § 89 bez. § 93 zu vergleichen.

spricht' (IV R 67, 69 a), *i-ḫi-ib-bil* ,er wird zu Schanden machen' (IV R 52 Nr. 1, 42). Imp. *ku-šú-ud* ,besiege' (V R 2, 99), *ma-ḫa-aṣ* ,zerschlage' (Höllenf. Rev. 31), *pi-ḳid-su* ,befiel ihn' (IV R 4, 45 b), *pi-iḳ-dan-ni* ,übergieb, befiehl mich' (Sm. 949 Obv. 4), *pi-šiṭ* ,tilge' (IV R 12, 35), *ḫu-ub-ta-a-nu* ,erbeutet' (K. 10 Obv. 11).

II 1. Imp. *lu-(ub-)bi*(V. *be*)*-ir* ,lass alt werden' (V R 65 Col. II 24), *ḳu-di-da-an-ni* ,beuge mich nieder', *ru-ub-bi-ši* ,mehre' (Fem., *E. M.* II 296), *suḫ-ḫi-ra-ni pa-ni-ku-nu* ,wendet (o Götter) euer Antlitz' (K. 143 Obv.), aber auch *ra-am-me-ik* ,giesse aus' (Höllenf. Rev. 48), *ra-si-pan-ni* ,schlage, durchbohre mich' (V R 7, 35). Inf. *ruppušu* ,erweitern'.

III 1. Praet. *u-šim-ḳit* ,ich warf nieder' (Tig. V 71 u. ö.; *ḳit* Zeichen § 9 Nr. 11), *ušaznin* ,ich liess regnen' (*u-ša-za-nin* dass., Asurn. II 106. Salm. Mo. Rev. 68, dürfte III^{II} sein, vgl. § 85), *lišaznin* ,er fülle an'. Imp. *šuk-lil* (IV R 16, 35 b), *šur-ši-di* ,gründe fest' (Fem.). Inf. *šuknušu* ,unterwerfen', *šuklulu* ,vollenden'.

IV 1. Praet. s. § 97 und beachte *it-ti-kil* ,er vertraute' (Asurn.) neben *ittakil*, *iḫ-ḫi-kim* (III R 51 Nr. 9, 20). Praes. ,das Land *ik-kaš-šad* wird erobert werden' (III R 65, 22 a). Imp. *nag-mir* ,sei vollführt' (IV R 13, 43 a), *natkil* ,vertraue' (I R 35 Nr. 2, 12). Inf. *na-gar-ru-ru*, *na-šal-lu-lu* (II R 27, 13. 16 b; für *namurratu*, das eine Inf.-Form *namurru* voraussetzt,

s. § 88, b, Anm.), gewöhnlicher aber (vgl. § 88, b) *nalbubu*, *naplusu* ‚sehen', *napšuru*, gelöst werden', *nasḫuru* ‚Zuwendung'.

I 2. Praet. *in-da-ḳut* ‚es fiel' (IV R 53 Nr. 2, 20), *ik-tan-šu-uš* ‚sie warfen sich vor ihm nieder' (K. 133). Für *asuḫra* ‚ich kehrte um' s. § 101 Anm. (zu I 2). Praes. *ap-tal-la-ḫu* ‚ich verehre' (Rel., Asurb. Sm. 103, 46). Ist *iš-tam-da-ḫu* (d. i. *ištádaḫu*, Salm. Mo. Obv. 10) Praes. oder Praet.?, letzteres lautet sonst *ištamdiḫ* (vgl. z. B. Sanh. III 76). Imp. *šitakkanî* (Nimr. Ep. XI, 200) und *pit-laḫ* (Asurb. Sm. 74, 17); vgl. für dieses Nebeneinander von Formen § 94. Part. *mug-da-áš-ru* ‚stark' (IV R 21, 60 a), *mu-un-dag-ri* ‚gehorsam' (IV R 20 Nr. 1 Obv. 6). Inf. *ši-taḫ-ḫu-ṭu* (K. 4329), *ḫi-tan-nu-bu*, *pi-taš-šú-lum* (V R 19, 37 d), *šitamduḫu* (d. i. *šitáduḫu*) ‚gehen, fahren' (von Wagen, Asarh. IV 59), *ši-tár-ru-ru* ‚glänzen', *ši-ta-du-du* (V R 42, 48 d), *mi-tan-gu-gu* (II R 20, 53 d) und (vgl. § 88, b) *git-pu-lu* (II R 38, 3 h), *šitnunu* ‚wetteifern'. Perm. ‚was er als Preis *mi-taḫ-ḫu-ru* empfing' (III R 41 Col. I 30). ‚Nebukadnezar, der, eine Schlacht zu liefern, *kit-pu-da emûḳâšu* seine Streitkräfte gesammelt hat' (V R 55, 7).

II 2. Praet. *uptaṭṭir* ‚es war geborsten' (Neb. Bors. II 3), *uptarriṣ* ‚er log' (Beh. 90 ff.), auch *uptaššiṭu* (Rel., V R 56, 33). Praes. *uḳtaṣṣar* ‚er sammelt sich' (Zustandssatz, V R 5, 76), *uktannašu* ‚ich versammele' (Rel., Neb. Grot. III 30). Inf. *pu-tal-lu-su* (Zürich. Voc. Col. IV 35).

III 2. Praet. *uš-tam-ḫi-ir* ‚er trat entgegen' (IV R 26, 12 b). Inf. *ši-tap-ru-šu* ‚ausbreiten' (Asurn. III 26), einzigste mir bekannte Belegstelle. Die Inff. *šutêšuru* u. s. w. würden *šutakšudu* als Inf.-Form erwarten lassen.

IV 2. Praet. s. § 97. Part. *muttaprišu* ‚fliegend, beschwingt'. Inf. *itaktumu* (V R 41, 58. 61 d), *i-tap-lu-su* ‚sehen' (Nimr. Ep. XI, 88), *i-ta-aṣ-bu-ru* (II R 20, 23 d), vgl., mit eigenthümlicher Betonung, *i-tag-ru-ur-rum* (II R 62, 17 d).

I 3. Praet. *iḫtanabbat* ‚er plünderte', *ištanappara* ‚er hatte gesandt' (V R 2, 111), *im-da-na-aḫ-ḫa-ru* ‚sie empfingen' (Sanh. Bell. 38); *i-ta-na-ḳu-tu-ni* ‚sie stürzten' (Salm. Mo. Rev. 73); darf etwa aus *iḳ-ta-na-ad-du-ud* ‚er verneigte sich, beugte sich' (V R 31, 26 h, oder Praes.?) für das Praet. I 2 und weiter für Praes. I 1 auf den *u*-Vocal geschlossen werden? Praes. *iš-ta-na-kan* (IV R 26, 63 b), *ip-ta-na-la-ḫu* ‚sie verehren' (V R 6, 37); *i-ta-na-ar-ra-ru* ‚sie erbeben' (IV R 28, 10 b), aber auch *is-sa-na-aḫ-ḫu-ru* (Rel., IV R 16, 45 a, vgl. III R 54, 30 c) — lässt wohl für Praet. I 2 und weiter für Praes. I 1 auf ein *u* schliessen? —, *id-di-ni-ib-bu-ub* (d. i. *iddenébub*, *iddanábub*) ‚er sann' (V R 35, 6).

IV 3. Praet. *idâ-a-a it-ta-na-as-ḫa-ru* (sic) ‚sie schlugen sich auf meine Seite' (III R 15 Col. I 26), aber auch *it-ta-nab-rik* ‚es ist aufgeblitzt‘ (IV R 3, 4 a). Praes. *at-ta-na-as-har* ‚ich wende mich‘ (IV R 10, 6 b), *it-ta-nap-raš* ‚er fliegt‘, *it-ta-nag-ra-ra* ‚er läuft herum‘ (IV R 3, 18 a), *it-ta-na-aš-ra-tu* (Asurb. Sm. 127, 81), *ittanaḫlal*; selten *i-ta-na-ar-ḫi-iṣ* ‚er wird überschwemmen‘ (III R 61, 11 a).

Verba primae נ.

(S. Paradigmata B, 2).

Uebersicht über die gebräuchlichsten Verba nebst Angabe ihrer Vocalaussprache im Praet. und Praes. I 1 sowie Praet. I 2: § 99.

Praet. *u.* *a*) Praes. *a*: נטל* ‚schauen, anblicken‘*), נסח ‚herausreissen, gewaltsam entfernen‘, נפץ ‚erschlagen, vernichten‘, נצר* ‚bewahren, bewachen, beschützen‘, נקר* ‚einreissen, verwüsten‘.

b) Praes. *u*: נסך ‚setzen, legen, thun‘, נפש ‚sich weiten, sich dehnen; athmen‘ (Praet. I 2: *a*), נרט ‚sich zurückhalten‘ (?, II 1 ‚zurückhalten, hemmen, ein Hemmniss bereiten, o. ä.‘).

c) Praes. noch unbekannt: נבל ‚zerstören‘ (Praet. I 2: *a*), נפח ‚heraufkommen, herauskommen‘, נפח ‚anfachen‘ (Praet. I 2: *a*), נשך ‚beissen‘.

---

*) Für die Bed. des Sterns beim ersten Radical s. die Anm. † zu § 96 auf S. 261.

Nur im Praes. sind mir bekannt: נגג ‚schreien, rufen‘ (*inágag*), נשׁר ‚zerfleischen‘ (*indšar*) und נסס ‚wehklagen‘ (*inásus*, woraus doch wohl, besonders für נסס, auf ein *u* im Praet. geschlossen werden darf).

Praet. *i.* *a*) Praes. *i*: נדן* ‚geben‘, נשׁק* ‚küssen‘ (I 2 ‚eine Waffe anlegen, sich rüsten‘).

b) Praes. noch unbekannt: נבט ‚glänzen‘ (Praet. I 2: *i*), נזם ‚weinen, wehklagen‘, נכל ‚arglistig, kunstsinnig sein‘, נכס ‚abhauen‘, נכר ‚anders, feind sein, sich empören‘ (Praet. I 2: *i*), נמר ‚hell werden, glänzen‘ (Praet. I 2: *i*), נחל ‚liegen, sich legen‘ (Praet. I 2: *i*). Vgl. auch נזז ‚stehen, aufstehen, treten‘ (Praet. I 2: *i*), für dessen Praes. *izzaz* § 100 zu vergleichen ist.

Nur im Praes. ist mir bekannt: נכם ‚aufhäufen‘ (*inákim*).

Vgl. auch die doppeltschwachen Verba: $נא_1ד$ ‚erhaben sein, erheben, erhöhen, preisen‘; $נא_2ל$ ‚sich niederlegen‘ (vgl. § 105); $נבא_1$ ‚kundthun‘, $נשׁא_1$ ‚nehmen, tragen‘; $נגא_2$ ‚glänzen, sich freuen‘; $נסא_4$ ‚entfernen, sich entfernen‘; נדה ‚werfen, legen, thun‘, נקה ‚ausleeren, ausgiessen, opfern‘ (vgl. § 108). Die mittelvocaligen Verba primae נ s. § 114.

§ 100. Das Praes. (dessgleichen Perm., Part., Inf.) des Qal sowie die Stämme II 1 und IV 1 weisen keinerlei Besonderheit auf. Für die Assimilation des *n* in den Formen *iṣṣur*, *ittáṣar*, *ušakkar* (= *ušankar*) u. s. w.

s. § 49, b; Schreibungen wie *akis*, *abul*, *aḳur*, *asuḫ*, *a-ḳi* (I R 27 Nr. 2, 10) statt und neben *akkis*, *abbul* u. s. f. sind nach § 22 zu beurtheilen. Für die Auflösung des *n* in spir. lenis im Imper. I 1, dessgleichen im Inf. I 2 (II 2) s. § 49, b (S. 117). Für mancherlei Anderes s. die Citate des § 97. Besondere Hervorhebung verdient eine Reihe von Analogiebildungen der Stämme נדן und נזז. Von נדן bildet man zwar das Praes. des Qal auch *inddin*, *inamdin*, aber es findet sich daneben oft das unmittelbar vom Praet. aus gebildete *iddan*; bei נזז ist diese Analogieform in ausschliesslichem Gebrauch (vgl. § 90, a, Anm.). Vgl. *ta-ad-dan-na-ma* ‚du wirst geben und' (Nimr. Ep. XI, 246), ‚die Göttin welche *ta-da-nu-u-ni* verleiht' (V R 53, 56 d), *a-da-an-na* ‚ich verleihe', *a-da-na* ‚ich gebe preis' (IV R 68, 22 c. 33 a), *a-dan-nak-ka* ‚ich werde dir verleihen' (ebenda, 58 c) — höchst befremdlich ist, dass in Beh. und NR *iddan* auch als Praet. gebraucht ist: *id-dan-nu* ‚er hat verliehen' (Beh. 4. 11, vgl. NR 21), *in-da-na-aš-šu-nu-tú* ‚er gab sie' (Beh. 96) —; vgl. weiter *izzaz* ‚er steht, tritt' (oft), *i-za-zu-ú-ni* ‚sie stehen' (Asurn. I 105). Das Praet. III 1 von נזז lautet *ušâziz* (Asurb. Sm. 224, 46), *ušêziz*, woraus dann *ušziz* (s. § 37 Schluss) und *ulziz* (s. § 51, 3); dieses *ušâziz* kann als Analogiebildung nach den Verbis primae א erklärt werden, besser aber dünkt mich die § 52 Anm.

ausgesprochene Vermuthung. Von *ušêziz* aus scheint dann wieder ein Infinitiv *u-zu-zu* ‚stehen‘ (z. B. S^c 309, *u-zu-uz-zu* IV R 5, 67 a) und ein Particip *muzziz*, vgl. *mu-uz-zi-iz maḫ-re-ku* ‚der vor dir steht‘ (V R 65 Col. II 32), gebildet worden zu sein. Sehr schwer zu erklären ist die meines Erachtens von *nazâzu* unmöglich zu trennende Inf.-Perm.-Form *ušuzzu*, *ušuz*: Inf. *u-šú-uz-zu* ‚gestellt werden‘ (V R 66 Col. I 27); Perm. *u-šú-uz* ‚er stand‘ (IV R 34, 44), *u-šú-uz-zu* ‚sie waren aufgestellt‘ (Beh. 34), ‚so lange sie in Assyrien *u-šú-(uz-)zu* blieben‘ (V R 3, 94); dessgleichen die hiervon wieder gebildeten ittafalähnlichen Formen *ittišu it-ta-ši-iz-zu* ‚sie sind auf seine Seite getreten‘ (K. 10 Rev. 20), *it-ta-ši-iz* (3. m. Sing., V R 55, 42), *itti bêl dabâbi'a ta-ta-ši-iz-za* ‚ihr habt euch auf die Seite meines Verläumders gestellt‘ (IV R 52, 32 a), u. a. m.

§ 101. Bemerkenswerthe Einzelformen:

I 1. Praet. *ni-id-din* ‚wir gaben‘, *ta-zi-iz* ‚sie stand‘ (III R 15 Col. I 23), *lu-uṭ-ṭul* ‚möge ich sehen‘ (IV R 66, 55 a). Praes. *inamdin* ‚er giebt‘, *a-nam-ṣar* ‚ich halte Wacht‘ (IV R 53 Nr. 2, 22 f.), *ni-na-ṣar* (V R 54, 15. 16 b), *ul i-nir-ru-ṭa* (d. i. *inéruṭâ*) *šêpâka* ‚nicht sollen zurückhalten deine Füsse‘ (Asurb. Sm. 125, 69). Imp. *usuḫ* ‚reisse aus‘, *uṣ-ra-a-ma* ‚haltet Wache und‘ (K. 82, 22), *i-zi-zi* ‚steh, halt ein‘ (Fem., Höllenf. Obv. 23), *i-ziz-za-am-ma* ‚wohlan!‘ (o Samas, IV R

17, 22 b), *i-zi-za-nim-ma* ‚wohlan!‘ (o Götter, IV R 56, 13 a).

II 1. Praet. *u-na-ḳip* ‚sie stiess, warf nieder‘ (mit ihren Hörnern, V R 9, 78). Part. *munarriṭu* und *munirriṭu* ‚hemmend, sich widersetzend‘ (V R 6, 72; auch im Namen des Walles der Stadt Assur: *Munirriṭi kibrâti*, Salm. Throninschr. III 7).

III 1. Praet. *u-ša-as-si-ku* ‚er legte auf‘ (Rel., Fragm. 18 Obv. 14). Praes. *u-ša-az-za-ḳa* ‚sie werden in Schaden bringen‘ (Fem., III R 61, 52 a), *tu-ša-an-mar* (V R 45 Col. VI 49). Inf. *šú-uḳ-ḳur dûrânišu* (III R 60, 84), *šumkuru* (s. § 49, b auf S. 116).

IV 1. Praet. *li-in-na-pi-iš* ‚es werde zerzupft‘ (IV R 7, 35 u. ö. b). Praes. *in-na-ga-ru* ‚sie werden verwüstet werden‘, *in-na-as-sa-aḫ* ‚es wird entfesselt‘ (IV R 4, 6 b), *innamdarû* ‚sie wüthen‘ (s. § 52). Inf. *nanduru* ‚wüthen‘.

I 2. Praet. *lit-tan-biṭ* ‚er möge glänzen‘ (IV R 4, 41 b, vgl. § 52), *lu-ut-ta-mir* ‚ich möge glänzen‘ (IV R 64, 14 b), *ni-(it-)ta-ṣar*, *lit-ta-aṭ-ṭa-la* ‚sie mögen anschauen‘, *it-ta-kir* ‚er empörte sich‘, *it-te-ik-ru-'* (Plur., Beh. 30), *ni-it-te-ki-ru-uš*. Part. *mut-ta-ad-di-na-at* (Fem., II R 55, 6 d), *muttaḳpûtum* ‚umherziehend‘ (Plur.). Inf. *it-pu-ṣu* und (s. § 88, b) *i-tap-pu-ṣu* (K. 4386 Col. III 43. 44), *itanbuṭu* ‚glänzen‘ (V R 42, 45 d), *itanpuḫu* (ebenda, Z. 47 d).

Das bei Asurn. und Salm. so oft vorkommende *a(t)-tu-muš*, *a(t)-tú-muš*, *a(t)-tum-muš*, *at-tum-ša* ‚ich brach auf‘, 3. Pers. *it-tu-muš* leitet sich her vom St. נמשׁ (II 1 Praes. *u-nam-maš*, vgl. V R 45 Col. V 43), wovon u. a. auch *nammaššû* ‚Gewürm‘ und *nammaštu* ‚alles was lebt und webt‘ (IV R 19, 4 b, wo das Ideogramm für ‚menschliche Wesen‘ entspricht!) herstammen: *attúmuš* steht für *attámuš*, welch letzteres noch vorkommt (Asurn. III 14); der Vocal der 3. Sylbe ist in die 2. eingedrungen. *Attumša* ist = *attúmuša*; ganz die nämliche Iftealform lesen wir vom St. סחר: *a-su-uḫ-ra* ‚ich kehrte um‘ = *assúḫura*, und zwar ebenfalls bei Asurn. (III 31. 45). Wie aus dem Praes. I 3: *issanáḫur* geschlossen werden darf, lautete das Praet. I 2 von סחר urspr. *issáḫur* (*issaḫra*, *issaḫrûni* also = *issaḫura*, *issaḫurûni*), woraus dann in der Umgangssprache *issúḫur* wurde.

II 2. Praet. *ut-ta-as-si-iḫ* ‚er hat losgerissen‘ (Nimr. Ep. 9, 10). Praes. *uttakkar* ‚es wird geändert‘ (z. B. Asurn. I 5), *uttappaš* ‚es wird weit werden‘ (II R 47, 18 a). Für die Formen *utûl* (Perm.), *utûlu* (Inf.) s. § 104 zu II 2.

I 3. Praet. ‚seine Hörner gleichen dem Sonnenaufgang, der *it-ta-na-an-bi-ṭu* strahlend aufgegangen ist‘ (IV R 27, 22 a, vgl. § 52). Praes. *it-ta-na-za-zu*, *it-ta-nam-za-(az)-zu* ‚sie treten‘ (IV R 2, 56. 17 b), *lâ ta-at-ta-nam-za-az* ‚tritt nicht‘ (IV R 30 Nr. 3).

IV 3. Praes. ‚Löwen *it-ta-na-da-ru* werden wüthen‘ (III R 60, 64), *it-ta-nam-da-ra-nin-ni* ‚sie sind ergrimmt auf mich, toben wider mich‘ (IV R 66, 54 b, vgl. § 52), auch *i-ta-nam-dar* ‚er wüthet‘ geschrieben (II R 28, 11 a).

Verba primae gutturalis.*)

(S. Paradigmata B, 3 und 4; für *alâku* speciell Nr. 5.)

Von den Verbis primae $א_2$ ist das häufigste, *alâku* **§ 102.**
‚gehen', nach seinen Eigenthümlichkeiten aus dem Paradigma B, 5 zu erlernen, unter Vergleichung der §§ 47 (für die Formen wie *illik*, *allik*, *ittálak*) und 38, b (für *illak*) nebst § 42. Einige wichtigere Belegstellen s. § 104 Anm. Auch das andere Verbum primae $א_2$, *erû* ‚schwanger sein', sowie die Verba primae $א_3$, zum Theil ohnehin der Natur ihres א nach noch nicht ganz sicher, sind im Qal verhältnissmässig so spärlich belegbar, dass sie gleich hier vorweggenommen werden mögen: $ארה_2$, Praet. *i-ra-an-ni* ‚sie ward mit mir schwanger' (III R 4, 57 a), Inf. *erû*. — $אדשׁ_3$ ‚neu sein', Praet. *êdiš*, Inf. *edêšu* (nur Nimr. Ep. XI, 235 vgl. 241); $אצד_{3?}$ ‚erndten', Praet. *êṣidi* ‚ich erndtete' (Asurn. II 117 u. ö.), Inf. *eṣêdu*; $אצן_{3?}$ ‚zusammenfassen', auch: in sich aufnehmen, bes. mittelst des Geruchsinns, daher ‚riechen', Praet. *êṣin*, *iṣin*, auch *e-ṣi-en* geschrieben (Nimr. Ep. XI, 77 ff.), Inf. *eṣênu*; $ארר_3$ ‚glühen, verdorren', Praes. *irrur* (III R 64, 9 b u. ö.), $אשׁר_{3?}$ ‚ver-

*) Bei den Verbis primae und mediae א, primae und mediae ו und י, sowie tertiae infirmae wurde von der in den Paradigmen durchgeführten Scheidung innerhalb dieser §§ aus guten Gründen Abstand genommen.

sammeln‘, Praet. *e-šú-ra* ‚er brachte zuhauf‘ (Sanh. V 30), Inf. *ašâru* (= *sanâḳu*, Frgm. 4 Obv.); אשש$_3$ ‚leidvoll, bekümmert sein, in Leid bringen‘, Praet. *i-šú-uš* (K. 3657 Col. I 9), Praes. ‚die Krankheit, welche das Land *i-aš-ša-šú* in Leid bringt‘ (IV R 1, 42 c), Inf. *ašâšu*. Die von diesen Stämmen vorkommenden Formen des Piel, Schafel u. s. w. bedürfen, weil denen der übrigen Verba primae א gleich, keiner besonderen Hervorhebung; einige andere Verba primae א$_3$, welche fast nur im Piel u. s. w. belegbar sind, finden sich in § 104 gelegentlich erwähnt, vor allem אכל$_3$ ‚getrübt, betrübt sein‘.

Uebersicht über die gebräuchlichsten Verba primae א$_1$ und א$_{4.5}$ nebst Angabe ihrer Vocalaussprache im Praet. und Praes. I 1 sowie Praet. I 2:

א$_1$ (mit Einschluss einiger Verba, deren א, ob = א oder ה oder ח$_1$, etymologisch nicht feststeht): **Praet. *u*, Praes. *a*:** אבת$_1$* ‚zu Grunde richten‘*), אדר$_?$ ‚sich fürchten, fürchten; bedrängt werden; verfinstert werden‘, אחז$_1$ ‚fassen, nehmen‘, אכל$_1$ ‚essen‘, אלל$_1$ ‚binden‘, אמר$_1$* ‚sehen‘, אפל$_1$ ‚Rede stehen, antworten‘; von אבך$_?$ ‚wenden, verkehren‘, אבר$_1$ ‚stark sein‘, אגג$_?$ ‚aufgebracht sein, zürnen‘, אגר$_1$ ‚miethen‘, ארר$_1$ ‚verfluchen‘ (Praet. I 2 wohl *itárar*) ist mir keine Praesensform (voraus-

*) Für die Bed. des Sterns beim ersten Radical s. die Anm. † zu § 96 auf S. 261.

sichtlich gleichfalls mit *a* ausgesprochen) bekannt.— **Praet.** ***i*****,** Praes. *i*: אפר$_1$* ‚bekleiden, bedecken', ארש$_1$* ‚bitten, verlangen'; von אבב$_?$ ‚hell sein, glänzen' (Praet. I 2 *itâbib*), אלל$_?$ dass., אנש$_1$ ‚schwach sein oder werden', אסר$_1$ ‚einschliessen; einfassen, überziehen', ארך$_1$ ‚lang sein' ist mir keine Praesensform (voraussichtlich gleichfalls mit *i* ausgesprochen) bekannt. — **Praet.** ***a*****,** Praes. *a*: אנח$_1$ ‚verfallen, nachlassen, ermüden'.

א$_{4.5}$: **Praet.** ***u*****,** Praes. *u*: אפש$_{4?}$* ‚machen' (Praet. I 2 neben *u* auch *a*, wie sich auch im Praes. Qal vereinzelt *epaš* findet, I R 27 Nr. 2, 46. 55); ארב$_5$* ‚eintreten'. — **Praet.** ***i*****,** Praes. *i*: אבר$_4$* ‚gehen über, setzen über, überschreiten', אזב$_4$* ‚lassen, zurücklassen', אטר$_4$ ‚decken, schirmen, schonen, unversehrt erhalten', אמד$_4$* ‚stehen; stellen, auferlegen', אתק$_4$* ‚rücken, verrücken, vorrücken'; von אדל$_{4?}$ ‚verriegeln' (Praet. I 2 *e-te-dil*), אכם$_{4?}$ ‚nehmen, wegnehmen', אלץ$_4$ ‚jubeln' (Praet. I 2 *itêliṣ*), ארש$_?$ ‚riechen, duften', ארש$_5$ ‚pflanzen' ist mir keine Praesensform (voraussichtlich gleichfalls mit *i* ausgesprochen) bekannt.

Doppelte Vocalaussprache weist im Praet. des Qal auf: אזז$_4$ ‚zürnen, ergrimmen', Praet. *êzuz* (*îzuz*) und *êziz* (*îziz*), Praes. *izzuz*, I 2 Praet. *itêziz*.

Vgl. auch die doppeltschwachen Verba אטה$_5$ ‚verhüllt, finster sein' (Inf. *eṭû*), אלה$_4$ (אלי$_4$) ‚hinaufgehen, besteigen', אמה$_4$ ‚gleich sein, gleich machen',

אנח$_4$,beugen, unterdrücken, vergewaltigen‘ (vgl. § 108). Die mittelvocaligen Verba primae א s. § 114.

Bei den Verbis primae א ist im Auge zu behalten, dass der Vocal des Praet. und Praes. I 1 (und I 2) nach § 35 durch Umlaut aus *a* entstanden sein kann.

§ 103. Für die Behandlung des Hauchlauts der Verba primae א s. im Allgemeinen § 47; für die grössere Neigung zum Umlaut von *a* in *e*, *â* in *ê* bei den Verbis primae א$_{4.5}$ als bei denen primae א$_1$ (*tâkul*, *âkul*, aber *têpuš*, *êpuš*; *akâlu*, *âkilu*, aber *epêšu*, *êpišu*; Imp. *akul*, aber *erub*; Perm. *abit*, aber *epuš*, u. s. f.) s. theils § 32, β und γ. 34, β und γ, theils § 42. Dass den Verbis primae א$_1$ dieser Lautwandel nicht ganz und gar abgeht und umgekehrt auch die Verba primae א$_{4.5}$ unter Umständen *â* rein erhalten, lehren die Paradigmen und die Beispiele des § 104. Praet. Qal. Für *êkul* = *iêkul* = *iâkul* (*ia'kul*) s. § 90, a nebst § 41, b. Für den Wechsel von *e-gug* und *i-gu-ug* ,er ergrimmte‘ (V R 1, 64. I R 49 Col. I19), *e-bu-uk* ,er verkehrte‘ (Khors. 79) und *i-bu-uk* (Khors. 122), *e-zi-bu* und *i-zi-bu* ,sie verliessen‘, *i-mur*, *i-kul*, *i-ni-šu* ,er war schwach geworden‘ (V R 62 Nr. 2, 55), *i-ru-bu* (V R 55, 48) u. s. w. s. § 30; das häufigere bleibt allerdings *ê*. Praes. Für den Wechsel von *i-'a-ab-ba-tu* (I R 27 Nr. 2, 57, ohne *'a* V R 62, 28) und *ib-ba-tu* (V R 10, 116) s. § 38, b. Die Schreibung *lâ te-zi-ba a-a-am-ma* ,lasse keinen am

Leben' (M. 55 Col. I 21) führt auf *tezzib*, 3. m. *ezzib*; daher wurde *eppuš* (*ippuš*), *errub* (*irrub*) u. s. f. in das Paradigma aufgenommen. Die Formen sind unmittelbar vom Praet. aus gebildet (s. § 90, a, Anm.) mit Schärfung des Vocals des Praeformativs in Folge des zwar unterdrückten, aber von Haus aus betonten *a*-Vocals nach dem ersten Radical. Auch bei Verbis primae $א_1$ finden sich derartige Formen; vgl. *en-na-ḫu* (Sanh. VI 67), *e-na-ḫu* (IV R 45, 11. Tig. VIII 55) neben dem regelmässigen und gewöhnlichen *innaḫ*; auch neben *iḫḫaz* ‚er nimmt' findet sich Ein Mal (K. 183 Z. 18) *iḫḫuz* (*eḫḫuz*). Beachte auch das seltsame ‚wer die Tafel *e-ma-ru* sehen wird' (Asurn. Balaw. Rev. 18. 21). (Für Schreibungen wie *ta-kal* ‚du wirst essen', IV R 68, 62 a, s. § 22). Für den Imp. sind die Beispiele § 104 nachzusehen. Für den Inf., theils *amâru*, *abâku*, *agâgu*, *adâru* ‚sich fürchten', *akâlu* ($א_1$ und $א_3$), *arâku* ‚lang sein', *apâlu*, theils *erêšu* ($א_1$), *esêru* ‚einschliessen', *enêšu* ($א_1$), *edêšu* ($א_3$) und so gut wie ausnahmslos *epêšu*, *erêbu* ($א_{4.5}$) s. §§ 32, γ (S. 83). 34, β. Vermehrte Stämme. Praet. und Praes. II 1: für den Wechsel der Formen *u'abbit* und *ubbit*, *u'abbat* und *ubbat* s. § 38, b. Für *šêzib* (Imp. III 1) neben *šûzib*, *šêburu* (Inf. III 1) neben dem häufigeren *šûzubu* (vgl. §§ 94. 95), s. die Belegstellen in § 104. Für die Inf.- und Permansivformen IV 1 *nanduru* = *nâduru*, *nankullat* =

nâkulat und verwandte Formen s. § 52 unter Vergleichung von § 11. Für das *té* der 2. Sylbe des Stammes I 2: *itébir*, *itépuš*, *itérub*, *etétiḳ* ,ich zog' neben *etápuš*, *etárub*, *etátiḳ* (Lay. 43, 1) und gegenüber *itámar*, woneben aber auch *etériš*, s. § 34, *a* und vgl. § 42. Für die dritte Pers. Praet. I 2 der Verba primae $א_{4.5}$ giebt es zwei Formen: eine mit *i* in der 1. Sylbe (vgl. *iktášad*), z. B. *i-te-pu-uš* (Beh. 49), *i-tep-pu-šú* (III R 15 Col. II 21), *i-te-ip-šu* ,sie haben ausgeübt' (Beh. 3); *i-te-ru-ub* ,er ging hinein' (IV R 28, 24 b), *i-ter-ba* (K. 562 Z. 20), und eine mit *e* in der 1. Sylbe (einige dieser Beispiele s. bereits § 34, *a*, Anm.), z. B. *e-te-zib* ,er liess zurück' (Nimr. Ep. XI, 281), *etéli* ,er erstieg' Plur. *etélû*, *e-tab-ru* ,sie überschritten', *e-te-it-ti-ḳu* ,sie zogen' (V R 8, 86), *etépuš* ,er machte' (auch *e-tap-pa-aš*, Salm. Mo. Rev. 63). Die letztere Form scheint in der ersten Pers. Sing. (wohl auch der zweiten, Beispiele s. § 104) die allein gebräuchliche gewesen zu sein: vgl. *e-te-ti-iḳ* ,ich zog' (Tig. II 77), *e-te-bir* ,ich überschritt', *e-te-el-la-a* ,ich erstieg' (Sanh. IV 11), *e-te-pu-uš*, *e* (Var. *i*)*-te-ip-pu-šu* (Rel.), auch *etappaš* (Asurn. II 6, *e-tap-aš* III 29); die Form *a-tap-pa-aš* steht, wie schon § 34, *a*, Anm. bemerkt, ganz vereinzelt. Diese Formen mit *e* in der 1. Sylbe kehren auch beim Praes. I 2 sowie bei I 3 wieder (s. § 104). In der 3. Pers. könnte man versucht sein, das *e* als ungenaue Schreibweise statt *i* (s. § 30) zu fassen, aber die Fälle sind hierfür zu zahlreich; und in der 1. Pers. Sing. könnte man *e* für umgelautet aus *a* halten unter dem Einfluss des $א_{4.5}$. Aber besser scheint es das *e* der 3. und 1. Pers. aus Einem und dem nämlichen Grund zu erklären, nämlich Anlehnung der Iftealformen an die entsprechenden des Qal (s. § 90, b, Anm.). Das *e* des Praet.-Praes. I 2 würde dann seinerseits wieder einzelne Imperativ- und Infinitivformen I 2 (s. § 104) mit *e* in der 1. Sylbe beeinflusst haben. Beachtenswerth ist noch, dass, so viel ich sehe, das *t* in diesen Reflexivformen ausnahmslos einfach geschrieben wird: *itámar*, *itébir*, *itéli*, *nitámar*, niemals *ittámar*, *ittébir* u. s. f. Die Bezeichnung von Länge oder Kürze des anlautenden *e*-Vocals wurde absichtlich noch unterlassen.

Bemerkenswerthe Einzelformen: **§ 104.**

I 1. Perm. ‚so viele *ina muḫḫišu amrûni* ihm zu Diensten stehen' (V R 53, 7a); *Ba-ú-el-lit* (n. pr. f., V R 44, 19b); *ša lâ e-nu-ú mil-lik-šu* ‚dessen Entscheidung unbeugsam ist' (Asurn. I 17), *en-de-ku* ‚ich stehe' (Sm. 949 Obv. 16). Andere Beispiele s. § 89. Praet. und Praes. Beispiele s. bereits § 103; beachte ferner: *ta-ru-ur* ‚du verfluchtest' (V R 2, 124), *a-bu-ut* ‚ich vernichtete' (III R 38 Nr. 1 Obv. 53), *ni-mu-ur* ‚wir sahen, fanden' (Nabon. II 56), *šá e-ri-šú-ka* ‚worum ich dich gebeten' (IV R 65, 33 b); *ta-gu-gi* ‚du zürntest' (Fem., K. 4623 Obv. 21), *a-bu-uk* ,ich verzieh' (Khors. 51), *a-bu-ka* ,ich führte fort' (Asarh. I 26); *e-zi-ba*, auch *iz-zi-ba* (*ez-zi-ba*) geschrieben, ,ich liess übrig', *te-di-li* ,du verriegeltest' (Fem., Nimr. Ep. 65, 21). Ganz vereinzelt steht Asurn. II 84: ,die Stadt welche der und der *i-'a-ab-ta* zerstört hatte'. Praes. ,dessen Kniee *lâ in-na-ḫa* nicht ermüden' (IV R 9, 39 a); *lâ ta-ad-da-ra* ,fürchte dich nicht', *minâ tir-ri-ši-in-ni* ,was verlangst du von mir?' (Nimr. Ep. 44, 71); *ib-bir* ,er wird überschreiten' (Nimr. Ep. 67, 23); *erruba* (*ir-ru-ba*) ,ich werde eintreten' (Höllenf. Obv. 16). Imp. *a-kul* ,iss', *a-ku-la* ,esset' (IV R 21, 53 a), *a-ḫu-uz* ,fasse', *am-ri* ,sieh' (Fem., Nimr. Ep. XI, 192), *en-di-im-ma* ,stehe' (Fem., K. 3437 Rev. 3); *ir-ba* ,ziehe ein', *ir-bi* (Fem.). Inf. s. § 103.

II 1. Praet. *uššiš* ,ich gründete', *tu-ub-bi-ti-in-ni* ,du (Fem.) hast mich zu Grunde gerichtet' (IV R 57, 51 b); *ubbib* und *ullil* ,ich reinigte'; *uddiš* ,ich erneuerte'. Praes. *tu-ub-bab*, *ullalû*. Imp. *u-ri-ki* ,verlängere' (Fem., V R 34 Col. III 43). Part. *mu-ab-bit* (Asurn. I 8), *mu-ur-rik* ,verlängernd'; *mu-ub-bi-ib*. Inf. *uṣṣunu* ,riechen' (Tig. jun. Rev. 76), *ubburu* ,bannen' (St. אבר$_3$).

III 1. Praet. *u-ša-kil* ,ich liess fressen' (V R 4, 75); *u-ša-li-ṣa* ,ich machte frohlocken' (Khors. 168), *ušêbira* ,ich liess übersetzen'; *ušêrib*. Praes. *u-še-ba-ar-ka* ,ich werde dich überschreiten lassen' (IV R 68, 45 c); *u-še-rab-an-ni* ,er wird mich hineinbringen' (V R 6, 115).

Imp. *šûrik* ‚verlängere'; *šú-ti-ḳa-an-ni* (IV R 66, 54a); *šú-ri-ba-an-ni* (IV R 66, 59 a), aber auch *šêzib* (neben *šûzib*) in nn. prr. wie *Nabû-še-zib(-a-ni)*. Inf. *šú-pu-uš* ‚machen, bauen' (Lay. 38, 10), *šûzubu*, *šú-lu-u* ‚wegnehmen', aber auch *šêburu* ‚hinüberbringen'.

IV 1. Praet. *innamir*, *innabit*; *lu-un-ni-ṭir* ‚ich möge bewahrt werden' (K. 254 Rev. 54), *in-nen-du* (= *innêmdû*) ‚sie standen (V R 63, 26 a); sie stellten sich, nahmen Stellung' (Sanh. V 42 u. ö.), *li-in-ni-pu-uš* (V R 63, 1 b). Praes. *in-na(m)-mar* ‚er wird gesehen' (III R 51 Nr. 8, 52 u. ö.); ‚wie diese Zwiebel nicht mehr *in-ni-ri-šú*, *in-nim-me-du* gepflanzt wird, gesteckt wird' (IV R 7, 53. 54 a), ‚bis er *kaspa in-ni-ṭir-ru* (anderwärts *in-ni-iṭ-ṭi-ru*) in Bezug auf sein Geld gedeckt wird', *in-nin-ni* (Rel. *in-nin-nu-u*) ‚er wird gebeugt'. Part. *mun-nabtu* ‚Flüchtling'. Inf. *na-a'-bu-tum* und *nâbutum* ‚fliehen', *nâmuru* ‚Erscheinung'; *na'duru* und *nanduru* ‚Bedrängniss, Noth; Verfinsterung'. Perm. *na-an-kul-lat(-ma)* Fem., s. § 88, b, Anm.

I 2. Praet. *i-ta-bat* ‚er vernichtete' (M. 55 Col. IV 25), *a-ta-mar* ‚ich sah', *ni-ta-mar* ‚wir sahen' (III R 51 Nr. 3, 11), *li-ta-am-mar* ‚er sehe'; *li-tab-bi-ib* ‚er werde rein' (IV R 4, 39 b); für die Verba primae $א_{4.5}$ s. bereits § 103, hier vgl. noch *te-te-bir* (Nimr. Ep. 67, 26), *te-te-la-a* ‚du zogst herauf' (K. 823 Obv. 7), ebenso auch (von $ארשׁ_1$) *te-tir-šá-an-ni* ‚du hast von mir verlangt'

(Höllenf. Rev. 22); *ni-te-bi-ir* ‚wir überschritten‘ (Beh. 35), *ni-te-pu-uš* (D, 16). Praes. *e-te-ri-iš* ‚ich flehe an‘ (NR 34); *e-te-it-ti-iḳ* ‚ich komme‘ (Neb. Grot. III 17). Imp. *e-tel-li-i* ‚steige empor‘ (Fem.), *al-ki it-ru-bi a-na bîti-ni* (Strassm. 3399, angeredet ist Istar), *itrubî* = *itérubî*. Part. *mu-tal-lu* (Asurn. I 5), *mut-tal-lu* (Sams. I 5) ‚erhaben‘; *mu-ter-rib-tum ša bîtâti* (IV R 57, 2 a). Inf. *it-ḫu-zu* ‚erlernen‘ (Khors. 158); *it-ku-lum* ($א_3$) ‚betrübt sein‘ (K. 4386 Col. III 40); *ina i-te-it-tu-ki* (IV R 17, 12 b), *e-te-ig-gu-gu* (St. *eḳêḳu*, K. 4309 Obv. 16), *etélû* ‚emporsteigen‘. Dafür dass das K. 4386 Col. III 41 neben *it-ku-lum* genannte *i-tak-ku-lum* nur als Nebenform und zwar als die ältere Infinitivform, aus welcher *itkulu*, *itḫuzu* durch Synkope hervorgegangen sind, zu betrachten sind, s. bereits § 88, b. Vgl. noch *it-mu-šú* (II R 35, 51 c) einer-, *i-ta-aṣ-ṣu-lum* (St. *eṣêlu*, II R 27, 42 d) andrerseits.

II 2. Praet. *u-tan-ni-ša-an-ni* ‚er hat mich geschwächt‘ (K. 4386 Col. II 31) und *u-te-en-niš* ‚er hat geschwächt‘ (IV R 29, 22 c); *u-te-id-[di-iš]* ‚es wurde erneuert‘ (Nimr. Ep. XI, 239); *i-ni-šu u-ta-aṭ-ṭu-u* ‚seine Augen wurden umnachtet‘. Praes. *ut-taḫ-ḫaz* (IV R 61, 12 a. III R 54, 14 b), *u-ta-sa-ar* ‚er wird eingeschlossen werden‘; *utabbabû* ‚sie reinigen, waschen‘ (ihr Antlitz, V R 51, 40 b). Inf. *u-te-bu-bu*, *u-te-lu-lu* (S° 1 b, 14. 23); *u-te-ṭu-ú* ‚Umnachtung, Ohnmacht‘ (K. 246 Col. I 19).

Ob *u-tu-lu* ‚ruhen, schlafen' (S^b 376) und damit zugleich das Perm. *u-tu-ul* ‚er schlief' II 2 von $אאל_{2}א_{1}$ oder (was mir jetzt wahrscheinlicher dünkt) von $נאל_{2}$ ist, steht noch dahin.

Ob *ut-ni-en* ‚ich flehte' (Neb. I 51), *ut-nen(-ni)-šum-ma* ‚ich flehte ihn an' (V R 62 Col. I 26), Inf. *ut-nen-nu* (K. 133 Obv. 22) — zum Part. vgl. *mu-ut-ni-en-nu-ú* ‚Beter' (Neb. I 18 u. ö.) — von $אנן_{3}$ herzuleiten ist, möchte ich, so wahrscheinlich es ist (vgl. § 65 Nr. 37 Anm.), doch noch nicht mit voller Bestimmtheit behaupten; auch die Gleichung *têninṭu* ‚Seufzer' (? Flehen ?) = תְּחִנָּה ,تَحَنُّن ist nicht zweifellos.

III 2. Praet. *uš-ta-ḫi-iz* ‚ich lehrte' (IV R 67 Nr. 2, 52 a), ‚das Feuer *uš-ta-ak-ka-al-šu* verzehrte es' (das Gebäude, S, 11). Praes. ‚das Feuer das ich *uš-taḫ-ḫa-zu* anlege' (K. 257 Obv. 28), *uš-tan-na-aḫ* ‚er seufzt' (IV R 27, 35 a), *uštânaḫ* ‚ich seufze' (K. 101). Part. *mu-uš-ta-mu-ú* (von אמה ‚sprechen'); *muštêmiḳu*. Inf. *šú-ta-nu-ḫu* ‚Seufzen' (V R 47, 31 a), *šú-ta-mu-ú*; *šú-te-mu-ḳu* ‚inbrünstig flehen'. Perm. *adrâku u šú-ta-du-ra-ku* ‚ich bin in Angst und geängstigt' (K. 3927 Rev. 9).

IV 2. Praet. *it-ta-bit* ‚er floh', *e-ta-am-ru* (für *ittamrû*) ‚sie wurden gesehen' (z. B. K. 481, 14). Praes. *ittábat* ‚er flieht', *it-tan-mar* (= *ittámar*, III R 64, 1 a).

I 3. Praet. *e-ta-nam-da-ru* ‚sie fürchteten sich' (Lay. 43, 2); *i-te-ni-ki-il* ‚er war betrübt' (II R 28, 14 a); *e-te-ni-ip-pu-šu* Var. *e-ta-nap-pu-šu* ‚sie machten' (V R 3, 111), *i-te-ni-ki-ik* (St. *eḳêḳu*, II R 28, 13 a).

IV 3. Praes. *it-ta-na-an-ma-ru* (= *ittanámarû*, s. § 52) ‚sie werden gefunden‘ (IV R 66, 21 b).

Für *alâku* **I 1** Praet. vgl.: *ni-il-li-ka* ‚wir sind gegangen‘ (IV R 57, 36 a); für **I 2** Praet.: *at-ta-lak* ‚ich zog‘ (Sanh. Baw. 4), *at-tal-lak* (Asarh. III 36); Praes.: *idâka ni-it-tal-lak* ‚wir gehen dir zur Seite‘ (s. oben S. 224); Inf.: *i-tal-lu-ku* (S[c] 301); für **I 3** Praet.: ‚die Wagen welche *râmânuššin it-ta-na-al-la-ka* für sich selbst (ohne Wagenlenker) umherfuhren‘ (Sanh. VI 12); Praes.: *it-ta-na-al-lak* ‚er wandelt einher‘ (V R 31, 12 d).

Verba mediae gutturalis.

(S. Paradigmata B, 6 und 7).

§ 105. Uebersicht über die gebräuchlichsten Verba: בא$_1$ר ‚herausholen, fangen‘ (Praet. und Praes. *a*), מא$_1$ד ‚viel sein oder werden‘ (Praet. und Praes. *i*), שא$_1$ל ‚entscheiden, fordern, fragen, bitten‘ (Praet., Praes. I 1 und Praet. I 2: *a*). [בא$_1$ש III 1 ‚stinkend machen‘, צא$_1$ן II 1 ‚schmücken‘]. — רא$_2$ב ‚toben, heftig anfahren‘ (Praet. *u*). [מא$_2$ר II 1 ‚schicken; regieren‘]. — רא$_3$ם ‚gnädig sein, lieben‘ (Praet. und Praes. urspr. *a*), שא$_3$ת ‚fliehen‘ (Praet. urspr. *a*). — בא$_4$ל ‚sehr oft, zumal bei Tig. und Asurn. פא$_4$ל geschrieben, ‚überwältigen, in Besitz nehmen, herrschen‘ (Praet. urspr. *a*), רא$_4$ש ‚jauchzen‘ (Praet. urspr. *a*); זא$_{4?}$ק ‚stürmen, andrängen‘.

Vgl. auch die doppeltschwachen Verba נא$_1$ד (Praes. *a*; Praet. I 2: *i*); נא$_2$ל (s. § 99); לא$_1$ה ‚wollen‘; רא$_4$ה ‚weiden, regieren‘, שא$_4$ה ‚nach etw. schauen, sein Augenmerk auf etw. richten‘ (vgl. § 108).

Für die Behandlung des Hauchlauts der Verba § 106.
mediae א s. im Allgemeinen § 47; für die grössere Neigung zum Umlaut von *a* in *e*, *â* in *ê* bei den Verbis mediae א$_4$ als bei den übrigen Verbis mediae א (Inf. *ma'âdu* oder *mâdu*, *bâru*, *râmu*, aber *bêlu*; Part. *nâ'idu* ‚erhaben', *lâ'iṭu* ‚verbrennend', St. לא$_2$ט, aber *rê'û* ‚Hirt') s. theils § 32, β und γ. 34, β theils § 42. Die Conjugation des Praet. und Praes. Qal folgt theils der Conjugation des starken Verbums, z. B. *iš-al*, *iš-a-lu*, *iš-'-a-lu*, *ir'ub*; *ilu ta-na-'-ad* ‚Gott sollst du preisen' (K. 2024), theils, in Folge der Schwäche des Hauchlauts, der Analogie des mittelvocaligen Verbums. Auf letztere Weise (vgl. schon das für *ma'âlu* und *narâmu* in § 65 Nr. 31, a Bemerkte) werden stets die Verba med. א$_3$ und א$_4$ abgebeugt: *irâm*, mit Umlaut *irêm* ‚er liebte', *irâm* ‚er liebt'; *ibêl* ‚er herrschte' (= *ibâl* statt *ib'al*) und ‚er herrscht' (= *ibâl*, *ibâ'al* oder = *ibê'il*). Dass das Praet. *irêm* wirklich aus ursprünglicherem *irâm* hervorgegangen, lehren die Formen *li-ra-mu* ‚sie mögen lieb haben' (Prec., Tig. VIII 25), *lû i-ra-man-ni* ‚sie gewann mich lieb' (III R 4 Nr. 7, 64). Und auch für *ibêl* ist die Entstehung aus *ibâl* noch nachweisbar; vgl. Asurn. Stand. 5: ‚Asurnazirpal der alle Gebirge *i-pe-lu* bezwang', Var. *i-pa-lu*! Das Verbum מא$_1$ד bildet theils *im'id* theils *i-mi-id*; ob die letztere Form als *immid*, *îmid* oder ebenfalls als

imîd zu fassen sei, lassen die Paradigmen absichtlich noch unentschieden. Das Nämliche gilt von Formen wie *a-bar* ‚ich zog heraus'. Das Perm. *bêl* steht gewiss ebenfalls für *bâl* und auf Einer Stufe mit den Permansiven der mittelvocaligen Verba, *kân*, *dân* (eine entsprechende Form eines Verbums med. $א_1$ würde *lû šâl* ‚er entscheide' AL[3] 96, 27 sein, wenn dieses wirklich von *ša'âlu* herzuleiten ist), während *ni-il* ‚er liegt' (IV R 17, 52 b) sich vielleicht den intransitiven Permansivformen *kên*, *mît* (§ 89) an die Seite stellt. Von den vermehrten Stämmen erheischt die Causativform besondere Hervorhebung. Wie die mittelvocaligen Verba (s. § 115) bilden nämlich auch einige Verba med. א an Stelle des Stammes III 1 einen Stamm III^{II} 1 (§ 85). Besonders lehrreich sind die Formen des Verbums נא₂ל: Praet. *uš-na-il* ‚ich bez. er warf, legte' (Tig. II 20), häufiger *uš-ni-il* (z. B. V R 7, 40), Plur. 3. m. *uš-ni-il-lum* (V R 47, 50 a); Praes. *uš-na-al-ka* ‚ich will dich ruhen lassen' (Nimr. Ep. 15, 36); Imp. *šú-ni-'-il* (IV R 15, 17 a) und *šú-ni-il* (IV R 27, 48 b). Von *pêlu*, *bêlu* ‚überwältigen, vergewaltigen u. ä.' beachte Praes. *ušpêl* (neben *u-ša-pa-a-la*, V R 45 Col. VI 52): ‚ihr Geheiss *ša lâ uš-pi-e-lu* das man nicht unterdrückt' (III R 38 Nr. 1 Rev. 10); Part. *muš-pi-e-lu(m)* (Sarg. Cyl. 56), *muš-pe-lu* (IV R 16, 8 a), *muš-pil* (Lay. 17, 3); Inf. *šú-bi-e-lu* (Neb. Bab. II 30).

Auch ein Stamm III^{II}2 findet sich: vgl. *uš-te-pe-lu* (V R 65 Col. II 31), anderwärts *uš-te-pi-el-lu*, beides Praesensformen im Relativsatz. Von ראם (ר א₃ ם) lesen wir eine Form III^{II} 1 Neb. I 69: *bêlûtka ṣîrti šú-ri-'-im-amma* ,mache liebreich deine hohe Herrschaft und'; *šú-ri-'-im* genau wie *šú-ni-'-il.*

Bemerkenswerthe Einzelformen: **§ 107.**

I 1. Perm. *re-šú-nik-ka mâtâti* ,die Länder jauchzen dir zu' (IV R 17, 11 b). Praet. (s. schon § 106). *i-mi-du* ,es wurden viel' (Beh. 14), *li-mi-da šanâti'a* ,meine Jahre mögen viel werden' (V R 66 Col. II 12), *lu-um-id* ,ich möge zunehmen' (K. 2455), *a-bar-šu* ,ich holte ihn heraus, fing ihn weg' (Asarh. I 18. 46); *ir-'u-ub* (Fem., Höllenf. Obv. 64); *irênšu* ,er schenkte ihm' (s. S. 113), *išêtûni* ,sie flohen' (V R 4, 60); *i-be-el* ,er herrschte', *li-bi-e-lu* ,sie mögen beherrschen' (oft), also wohl auch *i-riš* ,er jauchzte' *irêš* zu sprechen; *a-zi-iḳ* ,ich stürmte'. Praes. *i-bar-rum* ,sie holen heraus' (IV R 27, 15 b), *ilá'i* und *ilé'i* ,er will'; *a-ni-el-lam-ma* (Nimr. Ep. 71, 22); *tarâm* ,du liebst'; *i-sa-ar* ,er tobt' (St. סאר (ס א₄ ר), V R 55, 32), ,Adar der *tuḳmatu i-pe-lu* Widerstand überwältigt' (Asurn. I 6), *te-re-'i ulâla* ,du regierst den Schwachen' (K. 3459); *izaḳḳa* (IV R 3, 2 a) und *i-ziḳ-ḳu* d. i. *izeḳḳu* (Rel., IV R 16, 57 a). Imp. *ša-'-al* (K. 483, 9); *rîm* ,erbarme dich', in nn. prr. wie *Nabû-rîm-an-ni*, *Marduk-rîm-a-ni* (C^{a} 133),

Rîm-an-ni-ilu oft mit dem Ideogr. für *rîmu* (§ 9 Nr. 190) geschrieben. Inf. *ma-a-du* (S^c 69), *ma-du* (Beh. 14).

II 1. Perm. ‚die Tochter Anus *nu-'-ú-rat* gleich einem Löwen' (IV R 65, 41 d). Praet. *uṣa'in* ‚ich schmückte', *uma'ir* ‚ich, er sandte'; *nu-ba-'-i* ‚wir suchten' (St. באה$_5$, Nabon. II 56). Praes. *u-ma-'-a-ru* und *u-ma-a-ru* (vgl. S. 126), *u-šal-lu* ‚sie rufen zur Entscheidung' (III R 15 Col. I 19), sonst *u-ša-'a-lu*, *lâ tu-ba-'-a-ša* ‚macht nicht stinkend' (IV R 52, 22a). Imp. *nu-'-id* ‚preise'. Part. *muma'iru*, *mu-la-iṭ* ‚verbrennend' (Asurn. I 19). Inf. *bu-'-u-rum*, *bu-'u-ru*, *bu-u-ru* (s. S. 111), *mu-'-ur* ‚Mission' (Tig. VI 57).

III 1. Praet. Ein Beispiel von מאר$_1$ s. § 93, 1, a. Vgl. für III^{II} 1 § 106. Imp. *šú-mi-di* ‚lass viel sein' (meine Jahre, o Göttin, V R 34 Col. III 43).

I 2. Praet. *ittá'id*, *attá'id* ‚er, ich pries', *iš-ta-(na-)'-a-lum* ‚sie frugen' (V R 9, 69); *ir-ti-ši* ‚es frohlockte' (sein Herz), *ašté'i* (*ašte'êma*) ‚ich schaute aus, trug Sorge u. ä.'. Praes. *irté'i* ‚er weidet'. Imp. *ši-ta-al-šu* (IV R 61, 6. 8 b). Part. *mušté'û*. Inf. *ši-te-'u-u* (K. 4341 Col. I 12).

II 2. Für *utûl*, *utûlu* s. § 104 zu II 2.

III 2. Vgl. für III^{II} 2 § 106.

I 3. Praet. s. u. I 2. Praes. *at-ta-na-a-du* ‚ich erhebe hoch' (Neb. I 32). Vgl. *išteni'i*, *ašteni'i* (Praet. und Praes., St. שאה$_4$).

Verba tertiae infirmae.

(S. Paradigmata B, 8—10).

Die gebräuchlichsten Verba, ursprünglich sämtlich mit *a*-Vocal im Praet. I 1 gesprochen, sind: **§ 108.**
חטא$_1$ ‚sündigen‘, כלא$_1$ ‚abschliessen, sperren, zurückhalten, verweigern‘, מלא$_1$ ‚voll sein‘, מצא$_1$ ‚finden‘, קרא$_1$ ‚rufen‘.

לקא$_3$ ‚nehmen‘, פתא$_3$ ‚öffnen‘.

דקא$_4$ ‚sammeln, aufbieten‘, חפא$_4$ ‚zerschlagen‘, חרא$_4$ ‚graben‘, טבא$_4$ ‚eintauchen, einsinken‘, קבא$_4$ ‚befehlen, sprechen‘, רתא$_4$ ‚befestigen, aufstellen‘, שבא$_4$ ‚sich sättigen‘, שמא$_4$ ‚hören‘, תבא$_4$ ‚kommen‘.

Das einzigste mir bekannte Verbum tertiae א, welches mit *u*-Vocal im Praet. I 1 gesprochen wird, ist פרא ‚schneiden, abschneiden, durchschneiden‘: *apru'* (V R 4, 135), Imp. *puru'*, Part. *pâri'*; II 1 Praet. *uparri'*.

בכי ‚weinen‘ (*ibki*)*), ברי ‚schauen‘ (*ibri*), בשי ‚sein‘ (*ibši*), כסי ‚binden, fesseln, bannen, festfügen‘ (*iksi*),

*) Ausdrücklich mit י oder ו als letztem Radical angesetzt und den übrigen vorgestellt sind diejenigen Stämme, welche als Verba tertiae י oder ו durch ihre Nominalstammbildungen (s. vor allem § 65 Nrr. 9. 10. 31, a) sicher erwiesen werden und gleichzeitig auch in den Verbalformen, d. i. obenan im Praet. und Imp. des Qal, wenigstens in der grossen Mehrzahl der Fälle diesen Charakter ihres letzten Radicals zur Schau tragen. Alle übrigen wurden nach hebräischer Weise als Verba ל״ה angesetzt unter Beifügung des Praeteritums, wo immer dieses zur Zeit belegt ist.

רמי ,werfen, gründen, wohnen' (*irmi*), רשי ,fassen, bekommen, besitzen' (*irši*), שׁני (wovon das Zahlwort zwei) II 1 ,erzählen, kundthun', שׁסי ,schreien, rufen, lesen' (*ilsi*), שׁקי ,tränken' (*iški*), שׁתי ,trinken' (*išti*). — דלו ,schöpfen' (Praes. *idálu*), חדו ,sich freuen' (*iḫdu*), מנו ,zählen, rechnen' (*imnu*), קלו ,verbrennen' (Praes. *iḳálu*), קמו ,verbrennen' (*iḳmu*). — בלה ,vergehen, verlöschen' (Praes. *ibéli*), בנה ,bauen, erzeugen' (*ibni*), בנה ,hell sein, glänzen', גרה ,zum Kampf herausfordern' (*igri*), זכה ,rein, frei sein', טחה ,sich nahen' (*itḫi*), כמה ,binden, gefangen nehmen' (Praes. *ikámi*), למה ,umschliessen, belagern' (*ilmi*), משׁה ,nichtachten, vergessen' (*imši*), סחה ,abfallen, sich empören' (auch IV 1), סלה ,abwerfen, abschütteln' (ein Joch), פחה ,verschliessen' (*ipḫi*), צבה ,wünschen, wollen', קתה ,beenden', רבה ,gross sein oder werden' (*irbi*), רדה ,fliessen, gehen' (*irdi*), wohl Eins mit רדה ,führen, regieren', רמה ,nachlassen, sich lockern' (*irmu*), שׁנה ,anders sein, sich ändern', II 1 ,ändern', שׁקה ,hoch sein', תמה (s. sofort).

Noch unsicher dem letzten Radical nach sind *dakû* ,stürzen' (*idki*, tertiae $א_1$ oder ה ?), *zinû* ,zürnen', *misû* ,waschen, reinigen' (*imsi*), *radû* (oder *ridû* ?) ,verfolgen' (Praet. *irdi*, Praes. *irédi* IV R 67, 47 b) sowie das Qal von *ruddû* ,hinzufügen'.

Vgl. auch die doppeltschwachen Verba: $נבא_1$, $נשׂא_1$; $נגא_2$ (Inf. *nigû*); $נסא_4$; נדה (*iddi*), נקה (*iḳḳi*)

(s. § 99); א$_5$טמה, א$_4$לה (א$_4$לי), א$_4$מה (*êmi*), א$_4$נה (*êni*) (s. § 102); לא$_1$ה (Praes. *ilâ'i*); רא$_4$ה, שא$_4$ה (s. § 105); רצא$_1$; ודה, ורה; ישׁר (s. § 111). Für ודא$_4$ (ידא$_4$) s. ebenda.

So unzweifelhaft es ist, dass auch das Assyrische von Haus aus Verba tertiae י und tertiae ו unterschied, so macht sich doch ein Ineinanderübergehen beider Klassen, vor allem ein Uebergehen der Verba tertiae ו in solche tertiae י in solchem Grade bemerkbar, dass die Zusammenfassung beider unter die hebräische Bezeichnung als Stämme ל״ה vollauf berechtigt ist. Beachte für dieses Schwanken sogar innerhalb der verhältnissmässig am sichersten anzusetzenden Verba tertiae ו und י die Formen *am-ni-i-ma* ‚ich zählte, theilte zu und‘ (Sanh. Baw. 47), *liḳ-mi-ki* ‚er verbrenne dich‘ (IV R 57, 28 a), *liḳ-mi* (IV R 7, 6. 16 u. ö. b), und umgekehrt *aš-ḳu-ma* ‚ich tränkte‘ (mit hervorhebendem *ma*, Sanh. Baw. 8). Vgl. ferner *ridûtu*, aber *ardi*; *abîtu* und *abûtu* ‚Entscheid, Bescheid‘, *nabnîtu* und *binûtu* (vgl. die Imperativformen *bi-ni* und *bi-nu*, Nimr. Ep. XI, 20, ?). Das Verbum תמה ‚reden, sprechen, schwören, beschwören‘, für welches *ta-mi-tu*, *ta-me-tu* (auch *ta-mi-a-tu*) ‚Wort, Rede‘ wahrscheinlich auf י als dritten Radical führt, bildet im Praet. *it-ma* (K. 4350 Col. III 20), im Praes. *i-tam-ma* (ebenda Z. 26), *i-ta-ma* (III R 54, 8 a), *i-ta-me* (ebenda Z. 2 b) und *i-ta-mu* (K. 700 Z. 3. IV R 61, 26 a).

Während *itáma* (ebenso *itma*) als *itámâ* (*itmâ*) zu fassen sein wird — vgl. *i-tam-ma-a* Asurb. Sm. 124, 57 —, tritt innerhalb der Formen *i-ta-me* (auch IV R 32, 33 a u. ö.) und *i-ta-mu* abermals solches Schwanken zwischen tertiae י und ו hervor. Besonders willkommen ist der hebr. Terminus ל״ה in allen den Fällen, wo weder das Praet. oder Praes. des Qal (ausserhalb eines Relativsatzes stehend) belegbar ist noch irgend eine Nominalstammbildung für den letzten Radical den Ausschlag giebt.

§ 109. Für die Verkürzung des Permansivstammes Qal *malĭ* Fem. *mal-at*, *tebi*, *teb-at*, *bani*, *ban-at*, *ban-âta* u. s. f. s. § 39; der nämlichen Verkürzung unterliegen auch die Permansiva der übrigen Verbalstämme, z. B. *šûṣat* (s. § 89). Erhalten ist der dritte Radical in den beiden Formen III R 4 Nr. 4, 37: ‚woselbst mächtige wilde Weinstöcke *še-ru-'-ú-ni* wachsen', und Tig. III 62: *ṣa-al-'u-ni* (Sing. *ṣa-li*, Asurn. III 12. 15. 16); das erstere ist ein Permansiv der Form فُعُل. Für Formen der 3. Sing. fem. wie *našâta* statt *naš-at(a)* s. § 53, c auf S. 125 f. Permansivformen von Verbis tertiae י, ו mit Umlaut des *a* der 1. Sylbe s. § 110. Im Praet. Qal ursprünglich sämtlich mit dem *a*-Vocal ausgesprochen, bilden die einzelnen Classen der Verba tertiae infirmae zunächst allerdings sehr verschiedene Formen: denn dieses *ă* geht mit א zu *â*, mit י zu *ai* und weiter *ê*, mit ו zu *au̯* und weiter *û* zusammen. Aber da das *â* der Verba tertiae א ausnahmslos zu *ê* umgelautet wird und sich dann ebenfalls, gleich dem durch Monophthongisirung aus *ai̯* entstandenen *ê*, zu *e*, *i* verkürzt, so sind die Praeteritalformen der Verba tertiae א und tertiae י im Qal äusserlich ganz zusammengefallen: *imṣi*, *ipti*, *ibni*. S. hierfür wie auch für die seltenen noch weitergehenden Verkürzungen wie *lu-uṣ* = *lûṣi* § 39. Schreibungen mit *e* wie z. B. *lu-up-te* (Nimr. Ep. XI, 9) s. § 32, γ; hier seien noch *ir-me* ‚er warf' (V R 62 Nr. 1, 9) neben *ir-mi* (Nr. 2, 48), *lu-ur-me*, *al-me* ‚ich belagerte' namhaft gemacht. Der ursprünglich lange Auslaut *ê* hält sich beständig vor dem enklitischen *ma* (s. bereits §§ 32, γ. 39. 53, d): *ad-ki-e-ma* ‚ich entbot' (Asarh. V 11), *aḫ-ri-e-ma* (Sanh. Baw. 52 u. ö.), *ir-me-ma* (IV R 5, 79 a); *êlâ* (*îlâ*) d. i. *îli-a* ‚er stieg hinauf' (s. § 38, a) bildet mit *ma* natürlich *îlamma* (ebenso *iḫ-ṭi-tam-ma* u. s. w.). Für die nichtzusammengezogenen Formen wie *iḳ-bi-u-ni* s. § 38, a. Alles für den Auslaut des Praet. Qal Bemerkte gilt auch für das Praes. Qal: man sagt *imaṣi* ‚er wird finden', *iḳabbi* ‚er spricht' ebenso wie *i-bak-ki* ‚er weint'; Schreibungen mit auslautendem *e* s. § 32, γ; für *i-še-im* ‚er wird hören' s. § 39. Für das *e* der 2. Sylbe von *ipete* (*ipeti*), *iléḳi*, *išéme*, *išési* neben *išási* s. § 34, α; für das *e* der 1. Sylbe in Formen wie *te-li ḳ-ḳi-e* d. i. *teléḳî*

(K. 101 Obv. 6) s. § 34, β Schluss. Für das Praet. und Praes. der vermehrten Verbalstämme ist, was den vocalischen Auslaut betrifft, nach dem für das Qal Bemerkten nichts weiter hinzuzufügen: der urspr. lange Vocalauslaut verkürzt sich wie im Qal, *ubannĭ*, *ušabnĭ*, *ibtánĭ* wie *ibnĭ*; vor *ma* hält er sich (vgl. z. B. *umaššîma* § 53, d). In dem Schluss-*a* der vielen Praesensformen des Piel und Schafel wie z. B. *u-nam-ba* (Var. zu *u-nam-bi*) ‚sie ruft laut' (Nimr. Ep. XI, 111), *u-pat-ta* ‚er soll öffnen' sc. *uznâ* (K. 95), *u-šam-ṣa-šu* ‚er wird ihn finden lassen' (Asurn. Balaw. Rev. 26), *u-šab-la* ‚er schaffte ab' (Khors. 113) u. a. m. — vgl. aus der nur Praesensformen der 2. Pers. Sing. der vermehrten Stämme enthaltenden Tafel V R 45 *tu-mal-la* (Col. III 19), *tu-pat-ta* (I 1), *tu-šal-ḳa* (VII 27), *tu-šar-ša* (V 18) u. a. m. — wird man kaum Verkürzung des ursprünglichen Auslauts *â* zu erblicken haben; vielmehr werden diese Formen gleich den von Verbis tertiae ו stammenden Formen *tu-ba-an-na* (III 6), *tu-ṣal-la* (II 1) das den Verbalformen so oft hinzugefügte *a* (§ 91) in sich schliessen. Sie sind also genau so zu beurtheilen wie *lâ ta-kal-la* ‚höre nicht auf' (K. 2674 Z. 18), *iḳ-te-ra* ‚er rief zu sich' (Sanh. V 39; *iḳ-te-ram-ma* Khors. 127). Warum in V R 45 gerade diesen Formen der Vorzug gegeben, begreift sich leicht. Uebrigens bildet die defective Schreibung des Auslauts in diesen Formen (denen auch noch z. B. das Perm. ‚da in Babylon eine entsprechende Stätte *lâ šú-um-ṣa* nicht zu finden war', Neb. VIII 30, hinzuzufügen ist) in gewissem Grade eine Ausnahme von der § 10 gegebenen Regel; Schreibungen wie *i-na-aš-ša-a* ‚er wird tragen' (seine Waffen, III R 58, 42 c) sind besser. Beispiele für die in erster Linie zu erwartenden Praesensformen auf *i* s. in § 110. Für das *e* der 2. Sylbe in *mušemṣû* (*mušimṣû*) ‚finden lassend' (Tig. I 12) sowie in *iḳtérâ*, *iltéḳi*, *altéme* u. s. f. s. § 34, *α*; für jenes von *uṭebbi* ‚ich senkte, versenkte' neben *uṭab(b)i* s. § 33. Die Impp. Qal folgen in der Vocalaussprache des zweiten Radicals dem Praet., dieser aber folgt blindlings jene des ersten Radicals: daher *ši-mi*, *ši-me* ‚höre', *bini* ‚baue', *munu* ‚zähle' (s. bereits § 94). Bei antretendem *ma*: *li-ki-e-ma* (masc., V R 64 Col. III 19). Für die Schreibung der Femininformen *li-ki-e* ‚nimm an' (K. 101 Rev. 4), *pi-te-ma* (fem.) vgl. S. 77 f. Die Inff. und Partt. Qal sind im Auslaut, mit den Casusvocalen versehen, bei allen Classen der Verba tertiae infirmae gleich; für die 1. Sylbe des Inf.: einerseits *malû*, *banû*, andrerseits *nigû*, *petû* (*pitû*), *leḳû*, *šemû*, *ḳebû* s. § 34, β (und vgl. § 42); für die älteren Formen *patû* u. s. f. s. etliche Belegstellen § 110. Uebrigens findet sich auch im Inf. des Qal von Verbis tertiae י, ו Umlaut von *a* in *e*; s. Beispiele § 110. Für die 1. Sylbe der Partt.: einerseits *nâši*, *bâni*, andrerseits *pêti*, *šêmi* (mit Nominativendung *pêtû*, *šêmû*) s. § 32, β (und vgl. § 42); für den Wegfall des letzten Radicals, der schon in *nâši*, *bâni* vorliegt und in den st. cstr.-Formen *nâš*, *bân* sowie in den neben *bânîtu* u. s. f. gebräuchlichen Femininformen *bântu* st. cstr. *bânat* (ebenso *mušamṣat*, s. § 68) besonders scharf hervortritt, s. § 39 (Wegfall des Schlussvocals) und vgl. §§ 47 und 41, a.b (Wegfall des letzten Radicals, א bez. י, ו).

§ 110. Bemerkenswerthe Einzelformen:

I 1. Perm. *ma-lat* ‚sie ist voll‘ (IV R 18, 57 b), *na-ša-ku* ‚ich trage‘ (II R 19, 54. 56 u. ö. b), *našat* ‚sie trug‘, in Pausa *našâta* (s. S. 125 unten); *ḫi-bi* (*ḫebi*) ‚es ist verlöscht‘, ‚Könige *šá ni-is-sa-at šubatsun* deren Wohnsitz fern war‘ (Khors. 146), ‚eine Magd. deren Hände (*ḳâtâša*) *lâ mi-sa-a* ungewaschen sind‘ (IV R 26, 14 b); ‚die Stadt *ša* . . . . *na-da-ta* (Var. *at*) *šubatsu* da und da liegt‘ (V R 9, 116), *šanâta* 2. m. Sing., *šanâ* 3. f. Plur. (Nimr. Ep. XI, 4. 3), *ba-la-ak* ‚ich bin bedacht‘ (Neb. I 47, vgl. targ. בלי); mit Umlaut: *si-ḫi* d. i. *seḫi* ‚er empörte sich‘ (vgl. *si-ḫu-šu-nu-tu* ‚sie fielen von ihnen-ab‘, IV R 52 Nr. 2, 22), ‚wer nicht *ṣi-bu-ú* wollte‘ (Sarg. Cyl. 52), *ṣi-ba-a-ka* (!) ‚ich will‘ (NR 24). Andere Beispiele s. § 89 und vgl. § 109. Praet. und Praes. Beispiele s. bereits § 109; beachte ferner: ‚deine Augen *im-la-a dimtu* füllten sich mit Thränen‘

(Asurb. Sm. 123, 48); *liḳ-ba-nik-kim-ma* ‚sie (fem.) mögen zu dir sagen‘ (IV R 56, 55 a); *im-nu* (I R 28, 22 a), *am-nu* (Sanh. IV 50 u. ö.), *aḳ-mu*, ‚sein Herz *iḫ-du-ma* freute sich und‘ (V R 61 Col. IV 38), *ta-ḳab-bi* ‚du sprichst‘, *a-ta-ab-bi* ‚ich komme‘ (IV R 68, 28 a), *i-šeb-bi* ‚er wird sich sättigen‘ (K. 196 Obv. Col. I 3), *i-še-me* ‚er wird erhören‘ (IV R 45, 14), ‚was immer *ta-šim-mu-ú* du hören wirst‘ (K. 562 Z. 11); *ta-šat-ti* 2. m. ‚du wirst trinken‘, *i-red-di* ‚er geht‘ (V R 55, 23), *lâ te-ṭi-iḫ-ḫi* ‚nähere dich nicht‘ (IV R 2, 25 b); *a-ḳal-lu* ‚ich verbrenne‘ (IV R 56, 27 b). Seltsam ist *i-kal-lu* ‚sie (die Thür) schliesst aus‘ (IV R 1, 30 a); Uebergang von כלא$_1$ in כלה? Imp. *i-ši* ‚hebe auf‘, *i-bi* ‚befiehl‘ (‖ *ki-bi* Neb. Bab. II 28); *pi-ti*, *li-ki-šú* ‚nimm ihn‘ (Nimr. Ep. XI, 229); *ši-mi* ‚höre‘ (Neb. Grot. III 46); *ši-ti* ‚trinke‘, *šiḳi* ‚tränke‘, *i-di* ‚lege, thue hinein‘, *ri-ši-šu rêmu* ‚fasse Liebe zu ihm‘ (IV R 61, 31 c); *ḳu-mu*, verbrenne‘ (IV R 56, 8 b), *mu-nu-ma* (V R 50, 64 b). Part. ‚Länder *na-(a-)aš bilti u madatte*‘ (Tig. I 65), *na-ši ḫaṭṭi ellite*; *ra-aš emûḳi* ‚Inhaber der Kraft‘ (Sams. I 21). Inf. Neben *pitû* u. s. w. auch noch *patû* ‚eröffnen, einweihen‘ (Sanh. Baw. 27), *la-ḳu-u* ‚nehmen‘ (S^b 107), *ḳabû* ‚sprechen, Wort‘ (z. B. K. 245 Col. II 58 ff.), *ḫa-ri-e nâri* (Sanh. Bell. 40). Andrerseits aber auch *teḫû* (K. 2486 Obv.) neben *ṭaḫû* (S^b 312), *piḫû* ‚verschliessen‘ (V R 36, 45 d).

II 1. Praet. *li-mi-li*, *li-mi-la-a* (III R 43 Col. IV 4. 5) *li-mil-la-a* (V R 56, 42) ‚er möge anfüllen‘; *u-ma-si* und *umes(s)i* ‚ich reinigte‘; *li-še-en-ni* ‚er möge verändern‘ (III R 43 Col. IV 2). Praes. *râmânkunu lâ tu-ḫaṭ-ṭa-a* ‚ihr sollt euch nicht zu Sündern machen‘ (IV R 52, 24 a); *u-ṣal-li* ‚ich flehe an‘, *ušanni* ‚er wird ändern‘ (III R 65, 61 a). Imp. *mul-li* ‚fülle‘. Inf. *nubbû*, *numbû* ‚laut rufen‘; *ḳubbû* ‚laut schreien‘ (*ḳu-bi-e a-ḳab-bi* ‚ich schreie laut‘ IV R 10, 2 b, *ina ḳu-ub-bi-e marṣûti* IV R 26, 55 b); *ḫud libbi nummur kabitti* (Asarh. VI 42, *ḫud* abgekürzte Form von *ḫuddû* wie *tib* in *tib taḫâzi'a* von *tibû*?). Perm. ‚dessen Eingang *zu-um-mu-ú nûra* vom Licht abgeschlossen ist‘ (Höllenf. Obv. 7), ‚der Tempel *ša su-uḫ-ḫa-a uṣ-ṣu-ra-tu-šu* dessen Wände zerstört waren‘ (V R 65, 18 a).

III 1. Praet. *ušalḳû* ‚sie liessen nehmen, übergaben‘ (Asurb. Sm. 108, e); *u-ša-as-si* ‚sie hat entfernt‘ (IV R 57, 16 a); *ušabri* und *ušebri* ‚ich liess sehen‘, *u-sar-me*, *u-šal-me* ‚ich liess umgeben‘ (Sanh. I 59, beachte das *e* trotz der Grundform *ušakšid*), *ša nu-šab-šu-ú* (|| *ša nibnû* IV R 65, 21 d). Praes. *ušellâ* ‚ich führe herauf‘ (Höllenf. Obv. 19). Imp. *šu-us-si* ‚entferne‘ (IV R 61, 33 a); *šub-ra-an-ni* ‚lass mich sehen‘ (IV R 66, 55 a). Part. *mušarbû* ‚vergrössernd‘. Inf. *šuššû* ‚tragen lassen‘; *šú-ub-nu-u* ‚bauen lassen‘, *šušḳû* ‚erhöhen‘. Perm. s. § 89.

IV 1. Praet. ‚die Thore *lip-pi-ta-*[*a*] mögen geöffnet werden' (Höllenf. Rev. 14); *innadi* ‚er wurde geworfen'; *is-si-ḫu* ‚er war abgefallen' (Sanh. V 5). Praes. ‚was immer von mir *iḳ-ḳab-ba-aš-šu-nu* ihnen befohlen wird' (NR 10), ‚ein Gewächs *ša la-la-šu lâ eš-še-bu-u* von dessen Fülle man nicht satt wird' (IV R 9, 23 b); *in-naḳ-ḳu-u* ‚es werden vergossen' (IV R 19, 49 b, vgl. oben S. 122). Imp. *na-an-di* ‚sei hingeworfen' (IV R 13, 43 a).

I 2. Praet. *înâ ta-at-ta-ši-šum-ma* ‚die Augen erhobst du zu ihm und' (Nimr. Ep. 44, 67), *iḫṭâṭi*, *iḫṭaṭû* und *iḫṭiṭṭû* ‚sie haben gesündigt'; *al-te-me* ‚ich habe gehört', *it-te-bu-ú* ‚sie zogen' (K. 82, 14), *im-ta-si* ‚sie wusch'; *ar-ta-ši rêmu*, *ar-te-di*, *ar-ti-di* ‚ich zog', *li-ir-ta-du-šu* und *li-ir-te-id-du-šu* ‚sie mögen ihn führen' (I R 27 Nr. 2, 51. III R 41 Col. II 37), *lu-ul-ta-ti* ‚ich will trinken' (Höllenf. Rev. 19), *lil-ta-si* ‚er möge lesen' (Sarg. Cyp. II 59). Imp. *Ši-tam-me ka-ra-bu* ein Gottesname (III R 66 Obv. 7 e). Part. *mur-te-du-ú* ‚leitend, regierend' (Sams. I 28 u. ö.). Inf. *bitakkû* ‚weinen', *šitassû* ‚lesen' (*ana ši-tas-si-šu* V R 37, 55), synkopirt (s. § 88, b) *bitrû* ‚schauen'.

II 2. Praet. *umdallû* ‚sie füllten an' (V R 9, 45), vgl. *um-da-*(*na-*)*al-lu-u* (Asurb. Sm. 285, 8); *tuḫ-tap-pi* (Nimr. Ep. 69, 38); *uṭ-ṭe-iḫ-ḫa-a* ‚er näherte' (Nimr. Ep. XI, 248), ‚wer den Wortlaut meiner Schrift *uš-te-nu-ú* ändern wird' (I R 27 Nr. 2, 47. 56, und vgl. *šunnê* Z. 74).

III 2. Praet. *uš-te-li*, *ul-te-la-an-ni* ‚er führte (mich) herauf'; ‚seinen Lauf *uš-te-eš-na-a* änderte ich' (Lay. 38, 15). Part. *multaḫṭê* ‚Rebellen'. Perm. *šú-te-eš-na-at*, *šú-te-eš-na-a* (III R 65, 42. 43 b).

IV 2. Praet. *ittaḫsû* und *itteḫsû* ‚sie suchten Zuflucht' (St. חסה, Nimr. Ep. XI, 108), *i-ta-ad-da-a* (d. i. *ittäddâ*) 3. Fem. Plur. von נדה (IV R 67, 50 b).

I 3. Praet. *im-ta-na-al-lu-ú* ‚sie haben gefüllt' (IV R 56, 9 a); *balâṭu iš-te-ni-ib-bi* ‚mit Leben ward er gesättigt' (V R 31, 26 f), *iš-te-nim-me* (Nimr. Ep. 8, 29), *it-te-ni-ib-bu-ú* ‚sie kamen, zogen' (K. 145 Z. 12); *it-ta-nam-di* ‚sie stiess aus' (*ta-a-ša*, K. 3437 Rev. 8), *iš-ta-na-at-ti* ‚er trank', 2. Fem. *tal-ta-na-at-ti* (IV R 63, 40. 44 b), *er-te-ni-id-di* ‚ich ging' (Neb. I 29). Praes. *ta-at-ta-na-aš-ši lâ le-am-ma* ‚du (Merodach) hältst den Kraftlosen' (K. 3459).

II 3. s. § 83.

IV 3. Praes. ‚wer an der Hausthür *it-ta-nak-lu-ú* sich zum Verschluss vorlegt' (IV R 16, 49 a).

Verba primae ו und י.

(S. Paradigmata B, 11.)

§ 111. Uebersicht über die gebräuchlichsten Verba nebst Angabe ihrer Vocalaussprache im Praet. und Praes. I 1 sowie im Praet. I 2:

ובל ,führen, bringen, entführen' (Praet. *i*, Praes. *a*, Praet. I 2: *i*), וכל ,können, vermögen' (Praes. *a*), ולד ,gebären, zeugen' (Praet. *i*, Praes. *a*), וסם ,ausgezeichnet sein', II 1 ,auszeichnen, prächtig machen', ורד ,herabsteigen, hinabziehen' (Praet. *i*, Praes. *a*, Praet. I 2: *a*), ושׁב ,sich setzen, sitzen, wohnen' (Praet. *i*, Praes. *a*, Praet. I 2: *i*), ושׁר ,sich herablassen, sich niedersenken, sich demüthigen' (Praes. *a*). Besonders stehen וקר ,theuer, kostbar, angesehen sein' (Praet. *i*) und ורק ,gelb werden, erblassen' (Praet. *i*, Praes. *a*); s. § 112.

ינק ,saugen' (Praet. *i*), יצר ,bilden' (? Praet. *i*), ירב ,vermehren' (? Praet. *i*), ישׁר ,gerad sein, Gelingen haben u. ä.' (Praet. *i*).

Vgl. auch die doppeltschwachen (in der Vocalaussprache der Tempora natürlich den betr. schwachen Verbis folgenden) Verba: וצא$_1$,herausgehen'; ודא$_4$ (oder ידא$_4$?) ,wissen, kennen'; ודה ,festsetzen, bestimmen', ורה ,leiten, führen, bringen'; — ישׁר ,haben, sein' (vgl. § 108).

Für die Conjugation der Verba primae ו im Allge- § 112.
meinen und speciell für Inf., Part., Perm. des Qal, nicht minder für die Schafelformen *ušâšib* (*ušêšib*) s. § 41, α; für das *ê* der letztgenannten Form III 1 (und III 2) § 32, β. Für das Praet. *ûrid* (= *i̯ûrid* = *i̯au̯rid*) s. § 90, a

nebst §§ 41, b und 31 (für *urdûni* aus und neben *ûridûni* s. § 37). Für das Praes. *urrad* s. § 90, a, Anm. Die beiden Verba וקר und ורק folgen im Praet. Qal der Analogie der Verba primae י: vgl. *ê*(Var. *i*)-*ḳir* ,es war kostbar' (V R 7, 32), Fem. *te-ḳir* (V R 4, 57); *li-ri-ḳu pânûki* ,dein Antlitz erblasse' (IV R 57, 44 b), Praes. regelmässig *urraḳ*. Ob das Verbum für ,wissen' mit ו oder mit י als erstem Radical anzusetzen sei, ist schwer zu entscheiden: auch für $א_4$וד lässt sich mancherlei geltend machen. Zunächst das Derivat *mûdû* ,verständig'; sodann die Beobachtung, dass wohl der Übergang von Verbis primae ו in solche primae י, nicht aber das Umgekehrte im Assyr. Analogieen hat. Endlich scheint mir die Conjugation von $א_4$וד an $א_4$וג eine genaue Parallele zu haben, falls die beiden sofort zu nennenden Formen, über deren Bed. kein Zweifel besteht, wirklich mit hebr. יגע zu combiniren sind. Im Hinblick auf den Inf. *egû* ,ermüden, lass werden' (II R 20, 49 d, eig. *agû*, wegen des $א_4$ aber *egû*) und das Praet. *êgi* ,ich liess nach, entzog mich' (V R 64 Col. I 38) liesse sich *idû* ,wissen' (eig. *edû*, vgl. *e-du-tû* II R 39, 77 d), Praet. *îdi* auch von einem St. $א_4$וד leicht begreifen. Für die Impp. *rid*, *šib* s. §§ 39 und 94. Vom Ifteal (Praet., Praes.) möchte ich wegen des doppelten *tt* (*ittárad*, *ittáṣi*) nicht behaupten, dass es der Analogie der Verba primae א folge (vgl. § 103);

das *u* in den 2. Sylben von *ittúbil*, *ittúšib*, *ittúṣi* (neben *ittáṣi*) wird durch das *u* der Qalformen *ûbil*, *ûšib* u. s. f. veranlasst sein (vgl. § 90, b, Anm.). Für andere derartige Analogiebildungen nach dem Praet. innerhalb der Impp. und Inff. des Schafel (vgl. §§ 94. 95) s. die Belegstellen in § 113. — Für die Conjugation der Verba primae י lassen sich noch nicht durchweg bestimmte Regeln aufstellen. Die Praett. *êniḳ*, *îšir* (Wechsel von *ê* und *î* wie in *êgi* und *îdi*) begreifen sich leicht; für *ê* = *i̯ê* = *i̯ai̯* s. § 90, a nebst §§ 41, b und 31. Schade ist es, dass sich noch kein Inf. Qal nachweisen lässt, welcher klarstellt, ob das vorauszusetzende *i̯a* der 1. Sylbe zu *a* oder zu *i* geworden ist. Das *i-ša-ru* S[c] 33 ist wahrscheinlich Adj.; im Inf. *išû* aber (obwohl nicht einmal dieser Inf. ganz sicher beglaubigt ist) könnte dem *i* sehr wohl ein urspr. *e* (= *a*) zu Grunde liegen (vgl. die Inff. *piḫû* u. a. m. § 110), ebenso wie mit dem Perm. *iši* ‚er hat' *eṣir* (s. sofort) wechselt. Vgl. auch die Anm. zu § 65 Nrr. 6—9 auf S. 164.

Bemerkenswerthe Einzelformen: **§ 113.**

I 1. Perm. *ziḳnâšu a-ṣi-a* ‚es spriesst ihm ein Bart' (III R 65, 20 b); *e-ṣir* ‚er ist abgebildet' (K. 2674 Z. 8), *i-ši* ‚es ist', *i-ša-a-ku* ‚ich besitze' (Tig. I 58). Praet. *ûrid*, *ûbil* u. s. f. (passim), *u-ra-a-šu*, *u-raš-šu* u. ä. ‚ich brachte ihn' (oft); *e-ni-ḳu* ‚sie saugten' (V R 9, 66), *i-šir*, *i-ši-ra* ‚es gedieh, gelang‘ (z. B. Sanh. Konst. 79), *li-šir* (Prec., IV R 64, 6 b), *êṣir* ‚ich bildete‘ (Lay. 33, 18), *êrib* in *Sin-aḫê-er-ba.* Praes. *tuk-kal* ‚du kannst‘, *ur-ra-da-ni* ‚sie (die Frauen) steigen herab‘ (IV R 57, 33 a), *nu-ur-rad* ‚wir werden hinabziehen‘ (K. 647 Rev. 11), *imêru atâna ul u-ša-ra* (= *uššara*, Höllenf. Rev. 7, vgl. وثر ?). Bei den Verbis *idû* ‚wissen‘ und *išû* ‚haben, sein‘ lautet Praet. und Praes. ganz überein: *i-di* ‚ich, er kannte‘ und *ti(-i)-di* ‚du weisst‘; *i-ši* ‚ich, er hatte‘ und *ti-ši* ‚du bist‘.

II 1. Praet. *u-us-si-im*, *u-si-im* ‚ich machte prachtvoll‘ (Neb.), *u(š)-še-ru* ‚sie rissen nieder‘ (Asurn. II 113), *uttir* ‚ich machte riesig‘ (ותר), *u-ad-di* ‚er setzte fest, bestimmte‘ Plur. *u-ad-du-ni.* Praes. *tu-at-tar* (V R 45 Col. IV 13), *tur-ra-ki* ‚du machst erblassen‘ (Fem., IV R 63, 3 b), *tu-us-sa-am* (V R 45 Col. IV 32), *tu-ur-ra* (ebenda Col. III 41). Part. *mu-al-li-da-at*, *mu-ad-du-ù šarrûti* ‚der das Königthum einsetzt‘ (IV R 55, 13 b). Perm. *lâ (u-)ud-da-a* ‚sie (die Wände) waren nicht erkennbar‘ (Neb. Senk. I 16).

III 1. Praet. *u-šá-pa-a* (Neb. Bab. I 29) und *u-še-e-bi* (II 11) ‚ich liess leuchten‘ (St. ופא$_4$), *li-še-pa-a* ‚sie mögen verherrlichen‘ (IV R 66, 62 a), *tu-ša-id* (K. 828, 5) und *u-še-'-i-du-uš* (K. 13, 59), St. ואר$_4$; *u-še-ši-ru* ‚sie segneten‘ (Sanh. Baw. 30). Praes. *tu-ša-a-tar*, *tu-ša-a-ḳar* (V R 45 Col. VI 31. 32), *tu-šeš-šab*

(VII 17), *tu-še-e-ša* (VIII 38); *u-še-nak̦* ‚sie säugt‘ (IV R 65, 35 d), *u-šeš-še-ru* ‚er leitet‘ (Rel., Sanh. Kuj. 2, 31). Imp. *šú-šib* (Höllenf. Rev. 33), *šú-bi-la* ‚lass tragen‘ (*E. M.* II, 339), aber auch *še-bi-la* ‚liefere aus‘ (K. 359, 8). Part. *mu-še-nik̦-tu* Plur. *mu-še-ni-k̦a-a-te* (V R 9, 66). Inf. *šûšubu* ‚ansiedeln‘, *šûṣû* ‚ausgehen lassen, kundthun‘, aber auch *šêbulu* ‚ausliefern‘ (V R 7, 25 u. ö.).

I 2. Praet. *attarad*, *atarad*, *at(t)arda* ‚ich zog hinab‘, *it-ta-ṣu-ni* ‚sie sind entsprossen‘ (IV R 15, 68 a), *littaṣi* ‚er fahre aus‘ (IV R 7, 7 u. ö. b), *at-ti-ṣi* ‚ich kam heraus‘ (Asurn.) und *ta-at-tu-ṣi* ‚sie (Istar) ist ausgezogen‘ (IV R 68, 69 b), *ittarrû* ‚sie führten‘, *littarrû* ‚sie mögen führen‘ und *it-tu-ru-nu* ‚sie brachten‘ (Tribut, Beh. 7; vgl. in ähnl. Zusammenhang Tig. II 96: *littarrûni*), *it-tu-šib* ‚er setzte sich‘ (C^b Rev. 25^b), *it-tu-bil* ‚er hat gebracht‘ (öfter); *li-taš-ši-ir* ‚es werde recht, wende sich zum Bessern u. ä.‘ (IV R 17, 2 b). Praes. *attašab* ‚ich setze mich‘ (Nimr. Ep. XI, 130), *it-ta-aṣ-ṣi* ‚er geht heraus‘. Part. *muttabbilu* ‚führend‘, auch ‚tragbar‘, *muttárû* ‚führend‘. Inf. *itarrû* ‚leiten‘ (Sanh. Baw. 2).

II 2. Praet. *tu-ta-at-tir* (2. m. Sing., IV R 11, 40 b), ‚seine Truppen, deren Zahl gleich den Wassern eines Stroms *lâ u-ta-ad-du-ú* nicht gekannt war‘ (V R 35, 16). Ob auch die Praet.- und Inf.-Formen *u-ta(-aḳ)-ḳu* (Neb. Grot. I 11. V R 34 Col. I 15) und *u-taḳ-ḳu-ú* (V R 29, 8 h) hierher gehören?

III 2. Praet. *uštâbil* ‚er brachte', *us-si-bil-ka* ‚ich habe dir ausgeliefert' (K. 359, 8), *ultêšib* (*ina ašrišina*) ‚ich brachte zurecht' (sc. die Länder, NR 23); *uš-te-(eš)-še-ra* ‚ich richtete', *tu-uš-te-eš-še-ir* ‚du hast rechtgeleitet' (Neb. I 59). Praes. *tul-te-ši-ra* ‚du regierst' (IV R 67, 12 b). Imp. *šú-te-ši-ra* (IV R 17, 26 b). Inf. *šú-ta-bu-ul têrêti* ‚Gesetze geben' (Sm. 954 Obv.); *šutêšuru*.

I 3. Praes. *at-ta-nab-bal-šu-nu-ši* ‚ich bringe ihnen dar' (V R 63, 22 a), *it-ta-na-aš-ša-bu* ‚sie wohnen' (IV R 15, 26 a).

Verba mediae ו und י.

(S. Paradigmata B, 12).

§ 114. Uebersicht über die gebräuchlichsten Verba (mit Einschluss jener, die gleichzeitig primae א oder נ sind, und weniger anderer doppeltschwacher Verba):

דוך ‚tödten', זוז ‚theilen, zutheilen', כון ‚fest sein, feststehen', מות ‚sterben', נוח ‚ruhen', נוֹשׁ ‚beben, schwanken, zittern', סוק ‚eng sein', צוד ‚jagen', קיל ‚schreien', קוף ‚einfallen', קוץ ‚schinden, die Haut abziehen', רוב, sich senken o. ä.' (II 1 unterkriegen, unterdrücken'), שׁוט ‚ziehen', שׁור ‚umherziehen', תור ‚sich wenden, zurückkehren; werden'. Besonders steht בוא₁ ‚kommen, gehen' (Praet. I 1 und I 2: *â*); s. § 115.

איר₁ ‚hervorgehen', דין ‚richten', דיש ‚zertreten', זיר ‚hassen, sich auflehnen', חיט ‚sehen', חיל ‚zittern, beben', חיר ‚schauen, erwählen', חיש ‚eilen', טיב ‚gut sein', מיש ‚nichtachten, abschaffen, aufheben', ניא ‚hemmen, entgegentreten, befehden', קיף ‚übergeben, bevollmächtigen', קיש ‚schenken', שיא (seltener שוא) ‚fliegen', שיח ‚spriessen, wachsen', שים ‚setzen, festsetzen, bestimmen'. Besonders steht ניר ‚bezwingen, unterjochen' (Praet. *â* und *î*); s. § 115.

Von den sog. eigentlichen Verbis med. ו und י erscheinen einige im Assyr. als mittelvocalige Verba, so ציח ‚schreien' (wovon *ṣiḫtu* ‚Wehgeschrei', vgl. צְוָחָה) und קוה (vgl. *ḳû*, קַו ‚Schnur') II 1 ‚warten' (קִוָּה): *u-ḳi* (Tig. I 72), *uk-ki* (III R 15 Col. I 10) ‚ich wartete', *uḳâ* ‚er wartet' Plur. *uḳâ'û*, geschr. *u-ḳa-a-a-u* und *u-ḳa-'-û* (letzteres Asurb. Sm. 134, 52; vgl. § 13). Andere erscheinen als Verba med. *m* bez. *v* (s. § 44), so vor allem *ṭamû* ‚spinnen, weben' = טוה; auch zwischen *lamû* ‚rings umschliessen' und לוה dürfte ein Zusammenhang bestehen. Die Existenz eines *u̯* im Assyr. wird natürlich durch die letzteren Verba nicht erwiesen.

Dass den Verbis med. ו und י eine zweiconsonantige Wurzel mit mittlerem *â*-Vocal zu Grunde liege, wurde § 61, 1 vermuthungsweise ausgesprochen und in § 64 durch die Permansivformen des Qal zu begründen versucht. Das Gleiche dürften die Nominalstammbildungen wie *makânu* lehren, insofern deren Erklärung aus *maku̯anu* ebenso unmöglich ist wie die § 115.

des Adj. *ṭâbu* aus *ṭai̯abu* oder der Inff. *târu*, *ṭâbu* aus *tau̯âru*, *ṭai̯âbu* unnöthig ist (s. § 64), von *turru* = *tuu̯u̯uru* gar nicht zu reden. Wohl ist auch in diese Stämme mit mittlerem *â*-Vocal schon frühzeitig der innere Vocalwechsel gedrungen (beachte schon beim Perm. *kân* und *kên*) und haben sich diese Stämme, dem Zuge des Triconsonantismus folgend, mehr und mehr zu Stämmen mit mittlerem *u̯* bez. *i̯* verbreitert, also dass sich ein Nomen wie assyr. *šûru* nur aus vorausgesetztem *ṯau̯r* erklären lässt und Verbalformen wie *ka'in* (Imp. II 1) ihre Prägung nach dem Muster des dreiconsonantigen Verbums nicht verläugnen können, aber dies darf nicht dazu verführen, alle Ableitungen dieser Stämme nach der nämlichen Schablone zu erklären. — Die beiden Verba בוא und ניר nehmen, wie bemerkt, eine Ausnahmestellung ein: ersteres bildet im Praet. Qal geradeso wie im Praes. *ibâ'* und im Praet. I 2 *ibtâ'*, letzteres im Praet. Qal theils *inâr*, *anâr* (z.B. III R 15 Col. II 19. Asarh. II 31. Neb. II 25 u. o., überh. weit öfter als *inîr*) theils *inîr*, *anîr* (I R 35 Nr. 3, 13, *a-nir* V R 9, 122); da sonst bei Asurb. *inâr* beliebt ist (z. B. V R 4, 49), liesse sich für das Zeichen *nir* an den Lautwerth *nar* denken. S. für *ibâ'* und *inâr* als Praet.- und Praes.-Formen bereits § 87. Interessant sind die den regelmässigen Praesensbildungen des Qal, wie *imât*, *išâm*, nebenhergehenden Praesensformen, welche vom Praet. aus unter Beibehaltung des Praet.-Vocals, aber mit Schärfung des letzten Radicals gebildet sind (vgl. § 90, a, Anm.). Beachte die folgenden Stellen, wo die Praesensbed. der betr. Formen keinem Zweifel unterliegen kann: ‚Sin ohne (?) welchen Stadt und Land nicht gegründet werden oder *i-tur-ru ašruššu* wiederhergestellt werden können' (V R 64 Col. II 27), *i-šur-ru* ‚sie ziehen umher' (IV R 5, 39 a, ebenso z. B. 1, 25 a), *ultu libbaša i-nu-uḫ-ḫu* ‚sobald ihr Herz sich beruhigen wird' (Höllenf. Rev. 16); *i-ṭib libbašu* ‚es vergnügt sich sein Herz' (Nimr. Ep. 9, 41), ‚Nebukadnezar der *di-in mi-ša-ri i-din-nu*' (V R 55, 6), ‚Istar die gleich Samas die Enden Himmels und der Erde *ta-ḫi-ṭa* überschaut' (II R 66 Nr. 1, 3 vgl. 8), *i-ḫi-lu mâtâti išdâšina* ‚es beben der Länder Grundvesten' (Salm. Mo. Obv. 8). Die nämliche Erscheinung beobachten wir beim Stamm I 3 (von I 2 fehlen die Beispiele): *iṣ-ṣa-nun-du* ‚er jagt dahin' (IV R 5, 32 a), *it-ta-nu-ur-ru* ‚er kehrt zurück' (Rel., IV R 16, 42 a), *im-ta-nu-ut-tu* ‚sie werden sterben' (K. 196 Rev. III 7); vgl. § 90, b, Anm. An die Stelle des Schafel ist bei diesen Verbis, wie bei den § 106 besprochenen Verbis med. א, die Form III ^{II} 1 (s. § 85) getreten. Vgl. Praet. *tuš-mit* ‚du tödtetest' (IV R 30, 12 b), *uš-bi(-')* ‚er, sie stürmte los' (Höllenf. Obv. 65. IV R 20 Nr. 1 Obv. 4); *uštîb* ‚ich machte gut, schön, fröhlich'; Praes. *tu-ša-za-a-za* (V R 45 Col. VI 54); Imp. *šú-mit* ,tödte' (M. 55 Col. I 20), *šú-bi-i'-ma* ,bringe und'; Part. *mušmîtu* ,tödtend' (z. B. V R 46, 41 b); Inf. *šuṭubbu* ,gut, fröhlich machen' (Asurb. Sm. 121, 38. IV R 12, 22).

§ 116. Bemerkenswerthe Einzelformen:

I 1. Perm. S. § 89. Vgl. noch ,der Wald dessen Bäume (*i-ṣu*) *ši-i-ḫu* hochgewachsen sind' (IV R 18, 60 a). Praet. *idûk*, *i-ku-uš* ,er hat Schlingen gelegt' (IV R 16, 6 b, doch wohl von קוש, aber verwandt mit *a-ḳa-šú* וקש II R 35, 52 e); *iṭîb*, *išîḫ*, geschr. *i-ši-ḫu*, aber auch *i-ši-e-ḫu* (Sarg. Cyl. 38). So mit *e* findet sich auch von מיש neben *i-mi-šú*, *a-mi-iš i-me-šu*, ja sogar *e-me-iš* (Asurb. Sm. 37, 4) und I 2 *im-te-eš* (IV R 58, 35 a) geschrieben. Vgl. ferner *a-ir* ,ich zog aus' (III R 38 Nr. 2 Rev. 63), *'i-ram-ma* ,er ging und' (IV R 15, 14 a), *i-še-'*, *a-še-'* ,er, ich flog', auch *i-šú-'*. Praes. *i-dak* (III R 65, 59 b), *i-kan*, *i-ka-na* (III R 58, 10. 16 b), *a-ma-a-tu* ,ich sterbe' (K. 31, 48), ,Nergal der *i-na-ar-ru ga-ri-e-šu* seine Feinde bezwingt' (III R 38 Nr. 1 Obv. 4), *ni-na-a-ra* (III R 15 Col. I 9); *ta-ša-ma*, *i'âr* und *'i-ir-ru* (Rel.), *i-ša-'* ,er fliegt'. Imp. *nu-uḫ* ,ruhe', *ḳu-ti* ,schenke' (Fem., V R 34 Col. III 44), *du-ú-ku* ,tödtet'; *ši-i-mi ši-ma-tuš* ,bestimme ihm zum Loos' (*E. M.* II, 339), *ki-šim-ma* (II R 66 Nr. 2, 9). Part. *ṣa-i-du* ,Jagdhund' (II R 6, 28 b), ,Jäger' (IV R 27,

23 b), *da-a-a-ik-tum* d. i. *dâ'iktum* (IV R 57, 52 a); *ḫa-a-iṭ*, *ḫa-'-iṭ* ‚sehend', *da-(a-)iš*, *ḳa-iš* ‚schenkend' (Asurn. I 9). Vgl. § 64 S. 155.

II 1. Praet. *u-si-iḳ*, *u-si-ḳa* ‚ich bedrängte'; *u-ḳa-a-a-iš* (*uḳâ'iš* = *uḳâ'iš*) ‚ich schenkte' Sanh. Baw. 29, sonst *u-ḳa-i-ša*, *u-da-i-šu*. Praes. *u-ka-a-ṣa* ‚ich schlachte hin' (IV R 68, 20 a), *tu-na-a-ḫa*, *tu-ta-a-ra*, *tu-na-'* u. v. a. (V R 45). Imp. *ka-in* im n. pr. m. *Ašur-bêl-ka-in* (C[a] 55), sonst contrahirt *têr* ‚bringe zurück', Fem. *ki-in-ni*; *ṭi-ib-bi šêrê'a* ‚erhalte gesund meinen Leib' (V R 34 Col. III 46). Part. *munîru*, *mušîm*, *mu-ni-i' i-rat Kakmê* (Lay. 33, 9). Inf. *turru*, *nuḫḫu*, ebenso *ṭubbu* st. cstr. *ṭub* ‚Gesunderhaltung, gesund erhalten werden', das also nicht als Nomen von einem St. טוב gefasst werden darf; vgl. Stellen wie Asarh. VI 42: *ṭu-ub šêrê ḫu-ud libbi nu-um-mur kabitti*.

III 1 oder vielmehr III[II] s. § 115. Hier vgl. noch *uš-id* ‚er setzte feierlich fest' (St. $אוד_4$, V R 55, 49).

I 2. Praet. *im-tu-ut* ‚er, sie starb'. Inf. *ki-ta-a-a-ú-lu* ‚Schreien' (V R 47, 32. 33 a). Für *tidûku* vgl. § 83 Anm.

II 2. Praet. *uk-tin* ‚ich legte auf' (Khors. 67), *ut-te-ir-ši* ‚er gab ihr zurück' (Höllenf. Rev. 39 ff.).

I 3. Praes. S. § 115.

Verba quadrilittera. 1) Neben den in § 61, 3 genannten eigentlichen vierconsonantigen Stämmen **§ 117.**

wie בלכת (Grundbed.: *rumpere*), פרשד kommen hier auch noch die von Nominalstämmen auf *û* durch Beibehaltung des *û* als letzten Radicals aus dreiconsonantigen Wurzeln entwickelten vierconsonantigen Stämme in Betracht: vgl. פלכה III 1 ‚weit machen' von *palkû* ‚weit', פרכה IV 1 ‚aufhören' (vgl. פרך ‚sperren, verriegeln'), und etliche andere. Bei פרדו? IV 1 ‚hell sein', כלבו? (oder כלפו?, Syn., wie es scheint, von *ebêru*, hebr. עבר) und anderen wäre es auch möglich, dass eigentliche vierconsonantige Stämme mit einem א als letztem Radical vorliegen. Die Zukunft muss hier noch mehr Licht bringen. Alle diese eigentlichen und secundären vierconsonantigen Verba kommen im Qal nicht vor; die zur Zeit belegbaren Stämme sind vielmehr, um die beim dreiconsonantigen Verbum übliche Bezeichnung der Kürze halber hier beizubehalten, ein Piel (II 1), Schafel (III 1), Ischtafal (III 2) und ein Nifal samt dessen *t* und *t-n*-Stamm (IV 1—3).

II 1. Praes. ‚wer das Bild zerstören und *uḫ-ḫa-ra-am-ma-ṭu* vernichten wird' (I R 27 Nr. 2, 86).

III 1. Praet. *ušbalkit* ‚er brachte zum Abfall', *u-ša-bal-kit* dass. (Asurb. Sm. 284, 97), *uš-ḫar-miṭ* (1. Sing., V R 3, 69. Sanh. Baw. 54), *ušparziḫ* (Neb. Grot. II 38); ‚Tiâmat *uš-pal-ki* öffnete weit' (ihren Mund, K. 3437 Rev. 17), *ušpardi* ‚ich machte glänzen'

Sanh. Bell. 61), vgl. auch *u-še-kil-bu-ú* (3. Plur., Sanh. Sm. 91, 62). Praes. *ušḫarmaṭ* ,er wird vernichten' (I R 27 Nr. 2, 39), *u-ša-bal-kat* ,ich reisse auf' (die Thürflügel, Höllenf. Obv. 18); oder ist hier ebenso wie in *tu-ša-bal-kat* (V R 45 Col. VI 53), das Zeichen *kat* (§ 9 Nr. 111) vielmehr *kut* zu lesen im Hinblick auf *u-ša-bal-ku-tú* ,sie werden aufreissen' (V R 54, 19 c) und weiter auf die unten zum Inf. IV 1 gemachte Bemerkung? Part. *mušḫarmiṭ* (Asurn. I 35), *mušpardu* (Asurn. I 8). Inf. *šuparkû* ,aufhören machen' (Tig. V 41). Die nämliche Form liegt vor sei es mit Adj.-Bed. (s. § 88, b, Anm. Schluss) oder viell. besser mit Permansivbed. in *šú-pal-ka-a bâbânišu* (V R 65 Col. II 15).

III 2. Praet. *uš-ta-bal-ki-tu* (3. Plur., IV R 57, 57 a).

IV 1. Praet. *ipparšid* ,er floh' Plur. *ipparšidû(ni)*, *ibbalkit* ,er empörte sich' Plur. *ibbalkitû(ni)*, *abbalkit* ,ich überschritt'; *ippardi* (*ippirdi*) ,es ward heiter, fröhlich', *ikkilmanni* ,er hat mich angeblickt' (IV R 10, 49 a), *lik-kil-mu(-šu)* ,sie mögen (ihn) anblicken' (z. B. Tig. VIII 75; *li-ki-el-mu-šú* IV R 45, 32), *i-kil-bu-ú* (3. Plur., Sanh. Sm. 92, 69). Praes. *ip-pa-ra-aš-šid* ,er flieht' (IV R 26, 45 a), *ibbalakkit* ,er dringt ein' (IV R 16, 32 a); *ippiriddi* ,es wird heiter, fröhlich' (Höllenf. Rev. 16. III R 61, 10 b), *ap-pa-ra-ak-ka-a* ,ich höre auf'

(V R 63, 20 a). Part. *mup(p)arkû* ‚aufhörend' (*lâ*— ‚ewig'). Inf. *naparšudu* ‚fliehen', *nabalkutu* ‚entzweigerissen werden'; *naparkû* ‚aufhören', wovon *lâ naparkâ* ‚unaufhörlich' (Adv., Neb. Senk. II 25), *ni-kil-mu-u* (z. B. II R 38, 10 f. h), *ni-kil-bu-ú* (K. 64 Col. III 9—12). Die nämliche Form mit Adj.-Bed. (s. § 88, b, Anm. Schluss) weisen auf *napardû*, *nepardû*, *nipirdû* ‚hell, heiter', *mê lâ na-pa-ar-ku-ti* ‚unversiechliche Gewässer' (Nerigl. II 10), *napalsuḫu* und *napalsuḫtu* ‚niedriger Sessel' (S[c] 270. II R 23, 8 a); hiernach wird auch das Fem. *na-bal-kat-tum* (*kat* Zeichen § 9 Nr. 111) vielmehr *na-bal-kut-tum* ‚Aufruhr' (V R 20, 44 f) gelesen werden müssen; vgl. oben unter III 1 und siehe bereits § 65 Nr. 35 Schluss.

IV 2. Praet. *it-ta-pal-si-iḫ* (Nimr. Ep. XII Col. IV 11. 12), *ittapardi* (*ittapirdi*, V R 47, 29 b), *it(t)abalkutû* ‚sie haben sich empört' (Asurn. I 103. III 27), also wohl auch *it-ta-bal-kat* ‚er hat sich empört' (z. B. Asurn. I 75, *kat* 2. Zeichen § 9 Nr. 121) und *a(t)-ta-bal-kat* ‚ich überschritt' (*kat* theils 2. Zeichen § 9 Nr. 121 theils Nr. 111) besser *ittabalkut*, *attabalkut* zu lesen. Praes. *it-ta-pa-ar-ka* ‚er hört auf' (V R 25, 18 b). Part. *muttašrabiṭu* (IV R 2, 5. 42 b). Inf. *i-tab-lak-ku-tu* ‚entzweigerissen werden' (IV R 67, 49 b); *i-te-ik-lim-mu-ú* (V R 16, 45 d), *i-te-ik-lib-bu-u* (V R 41, 57. 60 d, mit *itaktumu* zusammengestellt).

IV 3. Praet. *ašar it-ta-nap-raš-ši-du* ‚wohin er geflohen war‘ (V R 10, 14). Praes. *ittanablakkatû* ‚sie brechen hindurch, schreiten hinüber‘ (V R 1, 27a u. ö.).

2) Im Anschluss an diese Quadrilittera werden am besten auch die aus dreiconsonantigen Verbis durch Wiederholung des letzten Radicals secundär entwickelten vierconsonantigen Verba besprochen.

a) die der arab. IX. Form, dem hebr. Pi῾lel bez. Pu῾lal entsprechenden assyr. Stämme wie שׁקלל, שׁחרר u. a. Wie das Nomen *šaḫarratu* neben *šaḫrartu* (vgl. § 65 Nr. 29 Anm. b) lehrt, findet auch eine Beziehung dieser Verbalstämme zu den Nominalstämmen mit geschärftem drittem Radical (s. § 65 Nrr. 20 ff.) statt.

Einfacher Stamm. Perm. ‚die Stadt gleich einer Wolke am (*ištu*) Himmel *šú-ḳa-lu-la* schwebte, hing‘ (Asurn. III 51. Sams. II 48, gleiche Form als 3 f. Plur.), ‚eine Bergspitze die gleich einer Wolke am (*ištu*) Himmel *šú-ḳal-lu-la-at* hing‘ (Salm. Mo. Rev. 70; *ḳal* § 9 Nr. 107), vgl. Asurn. I 62, wo *šuḳalula* mit *šuḳululat* zu wechseln scheint; ‚er der *šuparruru* ausbreitete‘ (Tig. VII 58). Praet. ‚das Meer *ušḫarir* engte sich ein‘ (Nimr. Ep. XI, 125), *ušparir* ‚er breitete aus‘ (z. B. K. 3437 Rev. 12). Inf. *šú-gam-mu-mu* ‚brüllen‘ (vom Löwen, II R 21, 18 d), *šú-ḳa-lu-lu* ‚schweben, hängen‘

(S[b] 145). Als Inf. oder (s. § 88, b, Anm. Schluss) Adj. können gefasst werden *šú-ḫar-ru-ru* ‚eng sein' oder ‚eng, eingeengt' (V R 19, 11 b) und *šú-par-ru-ru* (S[b] 237).

t-Stamm. Praet. *uštaḫrirû pânûšu* ‚sein Antlitz ward angstvoll' (Nimr. Ep. 9, 45).

n-Stamm. Inf. bez. Adj. *na-zar-bu-bu* (III. Weltschöpfungstafel Obv. 21).

b) das ganz vereinzelt stehende *šú-ḳa-mu-mu* ‚gerade stehend oder stehen' (II R 44, 8 d), wovon *uš-ḳa-ma-am-mu* ‚sie stellen sich auf' (IV R 30 Nr. 1 Rev. 6).

§ 118. Für die Verbindung des Verbums mit dem Pronominalsuffix (vgl. § 56, b) ist alles Wissenswerthe aus dem Paradigma C zu ersehen. Geht dem Verbalsuffix eine auf einen kurzen Vocal auslautende Verbalform vorher, so zieht das Suffix, wie schon mehrfach bemerkt wurde, nicht etwa den Ton auf diesen Vocal, denselben verlängernd, sondern man sagt *iptíšu*, *ar-di-šu*, *li-ki-šu* ‚nimm ihn', *ri-ši-šu* ‚fasse zu ihm' (Liebe o. ä.) u. s. w. mit dem Ton auf der ersten Sylbe. Schreibweisen wie *a-šim-me-ši* (IV R 52, 14 a), *i-pi-te-šu*, *u-še-me-šu* ‚ich machte sie gleich' (Khors. 134) können nichts dagegen beweisen. Für Fälle aber wie *ab-bi-e-šú* ‚ich rief ihn an' s. § 53, d, Anm.

Satzlehre.

A. Die einzelnen Redetheile
in ihren einfachsten Verbindungen.

1. Das Substantiv
in Verbindung mit Pronominalsuffix, Adjectiv oder einem andern Substantiv.

a) mit Pronominalsuffix.

Das Nominalsuffix wird bisweilen durch das selbständige persönliche Fürwort mit Gen.-Acc.-Bed. (§ 55, b) vertreten (‚das Haus von mir' statt ‚mein Haus'). Stets so in dem königlichen Gruss: *šulmu âši libbaka lû ṭâbka* (bez. *libbakunu lû ṭâbkunûši*, z. B. K. 312, 3 f.). Auch *attû'a*, *attûnu* (§ 55, c, β) dient in den Achaemenideninschriften zu blosser Stellvertretung des Suffixes, z. B. *bîta at-tu-nu* ‚unser Haus' (Beh. 27); ja es kann sogar gleichzeitig das Suffix stehen, ohne dass dieses dadurch besonders hervorgehoben wird, z. B. *abû'a attû'a* ‚mein Vater' (K, III, 2), *attû'a abû'a Uštaspi* ‚mein Vater ist Hystaspes' (Beh. 1). Besonderer Nachdruck wird auf das Suffix gelegt, indem man *kâši* u. s. w. davor fügt. Zu den bereits § 55, b erwähnten Beispielen vgl. noch: *mannu ša ka-* § 119.

a-šu lâ idibbubu ķurdiķu ‚wer sollte deine Stärke nicht verkünden?‘ (Merodach! IV R 46, 27 a).

Eine Apposition, welche zu einer durch ein Pronominalsuffix bezeichneten Person hinzutritt, wird durch *ša* eingeführt. Beachte Asurb. Sm. 74, 18: *ša êpiš ardûti u nâdin mandatti lillikûš suppûka* ‚als eines Huldigenden und Tributzahlenden mögen deine Bitten ihm nahen‘.

§ 120. Zwei eng zusammengehörige Substantiva können das Suffix nur beim letzteren haben: *narkabâte u ummânate-ia* (Tig. I 71. II 43), *narkabâti sîsê-ia* ‚meine Wagen und Pferde‘ (Sanh. VI 22); ein drittes Beispiel s. § 122 Schluss. Doch vgl. auch Salm. Ob. 149. 176: *ina pa-na-at ummâni'a karâši'a* ‚an der Spitze meines Heeres, meines Lagers‘.

b) mit Adjectiv.

§ 121. Stellung des Adjectivs. Das Adj. steht zumeist hinter dem Subst.; wo immer aber irgendwelcher Nachdruck auf ihm liegt, vor dem Subst.; daher *rabîtu(m) ķâsu* oder *ķâtsu* ‚seine grosse (starke) Hand‘ (Asurn. I 39. Sarg. Cyl. 26), *kabtu nîr bêlûti'a* ‚das schwere Joch meiner Herrschaft‘ (Asarh. II 21), *rapšu nagû Ja'ûdi* ‚das weite Land Juda‘ (Sanh. Konst. 15), *rapšâti mâtâti Na-i-ri* (Asurn. Balaw. 19), *šaķûti Ištâr* (Asurb. Sm. 120, 27), *aķrâte napšâtêšunu* ‚ihr theures

Leben' (Sanh. V 77), *ina emḳi libbišu* ‚in seinem weisen Herzen' (Höllenf. Rev. 11), ‚Ur und *sittâtim maḫâzâ* die andern Städte' (V R 35, 5), *utaḳḳina daliḫtu mâtsu* ‚ich festigte sein beunruhigtes Land' (Khors. 52). Noch vor die Praep. ist das Adj. gesetzt Asurb. Sm. 76, 27: *rapašti ḳabal tâmtim* ‚im weiten Meer'.

Congruenz von Subst. und Adj. 1) bezüglich des Casus. Im Hinblick auf § 66 lässt sich erwarten, dass der Assyrer ebensowohl sagen konnte *murṣu lâ ṭâbu*, *ta-ni-ḫa marṣam* (Acc., IV R 26, 63 b) als *šad-da-a mar-ṣu* ‚den unzugänglichen Berg' (Sanh. Baw. 42), *malki išaru* ‚einen gerechten König' (suchte er, V R 35, 12). 2) bezüglich des Status. Subst. und Adj. stehen im stat. absol.; Redeweisen wie *ašar rûḳi* ‚ferner Ort' (IV R 14 Nr. 1, 2), *iṣṣur mu-bar-šu* ‚beschwingter Vogel' (Sams. II 49), *lišân limuttu* ‚böse Zunge' (K. 246 Col. I 32), *Marduk mar* (Zeichen § 9 Nr. 157) *rêštû ša apsî* (IV R 22, 30 b) sind seltener. Es wird für sie auf § 66 Anfang zu verweisen sein. Sehr auffällig ist *ana ḳa-at dam-ḳa-a-ti* ‚den gnädigen Händen' (IV R 8, 49 b), *pân limnûti* ‚das böse Antlitz' (K. 246 Col. I 31). 3) bezüglich des Numerus und und Genus. Sog. constructio ad sensum findet sich häufig bei *mâtu*, wenn nicht das Land, sondern die Landesbewohner gemeint sind. Stets ist dies der Fall beim Namen Medien; beachte Sanh. II 30 ff.: *ša*[mât] §122.

Ma-da-a-a rûḳûti ša ina šarrâni abê'a mamman lâ išmû zikir mâtišun mandatašunu kabitta amḫur. Vgl. ferner ^{mât} *Man-na-a-a dalḫûte* (Lay. 33, 9), ^{mât} *Šubarî šapṣûte lâ magirê* (Tig. II 89, vgl. III 88 f.). Mit dem Plur. des Adj. können auch verbunden werden die Collectivwörter *iṣṣuru* ‚Gevögel‘ (*iṣṣur šamê muttapriša* Tig. VI 83, *iṣṣur* ^{pl} *šamê muttapriša* I R 28, 31 a, aber auch *iṣṣur šamê muttaprišûti* III R 9 Nr. 3, 56) und *ûḳu* ‚Volk‘ (s. WB, S. 236). In § 141 wird auf diese constructio ad sensum zurückzukommen sein.

Ein Adj. auf zwei Substt. bezüglich lesen wir V R 35, 14: *ḳâta u libbašu išara* ‚seine gerechte Hand und sein gerechtes Herz‘; für das Suffix s. § 120.

c) mit einem andern Substantiv in Unterordnung.

§ 123. Die Unterordnung eines Substantivs im Genitiv unter ein anderes Substantiv wird ausgedrückt 1) durch eine sog. status constructus-Kette. Beispiele, auch für die zahlreichen Ausnahmen, s. § 72, a und b. Zu den ebendort bereits aufgeführten Beispielen, welche statt des st. cstr. im Sing. beim 1. Glied den *i*-Vocal aufweisen, seien hier noch gefügt *iš-di kussê šarrûtišu* (Acc., Tig. VIII 78. IV R 18, 35 b), *alakti ilûtišunu* (Acc., Neb. I 8). Beachte ferner noch aus dem Cyrus-Cylinder (V R 35, 12) das späte und schlechte *malikûtim kullata napḫar* an Stelle von *malikût kullat napḫari.* 2) durch *ša* vor dem im Genitiv stehenden Substantiv (s. § 58). Nothwendig ist diese Umschreibung mittelst *ša*, wenn zwischen das regierende Subst. und den Gen. ein Suffix, Adjectiv oder sonst etwas tritt. Beispiele: *ṣulullašunu ša šalâme* (V R 10, 64), *apil šipri-ia ša šulme* ‚meinen Friedensboten' (V R 3, 21); *šangû ṣîru ša Bêl* ‚Oberpriester Bels' (IV R 44, 13), *namṣaru zaḳtu ša 'epês taḫâzi* ‚das scharfe Schlachtschwert' (Asurb. Sm. 124, 55), *mûrê balṭûte ša rîmâni* ‚lebendige Junge von Wildochsen' (I R 28, 6 a); *šarrâni kâlišunu ša Na-i-ri* (Sams. II 3 f.). Vgl. auch *erêb šarrûti'a ša kirib Dûr-ilu* (Asurb. Sm. 127, 85). 3) durch ein Pronominalsuffix beim regierenden Subst. und ein dieses Suffix erklärendes *ša* vor dem Genitiv. Vgl. das zahllose Mal vorkommende: x *aplu-šu ša* (Sohn des) y; ferner *âlânišu ša* ‚die Städte des und des' (Sams. II 25 f.). In grösseren Zusammenhängen, wenn auf dem Genitiv irgendwelcher Nachdruck liegt oder derselbe weitere Zusätze erhält, findet sich der Gen. mit *ša* sehr häufig vorausgestellt, sodass sich dann das Pronominalsuffix auf den Genitiv zurückbezieht. Vgl. *šá N. N. . . . aštakan abiktašu* (Sanh. I 19. III 45), *šá Lu-li-i . . . êkim šarrûsu* (Sanh. Konst. 13), *ša* [mât] *Ma-da-a-a . . . mandat(t)ašunu amḫur* ‚den Tribut der Meder empfing ich' (Sanh. II 30), *šá Ašûrbânpal . . . šêpê rubûtišu ṣabat*

(Asurb. Sm. 73, 16), *ša šarri . . . ina imnišu* ‚in des Königs rechte Hand‘ (IV R 18, 39 a).

d) *mit einem andern Substantiv in Beiordnung* (*Apposition*).

§ 124. Beispiele assyr. Appositionen sind: *erinu zulûlu* ‚die Cedernbedachung‘ (Neb. III 30. 43. 46, *erinum ṣulûlišu* ‚seine Cedernbedachung‘ Neb. Grot. II 19), *Rammân mušaznin zunnum nuḫšu* ‚R., der regnen lässt Regen in Überfluss‘ (Neb. IV 58), *ḫurâṣu iḫzu* ‚Gold das als Einfassung dient, Einfassungsgold‘ (s. WB s. v. אחז$_1$); ‚Astartarikku *ḫîratsu šarrat* seine Gemahlin, die Königin‘ (V R 66 Col. II 27) ist nach § 66 Anfang zu beurtheilen. Vielfach lassen sich assyr. Appositionen im Deutschen durch Adjj. bez. Participia wiedergeben, z. B. *aplê nabnît libbišu* ‚seine leiblichen Söhne‘, *ekallu šubat šarrûtišu* ‚sein königlicher Palast‘, *âlânišu dannûti bît niṣirtišu* ‚seine festen, wohlverwahrten Städte‘ (Sanh. Konst. 37. Sanh. II 9 f.; vgl. Neb. Bab. II 22: *Bâbilu ana niṣirtim aškun*). Das ebenerwähnte *aplê nabnît* und *âlâni bît* diene zugleich zur Illustrirung der wichtigsten, die assyr. Appositionen betreffenden Regel, derzufolge Substantive, auch wenn sie zu Substt. im Plural als Apposition treten, dennoch im Sing. verbleiben. Vgl. noch V R 64 Col. II 40: ‚*Šamaš u Ištâr ṣi-it libbišu* seine (Sin's) leiblichen Kinder'. Daher auch *âlâni dannûti bît dûrâni* ‚feste, ummauerte Städte', eig. feste Städte, Wohnsitz mit Mauern. Der nämlichen Regel unterliegen, um dies gleich hier mit anzuschliessen, Participialausdrücke; vgl. das häufige *šarrâni âlik maḫrî'a* ‚die Könige, meine Vorfahren', *šarrâni âlik maḫri abê'a* (Asarh. V 34 u. ö.), *ardâni dâgil pâni'a* (V R 3, 83 u. ö.), ‚Asur und Istar *râ'imu šangûti'a*' (Sanh. Kuj. 4, 10), *nišê âšib libbišu* ‚die dortigen Einwohner', *bêlê'a âlik idi'a* (Asurb. Sm. 39, 17). Ähnlich V R 33 Col. VII 39 ff. Doch vgl. auch ‚die grossen Götter, *râ'imût šarrûti'a*' (Salm. Mo. Obv. 3).

Stellung der Apposition. Die Apposition steht gewöhnlich hinter dem Substantiv, welchem sie zugehört. Nur wenn auf die Apposition grösserer Nachdruck gelegt wird, was vor allem in gehobener Rede häufig der Fall ist, tritt sie vor ihr Substantiv. Vgl. *bêrit uzni ilâni Marduk* ‚die Weisheit der Götter, Merodach' (I R 52 Nr. 6, 6. Neb. II 3. III 3 u. ö.), *bêlu rabû Marduk* (V R 60 Col. III 7), *nûr ilâni Šamaš* (V R 3, 113); s. ferner Sm. 954 Obv. 26. 28. Rev. 12. 14, u. v. a. Stellen mehr. ‚Marduk, der Herr der Götter' heisst immer *bêl ilâni Marduk*. Selten findet sich *šarru* vorausgestellt (V R 33 Col. VI 42: *šarru Agum*; V R 61 Col. VI 35 f.: *šarri Nabû-bal-iddina*). §125.

Der Begriff ‚all, ganz' wird sehr gern durch §126.

appositionelle Beifügung von *kalû* (Gen. *ka-li-e* V R 34 Col. III 44, sonst stets *ka-li*, Acc. stets *ka-la*) oder *gimru* ‚Gesamtheit' nebst rückbezüglichem Suffix ausgedrückt: *mâtâti kališina* ‚alle Länder' (Asurn. I 16. III 17), aber auch *eli kališina mâtâti* ‚auf alle Länder' (Asurn. I 17. III 118), *mâtâte nakirê kališun* (Khors. 14); *ilâni gimrašun* ‚alle Götter', *A-nun-na-ke gimiršunu* (IV R 19, 45 a). Daneben sagt man natürlich auch *kal malkê* ‚alle Fürsten', *kala tênešêti* ‚alle Menschen' (Neb. Grot. III 52); *gimri mâtišu rapaštim* (Sanh. II 11). — Ganz abnorm ist *gi-mir ma-lik* ‚alle Fürsten' in dem Asurbanipal-Text V R 62 Nr. 1, 3; seltsam auch der Gebrauch des Adv. *kališ*: *šá ka-li-iš kibrâta* ‚von allen Länderstrecken' im Cyruscylinder V R 35, 29, aber auch schon bei Samsi-Rammân: *mâḫir bilti u i-gi-si-i ša ka-liš kibrâti* (Sams. I 38), wonach Sams. I 28. Salm. Ob. 16 *murtêdû ka-liš mâtâte* zu übersetzen ist: ‚der die Länder allesamt regiert'.

Auch *gabbu* dient zum Ausdruck der Begriffe ‚all' und ‚ganz', doch verbindet sich damit gewöhnlich kein rückbezügliches Suffix; vgl. *mâtâte gabbu* ‚alle Länder' (IV R 52 Nr. 1, 21), *ûḳu gabbi* ‚das ganze Volk' (Beh. 16 u. ö.), *ṣâbê bêl ḫiṭi gabbu* ‚alle Schuldigen' (Asurn. I 82), *ina napḫar mât Ašûr gab-be* ‚in der ganzen Gesamtheit Assyriens' (Tig. VI 101 f.), mit gleicher Häufung der Wörter für ‚all' wie in *mâtâte ša napḫar(i) lišânû* (oder *lišânâta*) *gabbi* ‚die Länder aller, aller Zungen' (B, 3. O, 16). Redeweisen wie *mâtu gabbiša* (Asurn. II 47) sind seltener.

e) mit einem andern Substantiv in Nebenordnung.

Das Gewöhnliche ist die Verbindung beider Substt. **§ 127.** durch die Copula *u*, doch findet sich sehr häufig auch asyndetische Nebeneinanderstellung: ‚Himmels und der Erden' heisst fast durchgängig *šamê u irṣiti(m)*, ungleich seltener ist das Fehlen der Copula (z. B. Asurn. II 135. II R 66 Nr. 1, 1); dagegen ist z. B. *biltu mandattu* ebenso häufig wie *biltu u mandattu* ‚Abgabe und Tribut'; auch ‚Nebo und Merodach' heisst bald *Nabû u Marduk* bald bloss *Nabû Marduk*. Das Nämliche gilt von Adjectiven und Infinitiven. Hervorhebung verdienen wegen der st. cstr.-Form des ersten Nomens *gamâl u šûzubu tîdi* (IV R 67, 35 a), *ana šûzub u nirârûte Ḳummuḫi* (Tig. II 17); *ṣi-ḫir ra-bi* ‚Klein und Gross' (IV R 19, 12 a), neben *ṣiḫru u rabû* (z. B. V R 5, 122).

Asyndeta wie *ištên ûme šinâ ûmê 'ul uk-ki* (III R 15 Col. I 10) würden wir wiedergeben durch: ‚einen o d e r (gar) zwei Tage wartete ich nicht'. Ob auch Asurn. II 34: ‚der Berg Niṣir *ša* [šadû] *Lullu* [(šadû)] *Kînipa iḳabûšûni*' und Asarh. II 25: ‚die Bewohner von Til-ašurri, deren Namen man im Munde der Leute [âlu]

Meḫrânu [âlu] *Pitânu* nennt' je zwei volksthümliche Namen genannt sind?

Anhang: Zahlwort. Adverbium.

Das Zahlwort.

§ 128. Für die Verbindung der Cardinalzahlen mit dem Subst. ist besonders lehrreich die oft vorkommende Wortverbindurg ,die vier Himmelsgegenden' (*kibratu*, auch *tubḳatu*, *šâru*, selten *sûḳu*). Man sagt *a*) *kib-rat irbitti(m)* (*ir-bit-ti*, *irbit-ti*, *irbit-ta* u. ä.), wo *kib-rat* im Hinblick auf *kib-ra-a-ti ir-bi-it-tim* (V R 35, 20) und *tu-bu-ḳa-tum ir-bit-ti* zweifellos als Plur. (*kibrât*) zu fassen ist. *b*) *kib-rat ar-ba-'(-i)* oder *kibrâtim ar-ba-im* (Gen., Hamm. Louvre I 5). Ob in diesen beiden Wortverbindungen *kibrât(i) irbittim* bez. *arba'i* das Subst. als st. cstr. (,die Himmelsgegenden der Vierzahl') oder das Zahlwort — s. unter *d*) und vgl. hebr. בָּנוֹת שָׁלֹשׁ ,drei Töchter' 1 Chr. 25, 5 — als Apposition zum Subst. (,die Himmelsgegenden, eine Vierzahl') zu fassen ist, oder endlich, ob beiderlei Redeweisen neben einander üblich waren, ist angesichts der in § 72 dargelegten Verhältnisse schwer zu entscheiden. *c*) *ana ir-bit-ti ša-a-re* ,nach den vier Winden' (Khors. 164). Diese letztere Construction: Femininform des Zahlworts im st. cstr. nebst folgendem Subst. gen. masc. im Plur., liegt auch vor in *ir-bit naṣmadê* ‚Viergespann' (K. 3437 Obv. 16), *še-lal-ti ûmê* ‚drei Tage' (IV R 61, 32 b), *si-bit šârê* ‚die sieben Winde' (IV R 66, 47 a); V *nirmak sipirri* (Tig. II 30) dürfte hiernach *ḫamšat nirmak* zu lesen sein. *d*) *ḫa-am-ma-mi ša ar-ba-'* (Sarg. Cyl. 9. Khors. 14). Ohne *ša*, aber doch wohl in appositionellem Sinn, wird das Zahlwort in *kursinnâšu* IV-*bi* bez. *ba* (III R 65, 39. 43 b) zu fassen sein. Appositionelle Vorausstellung des Zahlworts weist die Wortverbindung *sibittišunu ilâni limnûti* ‚die sieben bösen Götter' (IV R 5, 70 a) auf. — Für die Zahl ‚zwei' vgl. *šinâ ù-me* (s. § 127).

Der Wortverbindung *a-na su-uḳ ir-bit-ti* (IV R 13, 52 b), *su-ki ir-bit-ti* (K. 2061 Col. II 7) geschehe wenigstens anmerkungsweise Erwähnung. — Wie im Hebr. in der Verbindung eines Zahlworts mit אַמָּה ‚Elle' letzteres Subst. gern durch בְּ eingeführt wird, z. B. אַרְבַּע בָּאַמָּה, so im Assyr. *ammatu* gern durch *ina*; z. B. ‚ein Gebäude *ša 95 ina ištên ammati rabîtim arkat 31 ina ištên ammati rabîtim rapšat*' (Asarh. V 32 f.).

Die assyrischen Ordinalzahlen werden ganz § 129.
wie die Adjj. behandelt: urspr. folgen sie dem Subst., daher *araḫ samnu* (für *araḫ* statt *arḫu* s. § 122, 2), *ina ša-ni-ti šanûti*, *ina ša-ni-tum šalultu* ‚ein zweites, ein drittes Mal' (Beh. 55. 51); da aber in grösseren Zusammenhängen bei Erzählungen über verschiedene Feldzüge oder Regierungsjahre auf der Ordinalzahl

gegensätzlicher Nachdruck liegt, so finden wir die Ordinalzahl zumeist dem Subst. vorgestellt: *ina maḫ-re-e gir-ri-ia* (doch auch *ina gir-ri-ia maḫ-re-e* Sams. I 53), *ina II-e*, *III* u. s. w., *VIII-e girri'a* (Sanh.), *ina VIII-e*, *IX-e gir-ri-ia* (V R 5, 63. 7, 82), *ina šal-ši gir-ri-ia* (Sanh. Kuj. 1, 18), *ina maḫ-re-e palê-ia* (I R 49 Col. III 9 f.), *a-di XV palê-ia* (Khors. 23); die Schreibungen *ina maḫ-re-e palû* pl*-ia* (zu lesen ebenfalls *palê-ia*, Salm. Mo. Obv. 14), *a-di V palû*(pl)*-ia* (Tig. VI 45) dürfen ja nicht dazu verleiten, etwa auch *girrê'a* als Plural fassen zu wollen; viel eher könnte das Pluraldeterminativ hinter *palê* auf einem Irrthum beruhen. Vgl. weiter noch *ina ša-ni-e ta-lu-ki* ‚auf einem zweiten Zug' (Salm. Balaw. IV 5), *ina šalulti šatti* (dagegen *ina šatti šalulti* Khors. 144). Statt der Ordinalzahl von ‚eins' kann, wenn sie im Gegensatz zu ‚zweiter, dritter' u. s. f. steht, auch die Cardinalzahl stehen: so IV R 5, 13 a: *ištên* ‚der Erste' (folgt ‚der Zweite' bis zum ‚Siebenten'), Höllenf. Obv. 42: *ištên bâbu* ‚das erste Thor' (folgt: das ‚zweite' bis zum ‚siebenten' Thor), Nimr. Ep. XI, 136: *ištên ûmu* ‚am ersten Tag' (folgen: *šanâ ûmu*, *šalša ûmu* oder *ûma*, *rebâ ûmu* oder *ûma*, *ḫaššu*, *VI-ša*, *sebâ ûma* oder *sebû ûmu*). Vgl. den nämlichen Sprachgebrauch bei *iš-ta-at* ‚zuerst, an erster Stelle' (folgen *šanûtum* bis *sebûtum* ‚zweitens' bis ‚siebentens') Nimr. Ep. XI, 204 (s. § 77).

Eine Distributivzahl lesen wir Nimr. Ep. XI, 149: *si-ba u si-ba adagur*, ,je sieben Räucherpfannen' (s. das Nähere im WB, Nr. 77). — Für *a-di* (*a-de*) *VII-šu* (V R 6, 10), *a-di si-bi-šu* ,siebenmal'; *a-di ištâ-tu*, *a-di šinâ*(*šu*) ,erstmalig, zweitmalig' u. ä. Redeweisen s. WB, S. 127 f.

Das Adverbium.

Von den Adverbien sind die auf *iš*, *eš* insofern syntaktisch hervorhebenswerth, als sie Genitive von sich abhängig machen können: vgl. *kakkabiš šamâmi* ,gleich den Sternen des Himmels' (Neb. III 12), gleichbedeutend mit *kîma kakkab šamâme* (IV R 3, 12 a), *labariš ûmê* ,in Folge Altwerdens der Tage, in Folge des Alters' (war sein Fundament schwach geworden, Sanh. VI 32; Sanh. Konst. 58), *aḫrâtaš* (*ûmê*) ,für die, in der Zukunft (der Tage), in Zukunft' (ohne *ûmê* z. B. Khors. 53. V R 34 Col. II 48, mit *ûmê* z. B. I R 7 F, 18). **§ 130.**

2. Die Verbalnomina: Participium und Infinitiv.

Das assyr. Participium nimmt das von ihm abhängige Object im Gen. zu sich und bildet mit ihm ein st. cstr.-Verhältniss. Daher *nâš ḫaṭṭi ṣîrti*, *nâš kašti elliti* (V R 55, 8), *êmid šarrâni* ,der Unterwerfer **§ 131.**

der Könige‘ (V R 55, 2), *lâ pâliḫ bêlûti'a*, ‚Nebo *pâḳid kiššat šamê irṣitim*‘ (I R 35 Nr. 2, 3), *râkib abûbi* ‚der auf dem Wirbelsturm einherfährt‘, *tup-sar šâṭir narê annî* (V R 56, 25), *mu'abbit limnûti* (Asurn. I 8), *munakkir šiṭri'a* (Sanh. VI 71), *namṣaru musaḫḫip namtâri* (IV R 21, 65 a); ‚mein Streitwagen *sâpinat zâ'irê*‘ (Sanh. V 77), *pâtiḳat nabnîti* (V R 66 Col. I 21. IV R 63, 10 b), ‚Šumalia *âšibat rêšêti kâbisat kuppâti* (V R 56, 47), *lû mulamminat egirrêšu* ‚sie möge böse Gedanken ihm eingeben‘ (IV R 12, 43); *lâ kânišût Ašûr* (Tig. IV 8; vgl. mit Suffix: *lâ kânšûtešu* Asurn. I 14. 36). Für *muštappiki ka-ri-e* (IV R 14 Nr. 3, 14) mit *i* beim 1. Gliede, dessgleichen für die Umschreibung durch *ša*, z. B. *utukku kâmû ša amêli* (K. 246 Col. I 28), vgl. § 123, 1 und 2 sowie den dort citirten § 72, a. Als Ausnahmen nach Art der § 72, a Anm. erwähnten geben sich *nâṣir kudurrêti mu-kin-nu ablê* (V R 55, 5), *šâlilu Kaššî* (neben *kâšid* ^{mât} *Aḫarrî*, ebenda Z. 10); vgl. ferner: *lâ pâliḫu ilišu* (IV R 3, 6 a), ‚Ea *pâtiḳu kal gimri*‘ (*E. M.* II 339), *mupattû ṭûdâte* (Salm. Mo. Obv. 8), ‚Asur (oder: die grossen Götter) *mušarbû šarrûti'a*‘, *multašpiru tênišêt Bêl* (Tig. VII 50), u. a. m. Auch Angaben betr. den Ort an welchem, die Zeit in welcher die durch das Part. bezeichnete Thätigkeit vor sich geht, wird an den st. cstr. des Part. als Gen. angeschlossen, daher *âlik pâni* ‚der an der Spitze geht‘;

âlik maḫri dass., Fem. *âlikat maḫri* (II R 66 Nr. 1, 4), *âlik maḫ-ri-ia* ‚mein Vorgänger', *šarrâni âlik maḫri abê'a*, vgl. *âlik maḫ-ri-e-a* IV R 17, 43 b; *âlik idi* ‚der zur Seite geht', *âlik i-di-šu* bez. *-ia* ‚sein bez. mein Helfer', auch *a-li-kut i-di-e-šu* (V R 4, 24); *muttallik mûši* ‚der in der Nacht umhergeht' (IV R 24, 42 a).

Für die seltenen Fälle, in welchen das Object dem Participium des Qal nach Art des Verb. fin. voraussteht, s. § 73 S. 194, und beachte ferner noch z. B. IV R 3, 6 a: *ša Ištâr pa-ki-da lâ i-šú-u* ‚wer die Göttin Istar nicht achtet'.

Der assyr. Infinitiv wird entweder substan- § 132.
tivisch behandelt und nimmt dann sein Object als zweites Glied einer st. cstr.-Kette zu sich, z. B. *ana epêš ardûti'a* ‚mir zu huldigen', *nadân ilâni* ‚Rückgabe der Götter' (Asarh. III 7), *šumḳut(u) nakirê*, *nasâḫ kudurri annî* ‚diesen Grenzstein herauszureissen' (1 Mich. II 8), oder er folgt der Construction des Verbum finitum, doch wird ihm in diesem Falle sein Object stets vorausgestellt (s. hierüber bereits § 73, b). Vgl. *mîta* oder *mîti bulluṭu* ‚Todtenerweckung' (IV R 29, 18 a. 19, 11 b), *šîmtum šâmu* ‚das Geschick festsetzen (II R 7, 5 b), *šuttu pašâru* ‚einen Traum deuten' (V R 30, 13 f), *kar-ṣi akâlu* ‚verläumden', ‚er versammelte sein Heer *ana mât nukurtim šalâli*' (K. 133 Obv. 12), *ana mimma limni ṭarâdi* ‚alles Böse zu verjagen' (IV R 21, 29 a), *rê'ûsina epêšu* ‚ihre Herrschaft

ausüben‘ (V R 7, 105), *aššu ṭâbu napišti ûmê rûḳûti nadânimma u kunnu palê'a* (flehte ich, Khors. 174), *miṣir mâtišunu ruppuša iḳbiûni* (Tig. I 49), *aššu lipit ḳâti'a šullume* ‚meiner Hände Werk gelingen zu lassen‘ (Sanh. Kuj. 4, 10), u. s. w.

§ 133. Zur Verstärkung findet sich der Infinitiv dem Verb. fin. beigefügt in Fällen wie: ‚die Lügen in den Ländern *lû ma-du i-mi-du* mehrten sich gar sehr‘ (Beh. 14), *ḳâšu ḳîšamma* ‚schenke doch!‘ (Nimr. Ep. 37, 8), ‚die Stadt *ḫašâla iḫšul* zertrümmerte er gänzlich‘ (s. Nimr. Ep. 51, 6); für II 1 vgl. *adi zunnunu ina mâtišu iznunu* ‚bis es in seinem Lande stark regnete‘ (Asurb. Sm. 101, 22).

Für die ebensowohl active als passive Bed. des Infinitivs s. § 95 Schluss. Als Beispiel des passiven Gebrauchs, welcher oft ausser Acht gelassen wird, sei hier nur die Eine, aber sehr wichtige Stelle Beh. 36 hervorgehoben: *ana Bâbilu lâ kašâdu* ‚damit Babylon nicht erobert werde, Babylons Eroberung zu hindern‘; dass die Worte unmöglich ‚als Babylon noch nicht erreicht war‘ (Bezold) bedeuten können, liegt auf der Hand.

3. Das Verbum finitum.

a) Bedeutung und Gebrauch der Tempora und Modi.

§ 134. Die Bedeutung der assyr. Tempora wurde bereits in der Formenlehre § 87 eingehend behandelt und der Permansiv zudem speciell in § 89. Für den Gebrauch der Tempora in Prohibitivsätzen s. § 144 und vgl. § 87, c (S. 238); für die hypothetischen Vordersätze s. § 149. Von den Modis, dem modus relativus und dem vom Praet. wie vom Perm. gebildeten Precativ nebst dem vom Praet. gebildeten Cohortativ, war in §§ 92 und 93 die Rede; s. ausserdem für den Relativ die §§ 147 und 148, für den Precativ-Cohortativ § 145. Hier ist zum Gebrauch der Tempora und Modi nur noch Folgendes kurz zu bemerken. 1) Dem Praesens eignet auch ausserhalb der Prohibitivsätze die Bed. des ‚Sollens': *tallak* bed. nicht allein ‚du wirst gehen', sondern auch ‚du sollst gehen'. Vgl. ‚wer das und das thun wird, den *illalûšu* soll man binden etc.' (I R 7 F, 27), *tušaṣbat* ‚du sollst festnehmen lassen' (IV R 54, 33 a), ‚Kriegsleute *tašappar* sollst du senden' (IV R 54 Nr. 2, 34), *ikammisma kî'am iḳabbi* ‚er soll sich niederwerfen und also sprechen' (IV R 61 Nr. 2), ‚der König *ukân* soll stellen' (IV R 32. 33), ‚was ich weiss, *atta tîdi* sollst du wissen' (IV R 7, 31 a, Peiser). Daher kann man auch mit der Negation *ul* sagen: *pânûka ul urraḳ* ‚dein Antlitz soll nicht erblassen' (Asurb. Sm. 125, 69), ‚der König *ul išasi, ul ikkal* soll nicht sprechen, soll nicht essen' (IV R 32, 25. 30 a u. ö.) 2) Der sog. modus relativus wird auch in Hauptsätzen gebraucht, ungenau, wie in § 92 auseinandergesetzt wurde, an Stelle des an sich vocallos auslautenden Praeteritums, bisweilen aber auch

— möglicherweise — zur Bezeichnung des Plusquamperfectums, was sich dadurch leicht erklären würde, dass ein solcher Plusquamperfect-Satz einem Conjunctionalsatz mit weggelassener Conjunction (vgl. die § 148, 3 mitgetheilten Beispiele) logisch ganz nahe kommt: ‚er hatte das und das gethan, da geschah' s. v. a. ‚als er das und das gethan hatte, da geschah'. Ein ganz sicheres Beispiel ist mir allerdings nicht bekannt. Neb. Senk. I 19 z. B. wird *(i)-ir-ta-šú salîmu* einfach ‚er (Merodach) fasste Erbarmen' zu übersetzen sein (nicht: er hatte gefasst); *irtášu*, wofür ohnehin, wäre es mod. rel., besser *ir-ta-šú-u* geschrieben sein würde, nach § 108 zu beurtheilen (für *irtáši*).

b) Rection des Verbums.

α) *Vom Verbum regiertes Pronomen.*

§ 135. Das Verbalsuffix wird bisweilen durch das selbständige persönliche Fürwort mit Gen.-Acc.-Bed. (§ 55, b) vertreten, und zwar eignet in den sofort zu nennenden Beispielen dem also vertretenen Suffix stets Dativbedeutung: ‚die gewaltigen Waffen, welche Asur verliehen hatte *ana a-ia-ši* (Var. *ia-a-ši*) mir' (Asurn. II 26); ohne *ana*: *ušannâ ia-a-ti* ‚er sagte mirs an' (V R 1, 63), *inbika ia-a-ši ḳâšu ḳišamma* schenke mir deine *inbu*' (Nimr. Ep. 37, 8), *iṭiḫḫâ ana kâši* (ebenda 11, 11). Diese Fürwörter mit Gen.-Acc.-Bed. müssen aber gesetzt werden, einmal, wenn zu der durch ein Suffix zu bezeichnenden Person eine Apposition hinzutritt, z. B. *ia-a-ti Nabû-kudurri-uṣur* . . . *uma'ir'anni* ‚mich, N., sandte er' (vgl. V R 7, 94 u. v. a.), er sprach ‚zu ihm, nämlich zu Nimrod' *ana šâšûma ana Namrûdu*, und sodann, wenn grösserer oder geringerer Nachdruck auf das Suffix gelegt werden soll; im letzteren Falle darf das Pronominalsuffix selbst nie fehlen. Vgl.: *lû* (?) *anâku ana kâšunu ullalukunûši, attu-nu ia-a-ši ullilâ'inni* (‚ihr aber erleuchtet mich!' IV R 56, 46 f. a), ‚den Grundstein des Narâm-Sin *ukallim'anni ia-a-ši* liess er (Samas) mich schauen' (V R 64 Col. II 60), *ana a-a-ši du-gul-an-ni* ‚schau auf mich' (IV R 68, 29 b), ‚das und das *kâša luḳbika* will ich dir kundthun' (Nimr. Ep. XI, 10), *šâšu aḳbiš* ‚zu ihm sprach ich' (Neb. I 54), vgl. auch Asurn. III 76: *ana šu-a-šú rêmûtu aškunašu* ‚ihm selbst erwies ich Gnade'.

Ganz spät und schlecht ist der Gebrauch von *anâku*, *attunu* für das Verbalsuffix und zwar um so schlechter, als nicht einmal irgendwelcher Nachdruck auf dem also vertretenen Suffix (mit Dativbed.) liegt. NR 9: *mandattum anâku inaššûnu* ‚sie bringen mir Tribut'; NR 21: *anâku iddannaššinîti* ‚er übergab sie (die Länder) mir'; Beh. 4: ‚Auramazda *šarrûtu anâku iddannu*'. Vgl. schliesslich noch S, 15 f.: ,die Götter *ana anâku liṣṣurû'inni*', wo auf dem ,mich' wenigstens etwas Nachdruck liegt.

§ 136. Wird zu einem Verbalsuffix der 3. Pers. Sing. oder Plur., bez. zum Pron. *šâšu*, *šâša*, *šâšunu* (§ 55, b) ein Zusatz gemacht zur Beschreibung des Zustandes, in welchem sich die durch das Pron. bezeichnete Person zur Zeit der an ihr vollzogenen Thätigkeit befand, so geschieht dies mittelst der Abstractbildung auf *ût* nebst entsprechendem Nominalsuffix. Das Nämliche gilt, wenn ein solcher Zusatz zu einem vorausgehenden Substantiv oder Eigennamen gemacht wird. Das Verbalsuffix (welches im letzteren Falle rückbezügliche Kraft hat) kann stehen oder fehlen. Beispiele: *balṭûsu ina ḳâti aṣbatsu* (Sanh. IV 38); *šâšu bal-ṭu-us-su iṣbatûnimma* ,ihn selbst nahmen sie lebendig gefangen und' (V R 8, 24 ff.), *šâša bal-ṭu-us-sa ina ḳâti aṣbat*; — ,die Könige der Länder Naïri *balṭûsunu ḳâtî ikšud* (Tig. V 9), ,der den Hanno, König von Gaza, *ka-mu-us-su ušêriba* [âlu] *Aššûr*' (Sarg. Cyl. 19); *Sêni . . . šallûsu u kamûsu ana âli'a ubla(šu)* ,den Seni brachte ich gefangen und gebunden nach meiner Stadt' (Tig. V 24).

Dieser gleichsam adverbiale Gebrauch des nom. abstr. auf *ût* in Verbindung mit dem Suffix der 3. Pers. (*ussu* = *ûtsu*) hat möglicherweise die Bildung der beiden § 80, b, β Anm. erwähnten Advv. *ûmussu* und *arḫussu* veranlasst.

β) *Vom Verbum regiertes Substantiv.*

Das substantivische Verbalrégime mit Dativbed. wird stets durch die Praep. *ana* eingeführt, das mit Accusativbed. steht zumeist im Accusativ, der aber nicht nothwendig auf *a* auszulauten braucht (s. § 66), und wird dem Verbum vorangestellt, obwohl es nicht selten auch dem Verbum nachfolgt (Näheres in § 142). Bisweilen wird aber auch der Accusativ durch *ana* umschrieben; vgl. z. B. ‚als Anu und Bel das und das (Acc.) *ana ga-ti-ia umallû* mir übergaben‘ (Hamm. Louvre I 14 ff.), *ana šalaṭ Ûri nîtu ilmêšu* (III R 15 Col. II 4) — in beiden Fällen könnte *ana* auch fehlen, da die betr. Verba den doppelten Acc. regieren (s. § 139). § 137.

Von assyrischen Verben, welche, unserer Ausdrucksweise entgegen, den Accusativ regieren, seien erwähnt: *malû* ‚von etw. voll sein‘ (z. B. I R 28, 7 b), *šebû* ‚mit etw. sich sättigen‘ (vgl. II 1 mit doppeltem Acc.: *šizbu lâ ušabbû karašišunu*, Var. *karassun*, ‚mit Milch konnten sie nicht sättigen ihren Leib‘ V R 9, 67), *šemû* ‚auf jem. hören, ihm gehorchen‘, *apâlu* ‚jem. antworten‘ (z. B. *Êa mârašu Marduk ippal*), *nakâru* ‚sich wider jem. empören‘ (doch nur wenn das Object in einem Verbalsuffix besteht, sonst mit *itti*, *la-pa-ni* oder *ina ḳât* construirt). Den Acc. der Beziehung regieren § 138.

auch *nâḫu* und *pašâḫu* ‚in Bezug auf etw. oder jem. sich beruhigen', vgl. Asurb. Sm. 105, 66: ‚Asurs zorniges Herz *ul inûḫšunûti ul ipšaḫšunûti kabitti Ištâr*'; ferner *šalâmu* ‚schadlos gestellt, befriedigt sein in Bezug auf etw., z. B. auf geliehenes Geld, das Geld zurückerhalten', vgl. das in den Contracttafeln häufige: *adi kaspa išallimmu* ‚bis er (der Gläubiger) sein Geld wieder hat'. — Der Acc. bei den Verbis der Bewegung zur Bezeichnung der Richtung, des Zieles, wohin man geht oder kommt, z. B. *rêbitam ina bâ'išu* ‚wenn er auf die Strasse geht' (IV R 26, 4 b), *šîbûta lillik* ‚ins Greisenalter möge er gelangen' (Khors. 191) bedarf keiner Erläuterung. Dagegen sei noch besonders hervorgehoben der Acc. bei den Verbis des Schwörens, Beschwörens zur Bezeichnung dessen, wobei man schwört oder etw. beschwört. Vgl. für *saḳâru*: *niš* (Ideogr. MU) *ilâni ana aḫameš isḳurû* ‚beim Namen der Götter schwuren sie gegenseitig' (Asarh. I 42), ‚das und das nie thun zu wollen, *ni-iš ilâni rabûti ina narê šú-a-tum isḳur* hat er beim Namen der grossen Götter auf dieser Tafel geschworen' (1 Mich. I 22), *adê ni-iš* (Var. MU) *ilâni ušaškiršunûti* ‚die Gesetze liess ich sie beim Namen der Götter beschwören' (V R 1, 21 f. u. ö.). Ebenso bei *tamû*: *niš šamê lû tamât niš irṣitim lû tamât* ‚beim Namen des Himmels sei beschworen, beim Namen der Erde sei beschworen!'

Wie man sieht, hat dieses *ni-iš* gewissermassen die Funktion einer Praeposition: ‚bei‘ (etw. schwören); vgl. § 81, a Schluss.

Aus der Zahl der Verba, welche doppelten **§ 139.** Accusativ regieren, seien hervorgehoben: *šaḳû* ‚jem. mit etw. tränken‘ (*mê ellûti šiḳišu* IV R 26, 40 b), *salâḫu* ‚jem. mit etw. besprengen‘, *pašâšu* ‚jem. oder etw. mit etw., z. B. mit Öl, einstreichen, salben‘, *ṣarâpu* ‚etw. mit etw. färben‘ (vgl. das häufige *dâmêšunu kîma napâsi šadû lû aṣrup*, Asurn. I 53 u. ö.; doch findet sich auch *ina*), *ṣu'unu* ‚etw. mit etw. schmücken, schön herstellen aus etw.‘, *emêdu* ‚jem. etw. auferlegen‘ (*annu kabtu êmidsu* ‚eine schwere Strafe legte ich ihm auf‘, V R 8, 10), *nadû* ‚jem. etw., z. B. Fesseln, anlegen‘ (*Padî bi-ri-tu parzilli iddû* ‚den P. hatten sie in eiserne Fesseln geschlagen‘, Sanh. II 70 f.), *sanâḳu* ‚etw. in etw. pressen u. dgl.‘ (z. B. ‚die Rosse und Farren *isniḳa ṣindêšu* spannte er in seine Geschirre, schirrte er an‘, Sanh. V 30), *lamû* ‚jem. mit etw. ringsumschliessen‘ (*nîtum al-me-šu* ‚mit Befehdung umschloss ich ihn, ich setzte ihm von allen Seiten zu‘, Sanh. V 13, ‚die Stadt *nîti almê*‘, Sanh. Baw. 44), *zummû* ‚jem. oder etw. von etw. ausschliessen‘ (*ša êribušu zummû nûra*, Höllenf. Obv. 7. V R 6, 103). Besonders beachtenswerth ist *maḫâru* ‚etw. von jem. nehmen, empfangen‘: *madatušu amḫuršu* (Salm. Ob. 177 u. o.), *ḳâtêšun ḫarrê ḫurâṣi . . . ša laḳtêšunu amḫur* ‚von ihren Händen nahm ich ihre goldenen Fingerringe‘ (Sanh. VI 2 f.).

B. Der Satz.

1. Der einfache Satz.

a) *Aussagesätze.*

§ 140. Beispiele einfacher Nominalsätze mit einem Nomen oder Pronomen als Subject und einem Nomen (Subst., Adj. oder Part.) als Praedicat sind: *Ilu damḳu* ‚Gott ist gnädig‘, *anâku Nabûna'id* ‚ich bin Nabonid‘. Nachdrucksvolle Voranstellung des Praedicats findet sich oft, z. B. Beh. 100: *parṣâtum ši-na* ‚Lügen sind es‘, V R 2, 123: *šarru ša ilu idûšu atta* ‚du bist der König den Gott ersehen hat‘. Für zusammengesetzte Nominalsätze mit einem Verbum finitum als Praedicat, dessgleichen für Verbalsätze, bestehend aus oder beginnend mit einem Verbum finitum (in welch letzterem Falle jedoch Object oder adverbiale Nebenbestimmungen vorausgehen können) bedarf es, im Hinblick auf die vorausgehenden und nachfolgenden §§, keiner weiteren Beispiele.

§ 141. Genus und Numerus des Praedicats richten sich im Allgemeinen nach dem Subject. Doch finden sich zahlreiche Ausnahmen, obenan solche, welche auf sog. constructio ad sensum beruhen. Vgl. für das Geschlecht IV R 17, 11 b: *mâtâte rêšûnikka* ‚die Länder jauchzen dir zu', für den Numerus Tig. III 66 ff.: *mât Adauš tib taḫâzi'a danna lû êdurûma ašaršunu lûmaššerû* etc. Vgl. § 122, 3. Eine Ausnahme, beruhend auf der Vorausstellung des Praedicats, bietet vielleicht (falls nicht einfach nachlässige, nach § 90, c zu beurtheilende Behandlung des Geschlechts vorliegt) V R 35, 35: *littaskarû amâta dunķi'a* ‚es mögen Worte zu meinen Gunsten geredet werden'. Erklärlich, aber immerhin befremdlich ist die Incongruenz des Numerus von Subject und Praedicat Nimr. Ep. 59, 4: *nissâtum* (Plur.) *itérub ina karši'a* ‚Betrübniss ist eingezogen in mein Gemüth', sowie in der am Schluss von § 134, 1 citirten Stelle: *pânûka* (Plur.) *ul urraķ*.

Für die Verbindung eines Praedicats mit mehreren Subjecten beachte V R 6, 110 f.: *ina ûmê šu-ma šî u ilâni abêša tabbû šú-me ana bêlût mâtâti* ‚zu der Zeit da sie (Nanâ) und die Götter, ihre Eltern, meinen Namen zur Herrschaft über die Länder beriefen'; *tabbû* 3. Pers. Fem. Sing.!

Stellung des vom Verb. fin. abhängigen Objects. Das von einem Verb. fin. abhängige Object kann im Assyr. ebensowohl vor als nach dem Verbum seinen Platz haben, je nachdem etwas mehr Nachdruck auf das Object oder aber auf das Verbum gelegt wird. § 142.

Vgl. einestheils *uṣaḫḫir mâtsu* ‚ich verkleinerte sein Land‘ (Sanh. II 18. III 26), ‚die Götter *inârû ga-re-ia* bezwangen meine Feinde‘ (V R 4, 49), *lâ iṣṣurû mâmît ilâni*, andrentheils *âla* (*âlâni*) *abbul aḳḳur ina išâti ašrup*, ‚der *kullat mâtâtišunu ušeknišа*‘ (Asurn. I 23) und Hunderte von anderen Beispielen mehr. Für die Stellung des Objects vor dem Infinitiv s. § 132; ungleich seltener ist diese Stellung beim Participium, s. § 131 Anm. — Im Anschluss an die Vorausstellung des Objets vor das Verbum geschehe hier noch einer echtassyrischen Eigenthümlichkeit Erwähnung, welche darin besteht, dass dem Verbum *ḳibû* ‚sprechen‘ kurze directe Reden ohne einleitendes *umma* vorangestellt werden. Vgl.: ‚Istar *lâ tapallaḫ iḳbâ* sprach: „fürchte dich nicht“!‘ (Asurb. Sm. 123, 47); ‚wer *eḳlu kî mu-lu-gi ul nadinma iḳabbû*‘ (1 Mich. II 17 f.), ‚wer *anâku lâ i-di iḳabbû* „ich weiss von nichts“ sprechen wird‘ (I R 27 Nr. 2, 82 f.), ‚wer *annâ mi-na iḳabû*‘ (Asurn. Balaw. Rev. 18 f.), *e-ki-a-am i ni-lik iḳbûšu* ‚„wohin sollen wir gehen?“ sprachen sie zu ihm‘ (IV R 34, 29 a), ‚wenn ein Vater zu seinem Sohne *ul mârî atta iḳtabi* spricht: „du bist nicht mein Kind“‘ u. s. f. (V R 25, wo die gleiche Wortstellung in der linken Spalte allein hinreicht, diesen ‚sumerischen‘ Text als eine Rückübertragung des assyr.-semitischen Originaltextes auszuweisen), und andere Beispiele mehr.

b) Besondere Arten von Sätzen.

Negative Aussagesätze. Die Negation *lâ* dient, um dies kurz vorauszuschicken, zur Negirung von Substantiven und Infinitiven, von Adjectiven und Participien, z. B. *emûḳ lâ nîbi* ‚eine zahllose Heeresmacht‘ (Sanh. Kuj. 2, 39), *ṣêni ša lâ nîbi* ‚Kleinvieh ohne Zahl‘ (Sanh. I 50), *lâ mi-na(m)*, *ana lâ ma-ni*, *ana lâ me-ni* oder *mi-na(m)*, *ana lâ ma-ni-e* (Tig. V 7. 53), selten *ina lâ mêni*, ‚ohne Zahl, nicht zu zählen‘, *šarrûtu la šanân* (z. B. Sanh. I 10), ‚er brachte *umšikku ana la sapâḫ nagîšu* damit sein Land nicht verwüstet werde‘ (Lay. 51 Nr. 1, 11), *mêsiru ša lâ naparšudi* ‚eine unentrinnbare Belagerung‘ (Asurb. Sm. 59, 88 b); *lâ pâdû* ‚schonungslos‘ (Acc. *kakkašu lâ pa-da-a*, Plur. *lâ pa-du-tum* IV R 5, 4 a), *lâ âdiru* ‚nicht fürchtend‘ (vgl. *la-(a-)di-ru* Asurn. I 20), *aḫu lâ kênu* u. s. f. §143.

Während aber hiernach über *lâ* als die allgemeinste Negation (im Gegensatz zu allen übrigen Negationen, auch zu *ul*) kein Zweifel obwalten kann, scheint mir innerhalb der negativen Aussagesätze die Grenze zwischen *lâ* und *ul* noch nicht scharf genug bestimmt zu sein. Auch meinerseits muss ich mich einstweilen auf Zusammenstellung etlicher für diesen Zweck instructiver Beispiele beschränken. Vgl. für *lâ*: ‚das Gebäude war zum Wohnen der Göttin *lâ ussum* nicht geeignet' (V R 34 Col. III 17), *lâ uddâ uṣurâti* ‚nicht waren erkennbar die Wände' (Neb. Senk. I 16); *minâ lâ tîdi* ‚was weisst du nicht?' (IV R 7, 27. 29 a); *lâ iddin* ‚er hat nicht gegeben' (K. 538, 25); *ša lâ iknuša, ša lâ kitnušu ana nîri'a, ša ana Ašûr lâ kanšu*, ‚Länder welche *kanâša lâ i-du-ú* Unterwerfung nicht kannten' (Tig. III 75. IV 51); — für *ul*: *edu ul êzib*; *ul išemmû* ‚sie erhören nicht', *nûru ul immarû*; *ul zi-ka-ru šunu ul zinnišâti šunu* ‚weder männlich sind sie noch weiblich sind sie' (IV R 2, 40 b). Ist etwa der Gebrauch von *ul* vornehmlich oder sogar ausschliesslich auf Hauptsätze beschränkt, während *lâ* in Haupt- und Nebensätzen gleicherweise Verwendung findet?

§ 144. Prohibitivsätze. Keine Negation kann mit dem Imperativ verbunden werden, vielmehr werden Verbote theils durch *lâ* mit dem Praes., theils durch *a-a* mit dem Praet. (vgl. § 87, c auf S. 238) ausgedrückt (für *ul* mit folgendem Praes. s. § 134, 1), und zwar findet sich *lâ* in Verbindung mit der 3. und 2. Pers. Sing. und Plur., *a-a* dagegen mit der 3. Pers. Sing. und Plur. und der 1. Sing. Beispiele: *lâ tasakip* ‚stürze nicht' (deinen Knecht, IV R 10, 36 b), *lâ taddara amêlu* ‚scheue niemand' (M. 55 Col. I 19), ‚auf einen andern Gott *lâ tatakkil* vertraue nicht' (I R 35 Nr. 2, 12); *musarû šiṭir šumi'a lîmurma lâ unakkar* (V R 64, 45 c), *ḳâtsu lâ iṣabat* ‚seine Hand möge er nicht fassen, ihm nicht helfen‘ (III R 43 Col. IV 24), ‚mein Werk *lâ uḫabbalûš* mögen sie (die Götter) nicht verderben‘. (S, 17). Vorgesetztes *lû* scheint grösserer Eindringlichkeit zu dienen; z. B. K. 21, 20: *šarru lu la i-pa-laḫ* ‚der König möge sich ja nicht fürchten‘. — *a-a itûr* bez. *itûrûni* ‚er bez. sie möge(n) nicht wiederkehren‘, *ki-bi-ra a-a irši* ‚ein Begräbniss soll er nicht erhalten‘ (V R 61 Col. VI 55), *a-a illika* (Nimr. Ep. XI, 158), *a-a illikûni*, *a-a îrubûni* u. s. f.; *idirtu a-a arši* ‚in Trübsal möge ich nicht verfallen‘ (IV R 64, 69 a), *a-a atûr ana arki'a* (III R 38 Nr. 2 Rev. 57). Auch mit der 2. Person findet sich *a-a* verbunden, doch merkwürdigerweise stets in der Form *ê*: *ê tašḫutî* (Nimr. Ep. 11, 10), *ê tannašir* (sic! IV R 13, 4 b), *ê têṣir* (IV R 17, 18 b), u. a. m. Ganz ausnahmsweise ist *a-a* in dem Aussagesatz V R 7, 45 gebraucht: ‚seinen Leichnam *a-a addin ana ki-bi-ri* übergab ich nicht einem Begräbniss‘. Mit einer 2. Pers. des Perm. lesen wir *lâ* III R 15 Col. I 8: *alik lâ ka-la-ta*; doch ist hier vielleicht *lâ kalâta* als eine Art Zustandssatz zu fassen und zu übersetzen: ‚gehe ohne nachzulassen!‘

W u n s c h - und C o h o r t a t i v s ä t z e. Für die mit **§ 145.**
Hülfe des Adverbs *lû* (§ 78 auf S. 211 f.) gebildeten Wunsch- und Cohortativsätze siehe, soweit Verbal- und zusammengesetzte Nominalsätze in Betracht kommen, bereits § 93, 1 und 2, wo sowohl für die

vom Praeteritum als die vom Permansiv gebildeten Precativ- bez. Cohortativformen genug Beispiele aufgeführt sind. Der 1. Pers. Plur. scheint unter Umständen auch ohne jede Partikel Cohortativbed. geeignet zu haben, so viell. V R 1, 126: *mâta aḫennâ nizûz* (,wir wollen theilen'?); das Gewöhnlichere dürfte indessen gewesen sein, durch ein vorgesetztes *î* (*ê*) ,wohlan!' — s. § 78 — die Cohortativbed. ausser Zweifel zu stellen. Vgl. ausser dem in § 142 citirten Beispiel noch K. 3437 Rev. 3: ,stehe (Tiâmat)! *anâku u kâši i ni-pu-uš šašma* ich und du, wir wollen mit einander kämpfen'; ASKT 119, 23. 25: *al-kam i nilliksu i nilliksu, nînu ana âlišu i nilliksu* ,wohlan, wir wollen zu ihm gehen . . ., wir wollen in seine Stadt zu ihm gehen'; Nimr. Ep. 44, 68 und etliche Stellen mehr. Beispiele eines einfachen Nominalsatzes mit Wunschbed. sind: *atta lû mu-ti-ma anâku lû aššatka* ,du mögest mein Gemahl sein und ich dein Weib' (Nimr. Ep. 42, 9), sowie die in der babyl.-assyr. Brieflitteratur so häufige Grussformel *lû šulmu ana šarri bêli'a*, u. ä. Indess kann in dieser letzteren Formel das *lû* auch fehlen. — Wunschsätze finden sich wiederholt auch in Abhängigkeitsverhältniss vom Verbum des Hauptsatzes, so z. B. Tig. II 96: ,ich legte ihnen das Joch meiner Herrschaft auf *šattišamma bilta u madatta ana maḫri'a littarrûni*' (. . . vor mich zu bringen). Vgl. ferner Tig. II 67 (*ḳurâdê'a ša mitḫuṣ tapdê lipirdû*, hier ein Precativ im Relativsatz) u. a. St. m.

Fragesätze. Für die Fragesätze müssen einstweilen die in § 79, γ citirten, die Existenz einer enklitischen Fragepartikel *û* beweisenden Beispiele genügen. Nur K. 522, 9 f. mag hier noch Erwähnung finden: *i-zir-tu-u ina libbi šaṭrat* ‚steht ein Fluch (*izirtŭ*) darauf geschrieben?'. §146.

Attributive Relativsätze. 1) Relativsätze eingeleitet durch *ša*, welches seinerseits, wenn ihm Genitivbed. zukommt, stets, wenn Acc.-Dat.-Bed., meist durch ein Pronominalsuffix aufgenommen wird. Zu den Relativsätzen, welche, des Relativverhältnisses entkleidet, Nominalsätze darstellen, ist nichts zu bemerken. Vgl. z. B.: *bêlum ša ana âlišu ta-a-a-ru* (K. 133 Rev. 16), ‚ein schwangeres Weib *ša kirimmaša lâ išaru*' (K. 246 Col. I 43). Im Relativverhältniss stehende Verbalsätze charakterisiren sich als solche sofort durch ihren vocalischen Auslaut, zumeist *u* (auch *um*), seltener *a*; vgl. § 92. *a*) Praet. und Praes.: *ša itbalu* ‚welcher weggenommen hatte' (Asarh. II 47), ‚Bel und Nebo *ša aptallaḫu ilûsun* deren Gottheit ich verehre' (Asurb. Sm. 103, 46), ‚das Land Naïri *ša akšudu* das ich erobert hatte' (Tig. VIII 14); ‚der Gott *ša taṣ(tiṣ)-lit-tú imaḫarum* der Gebet annimmt' (V R 43, 47 c), er, der niemals seinen Gesandten *išpura lâ iš-a-lum* §147.

šulum šarrûtišun (Asurb. Sm. 289, 50, wofür 292, u. v.: *lâ išpuru lâ iš-a-lu*); *ša ikšuda* ‚welcher besiegte‘ (Asurn. I 39), ‚Tammaritu *ša innabta iṣbata šêpê'a*‘ (Asurb. Sm. 216, f). *b*) Perm.: ‚der *lâ ḫassu* nicht gedachte‘, *ša lâ kitnušu*, u. v. a. m. Die 3. f. Perm. bleibt zumeist ohne vocalischen Auslaut. Wohl findet sich: ‚Tiglathpileser *ša ... ḫaṭṭu ellitu nadnatašumma nišê ... ultašpiru* welchem ein glänzendes Scepter verliehen war und welcher die Völker ... regierte‘ (Tig. I 32 f.), ‚der Palast *ša eli maḫrîti ma'adiš šûturat ra-ba-ta u naklat*‘ (Sanh. VI 44 f.); aber gewöhnlich heisst es: *ša ḳibîtsu maḫrat* (I R 35 Nr. 2, 2), *ša alaktaša lâ târat*, ‚deren Wohnung gleich einem Adlernest ... *šitkunat* gelegen war‘ (Sanh. III 70). Ein Praet. oder Praes., welches im Relativsatz des vocalischen Auslauts ermangelt, wie *ša ištakkan* (V R 62 Nr. 1, 6), ‚Darius *ša bîta agâ îpuš*‘ (Persepolis-Inschr. B, 6), gehört zu den seltensten Ausnahmen. — Der durch *ša* eingeleitete Relativsatz geht mitunter seinem Subst. voraus, so z. B. K. 2867, 18: ‚das Herz der grossen Götter beruhigte sich nicht, *ul ipšaḫ ša êzuzu kabitti bêlûtišunu* es besänftigte sich nicht das ergrimmte Gemüth ihrer Herrlichkeit‘; V R 1, 133: *ṭâbti ḳâtuššun uba'îma ša êpussunûti dunḳu* ‚meine Wohlthat forderte ich von ihrer Hand, die ihnen von mir erwiesene Gnade‘.

2) Relativsätze ohne *ša*. Bei diesen ist der

vocalische Auslaut des Verbums der einzige Hinweis auf das Relativverhältniss. Beispiele: ‚die 4 Löwen *ad-du-ku* die ich getödtet hatte‘ (I R 7 Nr. IX, A, 2), *ṭâbta êpušuš* ‚das Gute das ich ihm gethan‘ (V R 7, 86), *bîtu êpušu* ‚das Haus das ich gebaut‘ (Neb. Grot. III 47); *ina isinni šaknuš* ‚bei dem ihm veranstalteten Feste‘ (K. 133 Rev. 18). Stets fehlt das Relativpronomen bei den § 58 besprochenen Substt. *ma-la* und *ammar* in der Bed. ‚so viel(e) als‘, dessgleichen bei *ašar* in der Bed. ‚an dem Ort wo oder wohin‘ (vgl. hebr. אֲשֶׁר־שָׁמָּה ‚wohin‘, doch auch bloss אֲשֶׁר), vgl. *ašar tallakî ittiki lullik* (Asurb. Sm. 125, 61), *ša narkabtu šú-a-tu ašar šaknata unakkaru* ‚wer mit dem Wagen da wo er aufgestellt ist eine Änderung vornehmen wird‘ (IV R 12, 33), Sanh. VI 24 u. a. St. m.

Conjunctionale Relativsätze. Auch in conjunctionalen Relativsätzen muss das Verbum vocalischen Auslaut haben. 1) Conjunctionale Relativsätze, durch besondere Conjunctionen (s. § 82) eingeleitet. Die meisten dieser Conjunctionen finden sich auch als Praepositionen und werden aus diesen eigentlich erst durch hinzutretendes *ša* zu Conjunctionen umgewandelt, doch kann *ša* auch fehlen, ja bei einzelnen wie *ištu* und *ultu* ‚seitdem‘ fehlt es sogar immer. Beispiele: *ištu ibnanni* ‚seitdem er (Merodach) mich geschaffen‘ (Neb. I 23), *ultu êmedu mâtašu* ‚nach- § 148.

dem ich sein Land unterjocht hatte‘ (V R 2, 81), *ultu libbaša inuhhu* ‚sobald ihr Herz sich beruhigen wird‘ (Höllenf. Rev. 16), vgl. ferner für *ultu* als Conj. III R 15 Col. II 5. Sanh. VI 25; *ultu eli ša îmurûma* ‚sobald sie sahen, als sie sahen‘ (K. 10 Obv. 21), *ultu eli ša Bîrat hipû u ilêšu abkû* ‚seitdem B. zerstört ist und seine Götter weggeführt sind‘ (K. 509, 17); — *arki ša ana šarri atûru* ‚nachdem ich König geworden‘ (Beh. 11); — *adi šamê u irṣitu bašû zêršu lihlik* ‚so lange Himmel und Erde bestehen, sei sein Same vernichtet!‘ (V R 56, 60); *a-du ana âli . . . tušêrabušûni* ‚bis du ihn in die Stadt hineinführst‘ (K. 650, 11), *adi allaku* ‚bis ich komme‘ (Asurb. Sm. 125, 67), ‚sie erwarten mich *adi eli ša anâku allaku ana Madâ* bis ich nach Medien kommen würde‘ (Beh. 47); — *ki-i aš-pu-ru* ‚als ich sandte‘, *ki-i itbû* ‚als sie kamen‘ (K. 509) und viele andere Beispiele, in denen *kî* die Eigenthümlichkeit zeigt, Subject, Object und praepositionale Ausdrücke der Conj. *kî* und deren Verbum vorauszuschicken; — *aš-šú limuttum êpušu* ‚weil er Böses gethan‘ (Khors. 92, vgl. ferner Asarh. II 48. IV 29), *aš-ša-a nittekiruš* ‚weil wir uns wider ihn empört haben‘ (IV R 52, 27 a), ‚ich zog wider Ba‘al von Tyrus, *šá* (Var. *aš-šu*) *amât šarrûti'a lâ iṣṣuru* weil er den Befehl meiner Majestät nicht beobachtet hatte‘ (V R 2, 51) — ist hiernach auch Nimr. Ep. XI, 113 zu verstehen? —,

,die Götter mögen den König segnen, *ša mîtu anâku u šarru uballiṭanni* weil ich todt war und der König mir das Leben geschenkt hat' (K. 81, 12). 2) Conjunctionale Relativsätze, angeschlossen an Substantiva und Praepositionalausdrücke, mit oder ohne *ša* als Exponenten des Relativverhältnisses. Vgl. z. B. *ištu rêši* mit (S. 1046, 6) oder ohne *ša* (K. 359, 3. 9) ,von Anfang an da' (das und das geschah). Besonders gehört hierher *i-nu*, *inum*, gew. *e-nu-ma* (eig. eine oder die Zeit, zu der Zeit) i. S. v. ,zur Zeit da, wann, als': *i-nu Marduk* ... *iḳbû* ,als M. ... befahl' (V R 33 Col. I 44; vgl. Hamm. Louvre I 10 ff.), *inum Marduk rêši šarrûti'a ullûma* ,zur Zeit als M. das Haupt meiner Majestät erhöhte' (Neb. I 40), *e-nu-ma ekallu ilabbirûma i-na-ḫu* (Asarh. VI 61). Vgl. ferner die § 141 citirte Stelle V R 6, 110 f., sowie überhaupt für 1) und 2) die in § 82 erwähnten Beispiele. 3) Conjunctionale Relativsätze ohne jede besondere Conj., ohne regierendes Subst. und zugleich ohne *ša*, sodass der vocalische Verbalauslaut der einzigste Fingerzeig für richtige Auffassung des syntaktischen Verhältnisses ist. Vgl. Asurn. Balaw. Rev. 13 f.: ,zukünftiger Grosser! *aširtu ši enaḫu narâ ta-mar-ma tašasû anḫûsa uddiš* wird dieser Tempel zerfallen, so wirst du die Tafel finden, und wirst du sie gelesen haben, so erneuere seinen Verfall'. So begreift sich auch, warum

Tig. VIII 50 ff. in dem Satze: ,ein zukünftiger Grosser möge, *e-nu-ma bîtu u sigurrâtu ušalbarûma e-na-ḫu anḫûsunu luddiš* wann diese Baulichkeiten alt geworden und verfallen sein werden, ihren Verfall erneuern', in dem einen der beiden Duplicate das *e-nu-ma* fehlt; als hart und unnachahmenswerth wird diese Redeweise allerdings bezeichnet werden dürfen. Vgl. schliesslich noch V R 64, 13 ff.: *ina palê'a kênim Sin . . . ana âli u bîti šâšu islimu iršû ta-a-a-ri ina rêš šarrûti'a dârîti ušabrû'inni šutti* ,während meiner festen Regierung, als Sin zu jener Stadt und jenem Hause sich wandte, Erbarmen fasste — im Anfang meiner dauernden Herrschaft liessen sie (Sin und Marduk?) mich einen Traum sehen'. Hier könnte man möglicherweise auch an die Übersetzung denken: ,während meiner Regierung hatte Sin zu jener Stadt sich gewandt', ,im Anfang meiner Regierung hatte er einen Traum mich sehen lassen' (neuer Satz beginnend mit Z. 28: ,als das dritte Jahr herankam'); zu dieser Fassung der Verba *islimu*, *iršû*, *ušabrû* als Plusquamperff. s. § 134, 2.

§ 149. Bedingungssätze. Für diese Classe von Sätzen sind zur Zeit nur erst wenige Beobachtungen mitzutheilen. Aus V R 25, 1 ff. b, einem der sog. Familiengesetze, welches lautet: *šumma aššata mussu izîrma ul mutî atta iḳtabi ana nâru inaddûšu* ,wenn ein Weib ihren Mann hasst und spricht: „du bist nicht mein Mann", so wirft man sie in den Fluss', wird geschlossen werden dürfen, einmal dass die von *šumma* abhängigen Verba vocalischen Auslaut nicht annehmen, sodann dass in solchen hypothetischen Vordersätzen allgemein gültigen, nicht auf einen speciellen Fall sich beziehenden Inhalts das Praet., nicht das Praes. gebraucht wird. Beides wird auch durch das Gesetz V R 25, 13 ff. b bestätigt: ,wenn ein Hausmeister einen Sclaven *îgurma imtût* miethet und dieser stirbt u. s. w.'. Die Nachsätze haben beidemal Praesens. Bezieht sich dagegen der hypothetische Satz auf einen concreten Fall, wie z. B. Höllenf. Obv. 16: ,wenn du das Thor nicht öffnest, so zerschmeisse ich den Thürflügel', so hat auch der Vordersatz ein Praesens: *šumma lâ tapattâ bâbu amaḫḫaṣ daltum.* Für das Fehlen des Relativvocals vgl. noch *šumma šarru iḳabbi* ,wenn der König meint' (S. 1034, 14). Eine dritte Beobachtung ist, dass im Assyr., ebenso wie im Deutschen, die hypothetische Partikel ganz fehlen kann. Beachte hierfür den Text IV R 55, der gleich mit den Worten anhebt: *šarru ana dîni lâ îgul* ,gehorcht der König nicht dem Rechte' (so werden seine Unterthanen verstört, wird sein Land dem Verfall preisgegeben werden, *innammi*, Praes.); vgl. WB, Nr. 63 (die dortige Lesung *i-gul* ist gegenüber Jensen's naheliegendem *i-zun* aufrecht zu halten — sie ist jetzt auch monumental bestätigt).

2) Verbindung mehrerer Sätze.

a) *Copulativsätze.*

§ 150. Werden Nominalsätze bez. Verbalsätze (Verba) nicht asyndetisch an einander gereiht, was sehr häufig geschieht (vgl. das häufige *abbul akḳur ina išâti ašrup*), sondern durch eine Copula verbunden, so ist diese bei Nominalsätzen, näher bei einfachen Nominalsätzen *u*, bei Verbalsätzen und sog. zusammengesetzten Nominalsätzen *ma*, welch letzteres dem ersten Verbum enklitisch angehängt wird (s. § 82). Vgl. für die zusammengesetzten Nominalsätze z. B. *šunu liḳtûma anâku lum'id* ‚sie mögen zu Grunde gehen, ich aber zunehmen' (K. 2455), *šî limûtma anâku lubluṭ* (IV R 66, 17 b); für die Verbalsätze (bez. Einzelverba) z. B. ‚die Kriegsmannschaften *ina kakkê ušamḳitma edu ul êzib* schlug ich mit den Waffen und liess keinen am Leben' (Sanh. I 57), ‚*arkânu ina adê'a iḫ-ṭi-ma ṭâbtî lâ iṣṣurma islâ nîr bêlûti'a* (Asurb. Sm. 284, 93 f.), ‚den Kopf *ikkisûnimma ana Ninâ ûbilûni*' (99, 13 f.), ‚die Paläste welche im Lauf der Jahre *umdašerâma ênaḫâma 'abtâ* verlassen worden und verfallen waren und (nunmehr) Ruinen bildeten' (Tig. VI 98). In Fällen wie Sanh. I 26 f.: *ana ekallišu êrumma aptêma bît niṣirtišu* ist natürlich höchstens das erste *ma* die Copula, das zweite dient zur Hervorhebung (s. § 79, *a*); möglicherweise sind aber beide hervorhebend, sodass zu übersetzen ist: ‚in seinen Palast hielt ich Einzug; ich öffnete seine Schatzkammer‘. Sehr beliebt ist bei solchen copulativen Verbalsätzen der vocalische Auslaut *a* (mit *ma*: *amma*) beim ersten Verbum; mitunter lautet auch das zweite auf *a* aus. Beispiele: ‚die Pferde etc. *ušêṣamma šallatiš amnu* (Sanh. I 74), ‚aus Elam *innabtamma ana Ninâ illikamma unaššiḳ šêpê'a*‘ (Asarh. II 37 ff.), *tappuḫamma* . . . *tapti* ‚du bist hervorgetreten und hast geöffnet‘ (IV R 20 Nr. 2); *ana Ninâ išpuramma unaššiḳ(a) šêpê'a* (V R 3, 19), *illikamma* . . . *urriḫa kakkêšu* (Asurb. Sm. 175, 45).

Für die Verbindung von Permansiv- und Prae- § 151. teritalformen, welche nichts Auffälliges haben kann, da ja oft Zustände und Geschehnisse im Wechsel auf einander folgen, s. bereits die § 150 citirte Stelle Tig. VI 98, dessgleichen die in § 147, 1, b wohl zum ersten Mal erklärten Worte Tig. I 32 f. Vgl. ferner für Permansiv, gefolgt von Praet.: ‚der Stadtgraben *ša abtuma iprâti imlû* (I R 28, 7 b), asyndetisch: *e-nu-ma aldâku abbanû anâku* ‚seitdem ich geboren bin, erschaffen wurde‘ (Neb. I 27). Natürlich kann auch auf ein Permansiv, welches einen Zustand der Gegenwart aussagt, ein Praesens folgen, ohne dass das letztere nothwendig als Zustandssatz nach Art der § 152 besprochenen Fälle zu fassen wäre; z. B. Neb. Bab. I

19 ff. (ähnlich Nerigl. I 17 f.): *anâku ana Marduk bêlî'a kânâk lâ baṭlâk* ,ich halte mich unablässig zu M., meinem Herrn, was ihm wohlgefällt, allmorgentlich *i-ta-ma-am libbam* bedenkt mein Herz'. Für Praet. bez. Praes., gefolgt von Perm. vgl.: ,das Haus *ênaḫma 'abit'* (z. B. Tig. VIII 4); ,Nebukadnezar der den Weg ihrer Gottheit *ištenî'û bitluḫu bêlûtsun* im Auge hat, voll Ehrfurcht ist für ihre Herrlichkeit' (Neb. I 9 f.), *arâmu puluḫti ilûtišunu pitluḫâk bêlûtsun* (I 38 f.).

b) Zustandssätze.

§ 152. Treten zu einem durch ein Praet. erzählten Geschehniss nähere Bestimmungen, besagend, in welchem Zustand sich das betr. Subject während der Zeit seiner Thätigkeit befand, welche Absicht es mit ihr hatte, oder in welchem Zustand ein anderes Subject sich zu ebendieser Zeit befand, so werden diese näheren Bestimmungen dem Praet. in Praesensformen beigefügt, welche im Deutschen durch Participien, Conjunctionalsätze (während, indem, o. ä.) wiederzugeben sind. Beispiele: *innabitma ibakam ziḳnâšu* ,er floh, zerraufend seinen Bart' (K. 2674 Obv. 15), ,alljährlich nach Ninewe *ilikamma unaššaḳa šêpê'a* kam er, um zu küssen meine Füsse' (III R 15 Col. II 26), *pâšu êpušma iḳabbi izakkara ana* ,er that seinen Mund auf zu sprechen, kundzuthun dem . . .' (Nimr. Ep., passim), *uktammisma attašab abakki* ,ich warf mich nieder, weinend mich hinzusetzen' (Nimr. Ep. XI, 130), *innendûma šarrâni kilallân ippušû taḫâza* (V R 55, 29), *Êa mârašu issîma amâta ušaḫḫaz* ,Ea rief seinen Sohn, den Befehl (ihm) gebend' (IV R 5, 57 b) — beachte an allen diesen Stellen das hervorhebende *ma* beim Hauptverbum —; *uptarriṣ iḳabbi umma* ,er log, also sprechend' (Beh. 90—92), *il-si-ka Ištâr išakkanka ṭêmu* ,es rief dich Istar, dir Befehl ertheilend' (*umma*, Asurb. Sm. 124, 58), ,gleich Rammân *elišunu ašgum nablu elišunu ušazanin* (Asurn. II 106), ,meine Kriegsleute, welche durch Kardunias marschirten (*ittanallakû*) *ukabbasû Kaldu* Chaldäa niedertretend' (Asurb. Sm. 171, 5). In den bisher citirten Beispielen war das Subject des Praes. das nämliche wie das des Praet. Die Subjecte können indess auch verschieden sein; vgl. *ilûsa ušappâ illakâ di-ma-a-a* ,ich erweichte (?) ihre Gottheit unter Thränen' (Asurb. Sm. 120, 28), ,Steuer etc. legte ich ihm auf (*êmidsuma*) *išâṭ abšâni*' (Sanh. II 64), ,den und den setzte ich auf seinen Thron (*ušêšibma*) *išâṭa abšâni*' (Asarh. II 54). Der Zustandssatz kann auch vorausgestellt werden; vgl. Nimr. Ep. XI, 141. 143: ,die Taube (Schwalbe) flog hin und her, *manzazu ul ipaššimma* (V. *ipaššumma*) *issaḫra* da aber kein Ruheort vorhanden war, kehrte sie wieder zurück‘. — Auch zu Permansivformen können solche Zustandssätze mit Praesens hinzutreten. Beispiele: ‚die Bewohner, welche ihren Statthaltern *lâ sanḳû* (nicht gehorchten) *lâ inamdinû mandattu* (V R 9, 117 f.), ‚seine zahllosen Truppen *kakkêšunu ṣandûma išaddiḫâ idâšu*‘ (V R 35, 16); vgl. ferner das bekannte: *šabrû utûlma inaṭal šutta*, IV R 10, 4 b u. a. m. Vorausstellung des Zustandssatzes liegt z. B. vor K. 3437 Obv. 32: *Bêl inaṭalma eši mâlakšu* ‚als Bel es erschaute, ward sein Gang verwirrt‘; V R 3, 80 f.: *eliš ina šaptêšu itammâ ṭubbâti šaplânu libbašu ka-ṣir ni-ir-tu.* — Beachte schliesslich noch die syntaktisch interessante Stelle Sanh. VI 9 ff.: ‚die Wagen *ša râkibušin dîkûma u šina muššurâma râmânuššin ittanallakâ* deren Wagenlenker gefallen war, während sie selbst verlassen waren und für sich selbst umherfuhren‘.

PARADIGMATA.

A. Pronomen.

1. Pronomina personalia separata.

a) *cum vi nominativi.*

Singularis.	Pluralis.
1. c. *a-na-ku*, *ana-ku*	1. c. *a-ni-ni*, *a-ni-nu*, *ni-(i-)ni*, *ni-nu*
2. m. *at-ta*	2. m. *at-tu-nu*
2. f. *at-ti*	2. f.
3. m. *šú-ú*, *šú-u*	3. m. *šú-nu*, *šu-nu*, *šun*
3. f. *ši-i*	3. f. *ši-na*, *šin*

b) *cum vi genitivi et accusativi.*

Singularis.	Pluralis.
1. c. *ia-(a-)ti*, *ia-a-tú*, *ia-a-ši*, *a-a-ši*, semel *a-ia-ši*	1. c. *ni-ia-ti*, *ni-(i)a-šim* (uno adhuc loco repertum)
2. m. *ka-a-tú*, *ka-a-ša*, *ka-a-ti*, *ka-a-ši*	2. m. *ka-a-šu-nu*
2. f. *ka-a-ti*, *ka-a-ši*	
3. m. *šá-a-šú*, *ša-(a-)šú*, *ša-a-šu*, raro *šu-a-šú*, *šú-a-šum*	3. m. *šá-a-šú-nu*, *ša-a-šu-nu*, *ša-a-šu-un*
3. f. *ša-a-ša*, *ša-ši*	

A*

2. Pronomina suffixa.

a) *nominalia.*

	Singularis.		Pluralis.
1. c.	*-î*, *-a* (forma orig. *i̯a*)	1. c.	*-ni*, raro *-nu*
2. m.	*-ka*, rarius *-ku*	2. m.	*-ku-nu*, *-ku-un*, *-kun*
2. f.	*-ki*	2. f.	
3. m.	*-šú*, *-šu*, *-š*	3. m.	*-šú-nu*, *šu-nu*, *šu-un*, *-šun*; rarius *-šu-nu-ti*, *-šu-nu-ú-te*
3. f.	*-ša*	3. f.	*-ši-na*, *-ši-in*

b) *verbalia.*

	Singularis.		Pluralis.
1. c.	*-a(n)-ni*, *-in-ni*; rarius *-ni*	1. c.	*-an-na-ši*, *-a-na-ši*, *-an-na-a-šu*
2. m.	*-ka*; *-ak-ka*, *-ak*, *-ik-ka*, raro *-ak-ku*	2. m.	*-ku-nu-ši*; *-ak-ku-nu-šu*
2. f.	*-ki*; *-ak-ki*, *-ik-ki*	2. f.	
3. m.	*-šú*, *-šu*, *-š*; *-aš-šu*, *-aš*	3. m.	*-šu-nu*, *-šú-nu-ú-ti*, *-šu-nu-ti*, *-šú-nu-ú-tu*, *-šu-nu-tú*, *-šu-nu-tu*, rarius *-šu-nu-ši*; *-aš-šu-nu*, *-aš-šu-nu-tú*
3. f.	*-ši*, *-š*; *-aš-ši*	3. f.	*-ši-na*, *-ši-na-a-tú*, *-ši-na-ši-im*, *-ši-na-(a-)ti*, *-ši-na-a-tim*; *-aš-ši-na-a-tú*, *-aš-ši-ni-ti*

3. Pronomina demonstrativa.

a) *šu'atu* ‚ille, is‘.
(semper substantivo postponitur.)

Singularis.	Pluralis.
m. *šú-a-tu*, *šú-a-tú*, *šú-a-ti*, *šú-a-tum*, *šú-a-tim*, *šá-a-tu*, *ša-a-tu*, *šá-a-tim*, *ša-a-tú*, *šá-a-ti* (omnes formae cum vi cujuslibet casus)	m. *šú-a-tu-nu*, *šu-a-tú-nu*, *ša-(a-)tu-nu*, *ša-a-tú-nu*, *šá-tu-nu*
f. *ši-a-ti*	f. *šú-a-ti-na*, *ša-(a-)ti-na*, *šá-ti-na*

Vice earum formarum etiam hae usurpantur:

Singularis.	Pluralis.
m. *šú-u*, *šu-ú*, *šú-ú*, *šú*; raro *ša-a-šú*	m. *šú-nu*, *šu-nu*; *šú-nu-ti*, *šu-nu-ti*
f. *ši-i*	f. *ši-na-(a-)ti*, *ši-na-ti-na*

b) *annû* ‚hic, hoc‘, Fem. *annîtu* ‚haec, hoc‘.

Singularis.	Pluralis.
m. N. *an-ni-ú* (etiam Acc.) G. *an-ni-i*, *an-ni-e*, *an-ni* A. *an-na-a*, *an-ni-a-am* (rarissime)	m. *an-nu-(ú-)tu*, *an-nu-(ú-)ti*, *an-nu-tú*, *an-nu-te*, *a-nu-te*
f. *an-ni-tu*, *an-ni-tú*, *an-ni-ti* (Gen.), *an-ni-ta* et *an-ni-tú* (Acc.)	f. *an-na-a-tú*, *an-na-a-ti*, *an-na-a-te*, *an-ni-tú*, *an-ni-ti*

c) *ullû* ,ille, illud'.

Singularis.	Pluralis.
m. *ul-lu-ú* (Nom., Acc.), *ul-li-i* et *ul-li-e* (Gen.)	m. *ul-lu-ú-tu*

d) *agâ* (*agannu*) ,hic',

vicem explens generis masculini, feminini et neutrius, atque omnium casuum et utriusque numeri.

a-ga-a, *a-ga*, *a-ga-'*

Speciatim vi

Singularis.	Pluralis.
	m. *a-gan-nu-tu* (Acc.), *a-ga-nu-te*(Acc.,Gen.)
f. *a-ga-ta*, *a-ga-a-ta* (Acc., Gen.)	f. *a-ga-ni-e-tú*, *a-ga-ni-e-tum* (Nom., Gen.)

Cfr. *agâšû* ,hic, hoc'.

Sing. *a-ga-šú-ú*, *a-ga-šú-u* (Nom., Gen., Acc.)
Plur. *a-ga-šu-nu* (Gen.)

4. Pronomen relativum,

omnium casuum, generum et numerorum:

ša

Pron. rel. generale.

Masc., Fem. *ma(n)-nu* (*ša*) ,quisquis'.

Neutr. *mi-na-a*; *man-ma* (h. e. probabilissime *min-ma* vel *mim-ma*) *ša*, *mi-im-ma* (*ša*), saepissime -*ma* (h. e. *mim-ma*) et (h. e. *mimma*) scriptum, [cuneiform]-*mu-ú*, [cuneiform]-*mu-u* (legendum *mim-mu-u*) ‚quidquid‘.

Masc., Fem. et Neutr. *ma-la*, *mal*; *am-mar*.

5. Pronomina interrogativa.

Nonnisi substantive:

Masc., Fem. *man-nu* (Nom., Acc.) ‚quis? quem?‘.

Neutr. *mi-nu*(-*ú*) (Nom., Acc.); *mi-ni*(-*i*), *mi-ni-e*, (Gen.); *mi-na-a*, *mi-nam* (Acc.) ‚quid?‘.

Substantive et adjective: *a-a-ú* ‚qui?‘.

6. Pronomina indefinita.

Substantive et adjective:

Masc., Fem. omnium casuum: *ma-nu-man*, *man-ma-an*, *ma-am-ma-an*, *ma-am-man*, *ma-am-ma-na*, *ma-ma-na*; *ma-na-a-ma*, *ma-nam-ma*, *ma-na-ma*, *man-ma*, *ma-am-ma*, *ma-ma* ‚aliquis, aliqua‘, cum negatione *lâ* vel *ul* ‚nemo‘. Saepe [cuneiform]-*ma* ([cuneiform]) h. e. *mamma* scriptum.

Neutr. *mi-im-ma*, *mi-ma*, etiam *man-ma* (an legendum est *min-ma*, *mim-ma*?) ‚aliquid‘. Saepissime [cuneiform]-*ma* ([cuneiform]) h. e. *mimma* scriptum.

Substantive et adjective: Masc. (Nom., Acc.) *a-a-um-ma*, *ia-um-ma*, *a-ia-um-ma*, *a-a-am-ma* (Acc.) ‚aliquis‘.

B. Verbum

1. Verbum

inclusis verbis me-

kašâdu ,expugnare, vincere';

		Praesens	Praeteritum	Imperativus
Sing.:				
I 1.	3.m.	*ikášad*; *išálal*	*iksud***); *išlul*	
	3.f.	*takášad*	*takšud*	
	2.m.	*takášad*	*takšud*	*kušud*
	2.f.	*takášadî*	*takšudî*	*kušudî*
	1.c.	*akášad*	*akšud*	
Pl.:	3.m.	*ikašadû*(*ni*, rarius *nu*)	*ikšudû*(*ni*, *nu*)	
	3.f.	*ikašadâ*(*ni*)	*ikšudâ*(*ni*)	[*šudâ*)
	2.m.	*takášadû*	*takšudû*	*kušudû* (etiam *ku-*
	2.f.	*takášadâ*	*takšudâ*	*kušudâ*(*ni*)
	1.c.	*nikášad*	*nikšud*	
II 1.		*ukaššad*	*ukaššid*, *ukéšid*	*kuššid*, *kaššid*
III 1.		*ušakšad*	*ušakšid*, *ušekšid*	*šukšid*
IV 1.		*ikkášad* (f. *takkášad*)	*ikkašid*	*nakšid*
I 2.		*iktášad*	*iktášad***)	*kitášad*, *kitšad*
II 2.		*uktaššad*	*uktaššid*, *uktéšid*	
III 2.		*uštakšad*	*uštakšid*, *uštekšid*	*šutakšid*
IV 2.		[*ittakšad*]	*ittakšad*	
I 3.		*iktanášad*	*iktanášad*	
IV 3.		*ittanakšad*	*ittanakšad* **)	

*) Formae Praesentis, Praeteriti et Permansivi I 1 extra dubitationem exemplis probari possint; reliquae autem formae omnes exemplis probatae sunt.

**) Aut *ipḳid* (Praes. *ipáḳid*, Imp. *piḳid*), *iṣbat* (Praes. *iṣábat*, Imp. *ṣabat*).

trilitterum.*)

firmum

diae geminatae.

šalâlu ‚in servitutem redigere, diripere'.

Participium	Permansivum		Infinitivus	
kâš(i)du; *šâ-* [*lilu*	*kašid*;	*šal*	*kašâdu*;	*šalâlu*
	kašdat	*šallat*		
	kašdât(a), *kašidât*	*šallât(a)*		
	kašdâti	*šallâti*		
	kašdâk(u)	*šallâk(u)*		
	kašdû(ni)	*šallû(ni)*		
	kašdâ	*šallâ*		
	kašdâtunu	*šallâtunu*		
	kašdâni (raro *nu*)	*šallâni*		
mukaššidu	*kuššud*;	*šul* (2. m. [*šullâta*)	*kuššudu*	
mušakšidu	*šukšud*		*šukšudu*	
mukkaš(i)du	*nakšud*		*nakšudu*; *našlulu* et *našâlulu*	
muktaš(i)du	*kitšud*, raro *kitášud*		*kitášudu*, *šitálulu* et *kitšudu*, *šitlulu*	
muktaššidu	[*kutaššud*]		*kutaššudu*	
muštakšidu	*šutakšud*		*šitakšudu* [*šutakšudu*]	
muttakšidu			*itakšudu*;	*itašlulu*

positae sunt, quamvis non omnes in omnibus verbi firmi et infirmi generibus

— Praet. I 2 *iptêḳid*. — Cfr. Praet. IV 3: *ittanabriḳ*.

2. Verbum

naṣâru ‚servare, tueri';

	Praesens	Praeteritum		Imperativus
Singularis:				
I 1. 3.m.	*inâṣar*; *inâdin* *)	*iṣṣur*;	*iddin*	
3.f.	*tanâṣar tanâdin*	*taṣṣur*	*taddin*	
2.m.	*tanâṣar tanâdin*	*taṣṣur*	*taddin*	*uṣur*; *idin*
2.f.	*tanâṣarî* etc.	*taṣṣurî*	etc.	*id(i)nî*
1.c.	*anâṣar*	*aṣṣur*		
Pluralis:				
3.m.	*inâṣarû*	*iṣṣurû*	*iddinû(ni)*	
3.f.	*inâṣarâ*	*iṣṣurâ*	*iddinâ*	
2.m.	*tanâṣarû*	*taṣṣurû*		
2.f.	*tanâṣarâ*	*taṣṣurâ*		*uṣrâ*
1.c.	*ninâṣar*	*niṣṣur*		
II 1.	*unaṣṣar*	*unaṣṣir*		*nuṣṣir*
III 1.	*ušanṣar*, *ušaṣṣar*	*ušanṣir*		*šunṣir*
IV 1.	*innâṣar*	*innaṣir*;	*innadin*	
I 2.	*ittâṣar*	*ittâṣar*;	*ittâdin*	
II 2.	*uttaṣṣar*	*uttaṣṣir*		
III 2.				
IV 2.				
I 3.	*ittanâ(n)dan*	*ittanâ(n)din* *)		
IV 3.	*ittanâṣar*			

*) Et *iddan*, v. § 100.

primae נ.

nadânu ‚dare'.

Participium	Permansivum	Infinitivus
nâṣiru; *nâdinu*	*naṣir*; *nadin* *naṣrat* *nadnat* *naṣrâta* *nadnâta* etc. etc.	*naṣâru*; *nadânu*
munaṣṣir *mušanṣiru*	 *nanṣuru*	*nuṣṣuru* *šuṣṣuru*, *šunṣuru* *nanṣuru*
muttaṣiru	 [*utaṣṣur*]	*itáṣuru*, *itṣuru* [*utaṣṣuru*]

3. Verbum

aḫâzu ‚capere, prehendere‘;

	Praesens	Praeteritum	Imperativus
Singularis:			
I 1. 3.m.	*iḫḫaz* (rarius *i'áḫaz*); [*irriš* (*erriš*)	*êḫuz*; *êriš*	
3.f.	*taḫḫaz* *tirriš*	*tâḫuz* *têriš*	
2.m.	*taḫḫaz* *tirriš*	*tâḫuz* *têriš*	*aḫuz*
2.f.	*taḫḫazî* *tirrišî*	*tâḫuzî* *têrišî*	*aḫzî*
1.c.	*aḫḫaz*	*âḫuz* *êriš***)	
Pluralis:			
3.m.	*iḫḫazû*	*êḫuzû* *êrišû*	
3.f.	*iḫḫazâ*	*êḫuzâ* *êrišâ*	
2.m.	*taḫḫazû*	*tâḫuzû*	*aḫuzû*
2.f.	*taḫḫazâ*	*tâḫuzâ*	*aḫuzâ*
1.c.	*niḫḫaz*	*nîḫuz* *nîriš*	
II 1.	*uḫḫaz*	*u'aḫḫiz*, *uḫḫiz*	*uḫḫiz*
III 1.	*ušâḫaz*, *ušaḫḫaz*	*ušâḫiz*	*šûḫiz*
IV 1.	*innáḫaz*	*innaḫiz*	
I 2.	*itáḫaz*; *etériš*	*itáḫaz* (3. f. *tâtá-ḫaz*); *etériš*	
II 2.	*uttaḫḫaz*	*u(t)taḫḫiz*	
III 2.	*uštâḫaz*, *uštaḫḫaz*	*uštâḫiz*	
IV 2.	*ittáḫaz* (*ittanḫaz*)	*ittáḫiz*	
I 3.		*etanáḫaz*	
IV 3.	*ittanáḫaz* (*ittananḫaz*)		

*) Cfr. stirpis אלל ‚splendere‘ Perm. Sing. 3. m. [*el*], f. *ellit*.

**) *Apâru* ‚vestire‘ format *âpir* (Sanh. V 56), fortasse forma antiqua.

primae א$_1$.

erêšu ‚cupere‘.

Participium	Permansivum	Infinitivus
âḫizu	(’)*aḫiz* *)	*aḫâzu*; *erêšu*
	aḫzat	
	aḫzâta	
	aḫzâti	
	aḫzâku	
	aḫzû(ni)	
	aḫzâ	
	aḫzâtunu	
	aḫzâni	
mu’aḫḫiz, *muḫḫiz*	*uḫḫuz*	*uḫḫuzu*
mušâḫizu		*šûḫuzu*
munnaḫ(i)zu	*na’ḫuz*, *nâḫuz*, *nan-*[*ḫuz*	*na’ḫuzu*, *nâḫuzu*, [*nanḫuzu*
		itáḫuzu, *itḫuzu*
		[*utaḫḫuzu*] *utéḫuzu*
muštâḫizu	*šutâḫuz*	*šutâḫ(u)zu*

4. Verbum

etêḳu ‚movere';

	Praesens			Praeteritum		
Singularis:						
I 1. 3.m.	*ettiḳ*;	*eppuš* (*ippuš*);	*errub* (*irrub*)	*êtiḳ*;	*êpuš*;	*êrub*
3.f.	*tettiḳ*	*teppuš*	*terrub*	*têtiḳ*	*têpuš*	*têrub*
2.m.	*tettiḳ*	*teppuš*	*terrub*	*têtiḳ*	*têpuš*	*têrub*
2.f.	*tettiḳî*	*teppušî*	*terrubî*	*têtiḳî*	*têpušî*	*têrubî*
1.c.	*ettiḳ*	*eppuš*	*errub*	*êtiḳ*	*êpuš*	*êrub*
Pluralis:						
3.m.	*ettiḳû*	*eppušû*	*errubû*	*êtiḳû*	*êpušû*	*êrubû*
3.f.	*ettiḳâ*	*eppušâ*	*errubâ*	*êtiḳâ*	*êpušâ*	*êrubâ*
2.m.	*tettiḳû*	*teppušû*	*terrubû*	*têtiḳû*	*têpušû*	*têrubû*
2.f.	*tettiḳâ*	*teppušâ*	*terrubâ*	*têtiḳâ*	*têpušâ*	*têrubâ*
1.c.	*nittiḳ*	*nippuš*	*nirrub*	*nîtiḳ*	*nîpuš*	*nîrub*
II 1.	*uttaḳ*			*uttiḳ*; *uppiš*		
III 1.	*ušêtaḳ* etc.			*ušâtiḳ*, *ušêtiḳ* etc.		
IV 1.	*innéteḳ* (*innétiḳ*, *innitiḳ*)			*innitiḳ*, *innetiḳ*, *innipuš*		
I 2.	*etétiḳ*			*itátiḳ*, *itétiḳ*, *etétiḳ*; *itápuš*, *itépuš*, *etépuš**); *itérub*, *etárub*		
II 2.				*ut(t)attiḳ*, *ut(t)ettiḳ*		
III 2.				*uštêtiḳ* etc.		
IV 2.						
I 3.				*itenitiḳ*; *etanápuš*, [*etenépuš*		
IV 3.						

*) 1. Pers. *etátiḳ*, *etêtiḳ*; *etápuš*, *etêpuš*, etiam *etápaš* (rarissime

primae $א_{4.5}$ (ע).

epêšu ‚facere‘; *erêbu* ‚intrare‘.

Imperativus	Participium	Permansivum	Infinitivus
	êtiḳu; *êpišu*; [*êribu*	*etiḳ*; *epuš* (فَعُلَ)	*etêḳu*; *epêšu*; [*erêbu*
		etḳit	
etiḳ; *epuš*; *erub* (*erba*, *ir-ba*)		*etḳêt*(*a*)	
etḳî *erbî* (*ir-bi*)		*etḳêti*	
		etḳêku	
		etḳû	
		etḳâ	
		etḳêtunu	
		etḳêni	
			uttuḳu
šûtiḳ, *šêtiḳ*; *šûrib*	*mušêtiḳu* etc.	*šûtuḳ*	*šûtuḳu* etc., [*šêtuḳu*
etétiḳ; *itrub*	*mut*(*t*)*átiḳu*; [*mutéribu*		*itátuḳu*, *itétuḳu*, [*etétuḳu*
			utétuḳu
	muštêtiḳu		*šutêpušu*

atápaš).

5. Verbum

alâku

	Praesens	Praeteritum
Singularis:		
I 1. 3.m.	*illak*	*illik*
3.f.	*tallak*	*tallik*
2.m.	*tallak*	*tallik*
2.f.	*tallakî*	*tallikî*
1.c.	*allak*	*a(l)lik*
Pluralis:		
3.m.	*illakû*	*illikû(ni)*
3.f.	*illakâ*	*illikâ*
2.m.	*tallakû*	*tallikû*
2.f.	*tallakâ*	*tallikâ*
1.c.	*nillak*	*ni(l)lik*
III 1.		*ušâlik* (3.m., 1.c. Sing.)
Singularis:		
I 2. 3.m.	*ittálak*	*ittálak*
3.f.		*tattálak*
2.m.		*tattálak*
2.f.		*tattálakî*
1.c.		*attálak*
Pluralis:		
3.m.	*ittálakû*	*ittálakû*
1.c.	*nittálak*	*nittálak*
Singularis:		
I 3. 3.m.	*ittanálak*(Plur.3.m. *ittanálakû*)	*ittanálak* (Plur. 3.m. *ittanálakû*, f. *ittanálakâ*)

primae $א_2$ (ה).

,ire'.

Imperativus	Participium	Permansivum	Infinitivus
alik, *al-ka* *alkî*	*âliku*		*alâku*
	mušâliku	*šûluk*, 3. f. *šûlukat*, Plur. *šûlukâ*	*šûluku*
	muttâliku		*italluku*

6. Verbum

ma'âdu ‚multum esse';

	Praesens	Praeteritum
Singularis:		
I 1. 3.m.	*imâ'id*	*im'id*, *imid*; *iš'al*, *ibar*
3.f.	*tamâ'id*	*tam'id*
2.m.	*tamâ'id*	*tam'id*
2.f.	*tamâ'idî*	*tam'idî*
1.c.	*amâ'id*	*am'id* *abar*
Pluralis:		
3.m.	*imâ'idû*; *ibarrû*	*im'idû*, *imidû*; *iš'alû*
3.f.	*imâ'idâ*	*im'idâ*
2.m.	*tamâ'idû*	*tam'idû*
2.f.	*tamâ'idâ*	*tam'idâ*
1.c.	*nimâ'id*	*nim'id*
II 1.	*uma'ad*, raro *umâd* (Plur. *umaddû*)	*uma'id*
III 1.		*ušam'id*
IV 1.		
I 2.		*imtâ'id***); *ištâ'al*
II 2.		
III 2.		
IV 2.		
I 3.	*imtanâ'ad*, *imtanâd*	[*imtanâ'id*?]**); *ištanâ'al*
IV 3.		

*) Flexio verbi *râmu* (רא$_3$ם) ‚misericordem esse, amare' haec est: raro Praet. *irâm*, 1. c. *a-ri-im*; Imp. *rêm*, *rîm* (e. g. *rîmanni*); Part.

**) Cfr. *ittâ'id* ‚extulit, glorificavit'.

mediae א$_1$ (א$_{2.3}$).*)

ša'âlu ‚interrogare'; *ba'âru* ‚extrahere'.

Imperativus	Participium	Permansivum	Infinitivus
	mâ'idu	*ma'id* (*mâdi*)	*ma'âdu*, *mâdu*;
ša'al		*ma'idat*	[*ba'âru*, *bâru*
		ma'idât(*a*)	
		ma'idâti	
		ma'idâku, *mâdâku*	
		ma'idû	
		ma'idâ	
		ma'idâtunu	
		ma'idâni	
mu'id	*muma'id*		*mu'udu*
šum'id, *šumid*			*šum'udu*
šital	*mumta'idu*; [*muštâlu*		[*šita'ulu*] *šitûlu*

Praes. *irâm*, *tarâm*, *arâm*, *irâmû*; Praet. *irêm* (cfr. *i-ri-en-šu*), *i-ri-im*, *râ'imu*, *râmu*; Inf. *râmu*.

7. Verbum

bêlu (saepissime *pêlu* scriptum)

	Praesens	Praeteritum	Imperativus
Singularis:			
I 1. 3.m.	*ibêl* (*izákka, izékku* Rel.)	*ibêl*	
3.f.			
2.m.			
2.f.			
1.c.		*abêl*	
Pluralis:			
3.m.		*ibêlû(ni)*	
3.f.			
2.m.			
2.f.			
1.c.			
II 1.	*uba'al*	*uba'il*	
III 1.*)	[*ušpêl*]	[*ušpêl*]	
I 2.		*ibtêl*	
III 2.*)	[*uštépêl*]		
I 3.		*ibtenêl*	

*) De formis angulatis uncinis inclusis *ušpêl*, *mušpêlu*, *uštépêl* etc.

mediae א$_4$.

‚domare, dominari'.

Participium	Permansivum	Infinitivus
bêlu	*bêl* *bêlit* *bêlêt(a)* *bêlêti* *bêlêku* *bêlû(ni)* *bêlâ* *bêlêtunu* *bêlêni*	*bêlu*
[*mušpêlu*]	*bu'ul*	[*šubêlu*]
mubtêlu		*bitêlu*

v. §§ 85 et 106. — Stirpium IV 1—3. II 2 formas nondum adhuc inveni.

8. Verbum

maṣû

	Praesens	Praeteritum	Imperativus
Singularis:			
I 1. 3.m.	*imáṣi*	*imṣi* *)	
3.f.	*tamáṣi*	*tamṣi*	
2.m.	*tamáṣi*	*tamṣi*	*miṣi*
2.f.	*tamáṣî*	*tamṣî*	
1.c.	*amáṣi*	*amṣi*	
Pluralis:			
3.m.	*imaṣû(ni, nu)*	*imṣû*	
3.f.	*imáṣâ*	*imṣâ*	
2.m.	*tamáṣû*	*tamṣû*	
2.f.	*tamáṣâ*	*tamṣâ*	
1.c.	*nimáṣi*	*nimṣi*	
II 1.	*umaṣṣi*	*umaṣṣi*	*muṣṣi*
III 1.		*ušamṣi* *)	
IV 1.		*immaṣi*	
I 2.	*imtáṣi*	*imtáṣi*	
II 2.		*umtaṣṣi*	
III 2.		*uštamṣi*	
IV 2.			
I 3.	*imtanáṣi*	*imtanáṣi*	
IV 3.	*ittanamṣi*		

*) Cum vocali *a*: ***imṣâ, ušamṣâ.***

tertiae א$_1$.

‚invenire'.

Participium	Permansivum	Infinitivus
mâṣû (*mâṣi*)	*maṣi* *maṣat* (scrib. *ma-ṣa-at*) *maṣât*(*a*) *maṣâti* *maṣâku* *maṣû*(*ni*) *maṣâ*(*ni*) *maṣâtunu* *maṣâni*	*maṣû*
mušamṣû, mušemṣû	*šumṣu*, 3. f. *šumṣat*	*muṣṣû* *šumṣû*
muštamṣû		

9. Verbum tertiae

tebû (*tibû*) ‚venire‘;

	Praesens		Praeteritum	
Singularis:				
I 1. 3.m.	*itábi*, *itébi*(*itébe*);	*ipáti*, *ipéti*(*ipéte*)	*itbi*, *itbe*;	*ipti*, *ipte* *)
3.f.	*tatábi*, *tetébi*	*tepéti*	*tatbi*	*tapti*
2.m.	*tatábi*, *tatébi*, *tetébi*	*tepéti*	*tatbi*	*tapti*
2.f.	etc.	etc.	*tatbî*	*taptî*
1.c.	*atábi*, *atébe*		*atbi*	*apti*
Pluralis:				
3.m.	*itébû*		*itbû*(*ni*)	*iptû*(*ni*)
3.f.	*itébâ*		*itbâ*(*ni*)	*iptâ*
2.m.			*tatbû*	*taptû*
2.f.			*tatbâ*	*taptâ*
1.c.	*nitébi*		*nitbi*	*nipti*
II 1.		*u-pat-ta* **)	*utabbi*, *utebbi*;	*upatti*
III 1.		*u-šap-ta* **)	*ušatbi*;	*ušapti*
IV 1.	*ittábi*		*ittabi*, *ittebi*;	*ippeti*
I 2.			*ittábi*, *ittébi*;	*iptéti*
II 2.			*uttabbi*, *uttebbi*	
III 2.				
IV 2.				
I 3.			*ittenibi*	
IV 3.				

*) Cum voc. *a*: *itbâ*, *iptâ*.

**) Cum voc. *a*? v. § 109.

א$_{4.5}$ (ע) et א$_{3}$ (ח$_{1}$).

petû (pitû) ‚aperire'.

Imperativus	Participium	Permansivum	Infinitivus
	têbû; *pêtû*	*tebi*; *peti*	*tebû*; *petû*
		tebat	
piti (*pitâ*)		*tebâta*	
pi-ti-e		*tebâti*	
		tebâku	
		tebûni	
tibâ		*tebâ*	
	mutabbû; *mupattû*,	*tubbu*	*tubbû*; *puttû*
šutbi, *šupti* [(*šuptâ*)	[*mupét(t)û*	*šutbu* f. *šutbat*	*šutbû*
titábe; *pitáte*			*tutabbû*

10. Verbum

banû ‚aedificare, procreare‘;

	Praesens	Praeteritum		Imperativus	
Singularis:					
I 1. 3.m.	*ibáni(ibéni)*	*ibni**)	*imnu*		
3.f.	*tabáni*	*tabni*	*tamnu*		
2.m.	*tabáni*	*tabni*	*tamnu*	*bini*;	*munu*
2.f.	*tabánî*	*tabnî*	*tamnî*	*binî*	
1.c.	*abáni*; *amá-[nu*	*abni*	*amnu*		
Pluralis:					
3.m.	*ibánû*	*ibnû*	*imnû*		
3.f.	*ibánâ*	*ibnâ*	*imnâ*		
2.m.	*tabánû*	*tabnû*	*tamnû*		
2.f.	*tabánâ*	*tabnâ*	*tamnâ*		
1.c.	*nibáni*	*nibni*	*nimnu*		
II 1.	*ubanni*	*ubanni**), *ubenni*		*bunni*	
III 1.	*ušabni**)	*ušabni*, *ušebni*		*šubni(šubnâ)*	
IV 1.	*ibbáni*	*ibbani*		*nabni*	
I 2.		*ibtáni*, *ibténi*; *imtáni*			
II 2.					
III 2.		*uštabni*, *uštebni*			
IV 2.	*ittabni*	*ittabni*, *ittebni*			
I 3.		*ibtanáni*			
IV 3.					

*) Cum voc. *a*: *ibnâ*, *ubannâ*, *ušabnâ*.

**) In propositione relativa *bunnû*, *šubnû*.

tertiae י et ו.

m a n û ‚numerare, aestimare'.

Participium	Permansivum	Infinitivus
bânû (*bâni*, f. *bânîtu* [et *bântu*)	*bani*	*banû*; *manû*
	banat	
	banât(*a*)	
	banâti	
	banâku	
	banû	
	banâ	
	banâtunu	
	banâni	
mubannû	*bunnu***)	*bunnû*
mušabnû	*šubnu***), 3. f. *šub-* [*nat*	*šubnû*
mubtánû, *mubténû*		*bitannû*, *bitnû*
		butennû
	šutabnu, *šutebnu*, [3. f. *šutebnat*	*šutabnû*

11. Verbum

ašâbu ‚sedere, habitare‘;

	Praesens	Praeteritum		Imperativus
Singularis:				
I 1. 3.m.	*uššab*	*ûšib*;	*îšir*	
3.f.	*tuššab*	*tûšib*	*tîšir*	
2.m.	*tuššab*	*tûšib*	*tîšir*	*šib*
2.f.	*tuššabî*	*tûšibî*	etc.	
1.c.	*uššab*	*ûšib*		
Pluralis:				
3.m.	*uššabû*	*ûšibû(ni)*, *ûšbûni*		
3.f.	*uššabâ(ni)*	*ûšibâ*		
2.m.	*tuššabû*	*tûšibû*		
2.f.	*tuššabâ*	*tûšibâ*		
1.c.	*nuššab*	*nûšib*		
II 1.	*u'aššab* et *uššab*	*uššib*		
III 1.	*ušâšab*, *ušeššab*; *ušeššir*, *ušênaḳ*	*ušêšib**);	*ušêšir*	*šûšib*, *šêšib*
IV 1.				
I 2.	*ittâšab*	*ittâšib***), *ittûšib*;		
II 2.		*utaššib*	[*itâšir*	
III 2.	*uštêšir*	*uštêšib*, (*ussîšib*)*);		*šutêšir*
IV 2.			[*uštêšir*	
I 3.	*ittanâšab*			
IV 3.				

*) Rarius *ušâšib*, *uštâšib*, *mušâšibu*.

**) Verbi *arâdu* (ורד) Praet. I 2: *ittârad*.

primae ו et י.

ašâru(?) ‚rectum esse'.

Participium	Permansivum	Infinitivus
âš(i)bu	*ašib*; cfr. *iši*	*ašâbu*
	ašbat	
	ašbâta	
	ašbâti	
	ašbâku; cfr. *išâku*	
	(')*ašbû*	
	ašbâ	
	ašbâtunu	
	ašbâni	
mu'aššibu	*uššub*; *uššur*	*uššubu*; *ušširu*
*mušêšibu**); *mušêširu*	*šûšub*	*šûšubu*, *šêšubu*
muttášibu		*itaššubu*
		utaššubu
muštêšibu; *muštêširu*	*šutâšub*; *šutêšur*	*šutâšubu*; *šutêšuru*

12. Verbum

kânu ‚firmum esse‘, (*mâtu*

	Praesens		Praeteritum		Imperat.
Singularis:					
I 1. 3.m.	*ikân* et *ikunnu*;	*iṭâb* et [*iṭibbu*	*ikûn*;	*iṭîb*	
3.f.			*takûn*	*taṭîb*	
2.m.		*taṭâb*	*takûn*	*taṭîb*	*kûn*; *ṭîb*
2.f.			*takûnî*	*taṭîbî*	*ṭîbî*
1.c.	*akân*	*aṭâb*	*akûn*	*aṭîb*	
Pluralis:					
3.m.	*ikânû* et *ikunnû*;	*iṭâbû* [et *iṭibbû*	*ikûnû(ni)*		
3.f.			*ikûnâ*		
2.m.			*takûnû*		*kûnû* *ṭîbû*
2.f.			*takûnâ*		
1.c.	*nikân*		*nikûn*		
II 1.	*ukân*;	*uṭâb*	*uka'in*, *ukên*, *ukîn*;	*uṭîb*	*ka'in*, *kên*, [f. *kinnî*; *ṭibbî*
III 1.**)	[*ušmât*]		[*ušmît*;	*ušṭîb*]	[*šumît*]
IV 1.					
I 2.			*iktûn*;	*itṭîb*	
II 2.			*uktên*, *uktîn*		
III 2.					
IV 2.					
I 3.	*iktanunnu*				
IV 3.					

*) Cfr. *dêk*, *dîk* ‚occisus est‘.

**) De illis formis angulatis uncinis inclusis v. §§ 85 et 115.

mediae ו et י.

,mori'); *ṭâbu* ,bonum esse'.

Participium	Permansivum	Infinitivus
kâ'inu	*kân* ,stat', *kên* ,firmus est'*); *ṭâb* *kânat* *kênat* *kânâta* *kânâk(u)* *ṭâbâ*	*kânu*; *ṭâbu*
mukinnu; *muṭîbu* [*mušmîtu*]	*kun*	*kunnu*; *ṭubbu* [*šuṭubbu*]
		kitâ'unu

C. Verbum cum pronominibus suffixis.

Pron. suff.	*išḳul*	*tašḳulî*	*išḳulû*	*išḳulâ**)	*ipti*	*taptî*	*iptû(ni)* Pl.	*iptâ* Pl.*)
Singularis:								
1. c.	*išḳul-anni***)	*tašḳulinni*	*išḳulû-inni*, raro *išḳulûni*	*išḳulâ-inni*	*iptanni*	*taptinni*	*iptû-inni* et *iptûninni*	*iptâ-inni*
2. m.	*išḳulka* et *išḳulakka*		*išḳulûka*		*iptika* et *iptakka*		*iptûnikka*	
2. f.	*išḳulki* et *išḳulakki*						*iptûnikki*	
3. m.	*išḳulšu* et *išḳulaššu*		*išḳulûšu*		*iptišu*		*iptûšu* et *iptûnišu*	
3. f.	*išḳulši* et *išḳulašši*				*iptiši* et *iptašši*	*taptîši*		
Pluralis:								
1. c.	*išḳulannâši*							
2. m.	*išḳulkunûši*				*iptikunûši* et *iptakkunûšu*			
2. f.								
3. m.	*išḳulšunûti* et *išḳulaššunu*, *išḳulaššunûtu*				*iptaš(š)unûti*			
3. f.	*išḳulšinâtu* et *išḳulaššinîti*				*iptišinâti* et *iptaššinâtu*		*iptûšinâti*	

*) Illae quattuor formae (*išḳul*, *tašḳulî* etc.; *ipti*, *taptî* etc.) nonnisi exempla sunt, quae ostendunt, quomodo suffixa accedant ad formas verbales vel in consonam vel in longam vocalem desinentes.

) Formae *išḳulanni*, *išḳulaššu*, *išḳulannâši*; *iptaššinâtu* etc. etiam in propositione relativa usurpantur. Formae vocali ***u* propositionis relativae instructae sunt *išḳuluši*, *išḳulušunûtu* (cfr. *amnušunûti*); *ip-tu-šú-nu-ti* atque ejusmodi aliae.

CHRESTOMATHIA.

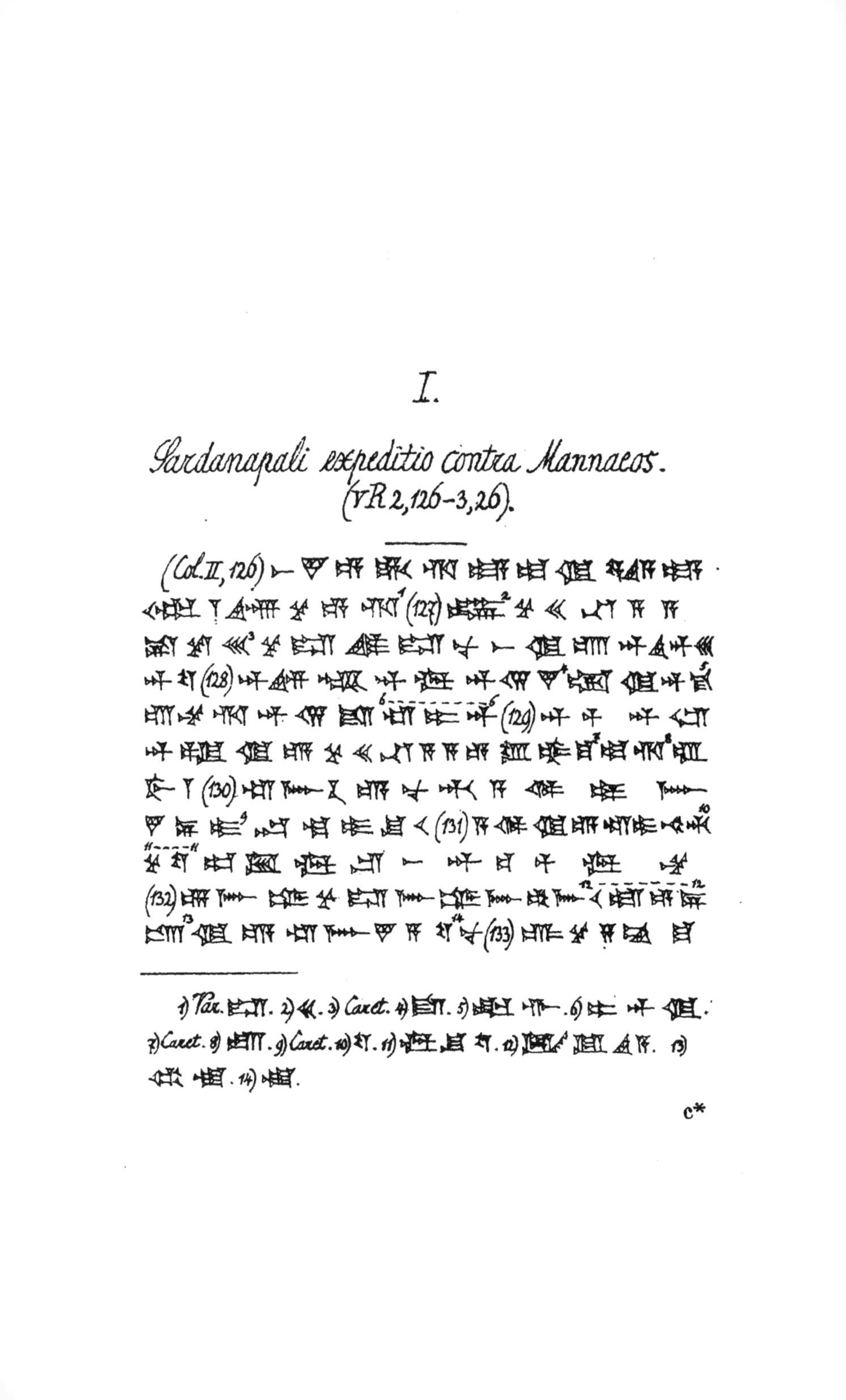

I.

Sardanapali expeditio contra Mannaeos.
(V R 2,126–3,26).

(Col. II, 126) (127) (128) (129) (130) (131) (132) (133)

1) Var. 2) 3) Caret. 4) 5) 6) 7) Caret. 8) 9) Caret. 10) 11) 12) 13) 14)

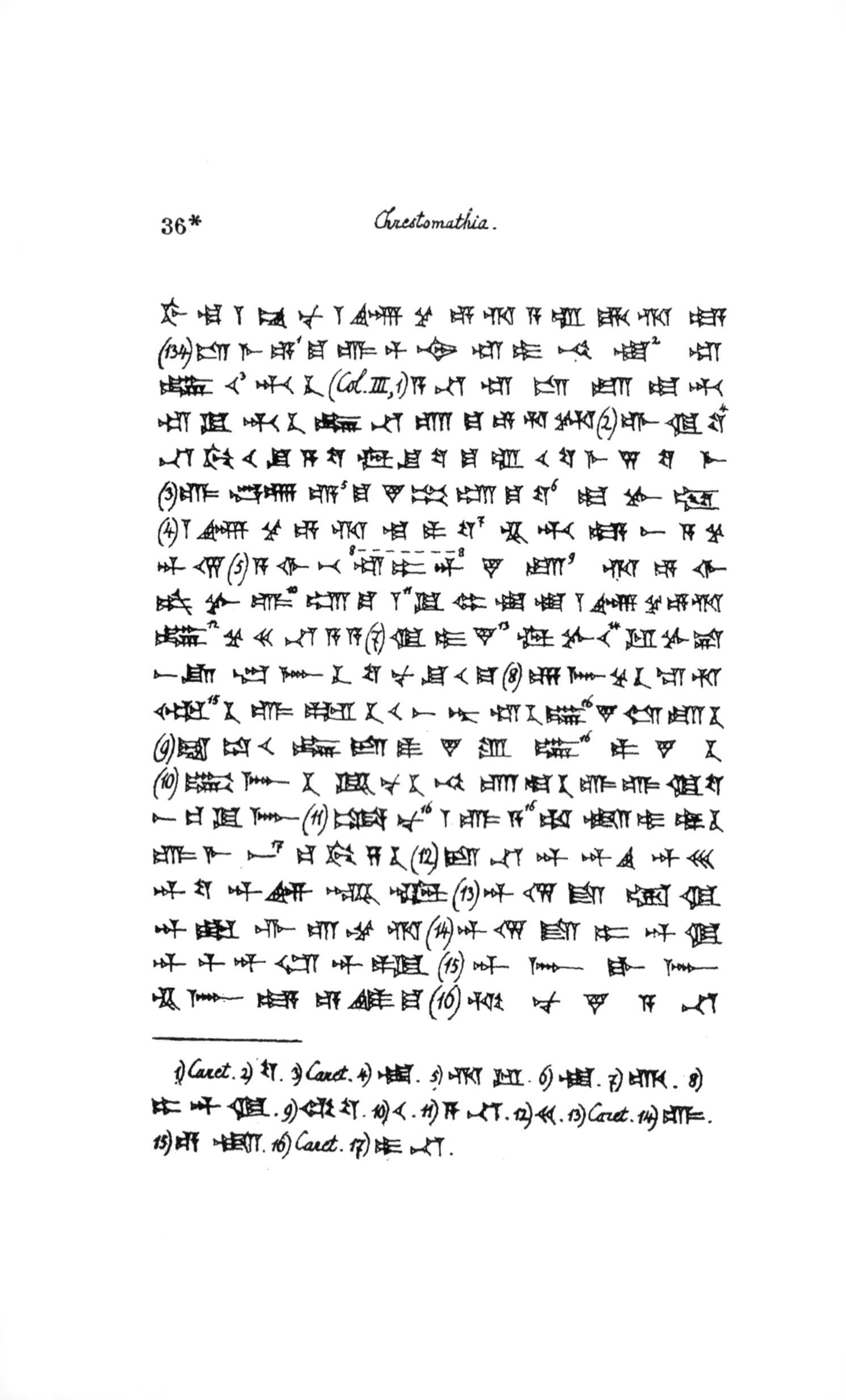

[illegible]

(134) [illegible] (Col. III, 1) [illegible] (2) [illegible]

(3) [illegible]

(4) [illegible] (5) [illegible] (6) [illegible] (7) [illegible] (8) [illegible]

(9) [illegible]

(10) [illegible] (11) [illegible] (12) [illegible] (13) [illegible] (14) [illegible] (15) [illegible]

(16) [illegible]

---

1) Caret. 2) [illegible]. 3) Caret. 4) [illegible]. 5) [illegible]. 6) [illegible]. 7) [illegible]. 8) [illegible]. 9) [illegible]. 10) [illegible]. 11) [illegible]. 12) [illegible]. 13) Caret. 14) [illegible]. 15) [illegible]. 16) Caret. 17) [illegible].

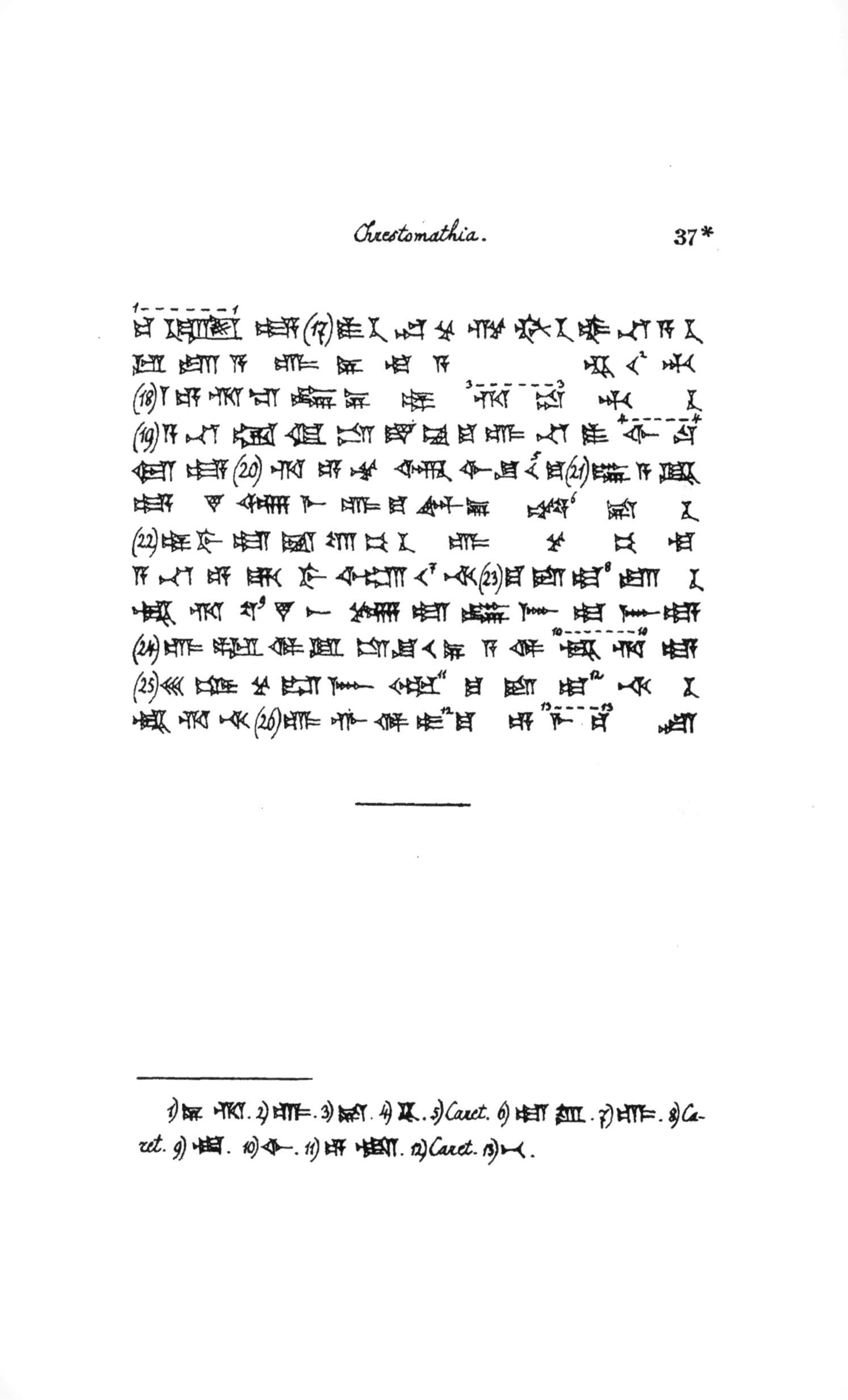

[illegible] (17) [illegible]

[illegible]

(18) [illegible]

(19) [illegible]

[illegible] (20) [illegible] (21) [illegible]

[illegible]

(22) [illegible]

[illegible] (23) [illegible]

[illegible]

(24) [illegible]

(25) [illegible]

[illegible] (26) [illegible]

---

1) [illegible]. 2) [illegible]. 3) [illegible]. 4) [illegible]. 5) Caret. 6) [illegible]. 7) [illegible]. 8) Caret. 9) [illegible]. 10) [illegible]. 11) [illegible]. 12) Caret. 13) [illegible].

II.

Sancheribi expeditio contra Cossaeos.
*(I R 37,63—38,26).**

(Col. I, 63) [cuneiform] (64) [cuneiform] (65) [cuneiform] (66) [cuneiform] (67) [cuneiform] (68) [cuneiform] (69) [cuneiform] (70) [cuneiform] (71) [cuneiform] (72) [cuneiform] (73) [cuneiform]

---

*) *Vide linearum 37,63—38,7 translationem in libro meo „Die Sprache der Kossäer", Leipzig 1884, pp. 2.3.*

1) *Caret.* 2) *Caret.* 3) [cuneiform]. 4) [cuneiform]. 5) *Caret.* 6) [cuneiform]. 7) [cuneiform].

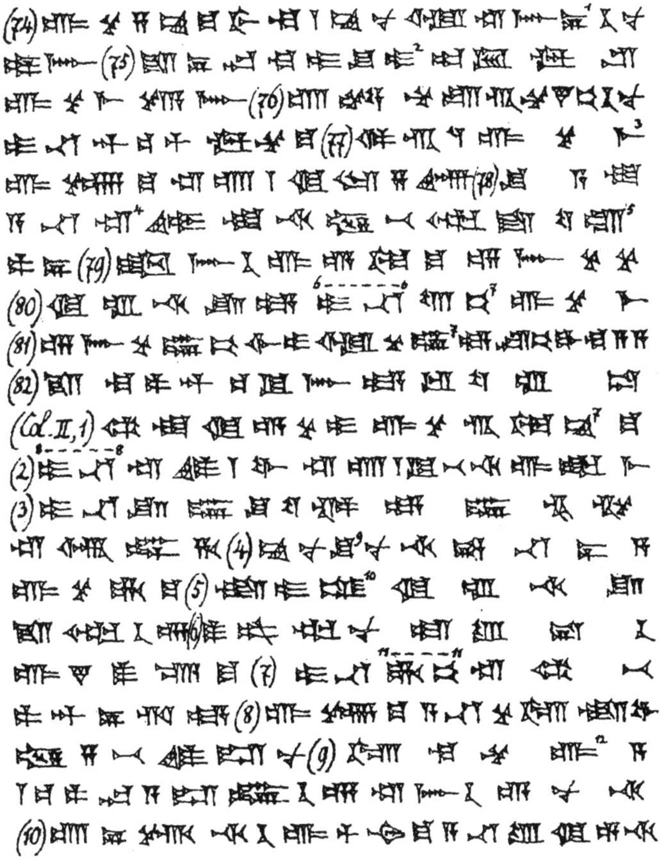

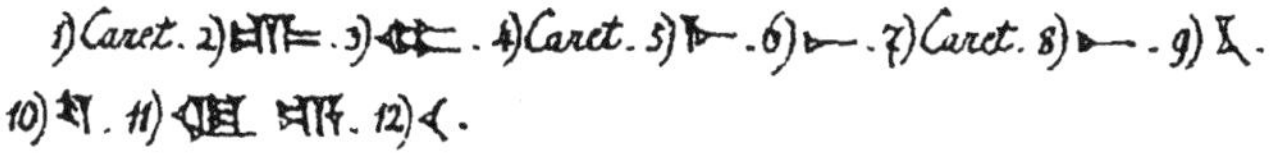

(74) [cuneiform]
(75) [cuneiform]
(76) [cuneiform]
(77) [cuneiform]
(78) [cuneiform]
(79) [cuneiform]
(80) [cuneiform]
(81) [cuneiform]
(82) [cuneiform]
(Col. II, 1) [cuneiform]
(2) [cuneiform]
(3) [cuneiform]
(4) [cuneiform]
(5) [cuneiform]
(6) [cuneiform]
(7) [cuneiform]
(8) [cuneiform]
(9) [cuneiform]
(10) [cuneiform]

---

1) *Caret.* 2) [cuneiform]. 3) [cuneiform]. 4) *Caret.* 5) [cuneiform]. 6) [cuneiform]. 7) *Caret.* 8) [cuneiform]. 9) [cuneiform]. 10) [cuneiform]. 11) [cuneiform]. 12) [cuneiform].

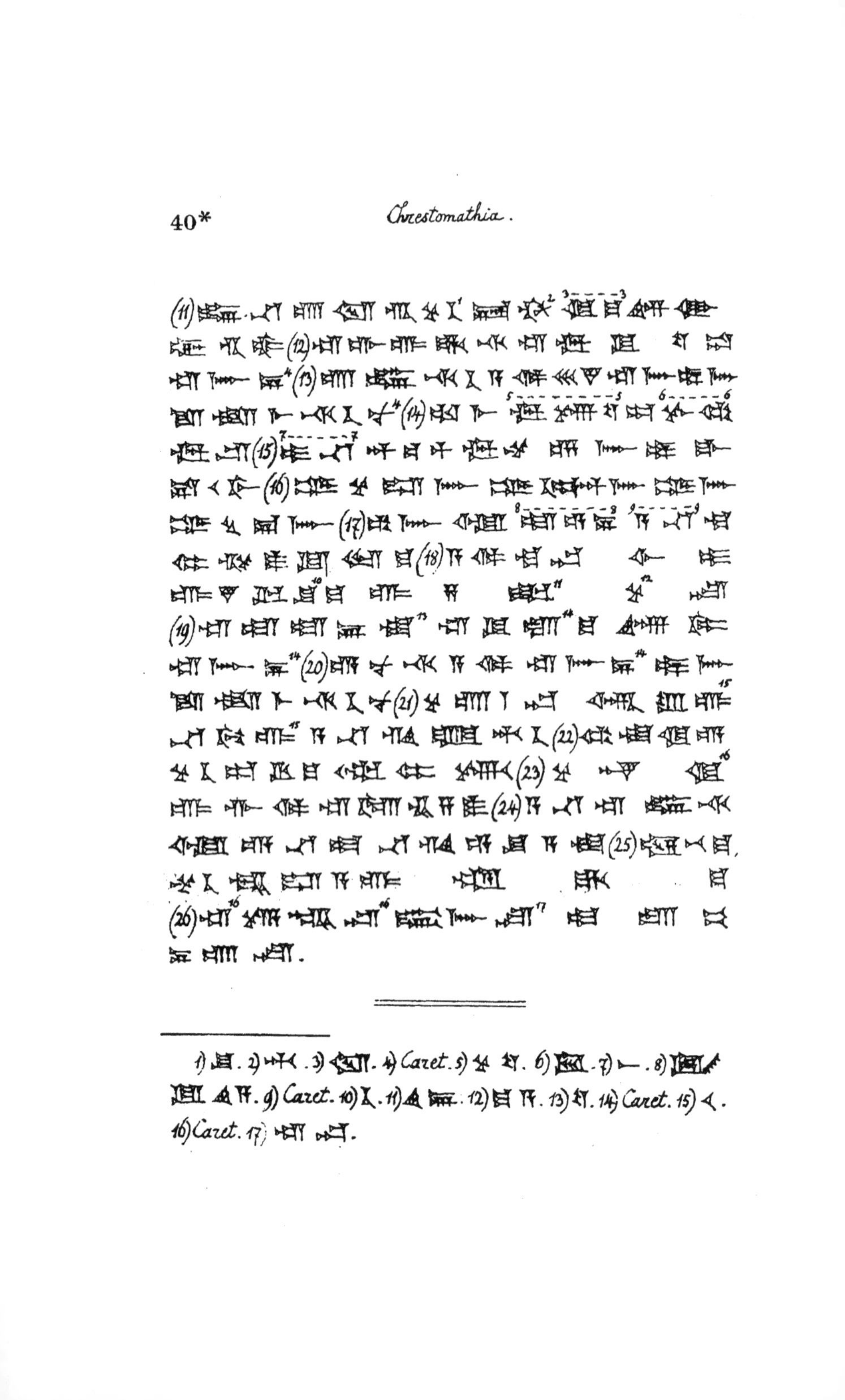

(11) … (12) … (13) … (14) … (15) … (16) … (17) … (18) … (19) … (20) … (21) … (22) … (23) … (24) … (25) … (26) …

1) … 2) … 3) … 4) Caret. 5) … 6) … 7) … 8) … 9) Caret. 10) … 11) … 12) … 13) … 14) Caret. 15) … 16) Caret. 17) …

GLOSSARIUM.

א

(Animadverte notationes $א_1$ = hebr. א, $א_2$ = hebr. ה, $א_3$ = hebr. ח = arab. ح, $א_4$ = hebr. ע = arab. ع, $א_5$ = hebr. ע = arab. غ).

אאל $א_2א_1$ (?) *âlu* (ideogramma vid. § 9 num. 81) m. urbs. Plur. *âlâni* (de scriptione vid. § 23). *âl šarrûti* urbs regia. *âl tukulti* vid. הכל.

U'allî n. pr. m. filii Ahšêri, regis Mannaeorum.

אבה $א_1$ *abû* (ideogr. § 9 num. 24) m. pater (§ 62, 1 extr.). Plur. *abê*. *bît abêšu* domus ejus paterna.

אבת $א_1$ IV 1 fugere (3 sing. praet. *innabit*).

אדה $א_4$ *adi* praep.: usque ad, cum (§ 81, a); *adi kirib* usque ad, *adi mahri* ad, coram (§ 81, b).

אדר *Adar* n. pr. dei (ideogr. § 9 num. 60).

או $א_1$ *u* (*û*) copula: et (§ 82).

אול $א_1$ *ellamu* (§ 65 num. 36) pars anterior, unde *ellamû'a* (§ 80, e) ante me.

Izirtu n. pr. urbis Mannaeorum.

אח $א_1$ *ahu* (ideogr. § 9 num. 165) frater. Plur. *ahê*.

אחז $א_1$ *ahâzu* (§102) capere, prehendere (3. m. sing. praet. *êhuz*).

Ahšêri (cf. אֲחִישַׁחַר) n. pr. m. regis Mannaeorum.

Akkuddu n. pr. urbis terrae Ellipi.

אל $א_1$ *ilu* (ideogr. § 9 num. 60) m. deus, numen. Plur. *ilâni*.

אלה $א_1$ *ultu* (§ 81, a); *ultu kirib*, *ultu kirbi* (§ 81, b) praepp. ex, de. *ultu ullâ* antiquitus (§ 78). *ultu rêši* a primordio.

אלה $א_4$ *eli* praep.: super, de (victor de . . .), contra; ad (vi adjiciendi) (§ 81, b).

ullû, in *ultu ullâ* antiquitus.

אלך $א_2$ *alâku* (§§ 102. 104 extr.) ire, proficisci (1. sing. praet. *allik*).

I 2 idem (1. sing. praet. *attal(l)ak*).

---

ab-bul (*bu-ul*) vid. נבל. — *ib-bu-uš* legas *ip-pu-uš* et vid. אפש. — *ag-gur* legas *ak-kur*, נקר. — *id-du-ú* vid. נדה. — *u-dan-nin* vid. דנן. — *âlu* vid. אאל. — *ul-bat* (*mid* etc.) legas *ul-ziz* et vid. נזז. —

III 1 facere ut quis ad aliquem statum perveniat sive redigatur (1. sing. praet. *ušâlik*).

mâlaku, st. cstr. *mâlak*, via, iter.

Elenzaš n. pr. urbis regionis Bît-Barrû (vide id ipsum).

אלף$_1$ *alpu* (ideogr. § 9 num. 250) bos. Plur. *alpê*.

Ellipi (genitivus) n. pr. terrae prope Mediam sitae.

אמד$_4$ *emêdu* (§ 102) imponere (c. duplice accus., § 139) (1. sing. praet. *êmid*, c. pron. suff. *êmidsu*, cf. § 51, 1).

אמה *amâtu*, st. cstr. *amât*, vox, sermo.

אמה$_4$ III 1 parem facere, adaequare (1. sing. praet. *ušêmi*).

umma particula orationem directam introducens (§ 78).

ummânu (ideogr. § 9 num. 182) exercitus, plur. *ummânâte* et *ummânê* (§ 70, b) copiae.

אמר$_1$ *amâru* (§ 102) videre (3. m. sing. praet. *êmur*).

אמר$_3$ *imêru* (ideogr. § 9 num. 244) asinus (vid. § 65 num. 12 et § 32, α).

ana praep.: ad, in (c. accus.), contra, etiam nota dativi (§§ 81, a. 138).

ina praep.: in (c. ablat.), etiam de eo cujus ope aliquid efficitur (§ 81, a); *ina kirbi*, *ina kirib* in (§ 81, b). *ina ḳibît* jussu (alicujus). *ina amât* convenienter ei quod quis pronuntiavit. *ina libbi* illic (§ 78).

אנך$_1$ *anâku* ego (§ 55, a).

Ispabâra n. pr. m. regis terrae Ellipi.

אפל *aplu* (vel *mâru*, ideogr. § 9 num. 139) filius. *apil ridûtišu* vid. רדה.

אפש$_4$? *epêšu* (§ 102) facere (1. sing. praes. *eppuš*).

III 1 faciendum curare (1. sing. praet. *ušêpiš*).

אקל$_3$ *eḳlu* (ideogr. § 9 num. 1), st. cstr. *eḳil*, ager, tractus, territorium (§ 65 num. 1).

ארב$_5$ *erêbu* (§ 102) intrare (1. sing. praet. *êrub*).

Arba'ilu vid. רבא$_4$.

ardu (incertae originis; ideogr. § 9 num. 226) servus.

ארן *arnu* peccatum. Plur. *arnâ* (§ 67, a, 4).

Erisinni n. pr. m. filii U'allî, filii Ahšêri, regis Mannaeorum.

---

el-la-mu-u-a vid. איל. — *al-ur* legas *al-lik*, אלך. — *ul-tu* vid. אלה. — *am-nu* vid מנה. — *in-da-aš-ša-ru* vid. משר. — *in-na-bit* vid. אבת. — amêlu *en-nam* vid. § 9 num. 116. — *aḳ-ḳur* vid. נקר. — *er-ba* vid. ירב. — *arkânu* vid. ורך. — *er ku-ti-šu* legas *âl tukul-ti-šu* et vid. חכל.

Arrapḫa n. pr. urbis et tractus, graece Ἀῤῥαπαχῖτις.

אש$_1$ *išâtu* (ideogr. § 9 num. 60) ignis (cf. § 62, 2).

aššu praep.: causa (§ 81, c).

אשר$_1$ *ašru* locus.

Ašûr (de variis scriptionibus vid. § 9 num. 60 . 220) n. pr. summi dei Assyriorum.

Aššûr (ideogr. § 9 num. 220) n. pr. Assyriae.

Ištâr (ideogr. § 9 num. 60) n. pr. Veneris Assyriacae (cf. § 65 num. 40, a).

Ištatti n. pr. urbis Mannaeorum.

ב

באל$_4$ *bêlu* (ideogr. § 9 num. 62) dominus. Plur. *bêlê*. *be-ili* (sive *è-ni*) dominus meus (de valore syllabico *ili* qui signo *ni* convenit vid. S[a] col. I 20).

Bêl (ideogr. § 9 num. 60) n. pr. dei Beli.

bêltu (ideogr. § 9 num. 256) domina.

bêlûtu dominium, majestas (de scriptione cf. § 23).

בטל III 1 abolere, abrogare (3. plur. praet. *ušabṭilû*).

בית *bîtu* domus. *bît ṣêri* vel *edini* domus deserti (voci *kultârê*, h. e. tentoria, vi determinativi praepositum). De usu vocis *bîtu* in *âlâni bît šarrûti* urbes regiae, *âlâni bît dûrâni* urbes moenibus cinctae, *âlâni bît niṣirti* urbes bene defensae vid. § 124.

Bît-Barrû n. pr. regionis terrae Ellipi.

Bît-Kubatti (cf. [mât] *Bît-ku-ba-tim* Neb. Grot. I 25) n. pr. urbis Cossaeorum.

Bît-Kilamzaḫ n. pr. urbis Cossaeorum.

בלט *balâṭu* vivere, st. cstr. *balâṭ*.

ברה *bîrtu* (cf. § 65 num. 2) arx, unde nom. abstr. *bîrtûtu*: *âla ana bîrtûti aṣbat* urbem, ut castelli vicem expleret, cepi.

בשה *bašû* (§ 108) esse (genit. *baši*).

III 1 facere, creare, efficere, e. g. seditionem (3. plur. praet. *ušabšû*).

בתק *batâḳu* abscindere, sejungere (1. sing. praet. *abtuḳ*).

ג

גמל *gammalu* (tamquam ideogramma GAM. MAL scrip-

---

u-šib vid. ושב. — *u-še-bi-la* vid. ובל. — *u-še-me(mi)* vid. אמה; — *u-še-me* legas *u-še-šib* et vid. ושב. — *iš-me-e-ma* vid. שמא. — *u-še-piš* vid. אפש. — *u-še-ṣa-am-ma* vid. וצא. — *u-ša-aš-ṭir* vid. שטר. — *uš-te-(eš-)še-ra* vid. ישר. — *at-ta-bi* vid. נבא. — *at-tag-giš* vid. נגש. — *at-ta(l)-lak* vid. אלך. — **bîrtu** vid. ברה. — *be-ni* legas vel *be-ili* (vid. באל) vel *è-ni* (cf. *enu* dominus, § 62, 1). — *Bi-ši-i* legas *Kaš-ši-i*.

tum, praecedente determinativo § 9 num. 244) camelus.

גמר *gimru* universitas, totum. *gimri mâtišu* totam ejus terram (cf. § 72, a).

gimirtu idem.

גרר *girru* expeditio, e. g. *ina rebê girri'a* in quarta expeditione mea (cf. § 128, 1).

ד

dûru (ideogr. § 9 num. 239) m. murus. Plur. *dûrâni* . *âlâni bît dûrâni*, vid. בית.

דנן *danânu* robustum, firmum, munitum esse, potentem esse, de robore et potestate deorum, st. cstr. *danân*.

II 1 munire, fortificare (1. sing. praet. *udannin*).

dannu firmus, undique munitus. Plur. m. *dannûti*.

dannatu, st. cstr. *dannat*, arx, castellum.

דקא$_4$ *diḳû* (§ 108) conciere, congregare (copias). (1. sing. praet. *adḳi*).

ditallu (incertae lectionis atque derivationis) flamma; adv. *ditalliš* (§ 80, b, α).

ו

ובל (§ 111) III 1 facere ut ducatur, afferatur (3. sing. praet. *ušêbila*).

וצא$_1$ (§ 111) III 1 educere (1. sing. praet. c. copula *ušêṣamma*, cf. § 150).

ṣîtu exitus, exortus: *mârtu ṣît libbišu* filia ejus germana.

ורד (§ 111) III 1 facere ut quis descendat, deorsum portare (1. sing. praet. *ušêridamma*, cf. § 23 nota).

ורך *arkânu* (ideogr. § 9 num. 245, cum vel sine adjecto *nu*) adv. postea, posterius (§ 80, c).

ושב *ašâbu* (§ 111) sedere, considere, habitare (3. m. sing. praet. *ûšib*). Part. fem. st. cstr. *âšibat* incolens.

III 1 facere ut quis alicubi considat, assignare sedem (1. sing. praet. *ušêšib*).

mûšabu (§ 65 num. 31, a) sedes, habitaculum.

ז

זוא$_4$ *zû* (ideogr. § 9 num. 54) procella.

זכר *zikru* (ideogr. § 9 num. 94) virilis, vir (cf. § 65 num. 9).

זנש *zinništu* (ideogr. § 9 num. 212) muliebris, mulier.

זקר *zaḳru* altus, arduus, acuto cacumine eminens. Plur. m. *zaḳrûti*.

זרא$_4$ *zêru* (ideogr. § 9 num. 113), st. cstr. *zêr*, familia (cf. § 65 num. 1).

---

zir-ta-re legas *kul-ta-re*.

ח

חרב III 1 devastare (1. sing. praet. *ušaḫrib*).

Ḫardišpi n.pr. urbis Cossaeorum.

חרר *ḫarrânu* via; expeditio.

חרשׁ *ḫuršu* m. mons. Plur. *ḫuršâni* (§ 67, a, 2).

י

יום *ûmu* (ideogr. § 9 num. 26) m. dies. Plur. *ûmê* (de scriptione vid. § 23). *ûm(e) pâni* vid. פנה.

Ia-su-bi-gal-la-a-a n. pr. tribus montanae.

ירב (§ 111) multiplicare, augere (3. m. sing. praet. *er-ba*, etiam ideographice, § 9 num. 67, scriptum, vid. *Sinaḫêrba*).

ישׁה (§ 111) habere. *ša nîba lâ i-šú-u* innumerabilis (cf. נבא$_1$); scriptio *i-šú-i* (Sanh. I 75) error scribae est.

ישׁר (§ 111) III 2 dirigere (1. sing. praet. *uštêšera*, cf. §§ 113 et 36).

כ

kid-mu-ri (alias *ki-di-mu-ri*), fortasse nomen templi: *bêlit* vel *šarrat kid-mu-ri* cognomen deae Istar Niniviticae.

כי *kî*, sequente vel non sequente *ša*, conj.: quemadmodum, sicuti (vid. §§ 82 et 148, 1).

kîma praep.: instar (§ 81, c).

kakku (ideogr. § 9 num. 31), plur. *kakkê* m. arma.

Kum(m)aḫḫum n.pr. urbis terrae Ellipi.

כנשׁ *kanâšu* se subjicere, c. *ana* pers. vel rei, cui quis se submittit (3. m. sing. praet. *iknuša*).

I 2 idem. *ša lâ kitnušu* qui se non subjecerat (§ 89).

כסא$_1$ *kussû* (ideogr. § 9 num. 31) thronus.

Kar (vel *Kâr*, vid. § 9 num. 180) in n. pr. *Kar-Sinaḫêrba* vid. sub littera ק.

כרם *karmu* ager; *kar-miš* (*karmeš*) adv. agri sive agrorum instar (§ 80, b, α).

Kaššî n. pr. populi montani ad septentriones Babyloniae. *mât Kaššî* terra Cossaeorum.

כשׁד *kašâdu* expugnare, vincere (1. sing. praet. *akšud*; de variis scriptionibus vid. § 9 num. 176 et § 23 cum nota). *kišitti ḳâti* victoria de aliquo reportata, etiam sensu concreto de ipso victo.

kuštâru, *kultâru* (§ 51, 3) tentorium (cf. § 65 num. 40, b). Plur. *kultârê* (vid. § 70, b).

ל

la in voce *la-pa-an* vid. פנה.

לא$_1$ *lâ* adv.: non (§§ 80. 143).

kultâru vid. *kuštâru*. — *ki-šit-ti* vid. כשׁד. — *kit-nu-šu* vid. כנשׁ.

לאח₁ *lêtu* potentia, victoria (cf. §§ 62, 1. 69 nota).

לבב *libbu* (ideogr. § 9 num. 259) cor, centrum, medium. *mârtu ṣît libbišu* vid. רצא₁. *ina libbi* illic (§ 78).

לו *lû*, particula affirmativa: certo, profecto (§ 78).

למה *lamû* (§ 108) obsidere (1. sing. praet. *al-me*).

limêtu circuitus, ditio, territorium urbis (§ 65 num. 9). De *ša* in *âlâni ṣiḫrûti ša limêtišunu* vid. § 123, 1.

מ

ma copula enclitice agglutinata (§§ 82. 150).

מאר₂ (§ 105) II 1 mittere (1. sing. praet. *uma'ir*).

מות *mîtûtu* status mortui, mors (§§ 64 et 65 num. 34).

מחר *maḫru* pars antica; *adi maḫri'a* (*maḫri* phonetice aut ideographice, § 9 num. 86, scriptum) coram me (§ 81, b). *maḫrû*, accus. *maḫrâ*, fem. *maḫrîtu*, prior.

מנה *manû* (§ 108) numerare, aestimare: *šallatiš amnu* spolii instar eos tractavi; *ina ḳât . . . manû* in manum alicujus numerare h. e. ei tradere (3. f. sing. praet. *tamnu*; de *tamnušûma*, cf. § 53, d).

mînu numerus (cf. § 65 num. 1); (*ana*) *lâ mînam* innumerabilis (§ 143).

Man-na-a-a (cf. § 13) n. pr. terrae Armeniacae (מִנִּי).

מצר *miṣru*, st. cstr. *miṣir*, regio certis finibus circumscripta.

מקת III 1 prosternere, interficere (3. m. plur. praet. *ušamḳitû*).

mâru vid. *aplu* filius. *mârtu* vel *bintu* (ideogr. § 9 num. 139) filia.

Marubišti n. pr. urbis terrae Ellipi.

מרץ *namraṣu* asperitas (de via laboriosa). Plur. *namraṣê*.

מֹשר II 1 derelinquere, deserere, missum facere.

I 2 (?) abjicere, conculcandum tradere (3. m. plur. praes.?: *indaššarû*).

mâtu f. terra; *mâtsu*, *mâsu* (§ 51, 1) terram ejus. Plur. *mâtâti* (duplice ideogrammate KUR, § 9 num. 176, scriptum).

נ

נבא₁ I 2 nominare (1. sing. praet. *attabi*).

nîbu numerus (§ 65 num. 4); urbes parvae *ša nîba lâ i-šû-u* innumerabiles.

---

le-i-tu(m) vid. לאח₁. — *madattu* vid. נדן. — *mi-tu-tu* vid. מות. — *nîbu* vid. נבא. —

nibittu (?), st. cstr. *nibit*, nomen; *nibitsu* nomen ejus.

Nabû (ideogr. § 9 num. 60) n. pr. dei Assyriorum.

נבל *nabâlu* destruere (1. sing. praet. *abbul*).

נגה *nagû* regio, provincia (§ 65 num. 6); genit. *na-gi-e* (cf. § 66 nota).

נגשׁ (cf. *igguš* = *illik*) I 2 conficere (viam peragrando) (1. sing. praet. *attaggiš*).

נדה *nadû* (§ 108) jacere, conjicere (3. m. plur. praet. *iddû*).

נדן *madat(t)u* (cf. § 49, b) tributum.

נזז III 1 statuere, erigere, e. g. cippum (1. sing. praet. *ulziz*, vid. §§ 37 extr. et 51, 3).

Nînua, *Nînâ* (ideogr. § 9 num. 237) n. pr. capitis Assyriae.

ניר *nîru* (ideogr. § 9 num. 31) jugum.

נכר II 1 mutare, ἀλλοιοῦν (1. sing. praet. *unakkir*).

Nusku (ideogr. § 9 num. 60) n. pr. dei Assyriorum.

נפשׁ *napištu* (ideogr. § 9 num. 28) anima, vita; genit. c. pron. suff. *napištimšu* (vid. § 74, 1 nota).

נצר *niṣirtu* custodia, protectio. *âlâni bît niṣirti* vid. בית.

נקר *naḳâru* destruere, devastare (1. sing. praet. *aḳḳur*).

Nergal (ideogr. § 9 num. 60) n. pr. dei Assyriorum.

נרה *narû* (ideogr. § 9 num. 151) m. lapis monumentalis, qui facta inscriptione erigebatur.

nišu (ideogr. § 9 num. 63) populus, plur. *nišê* homines, incolae.

נשׂא$_1$ *našû* afferre, e. g. tributum (3. m. plur. praet. *iššûni*).

III 1 portandum curare (1. sing. praet. *ušašši*).

נשׁק II 1 osculari et pedes quidem, de eo qui ultro se subjicit (3. m. sing. praet. *unaššiḳ(a)*).

ס

סוק *sûḳu* (ideogr. § 9 num. 105) platea sive latior sive angustior.

סחה (§ 108) *si-ḫu* seditio.

סחף *saḫâpu* prosternere (1. sing. praet. *asḫup*).

Sin (*Sîn*? ideogr. § 9 num. 60) n. pr. dei Luni.

Sin-aḫê-er-ba (h. e. Sin fratres multiplicavit) in n. pr. urbis *Kâr-Sinaḫêrba* (vid. sub littera ק).

sîsû (ideogr. § 9 num. 244) equus. Plur. *sîsê*.

פ

פגר *pagru*, st. cstr. *pagar*, cadaver (cf. § 74, 1, a).

פחה *paḫâtu* vel *piḫâtu* (ideogr.

---

namraṣu vid. מרץ.

§ 9 num. 116) praefectus, regis vicarius.

פלח *palâḫu* metuere, revereri. Part. m. st. cstr. *pâliḫ*.

פנה *pânu*, st. cstr. *pân*, pars anterior; *eli ša ûm* (vel *û-me*) *pâni* magis quam antehac. *la-pa-an* ante (§ 81, b).

פרה *parû* (ideogr. § 9 num. 244) bos juvencus. Plur. *parê*.

פרשד (§ 117, 1) IV 1 fugere, fugam capessere (3. m. plur. praet. *ipparšiddû*, cf. § 53, c).

פשק *šupšuḳu* arduus, ascensu difficilis ac paene inaccessus (cf. § 65 num. 33 extr. et § 88, b).

פתא$_3$ *pitû* (§ 108) aperire, manifestare, confiteri (peccata) (3. m. sing. praet. *iptâ*, cf. § 92).

צ

צאן$_1$ *ṣênu* nomen gen. ovium et caprarum (cf. § 65 num. 1).

צאר$_2$ *ṣîru* (*ṣêru* § 65 n. 1) dorsum, deinde id quod supra est, pars supera; *ṣîruššu* (*ṣîru* etiam ideographice, § 9 num. 240, scriptum) super eo (§ 80, e).

צבת *ṣabâtu* capere, sumere, de via: deligere et ingredi (1. sing. praet. *aṣbat*).

I 2 idem (1. sing. praet. *aṣṣabat*, cf. § 48).

צחר II 1 imminuere (1. sing. praet. *uṣaḫir*).

ṣaḫru et *ṣiḫru* (ideogr. § 9 num. 139) parvus (§ 65 num. 7 nota). Plur. m. *ṣiḫrûti*. *ṣiḫir rabû* parvos magnosque (cf. § 127).

צלה II 1 rogare, implorare (3. m. sing. praet. *uṣallâ*).

Ṣiṣirtu n. pr. urbis terrae Ellipi.

ק

קבא$_4$ *ḳibû* fari, dicere (3. f., 1. sing. praet., mod. relat. *taḳbû*, *aḳbû*, cf. §§ 92. 147. 148).

ḳibîtu, st. cstr. *ḳibît*, effatum, jussum (§ 65 num. 11).

קמה *ḳamu* (§ 108) comburere (1. sing. praet. *aḳmu*).

קנן *ḳinnu* familia.

kâru in n. pr. urbis *Kar-Sin-aḫê-êrba* (var. *er-ba*), probabiliter legendum *ḳâru*, agger, deinde oppidum munitum.

קרב *kirbu* (vid. § 19), st. cstr. *kirib*, id quod intus est; *kirib*, *ina kirib*, *ina kirbi* praep.: in; *ultu kirib*, *ultu kirbi* ex; *adi kirib* usque ad (§ 81, b).

ḳâtu manus. *ina ḳât . . . manû* vid. מנה. *kišitti ḳâti* vid. כשד.

ר

ראם$_1$ *rîmu* bos sylvestris, unde adv. *rîmâniš* boum ferorum instar (§ 80, b, α).

ראם$_3$ *rêmu* misericordia (§ 65 num. 1 et cf. § 29).

ראק$_3$ *rûḳu* longinquus, plur. fem.

rûḷêti loca longinque dissita (cf. §§ 32, γ et 70, a, nota).

ראש₁ *rêšu* initium (§ 65 num. 1); *ultu rêši* inde ab initio.

רבא₄ *arba'u* quattuor (§ 75), unde n. pr. urbis Assyriacae *Arba'ilu* Arbela (de ideogrammate vid. § 9 num. 234 et 60).

rebû quartus (§ 76); IV-*e* legas *rebê* (genit.).

רבה *rabû* (ideogr. § 9 num. 169) magnus. Plur. m. *rabûti*.

רדה *radû, ridû* (§ 108) ire, fluere, unde

ridûtu (phonetice vel ideographice, § 9 num. 94, scriptum) effusio (sc. seminis): *apil ridûtišu* filium ab ipso genitum.

רדה II 1 addere, c. *eli* rei cui aliquid adjicitur (1. sing. praet. *uraddi*, c. copula: *uraddîma*, § 53, d).

רכב *rakâbu* conscendere, e. g. equum, c. *ina* jumenti quo aliquis vehitur (1. sing. praet. *arkab*).

narkabtu (ideogr. § 9 num. 31) vehiculum, currus (§ 65 num. 31, a); *narkabat sêpê'a* vehiculum pedum meorum, essedum meum (?).

רמה (§ 108) III 1 facere ut quis alicubi domicilium figat (1. sing. praet. *ušarme*).

רמם *Rammân* (ideogr. § 9 num. 60) n. pr. dei Assyriorum.

רפש *rapšu* (ideogr. § 9 num. 247), fem. *rapaštu, rapaltu*, latus, amplus (§ 65 num. 6).

רשה *rašû* (§ 108) capere, spec. gratiam (clementiam) h. e. ea commoveri in aliquem (cf. 1. sing. praet. *rêmu aršišûma*).

ש

ša pron. relat. (§§ 58. 147); nota genitivi (§§ 58. 123).

šû-a-tu, plur. *šâtunu*, pron. demonstr. (§ 57, a).

שדה *šadû* (ideogr. § 9 num. 176), genit. *šadî* (cf. § 23), mons.

šû-ud-šaḳû, c. determ. *amêlu*, praefectus militum superior.

שוק *šêpu* (ideogr. § 9 num. 261) pes (de suffixo *-ia* vid. § 74, 1, b).

שטר III 1 scribendum curare (1. sing. praet. *ušaštir*).

שכן I 2 parare, facere, acquirere (potestatem), reportare (victoriam de aliquo) (1. sing. praet., mod. relat., *aštakkanu*).

שלט *šalṭiš* adv. victoriose.

שלל *šalâlu* spoliare, captivum abducere (1. sing. praet. c. copula: *ašlulamma*, cf. § 150).

---

ru-šû-ḳu legas *šup-šû-ḳu* et vid. פשק.

šallatu praeda, spolia, unde adv. *šallatiš* (vid. מנה).

שׁלם *šulmu* pax.

šalamtu, c. determ. *amêlu* vel sine determ., cadaver.

שׁם *šumu* (ideogr. § 9 num. 52) nomen (§ 62, 2).

שׁמא$_4$ *šemû* audire (3. m. sing. praet. *išmi*, c. copula: *išmêma* vid. §§ 53, d et 32, γ).

שׁמשׁ *Šamaš* (ideogr. § 9 num. 60) n. pr. dei Solis.

שׁנה *šanû* secundus (§ 76); II-e legas *šanê* (genit.).

שׁפר *šapâru* mittere (3. m. sing. praet. c. copula: *išpuramma*, cf. § 150).

apil šipri (ideogr. § 9 num. 1 et 74) filius missionis (epistolae) h. e. nuntius; *apil šipri'a ša šulmi* nuntium pacis meum (cf. § 123).

שׁקם *šaḳummatu* (§ 65 num. 23) cruciatus, miseria.

שׁרר *šarru* (ideogr. § 9 num. 238 et 203) m. rex. Plur. *šarrâni*.

šarrûtu (de scriptione vid. § 23) regalis dignitas et dominatio. *âl šarrûti* urbs regia.

šarratu, st. cstr. *šarrat*, regina.

ת

תבך *tabâku* effundere (1. sing. praet. *atbuk*).

תור II 1 vertere, mutare, reddere, facere (1. sing. praet. *utîr*).

תכך *tikkatu* funis. Plur. *tikkâti*.

תכל II 1 confidentem et fortem facere, fiducia implere, corroborare (3. m. sing. praet. *utakkil*).

tukultu (ideogr. § 9 num. 41) praesidium, auxilium; *âl tukultišu* urbs praesidii sui h. e. qua prae aliis nixus est. Quomodo ideogramma § 9 num. 265, quod cum ideogrammate num. 41 ejusdem valoris est, enuntiandum sit, signo sexus muliebris (§ 9 num. 212) antecedente, nondum liquet; at certum est, inesse vim copulae carnalis sive concubitus itemque vocabulum assyriacum, quod eo ideogrammate indicatur, in terminationem fem. abstractivam — *ûtu* exisse.

תרץ *ina tirṣi* aetate, e. g. majorum meorum (§ 81, b).

LITTERATURA.

A. DE INVENTIONE ATQUE EFFOSSIONE MONUMENTORUM CUNEATORUM*):

a) monumentorum persicorum

(plerumque trilingium: persico-susiano-babylonicorum).

1 *Garcia de Silva y Figueroa.* De rebus Persarum epistola. V. Kal. an. MDCXIX Spahani exarata ad Marchionem Bedmarii etc. Antverpiae 1620. — Cf.: L'ambassade de Don *Garcia de Silva y Figueroa* en Perse ... traduite de l'Espagnol par M. *de Wicqfort.* Paris 1667.

2 Viaggj di *Pietro della Valle* il pelegrino. Descritti da lui medesimo in 54 Lettere familiari (1614—1626). 2. impressione. Roma 1662 (prima prodiit 1650). 4. (Parte II: La Persia). [Exstant translationes in linguam germanicam (Genff, Joh. Herm. Widerhold, 1674), gallicam, anglicam et batavicam.]

3 Les six voyages de *J. B. Tavernier,* 2 vols. Paris 1676—1679.

4 Voyages de Monsieur le Chevalier *Chardin,* en Perse, et autres lieux de l'Orient. Tome III. Amsterdam 1711.

5 *Engelbertus Kaempferus.* Amoenitatum exoticarum politico-physico-medicarum fasciculi V, quibus continentur variae relationes, observationes et descriptiones rerum Persicarum et ulterioris Asiae. Lemgoviae 1712. 912 pp. 4.

6 *Cornelis de Bruin.* Reizen over Moskovie, door Persie en Indie: verrykt met 300 kunstplaten .... voor al ... van Persepolis. t'Amsteldam 1714. fol. [Exstant translationes in linguam gallicam (*Corneille Le Brun.* Voyages etc. Amsterd. 1718) et anglicam.]

7 *Carsten Niebuhr.* Reisebeschreibung nach Arabien und andern umliegenden Ländern. Bd. II. Kopenhagen 1778. 479 pp. 4. [Exstant translationes in linguam gallicam et batavicam.]

---

*) Animadverte compendia: Ac = Academy. Ath = Athenaeum. CR = Comptes rendus de l'Académie des Inscriptions et Belles-lettres. GGA = Göttingische gelehrte Anzeigen. JA = Journal Asiatique. JRAS = Journal of the Royal Asiatic Society. RA = Revue archéologique. RC = Revue critique. TRIA = Transactions of the Royal Irish Academy (Dublin). ZDMG = Zeitschrift der Deutschen Morgenländischen Gesellschaft.

[8]*James P. Morier.* A Journey through Persia, Armenia and Asia Minor etc. London 1812. 4.

[9]*Sir William Ouseley.* Travels in Various Countries of the East; more particularly Persia, etc. 3 Vols. 4. London 1819—1823.

[10]*Robert Ker Porter.* Travels in Georgia, Persia, Ancient Babylonia etc., during the years 1817, 1818, 1819 and 1820. Vol. II. London 1822. 4.

[11]*Flandin et Coste.* Voyage en Perse de MM. *Eugène Flandin*, Peintre, et *Pascal Coste*, Architecte, attachés à l'Ambassade de France en Perse, pendant les années 1840 et 1842, entrepris par Ordre de M. le Ministre des Affaires Etrangères, d'après les instructions dressées par l'Institut. 2 vols.: Relation de voyage par *E. Flandin* (Paris 1851. 8. fr. 15. 15 s. (Trübner)); Atlas de 6 vols. in folio, contenant 260 planches gravées, 100 planches lithographiées, et un texte archéologique. Paris 1843—1854. (Publié à fr. 1460).

[12]Persepolis. Die achaemenidischen und sasanidischen Denkmäler und Inschriften von Persepolis, Istakhr, Pasargadae, Shâpûr zum ersten Male photographisch aufgenommen von *F. Stolze* im Anschluss an die epigraphisch-archaeologische Expedition in Persien von F. C. Andreas. Herausgegeben auf Veranlassung des fünften internationalen Orientalisten-Congresses zu Berlin mit einer Besprechung der Inschriften von *Th. Nöldeke.* 150 Lichtdruck-Tafeln. Berlin 1882. 2 Bände. fol. M. 250.

b) monumentorum babylonicorum et assyriacorum.

[13]*Joseph Hager.* A Dissertation on the newly discovered Babylonian Inscriptions. London 1801. XXIII, 62 pp. 4. 4 tabulae. 12 s. 6 d. [Germanice edidit *Klaproth*: Über die vor kurzem entdeckten Babylonischen Inschriften. Weimar 1802. 110 pp. 8. 6 tabulae.]

[14]*A. L. Millin.* Déscription d'un monument persépolitain, qui appartient au Muséum de la Bibliothèque Nationale: Monuments antiques inédits. Paris 1802. pp. 58—68. [Monumentum de quo agitur est id quod Caillou de Michaux vocatur.]

[15]*Claudius James Rich.* Memoir on the Ruins of Babylon. Third Edition. With three plates. London 1818. IV, 67 pp. 8. (First Edition, 1815).

[16]*Idem.* Second Memoir on Babylon: containing an Inquiry into the Correspondence between the Ancient Descriptions of Babylon and the Remains still Visible on the Site. Suggested by the "Remarks" of Major Rennell published in the *Archaeologia.* London 1818. 58 pp. 8. — Cf.:

[17]Narrative of a Journey to the Site of Babylon in 1811. Memoir on the Ruins. Remarks on the Topography of Ancient Babylon by Major Rennell in Reference to the Memoir. Second Memoir on the Ruins in Reference to Major Rennell's Remarks. With Narrative of a Journey to Persepolis. By the late *C. J. Rich.* Edited by his widow. With 26 plates and plans. London 1839. XLVII, 324 pp. M. 12.

[18]*C. J. Rich.* Narrative of a Residence in Koordistan, and on the Site of Ancient Niniveh, with Journal of a Voyage down the Tigris to Bagdad, and an Account of a Visit to Shiraz and Persepolis. Edited by his widow. London 1836.

[19]*P. E. Botta.* Lettres de M. Botta sur ses découvertes à Ninive. A M. *J. Mohl* à Paris: JA. IV Sér., II, 1843, 61—72. 201—214. III, 1844, 91—103. (... sur ses découvertes près de Ninive) 424—435. IV, 1844, 301—314.

[20]Monument de Ninive, découvert et décrit par M. *P. E. Botta*; mesuré et dessiné par M. *E. Flandin.* Ouvrage publié par Ordre du Gouvernement sous les auspices de S. Exc. M. le Ministre de l'Intérieur, et sous la direction d'une commission de l'Institut. 5 vols. Paris 1847—1850. 400 tabulae. fol. (fr. 1800). £ 45 (Trübner).

[21]*Victor Place.* Ninive et l'Assyrie; avec des essais de restauration par *Félix Thomas.* 3 vols: 2 vols. de texte et un atlas de 82 planches. Paris 1866—69. fol. (fr. 850). fr. 500. M. 300 (Joseph Baer)—350.

[22]*Austen Henry Layard.* Nineveh and its Remains: with an Account of a Visit to the Chaldaean Christians of Kurdistan, and the Yezidis, or Devil-Worshippers; and an Enquiry into the Manners and Arts of the Ancient Assyrians. 2 Vols. London 1849. (6., ultima, editio London 1854). XXX, 399 et 491 pp. 8. M. 22—30. £ 1 4 s. (Trübner).

Idem. Niniveh und seine Überreste. Deutsch von *N. N. W. Meissner.* Leipzig 1850. Neue Ausgabe, 1854. 8. M. 18.

[23]*Idem.* A Popular Account on the Excavations of Nineveh. London 1851.

Idem. Populärer Bericht über die Ausgrabungen zu Niniveh. Nebst der Beschreibung eines Besuches bei den chaldäischen Christen in Kurdistan und den Jezidi oder Teufelsanbetern. Nach dem grösseren Werke von ihm selbst abgekürzt. Deutsch von *N. N. W. Meissner.* Leipzig 1852. XII, 228 pp. 8. M. 2.50 — 4.50. 4 s. 6 d. (Trübner).

[24]*Idem.* Discoveries in the Ruins of Nineveh and Babylon, with Travels in Armenia, Kurdistan, and the Desert: being the Result of a Second Expedition undertaken for the Trustees of the British

Museum. London 1853. 8. With Maps, Plans and Illustr. M. 16—22. £ 1 1 s.

Idem. Nineveh und Babylon. Nebst Beschreibung seiner Reise in Armenien, Kurdistan und der Wüste. Übersetzt von *J. Th. Zenker.* Leipzig 1856. VIII, 526 pp. 8.

25 The Monuments of Nineveh, illustrating Mr. *Layard's* First Expedition to Assyria, from Drawings made on the Spot. London 1849 (100 plates. fol.); a Second Series of the Monuments of Nineveh, including Basreliefs from the Palace of Sennacherib and Bronzes from the Ruins of Nimroud, from Drawings made on the Spot, during a Second Expedition to Assyria, by *Austen Henry Layard.* London 1853 (71 plates. fol.). (£ 21). £ 10 10 s. (Trübner). M. 250.

26 *Fulgence Fresnel.* Lettre à M. Jules Mohl, écrite de Hillah, en décembre 1852, sur les antiquités babyloniennes: JA. V Sér., I, 1853, 485—548. II, 1853, 5—78.

27 *Sir Henry C. Rawlinson.* Babylonian Discoveries (of M. Taylor): Ath 1854, pp. 341 ff. 465 f. 525. 556 f. 654.]

28 *J. E. Taylor.* Notes on the Ruins of Muqeyer: JRAS XV, 1855, 260—276. Notes on Abu Shahrein and Tel el Lahm: ibid., 404—415.

29 *Sir Henry C. Rawlinson.* On the Birs Nimrud, or the Great Temple of Borsippa (read Jan. 13, 1855): JRAS XVIII, 1861, 1—34. 6 s.

30 *William Kennett Loftus.* Travels and Researches in Chaldaea and Susiana; with an Account of Excavations at Warka, the "Erech" of Nimrod, and Shúsh, "Shushan the Palace" of Esther, in 1849—1852, under the Orders of Major-General Sir W. F. Williams of Kars, and also of the Assyrian Excavation Fund in 1853—4. London 1857. XVI, 436 pp. 8. 12 s.

31 *Idem.* Warkah: its Ruins and Remains: Transs. of the Royal Soc. of Litterature, VI, 1859, 1—64. 4 s. 6 d.

32 Expédition scientifique en Mésopotamie, exécutée par Ordre du Gouvernement de 1851 à 1854 par MM. *Fulgence Fresnel*, *Félix Thomas* et *Jules Oppert*, publiée sous les auspices de son Excellence M. le ministre de l'État par *Jules Oppert.* Tome I: Relation du voyage et résultats de l'expédition. Paris 1863. III, 370 pp. 4. Tome II vid. num. 84. Atlas de 21 planches. fol. Tome I. II et Atlas fr. 125. £ 7 10 s. (Trübner).

33 *George Smith.* Assyrian Discoveries; an Account of Explorations and Discoveries on the Site of Nineveh, during 1873 and 1874. With Illustrations. London 1875. XVI, 461 pp. 8. M. 12—20. 18 s. (Trübner).

34*Hormuzd Rassam.* Excavations and Discoveries in Assyria (read 4. Nov., 1879): TSBA VII, 1882, 37—58. (Etiam seorsum). — Cf. num. 108.

35*Idem.* Recent Assyrian and Babylonian Research: being a Paper read (on February 2nd, 1880) before the Victoria Institute, or Philosophical Society of Great Britain. London. Seventh edition. 38 pp. 8.

36*Idem.* Recent Discoveries of Ancient Babylonian Cities: TSBA VIII, 1885, 172—197.

37*Theo. G. Pinches.* The Antiquities found by Mr. H. Rassam at Abu-Habbah (Sippara): TSBA VIII, 1885, 164—171.

38*Delauney.* Les fouilles de M. de Sarzec dans la Mésopotamie: Journal officiel 1881.

39*Léon Heuzey.* Les fouilles de Chaldée. Communication d'une lettre de M. de Sarzec: RA XLII, 1881, novembre. (Seorsum: Paris 1882. 18 pp. 8). Cf. ibid. 1881, juillet, p. 56.

40*George Perrot.* Les fouilles de M. de Sarzec en Chaldée: Revue des deux Mondes, 1er octobre 1882, LIII, 525—565.

Vide etiam num. 117.

41*W. St. Chad Boscawen.* The Monuments and Inscriptions on the Rocks at Nahr-el-Kelb: TSBA VII, 1882, 331—352.

42*Eberhard Schrader.* Die Keilinschriften am Eingange der Quellgrotte des Sebeneh-Su: Abhh. d. K. Preuss. Acad. d. Wiss. zu Berlin 1885. (Seorsum: Berlin 1885. 31 pp. 4. Mit 1 Tafel. M. 3).

43*Francis Brown.* The Wolfe Exploring Expedition to Babylonia: Presbyterian Review 1886 (Jan.), 155—159.

44The American Expedition to Mesopotamia: Ac 1886 (Nr. 736), 421—422.

45*Joachim Ménant.* L'expédition Wolfe en Mésopotamie: RA VIII, 1886, 233—238.

46*William Hayes Ward.* Report on the Wolfe Expedition to Babylonia 1884—85. Boston (Archaeological Institute of America) 1886. 33 pp. 8.

47*Idem.* On Recent Explorations in Babylonia: Johns Hopkins University Circulars Nr. 49, May 1886.

48*Ad. Erman.* Der Thontafelfund von Tell-Amarna: Sitzungsberr. der Kgl. Preuss. Ak. d. Wiss. zu Berlin, XXIII, 1888. 7 pp.

Cf.:

49*Theo. G. Pinches.* Assyrian Antiquities. Guide to the Kouyunjik Gallery. With four Autotype Plates. Printed by Order of the Trustees. British Museum, London 1883. IV, 199 pp. 8. (1 s. 6 d., nunc) 4 d.

50*Idem.* Assyrian Antiquities. Guide to the Nimroud Central Saloon. Printed by Order of the Trustees. British Museum, London 1886. XI, 128 pp. 8. 4 d.

B. DE INITIIS AC PROGRESSIBUS EXPLICATIONIS:

a) *scripturae cuneatae monumentorum persicorum.*

51 *Georg Friedrich Grotefend.* Praevia de cuneatis quas vocant inscriptionibus persepolitanis legendis et explicandis relatio [praelecta est 4. Sept. 1802]: GGA 1802, 1481—87. — Cf.:

52 *Idem.* Über die Erklärung der Keilschriften, und besonders der Inschriften von Persepolis: Beilage I der 1. Abth. des 1. Bandes von *A. H. L. Heeren.* Ideen über die Politik, den Verkehr und den Handel der vornehmsten Völker der alten Welt. 3. Aufl. Göttingen 1815. S. 564—603.

53 *Eug. Burnouf.* Mémoire sur deux inscriptions cunéiformes trouvées près d'Hamadan. Paris 1836. VII, 198 pp. 4. Cum 5 tabulis. 12 s. (Trübner).

54 *Christian Lassen.* Die altpersischen Keil-Inschriften von Persepolis. Entzifferung des Alphabets und Erklärung des Inhalts. Nebst geographischen Untersuchungen über die Lage der im Herodoteischen Satrapien-Verzeichnisse und in einer Inschrift erwähnten altpersischen Völker. Bonn 1836. Mit 2 Inschriftentaff. 8. M. 2—4.

55 *G. F. Grotefend.* Neue Beiträge zur Erläuterung der persepolitanischen Keilschrift nebst einem Anhange über die Vollkommenheit der ersten Art derselben. Mit 4 Steintafeln. Hannover 1837. 48 pp. 4.

56 Major *H. C. Rawlinson.* The Persian Cuneiform Inscription at Behistun decyphered and translated; with a Memoir on Persian Cuneiform Inscriptions in general, and on that of Behistun in particular: JRAS X, 1847, LXXI, 349 pp. 8. With 8 folding Plates. £ 2 10 s. (Trübner).

57 *Edward Hincks.* On the First and Second Kinds of Persepolitan Writing (read June 9th, 1846): TRIA XXI, 1848. Polite Lit., 114—131.

58 *H. C. Rawlinson.* Note on the Persian Inscriptions at Behistun: JRAS XII, 1850, I—XXI.

59 *Theodor Benfey.* Die persischen Keilinschriften mit Übersetzung und Glossar. Leipzig 1847. 97 pp. 8.

60 *J. Oppert.* Das Lautsystem des Altpersischen. Berlin 1847. 56 pp. 8. 8 s. (Trübner).

61 *Idem.* Mémoire sur les inscriptions achéménides [etiam: des Achéménides], conçues dans l'idiome des anciens Perses: JA. IV Sér., XVII, 1851, 255—296. 378—430. 534—591. XVIII, 1851, 56—83. 322—366. 553—584. XIX, 1852, 140—215.

62*Friedrich Spiegel.* Die altpersischen Keilinschriften. Im Grundtext mit Übersetzung, Grammatik und Glossar. 2. vermehrte Auflage. Leipzig 1881. VIII, 246 pp. 8. M. 9. (pp. 133—148: Kurze Geschichte der Entzifferung). (1. Aufl. Leipzig 1862).

Cf.:

63Inscriptiones Palaeo-Persicae Achaemenidarum, quot hucusque repertae sunt ad apographa viatorum criticasque Chr. Lassenii, Th. Benfeyi, J. Oppertii nec non Fr. Spiegelii editiones archetyporum typis primus edidit et explicavit, commentarios criticos adjecit glossariumque comparativum Palaeo-Persicum subjunxit *Cajetanus Kossowicz.* Petropoli 1872. 8. fr. 40. £ 3 (Trübner).

64*Joachim Ménant.* La stèle de Chalouf. Essai de restitution du texte perse: Recueil de travaux relatifs à la philologie et à l'archéologie égyptiennes et assyriennes IX, livr. 3/4. (Seorsum: Paris 1887. 27 pp. Cum 1 tabula).

b) scripturae cuneatae monumentorum babylonicorum et assyriacorum.

65*Isidore Loewenstern.* Essai de déchiffrement de l'écriture assyrienne pour servir à l'explication du monument de Khorsabad. Paris 1845. 36 pp. 8. Cum 3 tabulis. fr. 5.

66*Idem.* Exposé des éléments constitutifs du système de la troisième écriture cunéiforme de Persépolis. Paris et Leipsic 1847. 101 pp. 8. (fr. 10). M. 5. 7 s. 6 d. (Trübner).

67*H. A. P. de Longpérier.* Lettre à M. Isidore Loewenstern sur les inscriptions cunéiformes de l'Assyrie (20. sept. 1847): RA IV. année, 2. partie (oct. 1847—mars 1848), 501—507.

68*E. Hincks.* On the three Kinds of Persepolitan Writing, and on the Babylonian Lapidary Characters (read 30. Nov., and 14. Dec., 1846): TRIA XXI, 1848. Polite Lit. 233—248. (Seorsum: Dublin 1847).

69*Idem.* On the Third Persepolitan Writing, and on the Mode of expressing Numerals in Cuneatic Characters (read 11. Jan., 1847): TRIA XXI, 1848. Polite Lit., 249—256.

70*P. E. Botta.* Mémoire sur l'écriture cunéiforme assyrienne: JA. IV Sér., IX, 1847, 373—391. 465—505. X, 1847, 121—148. 207—229. 296—324. 444—472. XI, 1848, 242—273. (Seorsum: Paris 1848. 197 pp. 8. fr. 5. M. 3.50).

71*F. de Saulcy.* Recherches sur l'écriture cunéiforme du système assyrien [vel: .... cunéiforme assyrienne]. Inscriptions des Achéménides. Mémoires autographiés (14. Sept. et 27. Nov. 1849). Paris 1849. 44 et 61 pp. 4.

[72] *Idem.* Sur les inscriptions assyriennes de Ninive. (Khorsabad, Nimroud, Koioundjouk): RA VI. année. (Seorsum: Paris 1850. 23 pp. 8. Cum 2 tabulis).

[73] *E. Hincks.* On the Khorsabad Inscriptions (read 25. June 1849): TRIA XXII, Part II, 1850. Polite Lit., 3—72. (Seorsum: Dublin 1850. 72 pp. 4. 12 s.).

[74] *H. C. Rawlinson.* A Commentary on the Cuneiform Inscriptions of Babylonia and Assyria, including Readings of the Inscription on the Nimrud Obelisk, and a Brief Notice of the Ancient Kings of Nineveh and Babylon. London 1850. 83 pp. 8. Cf.: Notes on the Inscriptions of Assyria and Babylonia (read on 19th January and 16th February 1850): JRAS XII, 1850, 401—483. 2 s. 6 d. (Trübner).

[75] *Idem.* Memoir on the Babylonian and Assyrian Inscriptions: JRAS XIV, Part I, 1851. CIV, 32 pp. and 16 folding Sheets. 6 s. (Trübner). [Partes hujus commentationis inscriptae sunt: Inscriptions of Behistun and detached Inscriptions at Nakhsh-i-Rustam; Indiscriminate List of Babylonian and Assyrian Characters; (pp. I—CIV:) Analysis of the Babylonian Text at Behistun.]

[76] *G. F. Grotefend.* Bemerkungen zur Inschrift eines Thongefässes mit babylonischer Keilschrift. Nebst zwei Steindrucktafeln [continentes textum originalem ejus inscriptionis Nebucadnezaris quae Neb. Grot. signatur]. Göttingen 1848. 18 pp. 4. (Aus dem IV. Bd. der Abhh. d. Kgl. Ges. d. Wiss. zu Göttingen).

[77] *Idem.* Bemerkungen zur Inschrift eines Thongefässes mit ninivitischer Keilschrift. Nebst 3 Steindrucktafeln: Abhh. der Kgl. Ges. d. Wiss. zu Göttingen, IV, 1850. Cf.: Nachträge zu den Bemerkungen über ein niniv. Thongefäss, ibid. 1850.

[78] *E. Hincks.* On the Assyro-Babylonian Phonetic Characters (read 24. May, 1852): TRIA XXII, Part IV, 1853. Polite Lit., 293—370. (Etiam seorsum: A List of Assyro-Babylonian Characters with their Phonetic Values. Dublin 1852. 4.).

[79] *G. F. Grotefend.* Erläuterung der Keilinschriften babylonischer Backsteine mit einigen anderen Zugaben und einer Steindrucktafel. Hannover 1852. 4. Mit 1 Tafel. M. 1.

[80] *Idem.* Die Tributverzeichnisse des Obelisken aus Nimrud nebst Vorbemerkungen über den verschiedenen Ursprung und Charakter der persischen und assyrischen Keilschrift und Zugaben über die babylonische Current- und medische Keilschrift. Mit 2 lithogr. und 3 gedr. Tafeln: Abhh. d. Kgl. Ges. d. Wiss. zu Göttingen, V, 1852. 94 pp. 4. M. 2.

[81] *Idem.* Erläuterung einer Inschrift des letzten assyrisch-babylonischen Königs aus Nimrud, mit 3 anderen Zugaben und einer Steindrucktafel. Hannover 1853.

82*Idem.* Erläuterung der babylonischen Keilinschriften aus Behistun. Göttingen 1853. 4. Cum 1 tabula. M. 1.

83*F. de Saulcy.* Traduction de l'inscription assyrienne de Behistoun: JA. V Sér., III, 1854, 93—160.

84*Jules Oppert.* Expédition scientifique en Mésopotamie (vid. num. 32). Tome II: Déchiffrement des inscriptions cunéiformes. Paris 1859. II, 366 pp. 4. Compendiose scribimus: ***E. M. II.***

85*Joachim Ménant.* Les noms propres assyriens. Recherches sur la formation des expressions idéographiques. Paris 1861. 64 pp. 8. M. 4.

86*E. Hincks.* On the Polyphony of the Assyrio-Babylonian Cuneiform Writing. A Letter to Professor Renouf. Dublin 1863. 58 pp. 8. (From the Atlantis, Vol. IV).

Cf. ad B, a et b:

87*J. Ménant.* Les écritures cunéiformes. Exposé des travaux qui ont préparé la lecture et l'interprétation des inscriptions de la Perse et de l'Assyrie. 2. édit. 2 parties. Paris 1864. 310 pp. 8. (fr. 30). fr. 15. 15 s.

88*Idem.* Leçons d'épigraphie assyrienne, professées aux cours libres de la Sorbonne pendant l'année 1869. Paris 1873. VIII, 115 pp. 8. fr. 6.

89*Fr. Spiegel.* Geschichte der Entzifferung der Keilschrift: Ausland 1865 (Nr. 18, 6. Mai), 409—420.

90*Wellhausen.* Über den bisherigen Gang und den gegenwärtigen Stand der Keilentzifferung: Rhein. Mus. f. Phil., N. F., XXXI, 1876, 153—175.

Cf. ad A et B:

91*Fr. Kaulen.* Assyrien und Babylonien nach den neuesten Entdeckungen. 3. Aufl. Mit Titelbild, 78 in den Text gedruckten Holzschnitten, 6 Tonbildern, einer Inschrifttafel und zwei Karten. Freiburg im Breisgau 1885. X, 266 pp. 8. M. 6. (pp. 19—132).

92*Fritz Hommel.* Geschichte Babyloniens und Assyriens. Mit Abbildungen und Karten. Berlin 1885 ff. pp. 58—134.

93*J. Ménant.* Les langues perdues de la Perse et de l'Assyrie. Rouen: Perse, 1885. XI, 172 pp. Assyrie, 1886. XVI, 340 pp. 8.

c) collectiones signorum quibus scriptura utitur.

94*George Smith.* The Phonetic Values of the Cuneiform Characters. London 1871. 23 pp. 8.

95*J. Ménant.* Le Syllabaire Assyrien. Exposé des éléments du système phonétique de l'écriture anarienne. (Extr. du tome VII, I Sér., 1re et 2e partie, des Mémoires présentés par divers savants à l'Académie des Inscriptions et Belles-lettres). Paris: I. partie, 1869. IV, 455 pp. II. partie, 1873. IV, 462 pp. 4. (fr. 60). M. 25.

96a*Ed. de Chossat.* Essai d'une classification du syllabaire assyrien: Moderne-archaïque, Babylonien-Ninivite. Paris 1873. 93 pp.

96b*Idem.* Classification des caractères cunéiformes, babyloniens et ninivites. Paris [sine anno]. 261 pp. 4.

97*Idem.* Répertoire assyrien. Traduction et lecture. Lyon 1879. VIII, 184 pp. et 204 pp. lithogr. 4. M. 25.

98*Idem.* Répertoire sumérien (accadien). Lyon 1882. VI, 217 pp.

99*Eb. Schrader.* Assyrisches Syllabar für den Gebrauch in seinen Vorlesungen zusammengestellt. Mit den Jagdinschriften Asurbanipals in Anlage. Berlin 1880. 8 pp. 4. M. 1.50.

Vide etiam num. 110. 112. 127 et 143.

100*A. Amiaud* et *L. Méchineau.* Tableau comparé des écritures babylonienne et assyrienne, archaiques et modernes, avec classement des signes d'après leur forme archaïque. Paris 1887. XVI, 148 pp. 8. (fr. 15). fr. 12.75.

101*Rudolph E. Brünnow.* A classified List of all Simple and Compound Cuneiform Ideographs occurring in the Texts hitherto published, with their Assyro-Babylonian Equivalents, Phonetic Values etc. Leyden: Part I. II. 1887. 400 pp. 4.

Cf.:

102*W. Houghton.* On the Hieroglyphic or Picture Origin of the Characters of the Assyrian Syllabary: TSBA VI, 1879, 454—483.

C. EDITIONES TEXTUUM.

Vide num. 75 et 84.

103*P. E. Botta.* Monument de Ninive (vid. num. 20). Voll. III. IV: Inscriptions. Paris 1849.

104Inscriptions in the Cuneiform Character, from Assyrian Monuments, discovered by *A. H. Layard.* London, printed by Harrison and Son, 1851. 98 plates. fol. M. 20. Compendium: **Lay.**

105The Cuneiform Inscriptions of Western Asia. London. 5. Vols. Vol. I. A Selection from the Historical Inscriptions of Chaldaea, Assyria, and Babylonia. Prepared for publication by Major-General *Sir H. C. Rawlinson,* assisted by *Edwin Norris;* lithographed by *R. E. Bowler.* 1861. 70 tabulae. [Non jam venale].

Vol. II. A Selection from the Miscellaneous Inscriptions of Assyria. Prepared for publication, under the Direction of the Trustees of the British Museum, by Major-General *Sir H. C. Rawlinson*, assisted by *Edwin Norris*; lithographed by *R. E. Bowler.* 1866. 70 tabulae. M. 20. Vol. III. .... assisted by *George Smith* .... 1870. 70 tabulae. Vol. IV. 1875. [Initio anni 1889 denuo edetur]. Vol. V. .... assisted by *Theophilus G. Pinches*; lithographed by *J. Jankowsky.* 1880 (tabulae 1—35). [Non jam venale.] 1884 (tabulae 36—70). M. 10.60. Compendium: **I R, II R** etc. [secundum alios: W. A. I.]

106 *J. Oppert* et *J. Ménant.* Les Fastes de Sargon, roi d'Assyrie (721 à 703 av. J.-Ch.), traduits et publiés d'après le texte assyrien de la grande inscription des salles du palais de Khorsabad. Paris 1863. fol. (fr. 15). M. 20. £ 1 10 s. (Trübner). (Extr. du JA. VI Sér., I, 1863, 5—26. II, 1863, 475—517. III, 1864, 5—62. 168—201. 209—265. 373—415: *O.* et *M.* Grande inscription du palais de Khorsabad, publiée et commentée. 8. 15 s. (Trübner). Compendium: **Khors.**

107 *François Lenormant.* Choix de textes cunéiformes inédits ou incomplétement publiés jusqu'à ce jour. 3 fasc. Paris 1873—1875. 270 pp. 4. fr. 15. M. 12.

108 *Theo. G. Pinches.* The Bronze Gates discovered by Mr. Rassam at Balawat (read 5. Nov., 1878): TSBA VII, 1882, 83—118.

109 The Bronze Ornaments of the Palace Gates of (vel: from) Balawat. (Shalmanaser II., B. C. 859—825.) Edited, with an Introduction, by *Samuel Birch*, with Descriptions and Translations by *Theophilus G. Pinches.* Parts I—IV. London 1880—1882. 72 tabulae. fol. £ 1 10 s. each part. M. 120.

110 *Paul Haupt.* Akkadische und sumerische Keilschrifttexte nach den Originalen im Britischen Museum copirt. 4 Lieferungen. Leipzig 1881—1882. 220 pp. 4. M. 36. [Fasciculus quintus nondum editus est.] (Assyriologische Bibliothek, hrsgn. von Friedr. Delitzsch und Paul Haupt, Bd. I). Compendium: **ASKT.**

111 *Eb. Schrader.* Die Sargonsstele des Berliner Museums: Abhh. d. Kgl. Akad. d. Wiss. zu Berlin 1881. Mit 2 Tafeln. (Seorsum: Berlin 1882. 36 pp. 4. M. 3).

112 *Theo. G. Pinches.* Texts in the Babylonian Wedge-Writing, autographed from the Original Documents. With a List of Characters and their Meanings. Part I. Texts in the Assyrian Language only, from the Royal Library at Nineveh. London 1882. V, 20 pp. 8. 4 s. 6 d. Compendium: **Pinches, *Texts.***

113 *Carl Bezold.* Die Achämenideninschriften. Transcription des babylonischen Textes nebst Übersetzung, textkritischen Anmerkungen und einem Wörter- und Eigennamenverzeichnisse. Mit

dem Keilschrifttexte der kleineren Achämenideninschriften, autographirt von *Paul Haupt*. Leipzig 1882. XVI, 96 pp. 4. M. 24. (Assyriol. Bibl., Bd. II).

114*J. N. Strassmaier*. Die altbabylonischen Verträge aus Warka. (Mit einer autographischen Beilage): Verhandlungen des V. internationalen Orientalisten-Congresses, gehalten zu Berlin im Sept. 1881. Zweiter Theil, I. Hälfte. Berlin 1882, 315—364, nebst 144 autographirten pp. (Etiam seorsum. M. 4).

115*D. G. Lyon*. Keilschrifttexte Sargon's, Königs von Assyrien (722—705 v. Chr.). Nach den Originalen neu herausgegeben, umschrieben, übersetzt und erklärt. Leipzig 1883. XVI. 93 pp. 4. M. 24. (Assyriol. Bibl., Bd. V).

116*Paul Haupt*. Das babylonische Nimrodepos. Keilschrifttext der Bruchstücke der sog. Izdubarlegenden mit dem keilinschriftlichen Sintfluthberichte nach den Originalen im Britischen Museum copirt und herausgegeben. Abth. I, den Keilschrifttext der ersten 10 Tafeln enth. Leipzig 1884. 78 pp. 4. M. 20. (Assyriol. Bibl., Bd. III, 1). Compendium: **Nimr. Ep.**

117*Ernest de Sarzec*. Découvertes en Chaldée: Ouvrage accompagné de planches. Publié par les soins de *Léon Heuzey*. Sous les Auspices du Ministère de l'Instruction publique et des Beaux-Arts. Paris: 1. livraison 1884. 2. livr. 1887.

118*J. N. Strassmaier*. Die babylonischen Inschriften im Museum zu Liverpool nebst anderen aus der Zeit von Nebukadnezzar bis Darius: tiré du Vol. II des Travaux de la 6e session du Congrès international des Orientalistes à Leide. Leide 1885. 56 + 176 pp. 8. M. 18. Compendium: **Str. I.**

119Collection de Clercq. Catalogue méthodique et raisonné. Antiquités assyriennes. Cylindres orientaux, cachets, briques, bronzes, bas-reliefs, etc. publiés par M. *de Clercq* avec la collaboration de M. *J. Ménant*. 3 livraisons. Paris 1885 ss. fol. fr. 60.

120*J. F. X. O'Conor*. Cuneiform Text of a recently discovered Cylinder of Nebuchadnezzar. With 12 plates of Cuneiform Text. With Transcription and Translation. Woodstock 1885. 53 pp. M. 7.50.

121*J. A. Craig*. Throne-Inscription of Salmanassar II.: Hebraica II (Nr. 3, April 1886), 140—146. Vide num. 191.

122*H. Pognon*. Les inscriptions babyloniennes du Wadi Brissa. Ouvrage accompagné de 14 planches. (Bibliothèque de l'École des hautes études, 71. fasc.). Paris 1887. II, 199 pp. 8. (fr. 12). fr. 9.60. M. 10.

123*Samuel Alden Smith*. Die Keilschrifttexte Asurbanipals, Königs von Assyrien (668—626 v. Chr.) nach dem in London copirten Grundtext mit Transcription, Übersetzung, Kommentar und vollständigem Glossar. Heft II. Neue Bautexte, unveröffentlichte

Briefe und Depeschen mit Originaltextausgabe u. s. w. Leipzig 1887. IV, 99 pp. 8. Mit 23 Seiten Keilschriftdruck. M. 12. Compendium: **Asurb. S. A. Sm. II.**

124*Idem.* Miscellaneous Assyrian Texts of the British Museum, with Textual Notes. Leipzig 1887. VII, 16 pp., 28 tabulae. 8. M. 7.

125*J. N. Strassmaier.* Babylonische Texte. Inschriften von Nabonidus, König von Babylon (558—538 v. Chr.), von den Thontafeln des britischen Museums copirt und autographirt. Enthaltend 1134 Inschriften mit 5 Registern. Leipzig 1889. (Heft I. II 1887. III 1888. IV 1889). X, 68 + 640 pp. (M. 48). M. 43.20. Compendium: **Str. II.**

126*Theo. G. Pinches.* The Babylonian Chronicle: JRAS. N. S., XIX, 1887, 655—681.

Cf.:

127*Friedrich Delitzsch.* Assyrische Lesestücke nach den Originalen theils revidirt, theils zum ersten Male herausgegeben nebst Paradigmen, Schrifttafel, Textanalyse und kleinem Wörterbuch zum Selbstunterricht wie zum akademischen Gebrauch. 3., durchaus neu bearbeitete Auflage. Leipzig 1885. XVI, 148 pp. kl. fol. M. 30. (2. Aufl. 1878. VIII, 107 pp. M. 24). Compendium: **AL**[3].

Vide etiam num. 143. 148. 157.

D. LIBRI GRAMMATICI ET COMMENTATIONES GRAMMATICAE.

128*E. Hincks.* On the Personal Pronouns of the Assyrian and other Languages, especially Hebrew (read 26. June, 1854): TRIA XXIII, Part II, 1859. Polite Lit., 3—10.

129*Idem.* On Assyrian Verbs: Journal of Sacred Literature and Biblical Record. Nr. II, July 1855, 381—393. Nr. III, Oct. 1855, 141—162. Nr. V, April 1856, 152—171. July 1856, 392—403. London 1855—1856.

130*J. Oppert.* Éléments de la grammaire assyrienne. Paris 1860. (Extr. du JA. V Sér., XV, 97—130. 338—398). — Duppe Lisan Assur. Éléments de la grammaire assyrienne. Seconde édition considérablement augmentée. Paris 1868. XXII, 126 pp. 8. (fr. 6). fr. 3.35.

131*J. Olshausen.* Prüfung des Charakters der in den assyrischen Keilinschriften enthaltenen semitischen Sprache: Abhh. der Kgl. Akad. d. Wiss. zu Berlin 1864, 475—496. (Seorsum: Berlin 1865. 4. M. 0.80).

132 *E. Hincks.* Specimen Chapters of an Assyrian Grammar: JRAS. N. S. II, 1866, 480—519. (Seorsum: London 1866. 40 pp. 8. 1 s.).

133 *J. Ménant.* Exposé des éléments de la grammaire assyrienne. Imprimé par Ordre de S. M. L'empereur à l'Imprimerie Impériale. Paris 1868. IV, 392 pp. 8. (fr. 15). M. 8—15. fr. 10 (Welter).

134 *Eb. Schrader.* Die assyrisch - babylonischen Keilinschriften. Kritische Untersuchung der Grundlagen ihrer Entzifferung: ZDMG XXVI, 1872, 1—392. (Etiam seorsum: Leipzig 1872. £ 1. (Trübner)). Compendium: **ABK.**

135 *A. H. Sayce.* An Assyrian Grammar for Comparative Purposes. London 1872. XVI, 188 pp. 8. 7 s. 6 d. (Trübner).

136 *Idem.* An Elementary Grammar; with Full Syllabary and Progressive Reading Book, of the Assyrian Language in the Cuneiforme Type. London 1875. VI, 129 pp. 4. 9 s.

137 *Idem.* Lectures upon the Assyrian Language and Syllabary. London 1877. VIII, 157 pp. 4. 9 s. 6 d. (Trübner).

138 *Idem.* The Tenses of the Assyrian Verb: JRAS. N. S., IX, 1877, 22-58.

139a *Eb. Schrader.* Über die Aussprache der Zischlaute im Assyrischen: Abhh. der Kgl. Akad. d. Wiss. zu Berlin, vom 5. März 1877. — Cf. ZDMG XXVI, 195 f. Jenaer Literaturzeitung 1874, Nr. 15; *B. Stade.* Erneute Prüfung des zwischen dem Phönikischen und Hebräischen bestehenden Verwandtschaftsgrades, p. 181 ff. Anm. in: Morgenländische Forschungen, Leipzig 1875; *F. Philippi.* Das Zahlwort zwei im Semitischen: ZDMG XXXII, 21 ff. (24—32).

139b *Idem.* Zur Frage nach der Aussprache der Zischlaute im Babylonisch-Assyrischen: ZK I, 1884, 1—18. — Cf. *St. Guyard.* Quelques remarques sur la prononciation et la transcription de la chuintante et de la sifflante en Assyrie: ibid. 27—31.

140 *Fritz Hommel.* Zwei Jagdinschriften Asurbanibal's nebst einem Excurs über die Zischlaute im Assyrischen wie im Semitischen überhaupt. Mit einer photolithographischen Abbildung. Leipzig 1879. VIII, 63 pp. 8. (M. 5.60). M. 3—3.50. Cf. *Fr. Philippi* Zeitschr. f. Völkerpsychol. u. Sprachw. XIII, 143—165. *Paul Haupt* ZDMG XXXIV, 1880, 757—763.

141 *Paul Haupt.* The Oldest Semitic Verb-Form: JRAS. N. S., X, 1878, 244—252.

142 *Idem.* Die sumerischen Familiengesetze in Keilschrift, Transcription und Übersetzung, nebst ausführlichem Commentar und zahlreichen Excursen. Eine assyriologische Studie. Leipzig 1879. VIII, 75 pp. 4. M. 12. Compendium: **SFG.**

Vide etiam 178.

143 *J. Ménant.* Manuel de la langue assyrienne. I. Le syllabaire. II. La grammaire. III. Choix de lectures. Imprimé par

Autorisation du Gouvernement à l'Imprimerie Nationale. Paris 1880. V, 383 pp. 8. 18 s. (Trübner).

144*Theo. G. Pinches.* Papers upon Assyrian Grammar: PSBA (Nov. 7, 1882) V, 1883, 21—31. (Jan. 8, 1884) VI, 1884, 62—67.

145*P. Haupt.* Beiträge zur assyrischen Lautlehre: Nachrichten v. d. Kgl. Ges. d. Wiss. und der Georg-Augusts-Univ. zu Göttingen 1883, 25. April, Nr. 4, 85—115.

146a*Idem.* Assyrian Phonology, with Special Reference to Hebrew: Hebraica I, 1885, 175—181.

146b*Idem.* Wâteh-ben-Hazael, Prince of the Kedarenes about 650 B. C.: Hebraica I, 1885, 217—231. (Seorsum: Chicago 1885).

146c*Idem.* On the Etymology of *Mûtnînû*: Hebraica II (Nr. 1, Oct. 1885), 4—6.

147*J. F. McCurdy.* The Semitic Perfect in Assyrian: Travaux de la 6e session du Congrès international des Orientalistes à Leide I, 507—534. (Seorsum: Leiden 1885. 25 pp. M. 1.50).

Vide etiam num. 122.

148*D. G. Lyon.* An Assyrian Manual for the Use of Beginners in the Study of the Assyrian Language. Chicago 1886. XLV, 138 pp. 8. 21 s.

149*E. Müller.* Grammatische Bemerkungen zu den Annalen Asurnaṣirpals: ZA I, 1886, 349—379.

150*P. Haupt.* On the Etymology of *nekasim*: Hebraica III (Nr. 2, Jan. 1887), 107—110.

151*Idem.* On the Pronunciation of *tr* in Old Persian: Johns Hopkins University Circulars, Nr. 58, Aug. 1887.

152*Idem.* Über den Halbvocal *u̯* im Assyrischen: ZA II, 259—286.

153*Idem.* The Assyrian *e*-Vowel. A Contribution to the Comparative Phonology of the Assyro-Babylonian Language: Americ. Journ. of Phil. VIII, 1887, 265—291. (Seorsum: Baltimore 1887. 29 pp. 8.). [Hac commentatione nituntur quae in §§ 32—35 exposuimus.]

154*J. Barth.* Das Nominalpräfix *na* im Assyrischen: ZA II, 1887, 111—117.

155*Idem.* Das semitische Perfect im Assyrischen: ZA II, 375—386.

156*Idem.* Verschiebung der Liquidae im Assyrischen: ZA III, 57—61.

157*Brutto Teloni.* Crestomazia assira con paradigmi grammaticali: Publicazioni della Società Asiatica Italiana. Vol. I. Roma-Firenze-Torino 1887. IV, 144 pp. 8. L. 10. M. 9.

158*Eb. Schrader.* Zur Aussprache der Zeichen *a-a* und *ia* im Babylonisch-Assyrischen: ZA III, 1—16.

159*George Bertin.* Abridged Grammars of the Languages of the Cuneiform Inscriptions containing I. A Sumero-Akkadian Grammar (pp. 1—26). II. An Assyro-Babylonian Grammar (pp. 27—69). III. A Vannic Grammar. IV. A Medic Grammar. V. An Old Persian Grammar. London 1888. VIII, 117 pp. 8. 5 s.

E. TRANSLATIONES ET INTERPRETATIONES TEXTUUM.

Vide num. 81.

160 *J. Oppert.* Études assyriennes. Inscription de Borsippa, relative à la restauration de la Tour des langues, par Nebuchodonozor: JA. V Sér., IX, 1857, 125—209. 490—548. X, 1857, 168—226.

161 Comparative Translations, by *W. H. Fox Talbot*, *E. Hincks*, *Oppert*, and *Sir Henry C. Rawlinson*, of the Inscription of Tiglath Pilesar I: JRAS XVIII, 1861, 150—219. (Seorsum: Inscription of Tiglath Pileser I., King of Assyria, B. C. 1150, as translated by *Sir H. Rawlinson*, *Fox Talbot*, Dr. *Hincks*, and Dr. *Oppert*. London. Published by the Royal Asiatic Society. 73 pp. 8. 2 s.).

162 *J. Oppert.* Les inscriptions assyriennes des Sargonides et les fastes de Ninive: Versailles 1862. 60 pp. 8. fr. 1.50. (Extr. des Annales de philosophie chrétienne, V Sér., VI, 1862).

Vide etiam num. 32 (tome I).

163 *J. Ménant.* Inscriptions de Hammourabi, roi de Babylone (XVIe siècle avant J.-C.), traduites et publiées avec un commentaire à l'appui. Paris 1863. 12 tabulae, 80 pp. 8. fr. 10. M. 7—10.

164 *J. Oppert.* Grande inscription de Khorsabad. Commentaire philologique. Supplément. Paris 1866. 8. 6 s. (Trübner)). Cf. num. 106.

165 *Idem.* Histoire des Empires de Chaldée et d'Assyrie d'après les monuments, depuis l'établissement définitif des Sémites en Mésopotamie (2000 ans avant J.-C.) jusqu'aux Séleucides (150 ans avant J.-C). Versailles 1865. 144 pp. 8. M. 2.25. 4 s. (Trübner). (Extr. des Annales de philos. chrét., V Sér., XI, 1865, 81—112. 165—186).

166 *J. Ménant.* Inscriptions de revers de plaque du palais de Khorsabad, traduites sur le texte assyrien. Paris 1865. 23 pp. fol. (Texte, transcription et traduction). fr. 10. (Extr. du Journal de la Société des Antiquaires, 1865).

167 *J. Oppert.* Les inscriptions commerciales en caractères cunéiformes. Paris 1866. 9 pp. 8. fr. 2. (Extr. de la Revue orientale et américaine, tome VI, 333—341).

168 *Idem.* Les inscriptions de Dour-Sarkayan (Khorsabad); provenant des fouilles de M. Victor Place, déchiffrées et interprétées. Paris 1870. 39 pp. fol. (fr. 30). M. 16.

169 *George Smith.* History of Assurbanipal, translated from the Cuneiform Inscriptions. London 1871. IV, 384 pp. 8. M. 60. £ 2 10 s. (Trübner). Compendium: **Asurb. Sm.**

Vide etiam num. 33 (p. 165 ss.).

170 *J. Ménant.* Annales des rois d'Assyrie traduites et mises en ordre sur le texte assyrien. Paris 1874. XII, 312 pp. 8. fr. 15.

171 *Idem.* Babylone et la Chaldée. Paris 1875. VII, 303 pp. 8. fr. 15.

172 *Eb. Schrader.* Die Höllenfahrt der Istar. Ein altbabylonisches Epos. Nebst Proben assyrischer Lyrik. Text, Übersetzung, Commentar und Glossar. Giessen 1874. 153 pp. 8. (M. 4.) M. 2.80—3.

173 *J. Oppert.* L'immortalité de l'âme chez les Chaldéens. Traduction de la Descente de la déesse Istar (Astarté) aux enfers. Paris 1875. 28 pp. 8. fr. 1.50. (Extr. des Annales de philos. chrét., VIII, 1874).

174 *J. Oppert* et *J. Ménant.* Documents juridiques de l'Assyrie et de la Chaldée. Paris 1877. VIII, 366 pp. 8. fr. 20.

175 *G. Smith.* History of Sennacherib, translated from the Cuneiform Inscriptions. Edited by *A. H. Sayce.* London 1878. IV, 182 pp. 4. Compendium: **Sanh. Sm.**

176 *Reinhart Hörning.* Das sechsseitige Prisma des Sanherib in Grundtext und Übersetzung, nebst Beiträgen zu seiner Erklärung. Leipzig 1878. 32 pp. 4. (Diss.).

177 *A. Delattre.* Les inscriptions historiques de Ninive et de Babylone. Aspect général de ces documents, examen raisonné des versions françaises et anglaises. Paris 1879. 90 pp. 8. 3 s. (Trübner).

178 *H. Pognon.* L'inscription de Bavian. Texte, traduction et commentaire philologique avec trois appendices et un glossaire. Paris 1879—1880. 221 pp. 8. (Trente-neuvième et quarante-deuxième fascicule de la Bibliothèque de l'école des hautes études, publiée sous les auspices du Ministère de l'instruction publique. Sciences philologiques et historiques). (fr. 12). fr. 8.75.

179 *Wilhelm Lotz.* Die Inschriften Tiglathpileser's I. in transscribirtem assyrischem Grundtext mit Übersetzung und Kommentar. Mit Beigaben von *Friedrich Delitzsch.* Leipzig 1880. XVI, 224 pp. M. 20.

180 *Ernest A. Budge.* The History of Esarhaddon (Son of Sennacherib), King of Assyria, B. C. 681—668, translated from the Cuneiform Inscriptions upon Cylinders and Tablets in the British Museum Collection, together with Original Texts, a Grammatical Analysis of each Word, Explanations of the Ideographs by Extracts from the Bi-lingual Syllabaries, and List of Eponyms, etc. London 1880. XII, 163 pp. 8. 10 s.

Vide etiam num. 108. 109. 111. 113. 115.

181 *J. Halévy.* Documents religieux de l'Assyrie et de la Babylonie. Ire partie (seule parue): Texte assyrien (en caractères hébreux), traduction et commentaire. Ire partie contenant le texte complet

et une partie de la traduction et du commentaire. Paris 1882. 144 + 200 pp. 8. M. 8.50.

182 *Hermann Hilprecht.* Freibrief Nebukadnezar's I, Königs von Babylonien (c. 1130 v. Chr.), zum ersten Mal veröffentlicht, umschrieben und übersetzt. Leipzig 1883. XVI, 9 pp. 4. (Diss.).

183 *Johannes Flemming.* Die grosse Steinplatteninschrift Nebukadnezars II. in transscribiertem babylonischen Grundtext nebst Übersetzung und Commentar. Göttingen 1883. VIII, 61 pp. 8. (Diss.). — Cf. *J. Oppert* GGA, 1884, 329—340.

184 *H. Pognon.* Inscription de Mérou-nérar Ier, roi d'Assyrie: JA. VIII Sér., II, 1883, 351—431. III, 1884, 293—335.

185 *P. Jensen.* De Incantamentorum sumerico-assyriorum seriei quae dicitur „*šurbu*" tabula sexta (commentatio philologica): ZK I, 1884, 279—322. II, 1885, 15—61. (Revidierter Separatabdruck: Monachii 1885. 91 pp. 8.).

186 *J. Oppert.* Le poème chaldéen du déluge. Traduit de l'assyrien. Paris 1885. 13 pp.

187 *Idem.* Inscription d'Antiochus I Soter: Mélanges Renier. Recueil de travaux publiés par l'école pratique des hautes études en mémoire de son président Léon Renier. Paris 1886, 217—232. — Cf. *Idem.* L'inscription babylonienne d'Antiochus Soter: Revue d'Assyriologie et d'Archéologie orientale I, 1885, 102—105.

188 *Heinrich Zimmern.* Babylonische Busspsalmen, umschrieben, übersetzt und erklärt. Leipzig 1885. X, 120 pp. 4. M. 30. (Assyriol. Bibl., Bd. VI).

189 *P. Haupt.* The Battle of Halûle, 691 B. C.: Andover Review 1886 (May), 542—547.

190 *H. Winckler.* De inscriptione Sargonis regis Assyriae quae vocatur Annalium. Berolini 1886. 62 pp. 8. (Diss.).

191 *James A. Craig.* The Monolith Inscription of Salmaneser II. (860—824 B. C.) collated, transcribed, translated and explained, together with Text, Transcription, Translation and Explanation of the Throne-Inscription of Salmaneser II. New Haven, Conn., 1887. 32 + 7 pp. 8. (Diss. Lips.).

192 *Victor* et *Eugène Revillout.* Sur le droit de la Chaldée au XXIIIe siècle et au VIe siècle avant notre ère. Appendice du livre: *Eugène Revillout.* Les obligations en droit égyptien comparé aux autres droits de l'antiquité. Paris 1886. pp. 275—530.

193 *Alfred Jeremias.* Die babylonisch-assyrischen Vorstellungen vom Leben nach dem Tode. Nach den Quellen mit Berücksichtigung der alttestamentlichen Parallelen dargestellt. Leipzig 1887. 126 pp. 8. M. 6.

Vid. etiam num. 122.

194 *Robert Francis Harper.* Cylinder A of the Esarhaddon Inscriptions, transliterated and translated, with Textual Notes, from the

Original Copy in the British Museum; together with the hitherto unpublished Texts of Cylinder C. New Haven 1888. IV, 35 pp. 8. (Diss. Lips.).

195 *Theo. G. Pinches.* Inscribed Babylonian Tablets in the Possession of Sir Henry Peek, translated and explained. London 1888. VIII, 36 pp. 4. 3 s.

(196 Cf.: Records of the Past, being English translations of the Assyrian and Egyptian Monuments. Vol. I. III. V. VII. IX. XI. London 1873—1878. (11 vols. fr. 50.)). [Nova editio propediem prodivit.]

F. LEXICOGRAPHIA.

197 *F. de Saulcy.* Lexique de l'inscription assyrienne de Behistoun: JA. V Sér., tome V, 1855, 109—197.

198 *H. Fox Talbot.* Contributions toward a Glossary of the Assyrian Language: JRAS. N. S.: Part. I: Vol. III, 1868, 1—64. Part. II: Vol. IV, 1870, 1—80.

199 *Edwin Norris.* Assyrian Dictionary, intended to further the Study of the Cuneiform Inscriptions of Assyria and Babylonia. London: Part I. 1868. Part II. 1870. Part III. 1872. 1068 pp. 8. (£ 4 4 s.). M. 60. [Opus nonnisi ad NṢT perductum.]

200 *Friedr. Delitzsch.* Assyrische Studien. Heft I. Assyrische Thiernamen mit vielen Excursen und einem assyrischen und akkadischen Glossar. Leipzig 1874. VIII, 190 pp. M. 8.

201 *François Lenormant.* Études sur quelques parties des syllabaires cunéiformes. Essai de philologie accadienne et assyrienne. Paris 1876. XXIV, 329 pp. 8. (fr. 18.) M. 11.

202 *Idem.* Études cunéiformes. Fasc. I—IV. Paris 1878—1879. 64. 56. 111. 150 pp. 8. (Extr. du JA. VII Sér., XI, 1878, et XII, 1879). à fr. 2.50. (IV. fasc. 4 s. (Trübner)).

Vide etiam num. 113. 115. 179.

203 *Stanislas Guyard.* (Mélanges d'Assyriologie:) Notes de lexicographie assyrienne, suivies d'une étude sur les inscriptions de Van. Paris 1883. II, 144 pp. 8. M. 5.

204 *Idem.* Nouvelles notes de lexicographie assyrienne (§ 1—19): JA. VIII Sér., II, 1883, 184—198.

205 *Idem.* Une nouvelle racine assyrienne: *barû*: JA. VIII Sér., III, 1884, 499—517.

206 *Eb. Schrader.* Die Keilinschriften und das Alte Testament. Mit einem Beitrage von *Paul Haupt.* 2. umgearbeitete und sehr vermehrte Auflage. Nebst chronologischen Beigaben, zwei Glossaren, Registern und einer Karte. Giessen 1883. VII, 618 pp. 8. M. 16. Compendium: **KAT.**

Vide etiam num. 127.

207 *J. Halévy.* Notes de lexicographie assyrienne: ZK I, 75—78. 180—184. 262—269.

208 *J. N. Strassmaier.* Alphabetisches Verzeichniss der assyrischen und akkadischen Wörter der Cuneiform Inscriptions of Western Asia Vol. II sowie anderer meist unveröffentlichter Inschriften mit zahlreichen Ergänzungen und Verbesserungen, und einem Wörterverzeichniss zu den in den Verhandlungen des VI. Orientalisten-Congresses zu Leiden veröffentlichten babylonischen Inschriften. Leipzig 1886. IV, 1144 + IV, 66 pp. 4. M. 150. (Assyriol. Bibl., Bd. IV). Compendium: **Strassm.** — Appendix hujus operis etiam seorsum sub titulo:

209 *J. N. Strassmaier.* Wörterverzeichniss zu den babylonischen Inschriften im Museum zu Liverpool nebst anderen aus der Zeit von Nebukadnezar bis Darius, veröffentlicht in den Verhandlungen des VI. Orientalisten-Congresses zu Leiden. Leipzig 1886. IV, 66 pp. 4. M. 8.

210 *Friedr. Delitzsch.* Prolegomena eines neuen hebräisch-aramäischen Wörterbuchs zum Alten Testament. Leipzig 1886. IX, 218 pp. 8. M. 8. Compendium: **Proll.**

Vide etiam num. 122. 148.

211 *Friedr. Delitzsch.* Assyrisches Wörterbuch zur gesammten bisher veröffentlichten Keilschriftliteratur unter Berücksichtigung zahlreicher unveröffentlichter Texte. I. und II. Lieferung. Leipzig 1887—1888. 328 pp. 4. M. 61.50. Compendium: **WB.**

G. SCRIPTIONES PERIODICAE ET COLLECTANEA.

The Athenaeum.

Journal Asiatique.

Journal of the Royal Asiatic Society of Great Britain and Ireland. London: I Ser. 1834—1863 (20 vols.). New Series 1865—1887 (19 vols.).

Journal of Sacred Literature.

Revue Archéologique ou Recueil de documents et de mémoires relatifs à l'étude des monuments, à la numismatique et à la philologie de l'antiquité et du moyen age, publiés par les principaux archéologues français et étrangers. Paris 1844 ss.

Transactions of the Royal Irish Academy.

Transactions of the Royal Society of Litterature of the United Kingdom. London: I Ser. 1827—1842 (3 vols. 4.). II Ser. 1843—1874 (10 vols. 8). [Vol. VII, 1863, et VIII, 1866, continent translationes quas *Talbot* confecit.]

Zeitschrift der Deutschen Morgenländischen Gesellschaft.

Praeter haecce acta commemorentur:

212 Recueil de travaux relatifs à la philologie et à l'archéologie égyptiennes et assyriennes, pour servir de bulletin à la mission française du Caire, publié sous la direction de *G. Maspero.* Vol. I—IX. Paris 1870—1887. 4.

213 Transactions of the Society of Biblical Archaeology. Vol. I—IX. London 1872—1887. [Continent commentationes virorum eruditorum *George Smith, Talbot, Sayce, Lenormant, Pinches, Boscawen, Ernest A. Budge, George Bertin,* aliorum.] Compendium: **TSBA.**

214 Proceedings of the Society of Biblical Archaeology. Vol. I—X. London 1879—1888. Compendium: **PSBA.**

215 Assyriologische Bibliothek, herausgegeben von *Friedrich Delitzsch* und *Paul Haupt.* Bd. I—VI. Leipzig 1881—1885. Vid. num. 110. 113. 116. 208. 115. 188.

216 Mélanges d'Archéologie égyptienne et assyrienne, publiés sous la direction de M. *Mariette Bey.* Paris 1876 ss.

217a Zeitschrift für Keilschriftforschung und verwandte Gebiete, unter Mitwirkung der Herren A. Amiaud und E. Babelon in Paris, G. Lyon in Cambridge-Mass. und Theo. G. Pinches in London herausgegeben von *Carl Bezold* und *Fritz Hommel.* Leipzig: Bd. I. 1884. 365 pp. II. 1885 (Zeitschr. für Keilschriftforschung etc., begründet von *Fritz Hommel,* etc., herausgegeben von *Carl Bezold.* 434 pp. Compendium: **ZK.**

217b Zeitschrift für Assyriologie und verwandte Gebiete in Verbindung mit J. Oppert in Paris, A. H. Sayce in Oxford, Eb. Schrader in Berlin, und Anderen herausgegeben von *Carl Bezold.* Bd. I. 1886. 464 pp. II. 1887. 464 pp. III. 1888. Compendium: **ZA.**

218 *J. Oppert* et *E. Ledrain.* Revue d'Assyriologie et d'Archéologie orientale. Paris: I. 1884—1886. II. 1888.

219 The Babylonian and Oriental Record: a Monthly Magazine of the Antiquities of the East. Director: Prof. *T. de Lacouperie.* Consulting Committee: *Theo. G. Pinches, Wm. C. Capper, W. St. Chad Boscawen,* and Dr. *C. de Harlez.* Assistant Editor: *H. M. Mackenzie.* London: Vol. I (Nr. 1—12), 1887. 210 pp. II, 1888. 244 pp. (Nr. 1—10). 4. Single Numbers 1 s. 6 d., Annual Subscription 12 s. 6 d. [Continet multas commentationes quas *Pinches* scripsit.]

220 *Friedr. Delitzsch* und *P. Haupt.* Beiträge zur Assyriologie und vergleichenden semitischen Sprachwissenschaft. I. Band. Heft 1. Leipzig 1889.

APPENDIX.

a) *Litteratura ad linguam quam vocant sumerico-accadicam.*

221 *A. H. Sayce.* On Accadian Grammar: Journal of Philology, 1870.

222 *Idem.* On an Accadian Seal: ibid. III, 1871.

223 *J. Grivel.* Le plus ancien dictionnaire: Revue de la Suisse catholique 1871 (août). 17 pp. 8.

224 *Fr. Lenormant.* Lettres assyriologiques. II Sér.: Études accadiennes. Tome I. Paris 1873. (1. partie: Introduction grammaticale. 207 pp. 2. partie: Restitution des paradigmes. 143 pp. 3. partie: Répertoire des caractères avec leurs valeurs accadiennes. 151 pp.). 4. fr. 15. Tome II. Paris 1874. (1. partie: Choix de textes avec traduction interlinéaire). 382 pp. 4. fr. 20. Tome III. Paris 1879. (1. livraison: Choix de textes bilingues formant une chrestomathie accadienne. 2. livr., 1880: Glossaire assyrien des mots compris dans les textes qui précèdent). 292 pp. 4. [Opus ab auctore non ad finem perductum.]

Vide num. 201. 202.

225 *J. Oppert.* Études sumériennes. Article II. Sumérien ou rien: JA, may-juin 1875, 442—500. (Seorsum: Paris 1875. 3 s. 6 d. (Trübner)).

226 *Idem.* Sumérien ou Accadien? Paris 1876. 8 pp. 8. fr. 1.

227 *A. H. Sayce.* Accadian Phonology. London 1877. 20 pp.

228 *F. Hommel.* Die neueren Resultate der sumerischen Forschung: ZDMG XXXII, 1878, 177—186.

Vide num. 142.

229 *P. Haupt.* Über einen Dialekt der sumerischen Sprache: Nachrichten v. d. Kgl. Ges. d. Wiss. und der G. A.-Univ. zu Göttingen 1880, 3. Nov., Nr. 17, 513—541.

230a *Idem.* Die sumerisch-akkadische Sprache: Verhandlungen des V. internationalen Orientalisten-Congresses, gehalten zu Berlin im Sept. 1881. Zweiter Theil, I. Hälfte, 249—287. (Seorsum: Berlin 1882).

230b *Idem.* Die akkadische Sprache. Vortrag, gehalten auf dem V. internationalen Orientalisten-Congresse zu Berlin. Mit dem Keilschrifttexte des fünfspaltigen Vocabulars K. 4225 sowie zweier Fragmente der babylonischen Sintfluthérzählung und einem Anhange von *O. Donner* über die Verwandtschaft des Sumerisch-Akkadischen mit den ural-altaischen Sprachen. Berlin 1883. XLIV, 48 pp. 8.

231 *Idem.* The Babylonian „Woman's Language": Americ. Journal of Phil., V, 1, 68—84. Cf. Johns Hopkins University Circulars Vol. III, 1884, Nr. 29, p. 51.

232 *Theo. G. Pinches.* Observations upon the Languages of the Early Inhabitants of Mesopotamia: JRAS. N. S., XVI, 1884, 301—324. (Etiam seorsum: 24 pp.).

Vide etiam num. 185. 188. 159.

233 *A. Amiaud.* L'inscription A de Gudea: ZK I, 1884, 233—256.

234 *Idem.* L'inscription H de Goudêa: ZA II, 1887, 287—298. —

235 *Fr. Lenormant.* Les principes de comparaison de l'Accadien et des langues touraniennes. Paris 1875. Réponse à une critique. 24 pp. 8. fr. 1.50.

236 *F. Hommel.* Die sumero-akkadische Sprache und ihre Verwandtschaftsverhältnisse: ZK I, 1884, 161—178. 195—221. 323—342. (Seorsum: 1884. 70 pp.). — Cf. *J. Halévy* RC 1885, 45—49.

b) *Ad quaestionem an revera existat lingua sumerica.*

237 *Joseph Halévy.* Observations critiques sur les prétendus Touraniens de la Babylonie: JA. VII. Sér., III, 1874, 461—536. (Etiam seorsum).

238 *Eb. Schrader.* Ist das Akkadische der Keilinschriften eine Sprache oder eine Schrift: ZDMG XXIX, 1875, 1—52.

239 *Fr. Lenormant.* La langue primitive de la Chaldée et les idiomes touraniens. Étude de philologie et d'histoire, suivie d'un glossaire accadien. Paris 1875. VII, 455 pp. et 2 planches. 8. fr. 25.

240 *J. Halévy.* La prétendue langue d'Accad est-elle touranienne? Réplique à M. Fr. Lenormant. Paris 1875. 31 pp. 8. 2 s. (Trübner).

241 *Idem.* Recherches critiques sur l'origine de la civilisation babylonienne. Paris 1876. 268 pp. 8. fr. 18. (Extr. du JA, années 1874 et 1876). — Cf. *Schrader*, Jenaer Literaturzeitung 1879 Art. 272.

242 *Idem.* La nouvelle évolution de l'accadisme. Paris 1876. 16 pp. II. partie 1878. 24 pp. 8. fr. 1.

243 *Idem.* Étude sur les documents philologiques assyriens: Mélanges de critique et d'histoire relatifs aux peuples sémitiques, Paris 1883, 241—364.

244 *St. Guyard.* Bulletin critique de la religion assyro-babylonienne. La question suméro-accadienne: Revue de l'histoire des religions, III. année, tome V, 252—278. (Seorsum: Paris 1882. 26 pp. 8).

245 *Idem.* Questions suméro-accadiennes: ZK I, 1884, 96—114.

246 *J. Halévy.* Les nouvelles inscriptions chaldéennes et la question de Sumer et d'Accad: Mélanges de critique et d'histoire, p. 389 —409.

247 *Eb. Schrader.* Zur Frage nach dem Ursprung der altbabylonischen Cultur: Abhh. d. k. Preuss. Akad. d. Wiss. zu Berlin 1883.

(Seorsum: Berlin 1884. 49 pp. 4. M. 3). — Cf. *J. Halévy* RC 1884, 41—48. 61—77.

248 *J. Halévy*. Aperçu grammatical de l'allographie assyro-babylonienne: tiré du Vol. II des Travaux de la 6e session du Congrès international des Orientalistes à Leide. Leide 1884. 34 pp. 8. M. 2.

249 *Idem*. Les monuments chaldéens et la question de Sumir et d'Accad: CR. IV Sér., X, Avril-Juin.

250 *Idem*. La religion des anciens Babyloniens et son plus récent historien M. Sayce: Revue de l'histoire des religions, IX. année, XVII, 169—218. (Seorsum: Paris 1888. 51 pp.).

Verbesserungen.

S. 19 Nr. 25 lies: *narûrûtu.*

S. 25 Nr. 62 „ : *adi* ‚bis'.

S. 26 Nr. 84 sind bei *šarâḳu* und *ḳâšu* die Punkte unter dem *k* nicht genügend zum Ausdruck gekommen.

S. 32 Nr. 152 lies: *kalu, kalâma.*

S. 37 Nr. 227 „ : *Araḫ-šamna* oder *Araḫ-samna* (ebenso S. 106 Z. 12).

S. 41 Z. 5 v. u. wird das ‚nur selten' im Hinblick auf S. 300 f. zu modificiren sein.

S. 55 Z. 13 lies: I R 7.

S. 82 Z. 7 und 10 würden die Ordinalzahlen *rebû, sebû, seššu* besser zu § 34, δ gestellt sein (s. § 76).

S. 86 Z. 11 lies: *etenêpušû* (neben *etanâpušû*) ‚sie machten' (V R 3, 111). Schon in § 104 (S. 288) verbessert.

S. 94 Z. 2 „ : § 90, a, Anm.

S. 94 Z. 5 v. u. streiche *têziz* (= *itêziz*). Das Original bietet *itêziz*; s. Haupt in KAT[2] 60 Anm. 1.

S. 96 Z. 6 streiche das Femininum *šurb-atu.*

S. 99 Z. 11 v. u. streiche das Fragezeichen hinter *rubâi̯-u.*

S. 99 Z. 10 v. u. streiche *šurbû*, weil = *šurbûi̯u.*

S. 103 Z. 1 lies: wechsele.

S. 112 Z. 3 v. u. lies: *seššu* (= *sedšu, sad(u)šu*); gemäss §§ 75. 76.

S. 117 Z. 4 ist ‚Iftaal (?) *itappuṣu*' gemäss §§ 88. 101 zu corrigiren.
S. 121 Z. 9 lies: § 100.
S. 131 Z. 14 „ : für die nicht allzu seltenen Fälle.
S. 169 Z. 5 streiche *in-di-ru* ‚Tenne'; K 6 Z. 22 bietet nicht *in-di-rim*, sondern, wie das von mir inzwischen eingesehene Original lehrt, *in-di pú*.

Etliche andere kleinere Verbesserungen bedürfen keiner besonderen Hervorhebung.

Nachträge.

S. 26 Nr 72: Dass der Sylbenwerth *rik* des Zeichens *ṣu* nicht so gar selten ist, zeigt Peiser in ZA II, 447 f.

S. 29 Nr. 111 und S. 30 Nr. 121: vgl. zu den dort angegebenen Sylbenwerthen auch was in § 117, 1 unter III 1 (Praes.), IV 1 (Inf.), IV 2 (Praet.) bemerkt ist.

S. 86, § 34, β: beachte auch die in § 110 (S. 303 unten) erwähnten Infinitivformen *piḫû*, *ṭaḫû* und *ṭiḫû*.

S. 87, § 34, δ mögen zu den ‚allerhand anderen Fällen' — neben den soeben erwähnten Infinitivformen *peḫû* (*piḫû*) u. s. w. sowie den von S. 82 Z. 7 und 10 hierher zu nehmenden Ordinalzahlen *rebû* u. s. w. — auch noch die Adjj. wie *ṣiḫru*, *limnu* (= *ṣeḫru*, *lemnu*, s. § 65 num. 7 und 8 Anmm.), die Permansivformen wie *nekisi* (*nikisi*), *ṣebâku* (*ṣibâku*, s. § 97 auf S. 266 und § 110 auf S. 302) und die Praesensformen wie *inêruṭ* (= *inâruṭ*, s. §§ 98 und 101 zu I 1) hinzugefügt werden.

S. 88 könnte sowohl zu § 34, δ als zu § 35 auch noch die auf S. 222 im Vorbeigehen erwähnte Form *asikin* (= *aštakan*, *assakan*, *assekan*, *assikin*) gefügt sein.

S. 91 wird als *d*) nachzutragen sein: Synkope von betontem *a*, *e*: *šitkunu* Inf. aus und neben *šitákunu*, *itkulu* aus und neben *itákulu*; *pitlaḫ* Imp. aus und neben *pitálaḫ*, *itrubî* (Fem.) aus *itérubî*, u. a. m.; s. § 88, b. 94.

S. 115 Anm.: zu dem Wechselverhältniss von *m* und *g* beachte die interessante Form *išakkanga* (K. 81, 27) = *išakkamma*; s. Näheres in den „Beiträgen zur Assyriologie und vergleichenden semitischen Sprachwissenschaft" Heft I.

S. 253 ist gegenüber von *ḳuṣṣupâkunu* und als Stütze von *banâtunu* doch auch die S. 164 auf Pinches' Autorität hin erwähnte Permansivform *limnêtunu* der Berücksichtigung werth.

S. 272 Z. 4 v. u.: die von mir für סחר lediglich gefolgerte Praesens-Vocalaussprache *u* ist seitdem bestätigt worden durch *isaḫurûni* K. 113, 11 (PSBA X, Part 3, Plate I).

Besondere Hervorhebung verdient nachträglich, dass auf Grund von § 16 Anfang jedes im Anlaut eines Wortes stehende *ú* von mir einfach *u* transcribirt ist; würde jemals das Nr. 5 von § 9 bildende Zeichen *u*, der sog. Winkelhaken, im Anlaut eines Wortes gebraucht sein, so würde ich dies ausdrücklich angemerkt haben.

Wie viele „Nachträge" sonst noch gemacht werden könnten, ist mir selbst zu einem guten Theil bekannt: vgl. z. B. zu § 43 den Wechsel von *ṭa* (*ṭâ*) mit *ṭâb* (*ṭâf*) in den Contracttafeln, zu § 55, b die Formen der 2. Pers. *kâšu* und *kâtunu*; zu § 55, a das mit *šû* ‚er' gleichbedeutende *šûtu*; zu § 96 die in den assyr.-babyl. Briefen vorkommenden Praes.- und Praet.-Formen *i-pa-lu-ḫu* (R[M] 77, 28), *i-šak-ku-nu* (K. 183, 19), *lišparûni* ‚man sende' (R[M] 77, 19), oder *lirpiš* ‚es erweitere sich, breite sich aus', Praes. *irápiš* (K. 479, 33. 35); endlich zu den die Partikeln behandelnden §§ 78—82 eine Reihe von Adverbien u. s. w., welche bislang nur in Briefen und Contracten gefunden sind, wie *me-me-ni* ‚irgendwie', die Praep. und Conj. *bi-id* u. a. m., von denen zum Theil im I. Heft der „Beiträge z. Assyr. u. vergl. sem. Sprachw." die Rede sein wird. Indess wird vorerst noch zu untersuchen sein, wie viel von alledem überhaupt zur Aufnahme in diese Grammatik geeignet ist, da diese ja doch, trotz ihres verhältnissmässig grösseren Umfangs, in erster Linie eine Porta linguae Assyriacae sein soll und sein will.

Druck von W. Drugulin in Leipzig.